D1687453

MS-MAKRO-ASSEMBLER

PETER MONADJEMI

MS-MAKRO-ASSEMBLER

EINFÜHRUNG UND LEITFADEN

ADDISON-WESLEY PUBLISHING COMPANY

Bonn · Reading, Massachusetts · Menlo Park, California · New York
Don Mills, Ontario · Wokingham, England · Amsterdam · Sydney · Singapore
Tokyo · Madrid · San Juan

CIP-Titelaufnahme der Deutschen Bibliothek

Monadjemi, Peter
MS Makroassembler - Einführung und Leitfaden / Peter Monadjemi. - Bonn; Reading, Mass.; Menlo Park, Calif.; New York; Don Mills, Ontario; Wokingham, England; Amsterdam; Sydney; Singapore; Tokyo; Madrid; San Juan: Addison-Wesley, 1989.
ISBN 3-89319-135-6

Druck: Bercker Graph. Betrieb, Kevelaer
Umschlaggestaltung: Ulrich Carthaus, Alfter b. Bonn

ISBN 3-89319-135-6

Für Claudia.

VORWORT

Kaum eine Programmiersprache übt eine solche Anziehungskraft aus wie die Assemblerprogrammierung. Assembler- bzw. Maschinenspracheprogrammierung erlaubt die volle Kontrolle über den Computer bzw. seine Hardwarekomponenten. Doch vor dem Erfolgserlebnis gilt es in der Regel einige Hürde zu nehmen. So ist die Maschinensprache der 80x86 Prozessoren zwar nicht schwer zu erlernen, erfordert aber ein gewisses Umdenken und vorallem ein Einfühlungsvermögen in die binäre Maschinenlogik eines Mikroprozessors. Das gleiche gilt auch für den Assembler, der als unentbehrliches Hilfsmittel die Erstellung von Maschinenprogrammen ermöglicht. Inwieweit es gelingt, Programmierprojekte in Maschinensprache zu realisieren hängt nicht zuletzt von der Leistungsfähigkeit des Assemblers ab. Der Microsoft Makroassembler (MASM) ist der leistungsfähigste Assembler, der für 8086, 80286 und 80386 Systeme unter DOS bzw. OS/2 erhältlich ist. Leider gibt es relativ wenig Literatur zu diesem Thema bzw. speziell zu diesem Programmpaket, so daß Anwender bislang auf das zwar sehr informative und gut strukturierte, aber leider englischsprachige MASM Handbuch angewiesen waren. Dieses Buch soll damit eine Lücke schließen und Ihnen die Handhabung des MS-Makroassemblers und vorallem die Anwendung des Makroassemblers als Entwicklungswerkzeug für Ihre Maschinenspracheprojekte erleichtern. Vielleicht entdecken Sie beim Lesen dieses Buches, daß die Assemblerprogrammierung nach wie vor die wohl faszinierenste Möglichkeit darstellt, einen Computer zu programmieren.

Viel Spaß dabei wünscht Ihnen

Peter Monadjemi

Gießen, Oktober 1988

INHALT

Vorwort

Einleitung

Kapitel 1 Die Arbeitsweise eines Assemblers
1.1 Einleitung 1
1.2 Erstellen einer Arbeitsdiskette 2
1.3 Die Aufgabe eines Assemblers 4
1.4 Erstellen eines Assemblerprogramms mit MASM 12
1.5 Wie geht es weiter? 25

Kapitel 2 Die Struktur eines Assemblerprogramms
2.1 Einleitung 27
2.2 Der Assemblerquelltext 28
2.3 Zusammenfassung 39

Kapitel 3 Segmentanweisungen und Speichermodelle
3.1 Einleitung 41
3.2 Warum Segmentanweisungen? 42
3.3 Die vereinfachten Segmentanweisungen 48
3.4 Die Segmentanweisungen im einzelnen 53
3.5 Vordefinierte Konstanten (Equates) 56
3.6 Speichermodelle 58
3.7 Zusammenfassung 63

Kapitel 4 Datenanweisungen
4.1 Einleitung 67
4.2 Darstellung von Konstanten u. Variablen 68
4.3 Konstanten 70
4.4 Equates (Konstanten) 73
4.5 Datenanweisungen 78
4.6 Datenfelder 93
4.7 Der Adreßzähler 95
4.8 Ausrichtung von Daten 97
4.9 Strukturvariablen 99
4.10 Vorwärtsreferenzen 104
4.11 Zusammenfassung 108

Kapitel 5 Labels und Prozeduren
5.1 Einleitung 109
5.2 Labels 110
5.3 Die LABEL Anweisung 111
5.4 Prozeduren 114
5.5 Parameterübergabe und lokale Variablen 117
5.6 Zusammenfassung 120

Kapitel 6 Modulare Programmierung
6.1 Einleitung 123
6.2 Die Vorteile modularer Programmierung 124
6.3 Die Anweisungen PUBLIC und EXTRN 125
6.4 Zusammenfassung 131

Kapitel 7 Operatoren
7.1 Einleitung 133
7.2 Operator-Prioritäten 134
7.3 Rechenoperatoren 135
7.4 Vergleichsoperatoren 138
7.5 Der Segment-Override Operator 139
7.6 Typen Operatoren 141

Kapitel 8 Arbeiten mit Makros
8.1 Einleitung 153
8.2 Makroanweisungen 154
8.3 Makros für Fortgeschrittene - Wiederholungsblöcke 162
8.4 Makrooperatoren 167
8.5 Arbeiten mit INCLUDE-Dateien 174
8.6 Zusammenfassung

Kapitel 9 Bedingte Assemblierung
9.1 Einleitung 177
9.2 Bedingte Assembleranweisungen 178
9.3 Fehleranweisungen 188
9.4 Zusammenfassung 193

Kapitel 10 MASM und LINK Specials
10.1 Einleitung 195
10.2 MASM Optionen 196
10.3 Wichtige LINK Optionen 204
10.4 Umgebungsvariablen 207
10.5 Steuern der Assembler Ausgabe 209
10.6 Die Prozessoranweisungen 215
10.7 Weitere MASM Anweisungen 218

Kapitel 11 Kleines MASM Praktikum
11.1 Einleitung 225
11.2 Zwei nützliche Programmroutinen 226
11.3 Assemblieren und Linken der Module 232
11.4 Wo ist der Fehler ? - Arbeiten mit CodeView 244
11.5 Der Library Manager nimmt Ihnen Arbeit ab 252

Kapitel 12 Mehr über Segmente
12.1 Einleitung 259
12.2 Die erweiterten Segmentanweisungen 260
12.3 Die Initialisierung der Segmentregister 276
12.4 Der Hintergrund der vereinfachten Segmentanweisungen 278
12.5 Die vereinfachten Segmentanweisungen in COM-Dateien 289
12.6 Zusammenfassung 291

Kapitel 13 Das Beste zweier Welten
13.1 Einleitung 293
13.2 Grundsätzliche Überlegungen 294
13.3 Die Einbindung einer Assemblerroutine in C 297
13.4 Makros für die Einbindung von Assemblerroutinen in Hochsprachenprogramme 315
13.5 Das Hochspracheninterface in der Version 5.1 317
13.6 Weitere Beispiele 327
13.7 Ausblick 339

Anhang A Glossar 341
Anhang B CodeView Übersicht 345
Anhang C Überblick über die MASM Versionen 397
Anhang D MASM Fehlermeldungen 409

MASM Index 417
Stichwortverzeichnis 421

EINLEITUNG

Ist Assemblerprogrammierung noch zeitgemäß ? Bedingt durch die Entwicklung immer leistungsfähiger Compiler gibt es immer weniger Anwendungen, die ausschließlich mit einem Assembler gelöst werden können. Entwicklungspakete wie der Microsoft C Compiler oder auch Programmierumgebungen wie z.B. QuickBasic erzeugen einen Maschinencode, der in den meisten Fällen die gestellten Laufzeitanforderungen erfüllt bzw. die Einbeziehung der unterschiedlichsten Hardwarekomponenten erlaubt. Dadurch verschiebt sich auch die Aufgabe eines Assemblers. Wurde vor einigen Jahren ein Assembler noch beinahe ausschließlich zum Erstellen mehr oder weniger komplexer Nur-Assemblerprogramme eingesetzt, so dienen Assemblerprogramme heute immer mehr dazu, bestimmte, zeitkritische Teile eines Hochsprachenprogramms zu übernehmen. Der Microsoft Makroassembler wird diesem Trend gerecht, indem er ein Hochspracheninterface zur Verfügung stellt, daß eine leichte Einbindung von Assemblerroutinen in C-, BASIC-, PASCAL- oder FORTRAN-Programmen erlaubt. Der Anwender ist so in der Lage, die Vorzüge einer Hochsprache, wie z.B. komfortable Entwicklungsumgebung oder abstrakte Datentypen mit denen des Assemblers, wie z.B. direkter Hardwarezugriff und vorallem Geschwindigkeit zu kombinieren.

Das Makroassembler Arbeitsbuch soll den Umgang mit dem Microsoft Makroassembler und die Möglichkeiten dieses leistungsfähigen Assemblerpaketes anschaulich beschreiben. Ein Makroassembler wie MASM[1] leistet weit mehr als eine bloße Übersetzung des Quelltextes in die entsprechenden Maschinenbefehle. Er erlaubt z.B. die Definition komplexerer Datenstrukturen und stellt eine Vielzahl von Operatoren und Anweisungen zur Verfügung, die den Anwender bei der Erstellung eines Assemblerprogramms unterstützen. Neben dem Assembler selber, besteht das Assembler Entwicklungspaket aus einigen zusätzlichen Hilfsprogrammen, wie z.B. dem unentbehrlichen Linker oder dem Bibliotheksmanager, die ebenfalls in diesem Buch vorgestellt werden.

---

1 Obwohl MASM kein eingetragenes Markenzeichen ist, soll im folgenden mit MASM stets der Microsoft Makroassembler gemeint sein.

Dieses Buch zeigt Ihnen die umfassenden Möglichkeiten von MASM und stellt die wichtigsten Anweisungen an Beispielen vor. Im Vordergrund steht aber nicht eine reine Aufzählung der einzelnen Anweisungen und Befehle. Vielmehr geht es darum, grundsätzliche Techniken der Assemblerprogrammierung an einzelnen Beispielen darzustellen. Sie werden lernen, wie Sie MASM als leistungsfähiges Programmierwerkzeug für typische Assembleranwendungen einsetzen können.

Dieses Buch ist aber keine Einführung in die Maschinensprache der Prozessoren 8086/80286 bzw. 80386. Dies mag auf den ersten Blick widersinnig erscheinen, da Assemblerprogrammierung und Maschinenspracheprogrammierung eng miteinander verknüpft sind bzw. die Begriffe manchmal auch (fälschlicherweise) synonym verwendet werden. Ich möchte Ihnen kurz erläutern, warum das so ist.

Unter Maschinenspracheprogrammierung wird im allgemeinen die direkte Programmierung des Mikroprozessors, d.h. z.B. das Programmieren in der Maschinensprache des 8086 verstanden. Assemblerprogrammierung ist jedoch mehr. Ein Assemblerprogramm enthält neben den Prozessorbefehlen auch zahlreiche Befehle, die den Ablauf der Assemblierung steuern bzw. die die Erzeugung des Maschinencodes beeinflussen. Leistungsfähige Assembler wie MASM enthalten daher neben den Prozessorbefehlen (Mnemonics) eine Vielzahl von Anweisungen, die lediglich bei der Assemblierung von Bedeutung sind.

Obwohl ein Maschinenprogramm auch ohne Mitwirkung eines Assemblers z.B. mit Hilfe eines Debuggers erstellt werden kann, ist der Assembler in der Regel die einzige sinnvolle Alternative. Aus diesem Grund behandelt nahezu jedes Buch über die Maschinensprache der 80x86 Prozessoren auch das Thema Arbeiten mit einem Assembler. Allerdings kommt der Assembler dabei in der Regel zu kurz, d.h. die Beschreibung beschränkt sich auf die Vorstellung der wichtigsten Anweisungen. Dies ist auf der einen Seite auch ganz vernünftig, denn ein Buch, welches sowohl die Maschinensprache der 80x86 Prozessoren, als auch die wichtigsten Befehle, Optionen und Zusatzprogramme des Makroassemblers erschöpfend beschreiben würde, bekäme sehr schnell den Umfang einer mittleren Enzyklopädie. Auf der anderen Seite bleiben für den Anwender viele Fragen bezüglich des Assemblers offen. Diese können zwar unter Umständen durch einen Blick in das Assembler Handbuch geklärt werden. Allerdings bietet das MASM Handbuch eine solche Fülle von Fakten, die zudem noch ausschließlich in Englisch dargeboten wird, daß das Herausfinden bestimmter Informationen oft zu einer sehr zeitaufwendigen Angelegenheit werden kann. Dieses Buch soll Ihnen die wichtigsten Informationen über den Makroassembler und seine Hilfsprogramme in einer hoffentlich übersichtlichen Form zusammen mit zahlreichen Beispielen präsentieren.

An wen richtet sich das Buch ?

Dieses Buch widmet sich, wie bereits dargelegt, ausschließlich dem Makroassembler und setzt daher voraus, daß Sie bereits Grundkenntnisse über die Maschinenspracheprogrammierung besitzen. Konkret heißt das, daß Sie den groben Arbeitsablauf in einem Mikroprozessor, den Aufbau eines Mikroprozessors und die wichtigsten Befehle des 8086 kennen sollten. Das Buch richtet sich auch an Umsteiger, d.h. Programmierer, die bereits auf 6502 oder Z80 Systemen Erfahrung gesammelt haben. Doch auch für Anfänger bietet das Buch wertvolle Informationen, denn die ersten beiden Kapitel beschreiben die Grundlagen der Assemblerprogrammierung für Leser ohne Vorkenntnisse.

Kurze MASM Historie

Wie in einem ordentlichen PC Buch üblich, muß der Autor ein wenig mit "Insiderinformationen" glänzen, dazu gehört z.B. an welchem Wochentag und aus welchen Gründen die soundsovielte Version des Programms veröffentlicht wurde. Auch ich möchte da nicht nachstehen, allerdings in erster Linie um Ihnen die Wichtigkeit der einzelnen Versionen zu erläutern und um Sie, falls Sie noch eine ältere Version besitzen sollten, zu überzeugen, daß es sich auf alle Fälle lohnt, sich die neueste Version des Makroassemblers zuzulegen[1].

Alles begann sicher irgendwann einmal mit einer Version 1.0 (alten Überlieferungen zufolge im Jahre 1981). Wie es mit Versionen, bei denen eine 1 vor dem Komma steht so üblich ist, war dieser Version keine lange Lebensdauer beschieden und wurde alsbald durch die Version 2.0 abgelöst. Diese Version, wie auch die Version 3.0 machte vorallem durch viele interne Fehler von sich Reden (in Dr. Dobbs Journal wurde in Ray Duncans "16-bit Toolbox" Kolumne mehr oder weniger regelmäßig der "Bug of the Month" veröffentlicht[2]). Die Nachfolger Version 4.0 konnte dann

---

1 Keine Angst, der Autor arbeitet nicht heimlich als Verkaufsmanager bei Microsoft und ist auch nicht prozentual am Verkaufsumsatz des Makroassemblers beteiligt.

2 Ganz so schlimm war es natürlich nicht. Sowohl die Version 2.0, als auch die Version 3.0 waren voll funktionsfähige Programme, allerdings mit einigen interessanten Bugs.

mit Recht als fehlerfrei bezeichnet werden. MASM 4.0 zeichnete sich vorallem durch eine erhöhte Assembliergeschwindigkeit aus. Angeblich wurde Version 4.0 erstmals in C geschrieben, während alle Vorgänger Versionen noch in PASCAL erstellt wurden. Neu bei Version 4.0 war auch ein symbolischer Debugger mit dem Namen SYMDEB, der die Verarbeitung von symbolischen Ausdrücken erlaubt. Parallel zum Microsoft Makroassembler wurde auch von IBM ein Makroassembler angeboten, der zum Microsoft Makroassembler weitestgehend kompatibel, wenn nicht sogar identisch, ist. So entspricht die Version 1.0 des IBM Makroassemblers den Versionen 1.0 bis 3.0 des Microsoft Assemblers, während die Version 2.0 des IBM Assemblers der Version 4.0 des Microsoft Assemblers entsprechen soll.

Version 5.0 des Microsoft Assemblers, die irgendwann Ende 1987 erschien, wurde grundlegend verbessert und überarbeitet. Die Assembliergeschwindigkeit wurde nocheinmal um 40% (nach Angaben von Microsoft) gesteigert. Herausragendeste Veränderung waren die vereinfachten Segmentanweisungen, die zum einen die Handhabung der Segmentdefinitionen vereinfachen und zum anderen sicherstellen sollten, daß sich Assemblerprogramme entsprechend der Microsoft Konvention, die u.a. Namensgebung und Parameterübergabe bei Prozeduraufrufen betrifft, verhalten. Dadurch wurde die Einbindung von Assemblerprogramme in Hochsprachenprogramme erheblich erleichtert. Dieser Schritt wurde in der, zur Zeit aktuellsten, Version 5.1 fortgeführt. Viele der Anweisungen des sog. *Hochspracheninterfaces*, die in der Version 5.0 noch in einer Makrodatei enthalten waren, wurden verbessert und in den Assembler integriert. Selbstverständlich blieb dabei die Kompatibilität gewahrt, d.h. Programme, die unter älteren MASM Versionen erstellt wurden, werden auch von der neuesten Version ohne wesentliche Änderungen durchführen zu müssen, assembliert[1]. Bliebe noch zu erwähnen, daß die Version 5.0 mit dem symbolischen Debugger CodeView und die Version 5.1 zusätzlich mit dem Microsoft Editor ausgeliefert wird. Mit der Version 5.1 fand auch der Übergang zu OS/2 statt, denn diese Version des Makroassemblers wird sowohl in einer DOS-, als auch in einer OS/2-Version

1 Diese etwas schwammige Formulierung hat wahrscheinlich Ihren Verdacht erregt. Zurecht, denn tatsächlich sind in manchen Fällen kleinere Änderungen erforderlich.

ausgeliefert. Wie sieht die Zukunft aus ? Zur Zeit wird, streng vertraulichen Informationen[1] zufolge, an einer neuen MASM Version (wahrscheinlich 6.0) gearbeitet, die voraussichtlich Mitte 1989 auf dem Markt kommt. Genauere Angaben über den Leistungsumfang lagen leider zur Drucklegung dieses Buches noch nicht vor.

Welche MASM Version ist die Richtige ?

Diese Frage ist nicht ganz eindeutig zu beantworten. Es gibt Leute, in erster Linie wird es sich hierbei um jenen "Urtyp" von Programmierern handeln, die ihre erste Programmierungerfahrungen noch auf einem Großrechner Marke "Uralt" gesammelt haben, und denen jegliche Form von Benutzeroberflächen äußerst suspekt sind, für die ein Assembler in erster Linie Mnemonics in Opcodes umwandeln muß und nicht mehr. Diese Leute[2] sind mit der MASM Version 1.0 vollauf zufrieden, da diese ihren Ansprüchen genügt. Wer jedoch auch gewisse Ansprüche an den Programmierkomfort stellt und seine integrierte Entwicklungsumgebung nicht mehr missen möchte bzw. wer auch ab und zu einmal einen Blick in das Handbuch wirft, für den ist sicher die neueste Version des Makroassemblers nicht uninteressant. Wer zudem noch häufig in C, PASCAL oder mit einem BASIC Compiler arbeitet und die Leistungsfähigkeit seiner Programme durch die Einbindung von Assemlerroutinen steigern möchte, für den wird die neueste Version beinahe ein Muß, da sie Anweisungen zur Verfügung stellt, die den Aufwand für die Einbeziehung von Assemblerroutinen in (Microsoft) Hochsprachen auf ein absolutes Minimum reduzieren. Dieses Buch versucht sowohl Besitzern der neuen Versionen 5.0 und 5.1, als auch Besitzern älterer Versionen gerecht zu werden, indem es wann immer es angebracht ist, auf die Unterschiede der einzelnen Versionen hinweist.

Noch eine Anmerkung zum Thema OS/2 und 80286 bzw. 80386 Programmierung. Eigentlich kann es sich kein Buch über den Makroassembler leisten, dieses Thema auszuklammern, denn schließlich existiert die Version 5.1 sowohl in einer DOS-, als auch in einer OS/2 Version. Folgende Gründe haben mich dazu bewogen, dennoch auf eine Darstellung der Assemblerprogrammierung unter OS/2 zu verzichten. Die Verbreitung von OS/2 läuft zur Zeit noch

1 Die Sie übrigens für sich behalten sollten. Alleine schon um einer etwaigen Blamage vorzubeugen, falls es sich hier um eine Fehlinformation handeln sollte.

2 die übrigens die Schreckensvisionen sämtlicher Marketingfachleute sind.

ein wenig schleppend, so daß sicher noch eine gewisse Zeit vergehen wird, bis OS/2 eine breite Anwenderschicht erreicht. Zum anderen ist der Hintergrund der Assemblerprogrammierung unter OS/2 bzw. dem Presentation Manager derart komplex und vielschichtig, daß der Umfang des Buches um mindestens 200 Seiten angewachsen wäre. Dieses Buch soll aber ein übersichtliches Arbeits- und Nachschlagebuch für MASM Anwender (die zur Zeit noch in der Mehrheit unter DOS arbeiten werden) und keine umfassende Standardenzyklopädie sein, die sämtliche Aspekte der Assemblerprogrammierung erschöpfend behandelt. Ähnliches gilt auch für die Programmierung der 80286 bzw. 80386 Prozessoren. Auch hier sind für die Programmierung dieser Prozessoren im sog. *Protected Modus* umfassende theoretische Kenntnisse und ein gewisses Grundverständnis für die Architektur von Multitasking Betriebssystemen vonöten. Wenn man bedenkt, daß die Mehrheit der heutigen DOS bzw. OS/2 Anwendungen in erster Linie für den Real Modus geschrieben wurde bzw. geschrieben wird, in denen sich die Prozessoren 80286 bzw. 80386 im wesentlichen wie schnelle 8086 Prozessoren verhalten, erscheint es vertretbar, diesen Aspekt ebenfalls auszuklammern bzw. auf ein Nachfolgebuch zu verschieben.

Besitzer eines 80386 Systems finden an vielen Stellen im Buch entsprechende Hinweise, die Unterschiede erläutern, die in erster Linie durch die 32-Bit Segmente des 80386 entstehen, bzw. die beschreiben, wie sich die zusätzlichen Real Modus Befehle des 80386 auch unter DOS nutzen lassen.

Der Aufbau des Buches

Obwohl es sich bei dem Buch nicht um ein typisches Lehrbuch handelt, wurde es doch so konzipiert, daß die einzelnen Kapitel aufeinander aufbauen. Das erste Kapitel ist für Assemblereinsteiger gedacht und erläutert grundsätzliche Begriffe. Das zweite Kapitel fällt in die gleiche Kategorie, hier geht es um den grundsätzlichen Aufbau eines Assemblerprogramms. Im dritten Kapitel werden die vereinfachten Segmentanweisungen vorgestellt. Dies sind elementare Anweisungen, auf die kein Assemblerprogramm verzichten kann. Datenanweisungen sind das Thema des vierten Kapitels. Hinter diesem eher unscheinbaren Begriff verbirgt sich ein nicht weniger wichtiger Bereich der Assemblerprogrammierung, denn Datenanweisungen erlauben die Definition der unterschiedlichsten Datentypen, mit denen ein Maschinenprogramm bei seiner Ausführung arbeiten kann. In Kapitel 5 geht es um Prozeduren und wie man sie aufruft. Kapitel 6 beschäftigt sich mit den Vorzügen der modularen Programmierung. Damit ist im wesentlichen die Verknüpfung mehrerer Assemblerprogramme, die getrennt assembliert werden, zu einer einzigen Programmdatei durch den Linker gemeint. Kapitel 7 stellt alle MASM Operatoren vor. Dieses Kapitel eignet sich weniger zum Lesen, sondern eher zum Nachschlagen, da die einzelnen Operatoren der Reihe nach vorgestellt werden. Damit es nicht zu trocken wird, finden Sie zu jedem Operator ein Beispiel. Kapitel 8 führt Sie in die hohe Kunst der Makroprogrammierung ein. In Kapitel 9 geht es um die bedingte Assemblierung, die häufig im Zusammenhang mit der Makroprogrammierung eingesetzt wird. Aus diesem Grund sind beide Kapitel eng miteinander verflochten. Kapitel 10 besitzt den vielsagenden Titel "MASM und LINK Specials". Damit soll versucht werden, eine Vielzahl verschiedener Anweisungen, wie z.B. Anweisungen zur Steuerung der Assemblerausgabe oder die Prozessoranweisungen unter einen Hut zu bringen. Kapitel 11 wendet sich an den fortgeschrittenen Anwender. Hier geht es um die erweiterten Segmentanweisungen. Anwender älterer MASM Versionen mag hier vielleicht ein komisches Gefühl beschleichen, denn diese Anweisungen stellten bis zur Version 4.0 die einzige Möglichkeit dar, Segmente zu definieren. Dennoch soll anhand dieser Anweisungen eine vertiefte Betrachtung der Segmentanweisungen und deren Hintergründe durchgeführt werden. In Kapitel 12 steht die Praxis im Vordergrund. Anhand eines nützlichen Beispielprogramms wird gezeigt, wie ein Assemblerprogramm von der Idee in die Praxis umgesetzt wird. Dabei lernen Sie auch mit nützlichen Hilfsprogrammen des Assemblers umzugehen. Dazu gehört z.B. der symbolische Debugger CodeView, der dazu verwendet wird, einen Fehler im Programm ausfindig zu machen. Das letzte Kapitel widmet sich dem Thema "Einbindung von Assemblerroutinen in C Programme". Anhand mehrerer Beispielprogramme wird gezeigt, welche Schritte durchgeführt werden müssen, damit man eine Assemblerroutine von einem C Programm aus aufrufen kann. Dabei wird auch gezeigt, welche Vorteile die neuen Anweisungen bringen, die ab der Version 5.0 bzw. 5.1 zur Verfügung stehen.

Nicht weniger informativ sind die Anhänge. In Anhang B wird das Arbeiten mit dem symbolischen Debugger CodeView vorgestellt. Sie finden hier eine Übersicht über alle wichtigen CodeView Kommandos. Anhang C faßt schließlich nocheinmal die wichtigsten Unterschiede der MASM Versionen 4.0, 5.0 und 5.1 zusammen und kann dazu verwendet werden, sich einen ersten Überblick zu verschaffen.

<u>Ein Hinweis des Verlages :</u> Da die einzelnen Beispielprogramme nicht sehr umfangreich sind, wurde auf eine Buchdiskette verzichtet. Wer sich dennoch das Abtippen ersparen möchte, kann

eine Diskette mit diesen und weiteren Assemblerprogrammen für DM 19,80 (inclusive MwSt.) über den Autor erhalten. Bestellungen bitten wir zusammen mit der Angabe des benötigten Diskettenformats (3,5 oder 5,25 Zoll) schriftlich an folgende Adresse zu richten :

Peter Monadjemi
Mohrunger Weg 5
6300 Gießen

KAPITEL 1

DIE ARBEITSWEISE EINES ASSEMBLERS

1.1 Einleitung

Dieses Kapitel behandelt sehr grundsätzliche Fragen. Es wird davon ausgegangen, daß Sie noch nie bzw. noch nicht sehr oft mit einem Assembler gearbeitet haben bzw. daß Ihnen der grundsätzliche Ablauf bei der Erstellung eines Assemblerprogramms noch nicht vertraut ist. Sie erfahren etwas über die Aufgaben des Assemblers und des Linkers. Außerdem werden allgemeine und grundlegende Begriffe erläutert, die für das Verständnis der nächsten Kapitel benötigt werden. Damit es nicht nur bei der "grauen Theorie" bleibt, wird außerdem an einem Beispiel der komplette Arbeitsablauf vorgestellt, der bei der Erstellung eines ausführbaren Maschinenprogramms durchgeführt werden muß. Ganz zu Anfang erfahren Besitzer des Microsoft Makroassemblers wie Sie sich eine Arbeitsdiskette erstellen können bzw. welche Programmdateien für die tägliche "Routinearbeit" benötigt werden.

Im einzelnen geht es um :

» das Erstellen einer Arbeitsdiskette

» die Arbeitsweise eines Assemblers

» die einzelnen Schritte bis zu einem ausführbaren Programm

» den Aufruf des Assemblers und des Linkers

» die Möglichkeiten von MASM

» die Funktion der wichtigsten Hilfsprogramme

1.2 Erstellen einer Arbeitsdiskette

Bestand der Makroassembler Version 4.0 noch aus einer einzigen Diskette, auf der Assembler, Linker, symbolischer Debugger sowie einige Hilfsprogramme untergebracht waren, waren es bei der Version 5.0 immerhin schon drei Disketten. Bei der zur Zeit neuesten Version 5.1 ist die Anzahl der Disketten mittlerweile auf insgesamt 5 (!) angewachsen. Dies liegt in erster Linie daran, daß viele Programme (inklusive des Assemblers selber) sowohl in einer DOS-Version als auch in einer OS/2 Version existieren. Des weiteren enthält Version 5.1 einen Editor, ein Lernprogramm für den symbolischen Debugger CodeView, und zahlreiche Beispielprogramme. An dieser Stelle sollen allerdings nicht die Unterschiede der einzelnen Versionen erläutert werden (dies bleibt dem Anhang C vorbehalten). Sie sollen in diesem Abschnitt lediglich einen Überblick über jene Programme erhalten, die Sie für das Arbeiten mit dem Makroassembler unbedingt benötigen bzw. die empfehlenswert sind. Der erfahrenere Anwender mag selbst entscheiden, welche Dateien bzw. Hilfsprogramme er von Fall zu Fall benötigt. Seit der Version 5.0 und 5.1 verfügt MASM über eine *SETUP* Routine, die das Installieren der Arbeitsdiskette übernimmt. Da dieses Hilfsprogramm praktisch selbsterklärend ist und Sie es zudem nicht unbedingt benutzen müssen, soll es auch nicht weiter besprochen werden. Eine Übersicht über alle auf der Diskette vorhandenen Dateien gibt Ihnen die Datei *PACKING.LST*.

Zu Beginn sollten Sie sich auf alle Fälle eine Sicherheitskopie Ihrer Disketten erstellen und nie mit den Originaldisketten arbeiten. Diesen Ratschlag mag manch einer als überzogen empfinden, doch nach dem Motto "Was soll denn da groß passieren?" ist schon mancher "Originaldiskette" der Garaus gemacht worden. Nachdem die obligatorische Sicherheitskopie erstellt wurde, können Sie damit beginnen, sich eine Arbeitsdiskette zusammen zustellen. Falls Sie mit einer Festplatte arbeiten, richten Sie sich ein Verzeichnis mit dem Namen MASM oder MASM_51 ein. Das SETUP Programm des Assemblers schlägt zwar vor, ein Verzeichnis mit dem Namen *BIN* für alle ausführbaren Programme und ein Verzeichnis mit dem Namen *LIB* für etwaige Bibliotheksmodule zu erstellen, doch kommt man am Anfang auch ganz gut mit einem Verzeichnis aus.

Zu den Programmen, die Sie auf Ihre Arbeitsdiskette kopieren müssen gehören folgende Dateien :

1. *MASM.EXE* (Hierbei handelt es sich um den Assembler)

2. *LINK.EXE* (Dies ist der Linker)

und unter Umständen :

3. Ein Editor

Zum Erstellen des Assemblerquelltextes wird stets ein Editor benötigt. Es ist Ihnen freigestellt, welchen Editor oder welches Textverarbeitungsprogramm Sie verwenden. Empfehlenswert ist ein kleiner und leicht zu handhabender bildschirmorientierter Editor. Optimal sind Editoren, die z.B. selbständig Assembler und Linker aufrufen bzw. Assemblierfehler nach dem Assemblieren an der Stelle im Quelltext anzeigen, an der sie aufgetreten sind. Zur "Not" tut es aber auch ein Textverarbeitungsprogramm, welches in der Lage ist, ASCII-Dateien, d.h. Textdateien ohne spezielle Steuerzeichen zu erstellen. Besitzer der MASM Version 5.1 können auch auf den Microsoft Editor (*M.EXE*) zurückgreifen.

Des weiteren sollten auf der Arbeitsdiskette folgende Programme enthalten sein :

4. *CREF.EXE* (erstellt Crossreferenzlistings)

5. *LIB.EXE* (dies ist der Bibliotheksmanager)

Auf einer zweiten Arbeitsdiskette (auf der Festplatte können Sie ruhig das gleiche Verzeichnis wählen), sollten Sie folgendes Programme abspeichern :

6. *CV.EXE* (dies ist der symbolische Debugger)

7. *CV.HLP* (ein Hilfsprogramm für on-line Hilfe)

Bei der Datei *CV.EXE* handelt es sich um den symbolischen Debugger CodeView, der für die Fehlersuche in Assemblerprogrammen unentbehrlich ist.

Empfehlenswert, wenn auch für den Anfang nicht unbedingt notwendig, sind die Dateien *BIOS.INC* und *DOS.INC*. Hierbei handelt es sich um INCLUDE-Dateien (siehe Kapitel 9), die Makrodefinitionen für BIOS- und DOS-Aufrufe enthalten. Dadurch können Sie innerhalb eines Assemblerprogramms relativ problemlos DOS- und BIOS-Routinen aufrufen, ohne Details wie z.B. Registerbelegung oder Funktionsnummer im Kopf haben zu müssen. Ein Nachteil der Makrodefinitionen ist zunächst, daß Sie sich ersteinmal mit der speziellen Syntax der Makrodefinitionen auseinandersetzen müssen. Auf längere Sicht ist es auf alle Fälle einfacher, diese Makros anstelle eigener Definitionen zu verwenden.

Damit wäre die "Installation" des Assemblers abgeschlossen. Zum Schluß sollten Sie noch zwei Hinweise beachten :

1. Falls Sie ältere Versionen des Assemblers besitzen, sollten Sie diese auf alle Fälle aufbewahren bzw. in ein anderes Verzeichnis kopieren.

2. Wenn Sie häufiger mit dem Assembler arbeiten, empfiehlt es sich Umgebungsvariablen einzurichten, die das Arbeiten mit MASM und seinen Hilfsprogrammen u.U. erheblich erleichtern können. Mehr über die in diesem Zusammenhang wichtigen Umgebungsvariablen erfahren Sie in Kapitel 10.

1.3 Die Aufgabe des Assemblers

Nachdem Sie Ihre Arbeitsdiskette erstellt bzw. den Assembler und seine Hilfsprogramme auf der Festplatte installiert haben, steht einem Einstieg in die Assemblerprogrammierung eigentlich nichts mehr im Wege. Bevor es allerdings mit der Programmierung losgeht, müssen zunächst ein paar grundsätzliche und sehr elementare Fragen geklärt werden (dies wurde ja bereits angedeutet). Dazu gehört z.B. die Frage was ein Assembler macht oder die Frage nach dem Unterschied zwischen einem Maschinenprogramm und einem Assemblerprogramm. Falls diese Punkte für Sie klar zu sein scheinen bzw. falls Sie sich nicht mit unnötigen "Formalitäten" aufhalten wollen, können Sie diesen Abschnitt gerne überspringen und mit Kapitel 1.4 fortfahren.

Eine kleine Begriffsklärung

Zunächst einmal soll eine Klärung der zu verwendenden Begriffe und Definitionen vorgenommen werden. Assemblerprogrammierung heißt, den Mikroprozessor, das "Gehirn" eines jeden Computers, direkt in seiner "Muttersprache" zu programmieren. Jeder Mikroprozessor verfügt über einen Befehlssatz, der aus einer bestimmten Anzahl von sogenannten *Maschinenbefehlen* besteht. Bei einem Maschinenbefehl handelt es sich um eine binäre Information (oder einfacher ausgedrückt um eine Dualzahl), dem *Befehlsopcode*, der den Mikroprozessor veranlaßt, eine bestimmte Tätigkeit auszuführen. Schauen wir uns einmal einen solchen Maschinenbefehl an :

1 0 1 0 1 0 0 1

Daran ist für den menschlichen Betrachter nichts besonderes zu erkennen. Für einen Mikroprozessor wie z.B. den 8086 hat diese Binärzahl aber eine bestimmte Bedeutung. Sobalb diese Information über die Datenleitungen des Prozessors in dessen internes Dekodierregister gelangt, veranlaßt diese Bitkombination den Prozessor zu einer bestimmten Tätigkeit. Dabei handelt es sich im allgemeinen um äußerst triviale Tätigkeiten wie z.B. den Inhalt von Register AX in das Register BX zu kopieren oder den Inhalt von Register CX um eins zu erniedrigen[1].

Reiht man nun mehrere dieser Maschinenbefehle aneinander, erhält man ein Maschinenprogramm, das binär betrachtet folgendes Aussehen hat :

1 0 0 1 0 1 0 0

1 1 0 1 1 0 1 0

1 1 1 1 1 0 1 0

usw.

---

1 Ganz so einfach, wie hier beschrieben läuft es in einem Mikroprozessor natürlich nicht ab, doch mehr muß man für die Assemblerprogrammierung am Anfang eigentlich nicht wissen.

Anders als alle BASIC-, C- oder sonstigen Programme in einer beliebigen Programmiersprache, die allesamt zunächst noch in Maschinensprache umgewandelt werden müssen, kann dieses Programm vom Mikroprozessor direkt ausgeführt werden (Sie müssen es ihm lediglich über seinen Dateneingang in Form entsprechender elektrischer Impulse zuführen). Allerdings wäre es aus sehr naheliegenden Gründen äußerst unpraktisch, ein Maschinenprogramm aus lauter Binärzahlen aufzubauen. Statt dessen ordnet man ("man" ist der Hersteller des Mikroprozessors) den einzelnen *Opcodes* (dies ist eine gleichwertige Bezeichnung für den binären Maschinenbefehl) eine mehr oder weniger leicht zu merkende Buchstabenfolge zu. Diese Buchstabenfolge wird als (Befehls-) *Mnemonic* (ausgesprochen wie nemonic) bezeichnet und soll den Umgang mit Maschinenbefehlen erleichtern. Das obige Programm könnte nun wie folgt geschrieben werden :

```
MOV AX,BX
INC CX
ADD AX,CX
```

Die Mnemonics werden so gewählt, daß sich mit ein wenig Phantasie und Einfühlungsvermögen in die Psyche von Mikroprozessoren Entwicklern die Funktion des betreffenden Befehls erraten läßt. Doch mit dem gewonnenen Komfort treten neue Probleme auf. Der Mikroprozessor kann mit den ganzen Wortschöpfungen, und seien sie noch so geistreich, herzlich wenig anfangen. Er besteht nach wie vor auf die binäre Form. Doch dies ist nicht weiter schlimm. Alles was benötigt wird ist ein Programm, das unsere Mnemonics mikroprozessoren gerecht aufbereitet, d.h. konkret, die einzelnen Mnemonics in ihre entsprechenden Opcodes umsetzt. Dieses Programm wird als *Assembler* bezeichnet (to assemble, engl. zusammenbauen), womit wir beim eigentlichen Kern angelangt wären. Der Assembler ist ein Programm, welches ein Assemblerprogramm, d.h. eine Folge von Mnemonics in ein Maschinenprogramm, d.h. in eine Folge entsprechender Opcodes umwandelt. Damit wäre auch der Unterschied zwischen einem Assemblerprogramm und einem Maschinenprogramm geklärt. Ein Assemblerprogramm besteht aus einer Reihe von Mnemonics und weiteren Anweisugen (von denen noch die Rede sein wird), ein Maschinenprogramm besteht streng genommen nur aus Befehlsopcodes. Es sei jedoch gleich darauf hingewiesen, daß im allgemeinen Sprachgebrauch bzw. in vielen Büchern dieser Unterschied oft sehr verschwommen ist und Assemblerprogramm und Maschinenprogramm in vielen Situationen synonym verwendet werden. Dies ist auch nicht weiter tragisch, man sollte aber den Unterschied zumindestens einmal erläutert haben.

Halten wir fest : Ein Assembler ist ein Programm, das ein Assemblerprogramm in ein vom Mikroprozessor ausführbares Maschinenprogramm umwandelt, indem es jedem Befehlsmnemonic den dazugehörigen Opcode zuordnet. Die Tätigkeit des Assemblers, nämlich die Umwandlung der Befehlsmnemonics in binäre Opcodes, wird als assemblieren bezeichnet. Dieser Vorgang entspricht grundsätzlich dem Compilieren, d.h. der Arbeitsweise eines Compilers, ist aber bei weitem nicht so kompliziert.

Auch ein Assembler ist ein, wenngleich auch relativ umfangreiches, Maschinenprogramm, das wurde ja bereits angedeutet. Anders als die Frage "Henne oder Ei, wer war zuerst da?", läßt sich die gleiche Frage bezüglich "Assembler oder Maschinenprogramm" übrigens eindeutig beantworten. Der allererste Assembler (dessen Geburtsstunde müßte irgendwann Anfang der 50er Jahre gelegen haben) mußte noch Stück für Stück aus binären Maschinenbefehlen zusammengesetzt werden. Heutzutage hat man es da leichter. Wenn für einen brandneuen Mikroprozessor ein Assembler erstellt werden muß, stehen dafür komfortable Entwicklungsprogramme auf Mini- oder Großrechnern zur Verfügung.

Doch zurück zum Assembler. Sein Befehlswortschatz besteht zu einem Teil aus den vorgestellten Befehlsmnemonics des jeweiligen Prozessors. Doch die Mnemonics sind nur ein Teil, manchmal sogar der kleinere Teil, des gesamten Befehlssatzes eines Assemblers. In der Regel kennt der Assembler noch zahlreiche Befehle, die keinen Maschinenbefehlen des Mikroprozessors entsprechen. Es handelt sich vielmehr um Anweisungen, die für die Übersetzung, d.h. die Assemblierung des Assemblerprogramms, benötigt werden. Jedes Assemblerprogramm besteht daher aus Befehlsmnemonics für den Prozessor und Befehlen an den Assembler. Während erstere erst bei der Ausführung des Maschinenprogramms in Aktion treten, beziehen sich letztere ausschließlich auf den Assemblierungsvorgang.

Um die Befehle an den Prozessor von den Befehlen an den Assembler zu unterscheiden, werden letztere im folgenden nur noch als Anweisungen bezeichnet, auch wenn es sich von der Bedeutung her um Befehle handelt (In manchen Büchern und im Handbuch des Makroassemblers findet man auch die Bezeichnung Direktive). Damit die Unterscheidung klarer wird, sollten Sie vielleicht schon einmal einen Blick auf die Abbildung 2.1 im nächsten Kapitel werfen. Sie finden dort ein kleines Beispielprogramm, in dem die Assembleranweisungen übrigens besonders hervorgehoben sind, um sie von den Prozessorbefehlen zu unterscheiden. Auf den Aufbau dieses Programms bzw. die einzelnen Assembleranweisungen wird allerdings erst in den nächsten Kapiteln eingegangen werden.

Was tut der Assembler ?

Nach alledem was Sie bislang erfahren haben, sollte es nicht mehr allzu schwer sein, die Aufgabe eines Assemblers noch einmal in einem Satz zu umschreiben. Die Aufgabe eines Assemblers ist es, ein Assemblerprogramm in ein Maschinenprogramm umzuwandeln, d.h. jedem Befehlsmnemonic den entsprechenden Opcode zuzuordnen. Wie bereits kurz angesprochen, handelt es sich damit bei einem Assembler im Grunde um einen sehr einfachen Compiler. Auch ein Assembler verarbeitet eine Datei mit Quelltext als Eingabe, führt eine primitive Syntaxanalyse durch, legt Symboltabellen an und produziert eine Ausgabe, die von einem Linker (dessen Aufgabe im folgenden noch zu erläutern sein wird) weiterverarbeitet werden kann. Anders als bei einem Compiler werden alle Befehle in der Regel im Verhältnis 1:1 übersetzt, d.h. jedem Befehlsmnemonic entspricht ein Maschinenbefehl. Aufgrund der beschriebenen Ähnlichkeiten entspricht auch der Arbeitsablauf zum Erstellen eines Assemblerprogramms dem zum Erstellen etwa eines C-Programmes im herkömmlichen Sinne[1]. Schauen wir uns diesen Arbeitslauf einmal näher an.

Als erstes wird das Programm mit Hilfe eines Editors erstellt. Der Quelltext wird in einer Datei gespeichert, die üblicherweise die Endung .ASM trägt. Diese Datei soll später vom Assembler verarbeitet werden. Das Ergebnis der Assemblierung ist eine sog. *Objektdatei* mit der Endung .OBJ. In der Objektdatei sind zwar bereits alle Befehlsmnemonics in die entsprechenden Opcodes übersetzt, sie enthält aber auch noch bestimmte "Lücken" oder auch Zusatzinformationen bzw. Platzhalter für wichtige Adressen, so daß das Programm in einer Objektdatei nicht ausführbar ist. Diese Information muß von einem weiteren Programm, dem Linker, ausgewertet werden. Der Linker wandelt die Objektdatei in eine Programmdatei, d.h. eine Datei mit ausführbarem Maschinencode um. Vom Assembler erstellte Programmdateien tragen stets die Endung .EXE und können bei Bedarf von dem Hilfsprogramm EXE2BIN in Programmdateien mit der Endung .COM umgewandelt werden.

Erst jetzt liegt ein ablauffähiges Programm vor, welches unter DOS geladen und gestartet werden kann. Dafür, daß das Programm an die richtige Stelle in den Arbeitsspeicher geladen wird sorgt MS-DOS (genauer gesagt die Funktion Exec, die für das

1 Der ganze "neumodische Kram" wie z.B. QuickC oder QuickBasic, bei denen der gesamte Arbeitsablauf innerhalb ein und desselben Programms durchgeführt wird, wirft diesen schönen Vergleich leider über den Haufen.

Laden von Programmen zuständig ist). Ein aufgerufenes Maschinenprogramm muß, wie jedes andere (Maschinen-) Programm auch, irgendwann einmal in die aufrufende Betriebssystemroutine zurückkehrt. Dafür, daß Ihr Maschinenprogramm am Ende wieder zu DOS zurückkehrt, d.h. daß nach Beendigung des Programms der gewohnte Systemprompt A> oder C> erscheint sind Sie verantwortlich, indem Sie den passenden Befehl (z.B. einen Aufruf der Funktion 4Ch des Interrupt 21h) in das Programm einbauen.

Fassen wir nocheinmal die einzelnen Schritte zusammen :

1. Erstellen des Quelltextes mit einem Editor

2. Assemblieren des Quelltextes. Es entsteht eine Objektdatei

3. Umwandeln der Objektdatei in eine Programmdatei

4. Ausführung der Programmdatei durch Eingabe des Dateinamens

Der Arbeitslauf des Assemblers ist auch in Abbildung 1.1 schematisch dargestellt. Erschrecken Sie bitte nicht über den Umfang dieser Darstellung, in der alle etwaigen Möglichkeiten und Verzweigungen aufgeführt sind. Wenn Sie einmal die möglichen Verzweigungen außer acht lassen, werden Sie auch den eben besprochenen Ablauf (.ASM -> .OBJ -> .EXE) wiedererkennen.

Gibt es einen "Standardassembler ?"

Die Frage, die sich sicher dem einen oder anderen Assemblerneuling stellt, könnte lauten, gibt es denn so etwas wie einen Sprachstandard bei Assemblern? Diese Frage muß, wie so häufig, mit einem klaren "jein" beantwortet werden. Zuerst die schlechte Nachricht. Assembler sind in der Regel das Produkt eines Mikroprozessor oder eines Betriebssystemherstellers. Kaum ein anderes Softwarehaus kommt auf die Idee einen Assembler zu entwickeln (es gibt sicher ein paar Ausnahmen). Die Gründe dafür sollen hier nicht erläutert werden. Tatsache ist, daß jeder dieser Assembler seine Eigenarten hat. Daß ein Assembler für den 68000er anders aussieht und andere Anweisungen bzw. Befehle verwendet, als ein

Assembler für den 8086/88 ist einzusehen, denn schließlich handelt es sich um verschiedene Prozessoren mit einem vollkommen verschiedenen Befehlssatz. Daß aber ein Assembler für ein und denselben Prozessor sich ebenfalls, teilweise sogar relativ stark, von

Abbildung 1.1 Der Weg vom Quelltext zu einer ausführbaren Datei

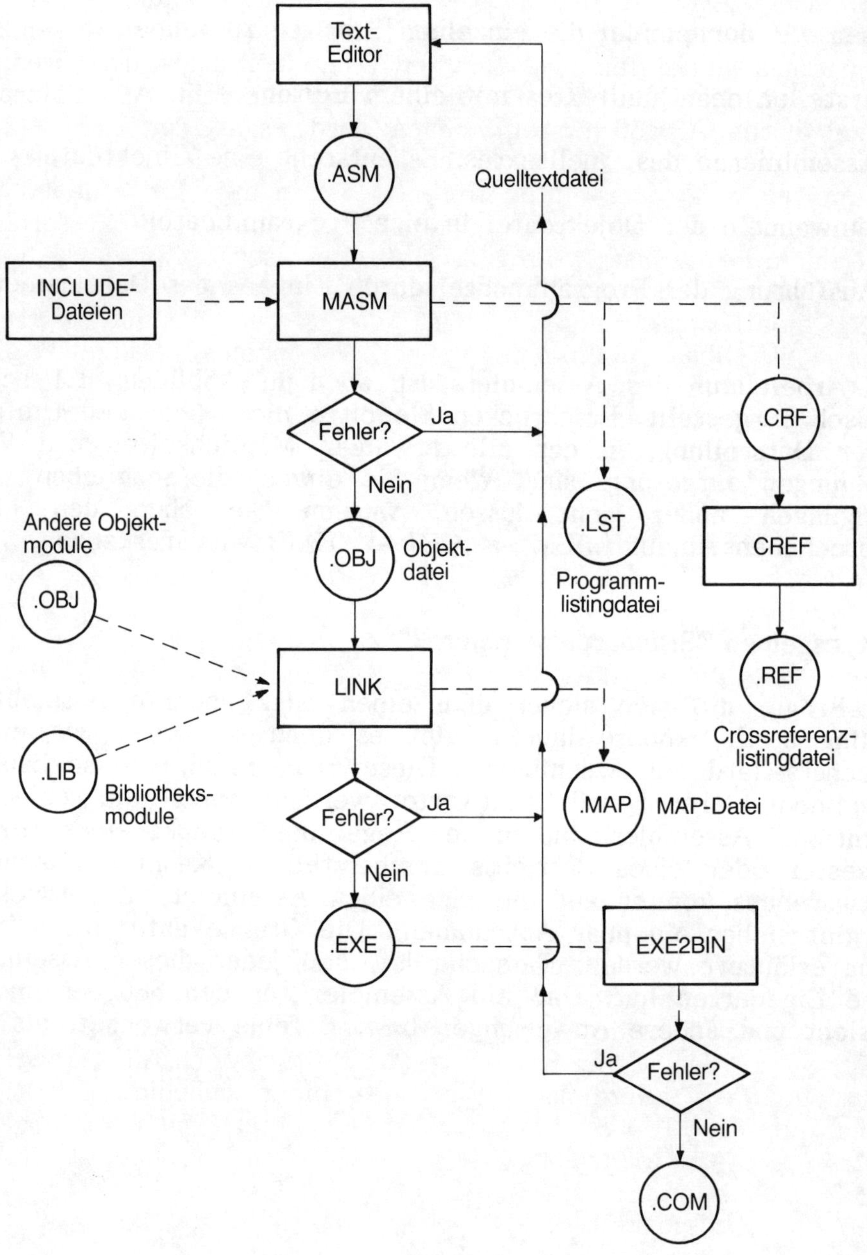

seinen Konkurrenten unterscheiden kann ist ärgerlich für den Anwender, denn es verhindert die Austauschbarkeit von Quellcode oder von einzelnen Bibliotheksroutinen. MASM ist ein Assembler für die Prozessoren 8086/88, 80186/188, 80286 und 80386 sowie für die mathematischen Koprozessoren 8087-80387. Doch MASM ist nicht der einzige Assembler für diese Prozessoren. So gibt es z.B. die Assembler ASM86 bzw. ASM286 von Intel, den Turbo Assembler von Borland (der größtenteils befehlskompatibel zu MASM ist), OPTASM (ebenfalls MASM kompatibel) oder einige Assembler in der Public Domain (z.B. CHASM). Alle diese Assembler haben eines gemeinsam, sie besitzen alle einen mehr oder weniger unterschiedlichen Befehlssatz, d.h., wenn Sie ein Assemblerprogramm unter ASM86 erstellt haben wird es in der Regel nicht ohne weiteres von MASM akzeptiert und umgekehrt. Ganz so schlimm sieht es aber nur in seltenen Fällen aus (wir kommen nun zum guten Teil). Tatsächlich gibt es sogar eine Art prozessorübergreifenden Befehlssatz, d.h. es gibt Anweisungen (wie z.B. einfache Datenanweisungen), die Sie in fast jedem Assembler in nur gering modifizierter Form wiederfinden werden. Fazit : Es gibt keine einheitliche Assemblersprache. Die einzelnen Assembler sind sich jedoch vom prinzipiellen Aufbau ähnlich, so daß Sie, wenn Sie einen kennen zwar nicht alle anderen kennen, sich aber zumindestens relativ leicht einarbeiten.

Wie sage ich es meinem Leser ?

Wir kommen jetzt zu einem sehr heiklen Punkt, nämlich das Für und Wider für die Verwendung sog. neudeutscher Begriffe. Deutsch ist, wie Sie wissen, die Sprache der Dichter und Denker. Dennoch gibt es manche Begriffe, insbesondere in der Computertechnik und im Tennis, die sich im deutschen nicht ganz so klar und präzise ausdrücken lassen, wie im englischen. Trotz sicher nicht unbedeutender Erfolge auf dem Gebiet der elektronischen Datenverarbeitung, derer sich die deutschsprachigen Entwickler rühmen dürfen, stammt immer noch der größte Anteil der Soft- und Hardwareentwicklungen aus dem angloamerikanischen Sprachraum (von Nachbauten aus Fernost soll hier nicht die Rede sein). Dieser Umstand schlägt sich natürlich auch in der Namensgebung nieder. Opcodes, Mnemonics oder Linker sind nur drei Beispiele für neudeutsche Begriffe, die Sie im Laufe des Buches noch des öfteren antreffen werden. Zwar wäre es prinzipiell möglich, diese Begriffe einzudeutschen, allerdings würde dies nicht unbedingt auch die Lesbarkeit des Textes oder gar dessen Verständlichkeit fördern. Deshalb wird aus dem Linker nicht ein Binder (wenngleich dies in diesem speziellen Fall noch vertretbar wäre) und der Stack wird nicht zum Kellerspeicher. Des weiteren wird billigend in Kauf genommen, daß dann solche Satzfragmente wie z.B. "nachdem die Datei gelinkt" wurde oder "ein Near Zeiger" (womit ein Zeiger mit dem Entfernungstyp nah gemeint ist) entstehen können. Auf der anderen Seite soll nicht jeder Begriff einfach kritiklos oder in einer blinden Gefolgsamkeit zu "unseren amerikanischen Freunden" übernommen werden. So wird z.B. der Begriff "File", der sicherlich jedem Leser ein Begriff ist, durch den viel schöneren Begriff "Datei" ersetzt, und die Sprachkonstruktion "nachdem der Wert vom Stack gepoppt wurde" wird tunlichst vermieden. Dafür werden wiederum viele Eigennamen des Makroassemblers nicht übersetzt. Zwei Beispiele, die stellvertretend für etwa zwei Dutzend solcher Worte stehen, sind der sog. Segment-Override-Operator, den man vielleicht etwas ungelenkig mit "Segment-Überschreibungs-Operator" (klingt doch irgendwie komisch, nicht wahr ?) übersetzen könnte bzw. das "Equate", das mit "Gleichsetzer" sicherlich nur unzureichend übersetzt wäre.

Sie werden sehen, daß eine zu strenge Eindeutschung in vielen Fällen den Lesefluß behindern kann. Deswegen seien Sie bitte nicht allzu kritisch, was diesen Aspekt des Buches anbelangt. Mehr soll zu diesem Thema an dieser Stelle nicht gesagt werden. Für viele Leser mag diese "Problematik" ohnehin nicht der Rede Wert sein, auf manche "Gewissenskonflikte" des Autors sollte aber dennoch hingewiesen werden.

1.4 Erstellen eines Assemblerprogramms mit MASM

Nachdem die grundsätzliche Funktion eines Assemblers geklärt wurde, können wir uns mit gutem Gewissen der praktischen Anwendung widmen. Im folgenden wird Ihnen daher in einer Art "Schnellkursus" gezeigt, wie Sie ein Assemblerprogramm in ein ausführbares Maschinenprogramm umwandeln können. Um es nicht zu schwer zu machen, ist das Assemblerprogramm bereits fix und fertig und wartet nur noch darauf assembliert zu werden. Sie finden das Listing übrigens in der Abbildung 2.1 im nächsten Kapitel. Machen Sie sich über den Aufbau des Programms bzw. die einzelnen Anweisungen im Moment noch keine Gedanken[1]. Details zum Programm bzw. die Bedeutung der verwendeten Anweisungen sollen erst in den nächsten Kapiteln ausführlich erklärt werden. Zunächst geht es lediglich um den grundsätzlichen Arbeitsablauf.

---

1 Sie werden diesen Satz noch öfter lesen.

Die Eingabe des Quelltextes

Der erste Schritt bei der Erstellung eines Maschinenprogramms besteht immer darin, den Quelltext des Assemblerprogramms in einer Datei abzulegen. Dies kann mit Hilfe eines Editors oder eines Textverarbeitungsprogramms durchgeführt werden. Für winzig kleine Programme und "Einzeiler" kann zur Not (und vor allem wenn niemand hinschaut) auf *EDLIN* zurückgegriffen werden. Mittlere bis größere Programme sollten dagegen stets mit einem richtigen, d.h. zeilenorientierten Editor eingegeben werden, um traumatischen Erlebnissen bei der Fehlersuche vorzubeugen. Besitzer der MASM Version 5.1 können sich übrigens glücklich schätzen, denn diese Version wird zusammen mit einem Editor ausgeliefert[1].

Der erstellte Quelltext des Assemblerprogramms wird dann in einer Datei mit der Endung .ASM gespeichert. Dies ist keine notwendige Voraussetzung, hilft aber etwaigen Mißverständnissen bei der Assemblierung vorzubeugen. Außerdem läßt sich eine Datei mit der Endung .ASM viel leichter als eine Assembler-Quelltextdatei erkennen, als eine Datei mit dem unscheinbaren Namen 'MY_TEST.2%X'.

Die Assemblierung mit MASM

Steht die Quelltextdatei zur Verfügung, kann der Assembler in Aktion treten. Es gibt mehrere Möglichkeiten, den Assembler aufzurufen. Die einfachste, aber leider nicht die bequemste wie Sie später noch sehen werden, ist es einfach den Namen des Assemblers einzugeben :

A>MASM

Der Makroassembler meldet sich daraufhin mit der Ausgabe einer Titelzeile und einer umfangreicheren Copyrightnotiz. Viel wichtiger als diese ist die dritte Zeile, mit der Sie aufgefordert werden den Namen der Quelltextdatei festzulegen. Eine solche Aufforderung wird gemeinhin als *Prompt* bezeichnet und der Einfachheit halber soll diese Bezeichnung auch in Zukunft beibehalten werden :

1 Ob Sie mit diesem Editor wirklich glücklich werden, sei erst einmal dahingestellt.

```
Microsoft (R) Macro Assembler Version 5.10
Copyright (C) Microsoft Corp 1981, 1988.  All rights reserved.

Source filename [.ASM]: TEST    <Return>
```

Die Eingabe der Endung .ASM ist nicht erforderlich. Durch die eckige Klammer bei der Ausgabe des Prompts wird deutlich, daß MASM die Endung .ASM annimmt, wenn nichts anderes festgelegt wird. Standardmäßige Annahmen eines Programms werden als *Default* (auf diesen Begriff werden Sie ebenfalls noch des öfteren stoßen) bezeichnet. Nach der Eingabe des Namens der Quelltextdatei erscheint der nächste Prompt, durch den der Anwender aufgefordert wird, den Namen der Objektdatei anzugeben :

```
Object filename [TEST.OBJ]:  <Return>
```

Wie aus dem ausgegebenen Prompt ersichtlich ist, ist als Default Wert der Dateiname TEST.OBJ vereinbart. Soll dieser Name beibehalten werden reicht es aus, wenn Sie die Return-Taste betätigen. Ansonsten muß an dieser Stelle der Name der Objektdatei angegeben werden. In jedem Fall erscheint der nächste Prompt, der zur Eingabe des Namens der Programmlistingsdatei auffordert :

```
Source listing [NUL]:  <Return>
```

Die Programmlistingdatei enthält eine Art Protokoll des Assembliervorganges, in dem neben dem Quelltext auch der erzeugte Maschinencode aufgeführt sind. Des weiteren enthält das Programmlisting Hinweise auf nicht aufgelöste Referenzen, eine Liste aller verwendeten Symbole und Segmente und unter Umständen Hinweise auf aufgetretene Fehler innerhalb des Programms. Ein Programmlisting ist ein unentbehrliches Hilfsmittel zum Aufspüren von hartnäckigen Fehlern, wird aber nicht immer benötigt. Als Default ist die NUL-Datei festgelegt, d.h. wenn Sie kein Programmlisting benötigen, können Sie einfach die Return-Taste betätigen und die Programmlistingdatei verschwindet in einem "schwarzen Loch". Der letzte Prompt wartet auf die Eingabe eines Namens für die Crossreferenzdatei. Unter einer Crossreferenz wird im allgemeinen eine Liste aller in einem Programm verwendeten Symbole verstanden - das Ansprechen eines Symbols innerhalb eines Assemblerprogramms heißt Referenz. Die vom Assembler produzierte Crossreferenzdatei, die in der Regel durch das Hilfsprogramm CREF in eine lesbare ASCII-Datei umgewandelt werden muß, enthält darüber hinaus zu jedem Symbol die Zeilennummern, in denen das betreffende Symbol definiert, angesprochen bzw. verändert wird. Crossreferenzdateien dienen in erster Linie zur Fehlersuche in größeren Programmen und werden daher wie die Programmlistingdateien nicht immer benötigt. Aus diesem Grund ist auch hier als Default die NUL-Datei vereinbart, so daß dieser Prompt durch Betätigen der Return-Taste übergangen werden kann, wenn keine Crossreferenzdatei gewünscht wird.

Nun verfügt der Assembler über alle benötigten Informationen und der Assemblierungsvorgang beginnt. Diese kann übrigens jederzeit durch CTRL-C abgebrochen werden. Sollten innerhalb des Programms Fehler auftreten, werden diese am Ende des Assemblierungsvorganges angezeigt. Wie später (genauer gesagt in Kapitel 10) gezeigt wird, können die Fehlermeldungen auch in eine Datei geschrieben oder vollständig unterdrückt werden. MASM unterscheidet grundsätzlich zwischen sog. *Warnings* und sog. *Severe Errors*. Bei ersteren handelt es sich um mehr oder weniger gut gemeinte Ratschläge des Assemblers, der damit auf Unstimmigkeiten im Programm hinweist. Im allgemeinen können Sie diese Ratschläge ignorieren, ohne negative Folgen befürchten zu müssen. Ganz anders sieht es bei den Severe Errors (FORTRAN Programmierer kennen Sie unter dem Namen Fatal Errors), hierbei handelt es sich um schwerwiegende Programmfehler, wie z.B. ein nicht definiertes Symbol, eine nicht erlaubte Adressierungsart oder einfach nur um einen Tippfehler. Auf einen Severe Error müssen Sie reagieren, denn MASM läßt in diesem Fall nicht mit sich spaßen und löscht kurzerhand die Objektdatei.

Die Objektdatei muß gelinkt werden

Das Ergebnis des fehlerfreien Assemblierungsprozesses ist eine Objektdatei mit dem Namen *TEST.OBJ*. Alle Befehlsmnemonics sind in die entsprechenden Opcodes umgewandelt worden, sofern diese keine Sprungadresse bzw. Referenzen auf Symbole (wie z.B. Variablenadressen) enthalten. Des weiteren kann es vorkommen, daß ein Objektmodul Referenzen auf Symbole enthält, die sich in einem anderen Objektmodul befinden. Auch hier kann der Assembler keine Angaben über die Adresse des Symbols machen. In diesen Fällen trägt der Assembler anstatt der Adresse den Namen des Symbols zusammen mit einer Typenangabe in die Objektdatei ein. Da alle Objektdateien, die von Microsoftsprachen erstellt werden, einen einheitlichen Aufbau aufweisen, kann sich der Linker später die noch nicht aufgelösten Referenzen aus anderen Objektmodulen zusammensuchen[1].

1 Voraussetzung ist natürlich, daß die betreffenden Objektdateien dem Linker auf zur Verfügung gestellt werden.

Der nächste Schritt ist die Verarbeitung der Objektdatei durch den Linker. Der Linker ist ein vom Assembler im Grunde völlig unabhängiges Programm, dessen Aufgabe im wesentlichen darin besteht, aus einer Objektdatei eine ausführbare Programmdatei zu machen. Eine weitere wichtige Funktion des Linkers ist das "Zusammenbinden" mehrerer Objektdateien zu einem einzigen Programm. Insbesondere größere Assemblerprogramme werden modular programmiert, d.h. das gesamte Programm wird in einzelne Untermodule aufgeteilt, die getrennt assembliert werden. Der Linker bindet diese Module zu einem einzigen Programm. Der Linker ist dabei keineswegs auf Assemblermodule beschränkt. Aufgrund des erwähnten einheitlichen Aufbaus von Objektmodulen kann man ohne weiteres ein BASIC Modul mit einem FORTRAN - und einem MASM Modul verknüpfen[1].

Der Aufruf des Linkers

Der Linker kann wie der Assembler auf verschiedene Weisen aufgerufen werden. Am einfachsten ist es auch hier, den Linker durch Eingabe des Namens aufzurufen :

```
A>LINK
```

Der Linker meldet sich daraufhin mit der Ausgabe einer Titelzeile, der Copyright Notiz und einem Prompt :

```
Microsoft (R) Overlay Linker  Version 3.65
Copyright (C) Microsoft Corp 1983-1988.  All rights reserved.

Object modules [.OBJ]:  TEST  <Return>
```

Hier werden Sie aufgefordert, eine (oder mehrere) Objektdatei(en) festzulegen, die in eine Programmdatei umgewandelt werden sollen. Der nächste Prompt legt den Namen der ausführbaren Datei fest :

```
Executable file [TEST.EXE]: <Return>
```

Auch *LINK* "denkt" mit, indem es den Namen der ausführbaren Datei als Default festlegt und Sie diesen Default lediglich durch Betätigen der Return-Taste bestätigen müssen. Für den in der Regel seltenen Fall, daß die Programmdatei einen anderen Namen als die Objektdatei tragen soll, muß an dieser Stelle einfach ein anderer Namen eingetragen werden. Zwar können Sie hier im

1 ob man das wirklich und vor allem bei klarem Bewußtsein macht, ist eine andere Frage aber prinzipiell geht es.

Prinzip jeden beliebigen Namen angeben, als Endung sollte jedoch stets .EXE verwendet werden, da ansonsten ein Aufruf unter DOS nicht möglich ist. Auch wenn Sie eine COM-Datei erzeugen wollen, muß trotzdem zunächst eine EXE-Datei erstellt werden. Die fertige EXE-Datei kann später durch das Hilfsprogramm EXE2BIN in eine COM-Datei umgewandelt werden.

Die letzten beiden Prompts können ebenfalls durch Betätigen der Return-Taste übergangen werden. Bei dem ersten Prompt wird eine sog. *MAP-Datei* festgelegt. Eine MAP-Datei enthält eine Liste aller Segmente, die in dem Programm enthalten sind. Aus dieser Liste kann man die Größe, die relative Startadresse und die Anordnung der einzelnen Segmente entnehmen :

```
MAP File [NUL]: <Return>
```

Der letzte Prompt ermöglicht die Einbeziehung von Bibliotheksmodulen in die Programmdatei. Ein Bibliotheksmodul enthält eine oder mehrere Programmroutinen, die auch voneinander unabhängig sein können, und die mehr oder weniger häufig benötigte Prozeduren zur Verfügung stellen. Wie in Kapitel 11 noch erläutert wird, enthält das Assemblerpaket ein leistungsfähiges Hilfsprogramm mit dem Namen *LIB.EXE.* Hierbei handelt es sich um eine Art "Bibliotheksmodul-Manager", der die Verwaltung der Module übernimmt. Vorerst soll auf die Einbeziehung von Bibliotheksmodulen verzichtet werden, so daß Sie auch diesen Prompt mit der Return-Taste bestätigen können :

```
Lib Files [NUL]: <Return>
```

Nun verfügt der Linker über alle benötigten Informationen und beginnt die Objektdatei in eine ausführbare Programmdatei umzuwandeln. Auch hier können, allerdings wesentlich seltener, Fehler auftreten. Meistens handelt es sich um Symbole, die LINK aus irgendeinem Grund nicht zuordnen kann, oder um sog. *Phasenfehler* (siehe Kapitel 4.10). Das Ergebnis des Linkprozesses ist stets eine Datei mit der Endung .EXE. Wie der Assembliervorgang, kann auch das Linken jederzeit durch CTRL-C abgebrochen werden.

Ohne im Detail auf die Unterschiede zwischen einer EXE- und einer COM-Datei eingehen zu wollen, sei bereits an dieser Stelle erwähnt, daß sich COM- und EXE-Dateien unter Umständen erheblich unterscheiden können. COM-Dateien sind mittlererweile als "historisches Relikt" zu betrachten, da sie in erster Linie dazu gedient haben eine Kompatibilität zu CP/M[1] herzustellen. Unter

---

bestimmten Umständen sind COM-Dateien noch von Vorteil. Sie werden ein wenig schneller geladen als EXE-Dateien und eignen sich u.U. besser zum Erstellen von speicherresidenten Programmen. Da sich aber die ganzen Vorteile von MASM 5.0 bzw. 5.1 wie die vereinfachten Segmentanweisungen, das symbolische Debuggen oder das Verknüpfen mit Hochsprachenmodulen mit COM-Dateien gar nicht oder nur sehr begrenzt nutzen lassen, sollen sie im weiteren Verlauf des Buches bis auf eine Ausnahme (Kapitel 12) nicht mehr besonders erwähnt werden.

Jetzt kann das Programm gestartet werden

Nachdem die EXE-Datei vorliegt, ist die Umsetzung des Assemblerprogramms in ein Maschinenprogramm komplett, und einem Aufruf steht nichts mehr im Wege. Natürlich ist das Programm auch jetzt noch nicht gegen Abstürze gefeit. So kann es durchaus passieren, daß sich das Programm nach dem Starten sang- und klanglos verabschiedet, weil Sie es z.B. durch einen unsinnigen Sprungbefehl in die Wüste geschickt haben (natürlich sind das alles böswillige Unterstellungen). Sie werden dafür Verständnis haben, daß die Ursachen für Programmabstürze recht vielfältiger Natur sein können und leider in diesem Buch nicht erschöpfend abgehandelt werden können. Gehen wir einfach davon aus, daß alles geklappt hat (Diese Annahme ist schließlich nicht ganz aus der Luft gegriffen, den in dem Listing in Abbildung 2.1 sollten eigentlich keine Fehler sein).

Der Aufruf des assemblierten Programms geschieht durch Eingabe des Dateinamens. Daraufhin tritt der DOS-Lader (genauer gesagt die DOS-Funktion Exec) in Aktion. Als erstes prüft Exec, ob noch genügend Speicherplatz vorhanden ist (kennen Sie eigentlich die Fehlermeldung "Not enough memory" ?). Falls dies der Fall ist, wird der Inhalt der EXE-Datei gelesen. Neben dem Programm enthält eine EXE-Datei noch eine Reihe anderer mehr oder weniger wichtiger Informationen, wie z.B. die relative Lage der einzelnen Segmente. DOS benötigt diese Information, die im sog. *Kopf* der EXE-Datei untergebracht ist, um die absoluten Segmentadressen zu berechnen (diese sind ja erst beim Laden bekannt). Nachdem DOS diese und andere Informationen ausgewertet hat, lädt es das IP- bzw. das CS-Register mit den, durch das Startpunktlabel festgelegten Adressen und die Programmausführung beginnt mit dem ersten Maschinenbefehl nach dem Startpunktlabel (Falls Sie diesen

---

1 seien Sie beruhigt, daß dieser Name im weiteren Verlauf des Buches nicht mehr erwähnt wird.

Ablauf kompliziert finden, trösten Sie sich damit, daß es unter OS/2 noch ein wenig komplizierter zugeht).

Damit wäre unser Schnellkurs erst einmal beendet. Sie haben nun alle wichtigen Stationen auf dem Weg von der Eingabe des Quelltextes bis zum Aufruf des fertigen Programms kennengelernt. Im folgenden wird gezeigt, daß es auch einfacher geht.

Vereinfachter Aufruf des Assemblers

Die im letzten Abschnitt beschriebene Art und Weise, den Assembler bzw. den Linker aufzurufen, ist mit zunehmender Nutzung beider Programme nicht mehr effektiv. Häufig wird es zu zeitraubend, alle Prompts des Assemblers bzw. des Linkers zu bedienen, erst recht dann wenn den Programmen eine oder mehrere Optionen übergeben werden. In diesem Fall besteht die Möglichkeit, den Aufruf der Programme erheblich zu vereinfachen.

Dazu ist es sinnvoll, einmal die Syntax des Assembleraufrufes zu betrachten :

```
MASM [Optionen] Quelldatei [,[Objektdatei] [,[Listingdatei] [,[Crossreferenz]]]] [;]
```

Diese auf den ersten Blick sicher ein wenig verwirrende Syntax ist der im MASM Handbuch verwendeten Syntax angelehnt und soll im folgenden kurz erläutert werden. Haben Sie das Prinzip verstanden, das hinter dieser speziellen Syntaxbeschreibung steckt ist es relativ leicht, die Syntaxbeschreibung anderer Programmaufrufe wie z.B. Hilfsprogramme oder Compiler zu lesen. Begriffe, die in eckige Klammern gesetzt werden, sind stets optional, d.h. sie können auch ganz entfallen. Die erste Klammer beinhaltet mögliche Optionen, die dem Assembler übergeben werden. Optionen wurden bisher nicht erwähnt und sollen auch erst in Kapitel 10 ausführlich vorgestellt werden. Die eckigen Klammern weisen darauf hin, daß Sie MASM auch ohne Optionen aufrufen können. Nicht weggelassen werden darf dagegen die Angabe einer Quelltextdatei. Dies ist die einzige Angabe, die bei dem Aufruf des Assemblers unbedingt erforderlich ist. Alle darauffolgenden Angaben, d.h. der Name einer Objektdatei, einer Programmlistingdatei und einer Crossreferenzdatei sind, wie Sie bereits wissen, optional, da entsprechende Default-Werte existieren. Soll ein Default-Wert durch den Dateinamen ersetzt werden, müssen an dieser Stelle zwei Kommas direkt aufeinander folgen. Ein Semikolon zeigt dem Assembler an, daß alle noch ausstehenden Angaben durch ihre Default-Werte ersetzt werden sollen. Dazu am besten mehrere Beispiele.

Die einfachste Art, MASM aufzurufen, sieht wie folgt aus :

```
A>MASM TEST;
```

In diesem Fall wird lediglich der Name der Quelltextdatei, nämlich TEST.ASM übergeben. Durch das ; werden alle übrigen Angaben durch ihre Default-Werte ersetzt. Die obige Kommandozeile entspricht der folgenden ausführlichen Kommandozeile :

```
A>MASM TEST.ASM, TEST.OBJ, TEST.LST, TEST.CRF
```

Etwas anders sieht es im folgenden Beispiel aus :

```
A>MASM TEST,,;
```

In diesem Fall wird durch das erste Komma für die Objektdatei der Default-Wert, nämlich TEST.OBJ, eingesetzt. Für die Programmlistingdatei wird allerdings nicht der Default-Wert, das wäre die Datei NUL.LST, übernommen, sondern es wird der Dateiname TEST.LST eingesetzt. Das abschließende Semikolon bewirkt, daß für alle übrigen Parameter der Default-Wert eingesetzt wird d.h. in diesem speziellen Fall keine Crossreferenzdatei erzeugt wird. Selbstverständlich kann zu einem Dateinamen auch ein Pfadname oder eine Laufwerksangabe aufgeführt werden, wenn sich die betreffende Datei nicht im aktuellen Verzeichnis bzw. auf dem Standard-Laufwerk befindet oder wenn die zu erzeugende Datei nicht in das aktuelle Verzeichnis bzw. auf das Standard-Laufwerk geschrieben werden soll.

MASM Optionen

Zusätzlich zu der Angabe der Quelltextdatei und den optionalen übrigen Dateinamen können dem Assembler eine oder mehrere Optionen auf den Weg gegeben werden. Diese Optionen stellen bildlich gesprochen "Verhaltensmaßregeln" an den Assembler dar, die dieser während der Assemblierung zu beachten hat. So wird z.B. durch die Option /T sowohl die Titelzeile von MASM, als auch die Meldung über die erfolgreiche Assemblierung unterdrückt. Andere Optionen legen den Aufbau des Programmlistings fest oder setzen die Fehlerwarnstufe des Assemblers.

Etwaige Optionen sollten immer an den Anfang der Befehlszeile, d.h. vor etwaigen Dateinamen aufgeführt werden :

```
A>MASM /T /Z TEST;
```

Durch diese Befehlszeile wird die Quelltextdatei TEST.ASM assembliert. Dabei wird durch die Option /T die Ausgabe einer Assemblermeldung unterdrückt. Ferner werden durch die Option /Z die Zeilen, in denen Fehler auftreten, auf dem Bildschirm ausgegeben. Um häufig benutzte Optionen nicht jedesmal wieder eingeben zu müssen, stellt MASM eine Umgebungsvariable mit dem Namen *MASM* zur Verfügung. In dieser Umgebungsvariablen können Optionen des Assemblers gespeichert werden, die dann bei jedem Aufruf des Assemblers automatisch in Kraft treten.

Beispiel

```
SET MASM=/T/Z
```

Dieser DOS-Befehl speichert die Optionen /T und /Z in der Umgebungsvariablen MASM. Beim erneuten Aufruf des Assemblers in der Form

```
A>MASM TEST;
```

liest MASM zuerst den Inhalt der Umgebungsvariablen MASM, so daß die beiden Optionen /T und /Z automatisch ausgeführt werden. Es sei darauf hingewiesen, daß es an dieser Stelle zu Konflikten kommen kann, wenn beim Aufruf des Assemblers eine zusätzliche Option übergeben wird, die einer in der Umgebungsvariablen festgelegten Option oder einer Anweisung innerhalb des Assemblerprogramms widerspricht. In einem solchen Fall gilt, daß eine Option eine entgegengesetzte Option in der Umgebungsvariable MASM aufhebt. Existiert gleichzeitig innerhalb des Assemblerprogramms eine widersprüchliche Anweisung, so hat diese in der Regel die höchste Priorität.

Steuerung der Ausgabe

Normalerweise werden Meldungen des Assemblers wie z.B. die Titelmeldung oder etwaige Fehlermeldungen auf dem Standard-Ausgabegerät, d.h. dem Bildschirm, ausgegeben. Es besteht jedoch auch die Möglichkeit, diese Ausgabe in eine Datei oder auf einen Drucker umzulenken.

Beispiel

```
A>MASM /T TEST; >FEHLER
```

lenkt die Ausgabe etwaiger Fehlermeldungen in eine Datei mit dem Namen *FEHLER* um. Der Inhalt dieser Datei kann von einem speziellen Editor dazu verwendet werden, die Zeilen mit den Fehlern ausfindig zu machen und z.B. besonders hervorzuheben.

Der Aufruf des Linkers

Auch der Linker kann auf mehrere Weisen aufgerufen werden :

1. Durch eine Kommandozeile

2. Durch Bestätigung der Prompts

3. Durch eine "Anwortdatei"

Die Möglichkeit, den Linker über eine sog. Anwortdatei (engl. Response file) aufzurufen, gibt es beim Assembler leider nicht. Um die Verwendung dieser Antwortdatei soll es erst im nächsten Abschnitt gehen. Betrachten Sie zunächst den Aufbau der Kommandozeile. Die Kommandozeile des Linkers weist folgende allgemeine Syntax auf :

```
LINK [Optionen] Objektdatei(en) [,[Programmdatei] [,[Mapdatei]
[,[Bibliotheksdatei(en)]]]] [;]
```

Die einzige nicht optionale Angabe ist der Name der Objektdatei. Da ein Linker in der Lage ist, mehrere Objektdateien zu einer Programmdatei zu verknüpfen, können an dieser Stelle auch die Namen mehrerer Objektdateien aufgeführt werden, die jeweils durch ein Leerzeichen oder ein '+'-Zeichen getrennt werden müssen. An dieser Stelle besteht auch die Möglichkeit, den Namen eines Bibliotheksmoduls anzugeben. Sie müssen in diesem Fall aber den kompletten Dateinamen einschließlich der Endung .LIB angeben, da LINK ansonsten die Endung .OBJ einsetzt. Auf die Bedeutung der Bibliotheksmodule wird in Kapitel 11 ausführlicher eingegangen.

Beim Aufruf des Linkers gelten die gleichen Regeln, die auch schon beim Aufruf des Assemblers aufgeführt wurden. Am einfachsten kann LINK wie folgt aufgerufen werden :

```
A>LINK TEST;
```

wobei lediglich der Name der Objektdatei angegeben wird. Für alle übrigen Angaben wird durch das ; der Default-Wert eingesetzt. Etwas differenzierter sieht der folgende Aufruf aus :

```
A>LINK TEST1+TEST2,GESAMT,NUL,BIB1;
```

In diesem Fall verknüpft LINK die Objektdateien TEST1.OBJ und TEST2.OBJ zu einer Programmdatei mit dem Namen *GESAMT.-EXE.* Außerdem wird die Bibliothek *BIB1.LIB* nach unaufgelösten Referenzen durchsucht. Die Angabe *NUL* für den Namen der MAP-Datei ist notwendig, wenn keine MAP-Datei erzeugt werden soll. Es wird immer eine MAP-Datei mit dem Namen der Programmdatei und der Endung .MAP erzeugt, wenn der Name der MAP-Datei in der Kommandozeile durch zwei Kommas ersetzt wird. So auch im folgenden Beispiel :

```
A>LINK TEST,, ;
```

in dem eine MAP-Datei mit dem Namen TEST.MAP erzeugt wird. Um dies zu verhindern, muß man den Namen NUL für den Namen der MAP-Datei einsetzen.

Die Verwendung einer Anwortdatei

Da bei größeren Programmen mit verschiedenen Objekt- und Bibliotheksmodulen die Kommandozeile sehr schnell relativ umfangreich werden kann, empfiehlt es sich, eine sog. *Anwortdatei* zu verwenden. Eine Anwortdatei ist mit einer Batch-Datei vergleichbar. Auch hier handelt es sich um eine kleine Datei, die alle Eingaben enthält, die normalerweise über die Tastatur eingegeben werden. Eine Anwortdatei ist so aufgebaut, daß jede Bestätigung eines Prompts in einer neuen Zeile erfolgt oder durch ein Komma getrennt ist. Dabei wird jede Carriage-Return/Linefeed-Kombination innerhalb der Antwort Datei dem Betätigen der Return-Taste bei der manuellen Eingabe gleichgesetzt. Falls eine Zeile innerhalb des Editors bzw. Textverarbeitungsprogramms nicht ausreicht, kann die Eingabe in der nächsten Zeile fortgesetzt werden, wenn als letztes Zeichen ein '+'-Zeichen verwendet wird.

Bei der Verwendung einer Anwortdatei erfolgt der Aufruf von *LINK* in der Form :

```
A>LINK @Dateiname
```

wobei *Dateiname* der Name der Anwortdatei ist. Anschließend werden alle Prompts zusammen mit der entsprechenden Bestätigung aus der Anwortdatei ausgegeben. Sollte eine Promptbestätigung in der Anwortdatei fehlen, wartet LINK auf die manuelle Bestätigung des entsprechenden Prompts.

Beispiel

```
MAIN + AUSGABE + EINGABE
/CO
MAIN
```

Dies könnte der Inhalt einer Anwortdatei sein. Die erste Zeile legt fest, welche Objektmodule verknüpft werden sollen. In diesem Fall handelt es sich um die Objektmodule MAIN.OBJ, EINGABE-.OBJ und AUSGABE.OBJ. In der zweiten Zeile wird dem Linker die Option /CO übergeben, durch die die entstehende Programmdatei für CodeView vorbereitet wird. In der dritten Zeile wird die MAP-Datei spezifiziert, während in der vierten Zeile (für Sie leider unsichtbar) ein Carriage-Return-Zeichen anzeigt, daß keine Bibliotheksmodule verwendet werden sollen. Bei der Namensgebung sind Ihnen keinerlei Einschränkungen auferlegt[1]. Üblich ist die Endung .LNK, aus der der Sinn der Datei hervorgeht. Durch Eingabe von

```
A>LINK @LINK_ME.LNK
```

wobei es sich bei *LINK_ME.LNK* um den Namen der Anwortdatei handelt, wird der Linker so aufgerufen als würde der Inhalt dieser Datei über die Tastatur eingegeben werden.

Linker Optionen

Auch LINK kann mit zahlreichen Optionen aufgerufen werden. Eine Diskussion dieser Optionen soll an dieser Stelle noch nicht erfolgen, sondern diese wird auch auf Kapitel 10 verschoben. Abschließend ein Beispiel für den Aufruf von LINK mit einer Option :

```
A>LINK TEST /CO;
```

1 Sie sollten die Anwortdatei allerdings nicht gerade MASM.EXE o.ä. nennen.

In diesem Beispiel wird die Datei TEST.OBJ zu einer Programmdatei mit dem Namen TEST.EXE gelinkt. Durch die Option /CO wird die Programmdatei für das Arbeiten mit dem symbolischen Debugger CodeView vorbereitet. In diesem Fall enthält die Programmdatei zusätzliche Informationen über die verwendeten Symbole und Zeilennummerninformation, die eine Zuordnung der einzelnen Symbole zu den jeweiligen Quelltextzeilen erlaubt.

Auch bei *LINK* besteht die Möglichkeit, häufig benutzte Optionen in einer Umgebungsvariablen zu speichern. Um die obige Option /CO automatisch bei jedem Aufruf des Linkers zu berücksichtigen, muß die Umgebungsvariable *LINK* in der folgenden Form gesetzt werden :

```
SET LINK=/CO
```

Wichtig : Auch hier gilt, daß eine Option in einer Kommandozeile eine Option in der Umgebungsvariable im Konfliktfall überschreibt. Höchste Priorität hat in der Regel eine etwaige Anweisung im Assemblerprogramm, die die gegenteilige Wirkung wie eine Option bzw. Umgebungsvariable hat.

1.5 Wie geht es weiter ?

Damit wären Sie mit den wichtigsten Informationen versorgt, die für das Assemblieren und Linken von Assemblerprogrammen notwendig sind. Die Handhabung des Assemblers und des Linkers, die sich im einfachsten Fall auf die Eingabe des Programmnamens zusammen mit dem Namen der Quelltext- bzw. Objektdatei beschränkt, ist im Grunde relativ simpel. Natürlich läßt sich aus dem Assembler bzw. dem Linker noch mehr herausholen, doch um die Spezialfälle soll es erst in Kapitel 10 gehen. Im nächsten Kapitel wird zunächst der allgemeine Aufbau eines Assemblerprogramms besprochen, wobei die wichtigsten Komponenten anhand eines Beispielprogramms erklärt werden. In den darauffolgenden Kapiteln werden dann die einzelnen MASM Anweisungen, jeweils in zusammenhängenden Gruppen, vorgestellt. Begonnen wird im übernächsten Kapitel mit den Segmentanweisungen, ohne die kein Assemblerprogramm auskommt, sowie den verwendbaren Speichermodellen.

KAPITEL 2

DIE STRUKTUR EINES ASSEMBLERPROGRAMMS

2.1 Einleitung

Nachdem es im letzten Kapitel um die grundsätzlichen Abläufe beim Erstellen eines Assemblerprogramms und dessen Umsetzung in ein ausführbares Maschinenprogramm ging, soll in diesem Kapitel der allgemeine Aufbau eines Assemblerprogramms vorgestellt werden. Sie bekommen einen Eindruck von der Struktur eines Assemblerprogramms und lernen dabei die wichtigsten Komponenten eines Assemblerprogramms bereits schon einmal kennen, bevor diese in den folgenden Kapiteln ausführlich besprochen werden. Desweiteren finden Sie in diesem Kapitel eine "Schablone", die alle benötigten Assembleranweisungen enthält, und die für alle kleineren Programme übernommen werden kann.

Im einzelnen geht es um :

» den Aufbau einer Assemblerprogrammzeile

» die Bedeutung von Symbolen

» den Unterschied zwischen Anweisungen und Befehlen

» Konstanten und Ausdrücke

2.2 Der Assemblerquelltext

Die Gesamtheit eines Assemblerprogramms wird als *Quelltext* (engl. Sourcecode) bezeichnet. Ein Assemblerprogramm besteht stets aus mehreren Programmzeilen. Eine Programmzeile enthält immer genau eine Assembleranweisung, ein Label und/oder einen Kommentar. Anders als z.B. in BASIC oder C können hier nicht mehrere Anweisungen in einer Zeile untergebracht werden. So vielseitig die einzelnen Programmzeilen eines Assemblerprogramms auch sein können, läßt sich dennoch eine allgemeine Syntax für eine Programmzeile aufstellen. Sie hat folgendes Aussehen :

```
[Name] [Anweisung] [Operanden] [;Kommentar]
```

Insgesamt besteht eine Assemblerprogrammzeile aus vier Feldern. Die Einteilung einer Zeile in vier Felder dient einzig und allein der besseren Übersicht in diesem Buch und hat für den Assembler keine Bedeutung. Daher gibt es auch für die einzelnen Felder keine Beschränkungen bezüglich der Größe (es darf natürlich nicht größer werden, als es die max. Zeilenlänge zuläßt). Wie die eckigen Klammern andeuten, ist jedes dieser Felder optional, d.h. es kann auch weggelassen werden.[1] Die maximale Länge einer Programmzeile ist begrenzt und darf normalerweise nicht mehr als 128 Zeichen umfassen. Ab der Version 5.1 des Makroassemblers besteht die Möglichkeit, an das Ende einer Programmzeile ein \-Zeichen (backslash) zu setzen, um die Programmzeile in der nächsten Zeile fortführen zu können. Mit Hilfe dieses Zeichens kann eine Programmzeile bis zu 512 Zeichen umfassen. Die physikalische Länge einer Zeile bleibt aber auf 128 Zeichen beschränkt. Jedes der einzelnen Felder muß durch mindestens ein Leerzeichen von seinem Nachbarfeld getrennt werden, damit MASM es von seinem Nachbarfeld unterscheiden kann. In der Regel wird man es nicht bei einem Leerzeichen belassen, sondern, wie man es in der Schule gelernt hat, jedes Feld so einrücken, daß der optische Eindruck eines fehlerfreien Programms entsteht. Auf ein Beispiel nach dem Motto "So sollten Sie es nicht machen" soll verzichtet werden, denn der Unterschied ist wirklich nicht der Rede wert. Allein durch das Betrachten von Assemblerlistings aus Büchern und Zeitschriften bekommt man schon ein Gefühl für die ästhetische Gestaltung eines Assemblerprogramms.

---

1 Prinzipiell könnte man also alle Felder weglassen und erhält dann eine sog. Leerzeile (engl. empty line).

Schauen wir uns lieber einmal die einzelnen Felder der Reihe nach an. Da wäre zuerst das Namensfeld. Es enthält ein Namen, bei dem es sich z.B. um ein sog. *Label* handeln kann. Ein Label ist eine symbolische Markierung innerhalb eines Programms. Das Label ermöglicht es, die betreffende Programmzeile innerhalb eines Sprungbefehls anzuspringen, denn das Label steht in Wirklichkeit für eine bestimmte (relative) Adresse, die der Assembler beim Assemblieren anstelle des Labels einsetzt. Auch innerhalb des Programmlistings aus Abbildung 2.1 sind zwei Labels, sie tragen die Namen *L1* und *L2*, zu finden. Der Doppelpunkt nach dem Labelnamen ist nicht zwingend vorgeschrieben, sondern markiert in diesem Fall einen speziellen Labeltyp (bei L1 handelt es sich um ein Label mit dem Entfernungstyp Near). Ohne den Doppelpunkt würde der Assembler nicht erkennen, daß es sich um ein Label handelt und eine Fehlermeldung erzeugen. Nicht immer ist übrigens die Namengebung von Labels derart plump wie in unserem Beispielprogramm. Im allgemeinen sollte sich der Name eines Labels an dessen Bedeutung oder am psychischen Wohlbefinden des Programmierers orientieren. Wie bereits angedeutet muß der Name im Namensfeld nicht zwingenderweise für Sprunglabel stehen. Es kann sich genauso gut um den Namen für "etwas" (z.B. ein Segment oder ein Makro) handeln, das nicht als Sprungziel verwendet wird. Bereits an dieser Stelle sollten Sie sich merken, daß symbolische Namen innerhalb eines Assemblerprogramms bis auf wenige Ausnahmen entweder für einen numerischen Wert oder für eine Adresse stehen.

Auf das Namensfeld folgt das Anweisungsfeld. Dieses enthält, wie der Name vermuten läßt, eine Anweisung, bei der es sich um ein Befehlsmnemonic oder um eine Assembleranweisung handeln wird (auf den Unterschied wurde ja bereits einmal im letzten Kapitel kurz eingegangen). Sowohl ein Befehl als auch eine Anweisung kann Operanden benötigen, die im darauffolgenden Feld, dem Operandenfeld, aufgenommen werden. Je nach Anweisung bzw. Befehl kann es sich bei dem Operanden z.B. um eine simple Zahl, ein Register, ein Label oder einen komplexen Ausdruck handeln.

Schließlich kann jede Programmzeile auch einen Kommentar enthalten, der das Ausführungsverhalten der Anweisung beschreibt. Ein Kommentar wird durch ein ';' eingeleitet, dem ein beliebiger Text folgen kann. Alle auf das ';' folgenden Zeichen werden vom Assembler ignoriert. Die Länge des Kommentars ist durch die Länge der Programmzeile begrenzt. Längere Kommentare werden üblicherweise in eine neue Zeile geschrieben. Nur in seltenen

Fällen wird statt dessen die *COMMENT* Anweisung verwendet (s.Kapitel 10). Ein Kommentar sollte stets mit Bedacht gewählt werden. So ist folgender Kommentar höchst überflüssig :

```
MOV AH,08    ; Lade AH mit 8
```

da er nur das wiederholt, was ohnehin offentsichtlich ist. Kommentare sollten stets zusätzliche Informationen vermitteln, die dem Betrachter helfen den Programmablauf zu verstehen[1].

Groß oder klein - Wie muß es sein ?

Alle Anweisungen, Namen oder Operanden, kurz alles das, was innerhalb eines Assemblerprogramms auftauchen kann, kann wahlweise groß oder klein bzw. gemischt geschrieben werden. Es ist jedoch sinnvoller, alleine schon wegen der besseren Lesbarkeit des Quelltextes, sich an eine einheitliche Groß- oder Kleinschreibung zu halten. Normalerweise werden alle Buchstaben eines Namens von MASM in Großbuchstaben umgewandelt, d.h. der Assembler unterscheidet nicht zwischen Groß- und Kleinschreibung. Wenn Sie trotzdem Wert darauf legen oder wenn Sie Ihr Assemblerprogramm z.B. mit einem C-Programm (C-Compiler unterscheiden in der Regel zwischen Groß- und Kleinschreibung) verknüpfen wollen, können Sie MASM mit Hilfe der Optionen /ML oder /MX (s.Kapitel 10) dennoch dazu veranlassen, Groß- und Kleinschreibung zu unterscheiden (MASM verhält sich dann "*case sensitiv*"). In diesem Fall werden z.B. die Namen TEXT, text und Text als drei verschiedene Namen behandelt.

1 Sie haben recht, daß sollte eigentlich selbstverständlich sein.

Abbildung 2.1 Ein Assemblerprogramm Beispiel

```
TITLE  KLEINE  ZAEHLSCHLEIFE      7/09/88

DOSSEG              ; Jawohl, wir wollen die DOS Segmentordnung

.MODEL SMALL        ; Hier wird das Speichermodell festgelegt

.STACK  100h                    ; Es wird ein 256 Byte Segment
                                ; für den Stack definiert

.DATA                           ; Hier beginnt das Datensegment
    TEXT1  DB 10,13,'ANZAHL DER DURCHLÄUFE (0-9) ?','$'
    TEXT2  DB 10,13,'HALLO MAKROASSEMBLER !!',10,13,'$'

.CODE                           ; Und hier das Programmsegment
   START LABEL NEAR
         MOV DX,@DATA           ; DS-Register initialisieren
         MOV DS,DX
L1:      MOV DX,OFFSET TEXT1    ; Adresse des ersten Strings
         MOV AH,09
         INT 21h                ; String ausgeben
         MOV AH,01              ; Auf Eingabe eines Zeichens
         INT 21h                ; warten
         SUB AL,48              ; ASCII in Zahl umwandeln
         JC L1                  ; Zahl negativ, noch einmal
         JZ L1                  ; Zahl Null, noch einmal
         CMP AL,9               ; Zahl > 9 ?
         JG L1                  ; Ja, noch einmal
         XOR CX,CX              ; CX-Register auf Null
         MOV CL,AL              ; Zahl in Schleifenzähler
         MOV DX,OFFSET TEXT2    ; Adresse des zweiten Strings
         MOV AH,09              ; String ausgeben
L2:      INT 21h
         LOOP L2                ; CX minus 1 und testen, ob Null

         MOV AH,4Ch             ; Rückkehr ins DOS
         INT 21h
END START                       ; Ende des Programms
```

An diesem Beispiel werden der typische Aufbau eines Assemblerprogramms, die Segmentanweisungen und auch die Verwendung von Symbolen erläutert. Der Assemblierung des Programms steht ebenfalls nichts im Wege. Zugegeben, ist es ein wenig geistlos, doch hebt sich das Programm immerhin noch wohltuend von den übrigen "Hello World" Programmen ab.

Anweisungen und Befehle

Beschäftigen wir uns zunächst mit den Anweisungen bzw. den Befehlen. Hierbei handelt es sich um Befehle an den Assembler oder an den Mikroprozessor. Erstere werden als Assembleranweisungen oder kurz als Anweisungen bezeichnet, während letztere als Befehlsmnemonics oder kurz als Befehle bezeichnet werden, um sie von den Assembleranweisungen zu unterscheiden (im Listing werden die Anweisungen besonders hervorgehoben, um sie von den Befehlen zu unterscheiden). Eine Anweisung (in manchen Büchern findet man auch die Bezeichnung Direktive) legt das Verhalten des Assemblers bei der Assemblierung fest, sie hat aber keinen direkten Einfluß auf die spätere Ausführung des assemblierten Programms. Ein Beispiel ist die Anweisung .CODE, die den Beginn des Programmsegments definiert. Bei der Assemblierung greift der Assembler auf diese Anweisung zurück, um Adressen innerhalb des Segments zu berechnen. Sie hat jedoch keinen direkten Einfluß auf die Programmausführung und wird daher auch nicht in die Programmdatei übertragen. Ganz anders verhält es sich bei einem Befehlsmnemonic. Ein Befehlsmnemonic entspricht einem Maschinenbefehl des Prozessors und erzeugt bei der Assemblierung den entsprechenden Opcode. Ein Beispiel ist der Befehl 'MOV AH,01', der vom Assembler durch seinen Opcode ersetzt und daher auch in die Programmdatei übertragen wird. Eine Liste aller Assembleranweisungen (genauer gesagt aller reservierten Namen, bei denen die Anweisungen nur eine Untermenge darstellen) finden Sie in Tabelle 2.1[1].

Keine Angst, Sie brauchen diese Anweisungen nicht alle zu kennen, um erfolgreich in Assembler programmieren zu können. Wie in allen anderen Sprachen auch, kommt man in der Regel für die meisten Anwendungen mit einem "harten Kern" von 30-40 Anweisungen aus.

Symbole

Wir kommen nun zu einem der wichtigsten Elemente eines jeden Assemblerprogramms, nämlich zu dem Symbol. Stellen Sie sich unter einem Symbol allerdings nicht allzu viel vor. Hierbei handelt es sich lediglich um einen Namen, der z.B. für einen Wert oder

1 In dieser Tabelle sind allerdings keine Prozessorbefehle enthalten, obwohl es sich hier auch um reservierte Namen handelt.

eine Adresse steht. Sie werden lernen, daß man in Assemblerprogrammen nur äußerst selten mit konkreten, d.h. absoluten Adressen arbeitet. So werden Sie so gut wie nie einen Befehl wie z.B. "Springe zu Adresse 5000" finden. Statt dessen verwendet man einen Befehl vom Typ "Springe zum Label xyz", wobei es sich bei xyz um ein symbolisches Label handelt, das spätestens beim Laden des Maschinenprogramms in den Arbeitsspeicher durch eine absolute Adresse bzw. eine relative Adreßdifferenz ersetzt wird. Das Arbeiten mit Symbolen erleichtert die Programmierung von Assemblerprogrammen nicht unwesentlich. Neben Labels können auch Konstanten, Variablen oder Prozeduren durch einen symbolischen Namen ersetzt werden. Fassen wir kurz zusammen, daß es sich bei einem Symbol um einen Namen handelt, der in der Regel für eine Adresse, für einen String oder einen Zahlenwert steht.

Für die Zusammensetzung des Symbolnamens gelten bestimmte Regeln, die zumindestens einmal erwähnt werden sollen. Die folgenden Zeichen dürfen in einem Symbolnamen enthalten sein :

```
A-Z  a-z  0-9

?  @  _  $  :  .  [  ]  (  )  <  >  {  }  +  -  /  *
&  %  !  '  ~  |  \  =  #  ^  ;  ,  `  "
```

Des weiteren gelten Regeln, was die Zusammensetzung eines Namens betrifft :

- Ein Symbolname kann aus Klein- und Großbuchstaben bestehen. Durch den Assembler werden alle Kleinbuchstaben in Großbuchstaben umgewandelt, wenn nicht beim Assemblieren die /ML oder die /MX Option verwendet wurde.

- Eine Zahl darf nicht das erste Zeichen des Wortnamens sein.

- Der Name kann beliebig lang sein, allerdings werden nur die ersten 31 Zeichen gespeichert.

- Folgende Sonderzeichen dürfen als erstes Zeichen des Namens verwendet werden : Unterstreichungszeichen (_), Fragezeichen (?), Dollarzeichen ($) und der sog. Klammeraffe (@).

- Der Dezimalpunkt (.) kann nicht innerhalb eines Namens verwendet werden, da es sich um ein Operatorsymbol handelt. Er darf aber als das erste Zeichen eines Namens verwendet werden.

- Ein sog. reservierter Name darf nicht als Symbolname verwendet werden. Auch das Dollarzeichen ($) und das Fragezeichen (?) sind reservierte Namen und sollten daher nicht als das einzige Zeichen eines Namens verwendet werden. MASM gibt in diesem Fall eine entsprechende Warnung aus.

Quintessenz dieser Nomenklatur. Ihr Symbolname sollte in der Regel mit einem Buchstaben oder einem Unterstreichungssymbol (für C-Programmierer) beginnen und aus mindestens zwei Zeichen bestehen.

Vielleicht mag es ein wenig pedantisch erscheinen, die Namengebungsregel in aller Form zu besprechen. Auf der anderen Seite sind gerade Tippfehler, die aus der Unkenntnis dieser Regel herrühren eine sehr häufige und unter Umständen auch schwer zu lokalisierende Fehlerursache. Bliebe noch zu klären, um was es sich bei einem reservierten Namen handelt. Ein reservierter Name ist ein Name, der für den Assembler eine Bedeutung besitzt und daher nicht als Symbolname verwendet werden sollte. Dazu gehören z.B. der Name einer Assembleranweisung, eines Prozessorbefehls oder eines Prozessorregisters. Tabelle 2.1 gibt eine Übersicht über die in der Version 5.1 reservierten Namen, wobei Prozessorregister und Befehlsmnemonics nicht enthalten sind. Des weiteren verfügt MASM ab der Version 5.0 über zahlreiche vordefinierte Konstanten (Equates), die ebenfalls nicht für eigene Definitionen verwendet werden sollten. Auch eine Kombination aus Klein- und Großbuchstaben dieser Namen ist nicht erlaubt und führt ebenfalls zu einer Warnung des Assemblers.

Tabelle 2.1 Reservierte Assemblernamen

$	.DATA	.ERRNDEF	.LALL	REPT
*	.DATA?	.ERRNZ	LE	.SALL
+	DB	EVEN	LENGTH	SEG
-	DD	EXITM	.LFCOND	SEGMENT
.	DF	EXTRN	.LIST	.SEG
/	DOSSEG	FAR	LOCAL	.SFCOND
=	DQ	.FARDATA	LOW	SHL
?	DS	.FARDATA?	LT	SHORT
[]	DT	FWORD	MACRO	SHR
.186	DW	GE	MASK	SIZE
.286	DWORD	GROUP	MOD	.STACK
.286P	ELSE	GT	.MODEL	STRUC
.287	END	HIGH	NAME	SUBTTL
.386	ENDIF	IF	NE	TBYTE
.386P	ENDM	IF1	NEAR	.TFCOND
.387	ENDP	IF2	NOT	THIS
.8086	ENDS	IFB	OFFSET	TITLE
.8087	EQ	IFDEF	OR	TYPE
ALIGN	EQU	IFDIF	ORG	.TYPE
.ALPHA	.ERR	IFE	%OUT	WIDTH
AND	.ERR1	IFIDN	PAGE	WORD
ASSUME	.ERR2	IFNB	PROC	.XALL
BYTE	.ERRB	IFNDEF	PTR	.XCREF
.CODE	.ERRDEF	INCLUDE	PUBLIC	.XLIST
COMM	.ERRDIF	INCLUDELIB	PURGE	XOR
COMMENT	.ERRE	IRP	QWORD	
.CONST	.ERRIDN	IRPC	.RADIX	
.CREF	.ERRNB	LABEL	RECORD	

Neben den Assembleranweisungen aus Tabelle 2.1 werden auch die Befehlsmnemonics und die Registernamen als reservierte Namen behandelt. Dabei muß aber beachtet werden, daß sich die Menge der reservierten Namen nach dem momentan aktivierten Prozessor richtet. So ist z.B. der Registername EAX nur ein reservierter Name, wenn zuvor die Anweisung .386 ausgeführt wurde, die die Mnemonics des 80386 Prozessors aktiviert. Wie es bereits in der Einleitung angeklungen war, ist dies leider kein Buch über Maschinenspracheprogrammierung. Aus diesem Grund soll auf die einzelnen Befehlsmnemonics, d.h. auf die Maschinenbefehle der 80x86 Prozessoren, nicht weiter eingegangen werden. Nichtsdestotrotz werden die Maschinenbefehle der einzelnen Prozessoren in den Beispielprogrammen verwendet, denn ein Assemblerprogramm ohne diese Befehle wäre relativ nutzlos.

8086 oder was ?

Im Laufe des Buches wird davon ausgegangen, daß Sie mit einem 8086 bzw. 8088 arbeiten. Beide Prozessoren können vom Standpunkt des Programmierers als fast identisch betrachtet werden. Den einzigen Unterschied, den Sie in manchen seltenen Fällen berücksichtigen müssen, ist, daß der 8088 nur 8 Bit, während der 8086 16 Bit auf einmal lesen kann. Greift der 8086 dagegen auf eine ungerade Adresse zu, muß er dennoch zwei Lesezyklen ausführen. Um dies zu verhindern, wird man auf einem 8086 System unter Umständen die *ALIGN* bzw. *EVEN* Anweisung (s.Kapitel 4) verwenden, die dafür sorgt, daß an ein Symbol nur gerade Adressen vergeben werden. Diese Anweisungen machen beim 8088 keinen Sinn, da dieser Prozessor wie gesagt ohnehin nur 8 Bit Worte auf einmal lesen kann. Für die restlichen 97.5% des Buches[1] macht es keinen Unterschied, auf welchem der 80x86 Prozessoren Sie arbeiten. Des weiteren wird auf Besonderheiten, die sich für 80386 Programmierer ergeben, stets gesondert hingewiesen. Auf die Besonderheiten, die sich für die Programmierung des Prozessoren 80286 bzw. 80386 im sog. "*protected mode*" ergeben, kann nicht eingegangen werden. Sollten Sie aber dennoch stolzer Besitzer eines 80286 oder gar eines 80386 Systems sein und sollten Sie zu allem Überfluß den Wunsch verspüren, die zusätzlichen Befehle dieser beiden Prozessoren auch innerhalb eines Assemblerprogramms ansprechen zu wollen, müssen Sie zuvor durch die Anweisungen .286 oder .286P bzw. .386 oder .386P diese zusätzlichen Befehle aktivieren. Springen Sie dazu nach Kapitel 10.7, wo diese Assembleranweisungen ausführlicher besprochen werden.

Konstanten

Konstanten werden innerhalb eines Programms dazu verwendet, Zahlenwerte oder Zeichenketten (Strings) darzustellen. Charakteristisch für Konstanten ist, daß ihr Wert bei der Assemblierung festgelegt wird und sich während der Ausführung des Programms nicht mehr ändert. Auch eine simple Zahl wie z.B. '10' in dem Befehl 'MOV CX,10' stellt in diesem Sinne eine Konstante dar, da sie ihren Wert ja nicht ändert. Ein Beispiel für eine Stringkonstante können sie ebenfalls im Programmlisting in

---

1 Es können auch 97.6% sein.

Abbildung 2.1 finden. In der Anweisung 'TEXT1 DB 'ASSEMBLER MACHT SPASS'' wird die Stringkonstante 'ASSEMBLER MACHT SPASS' durch die Anweisung DB in den Arbeitsspeicher eingetragen und kann innerhalb des Programms über den symbolischen Namen TEXT1 angesprochen werden. Insgesamt kennt MASM vier Konstantentypen :

- Integer-Zahlen
- Gepackte BCD-Zahlen
- Realzahlen
- Strings

Auch für die Darstellung der einzelnen Zahlentypen gibt es bestimmte Regeln. So lassen sich z.B. Integer-Zahlen in verschiedenen Zahlensystemen (dual, oktal oder hexadezimal) darstellen. Auf diese Unterschiede wird genauso wie auf die unterschiedlichen Darstellungsformen erst in Kapitel 4 ausführlicher eingegangen.

Ausdrücke

In den meisten Anweisungen bzw. Befehlen kann man anstelle einer Konstanten auch einen Ausdruck verwenden. Voraussetzung ist allerdings, daß das Ergebnis des Ausdrucks vom gleichen Typ ist, wie die Konstante, für die dieser Ausdruck steht. So darf z.B. ein Ausdruck in einer Anweisung, die mit Integerzahlen arbeitet, keinen String ergeben. Bei einem Ausdruck handelt es sich um eine Reihe von Operanden, die durch Operatoren (s. Kapitel 7) des Assemblers miteinander verknüpft werden. Das Besondere daran ist, daß das Ergebnis eines Ausdrucks bereits während der Assemblierung berechnet wird. Dazu zwei Beispiele :

```
SUMME  EQU  A + B
```

In diesem Fall wird dem Symbol SUMME das Ergebnis des Ausdrucks 'A + B' zugeordnet. Beim Assemblieren ersetzt der Assembler überall, wo das Symbol *SUMME* erscheint, dieses durch die Summe der Symbole A und B. Im nächsten Beispiel wird zwischen zwei Operanden eine logische Verknüpfung durchgeführt :

```
MOV AX, BIT_POS AND MASKE
```

Das AX-Register soll bei der Programmausführung mit dem Ergebnis der logischen Verknüpfung zwischen den Symbolen *BIT_POS* und *MASKE* geladen werden. Beachten Sie, daß das Ergebnis des Ausdrucks 'BIT_POS AND MASKE' bereits bei der Assemblierung berechnet wird und nicht etwa bei der Ausführung des Programms.

Sollte eines der beiden Symbole innerhalb des Programmlistings seinen Wert ändern, so hat dies keinen Einfluß auf diesen speziellen Befehl. Bei dem Operator AND handelt es sich auch nicht um einen Prozessorbefehl (obwohl ein gleichlautender Maschinenbefehl existiert), denn diese wirken bekanntlich erst bei der Ausführung des Programms. Es handelt sich vielmehr um einen Assembler Operator (s. Kapitel 7), der ebenfalls bereits bei der Assemblierung ausgeführt wird.

Mit Ihrem bisherigen Wissen sollten Sie sich das Assemblerprogramm aus Abbildung 2.1 noch einmal betrachten. Zwar werden Ihnen unter Umständen immer noch viele der Anweisungen nicht viel sagen, aber es soll ja auch nur um den prinzipiellen Aufbau gehen. Jedes Assemblerprogramm besteht aus einer bestimmten Anzahl von Segmenten. In den meisten Fällen sind es lediglich drei Segmente, ein Stacksegment, ein Datensegment und ein Programmsegment. Diese Segmente werden durch die Anweisungen *.STACK*, *.DATA* und *.CODE* definiert. Damit ein Assemblerprogramm mit diesen vereinfachten Segmentanweisungen arbeiten kann, muß zu Beginn durch die .MODEL Anweisung ein Speichermodell festgelegt werden. Beendet wird ein Assemblerprogramm durch die END Anweisung. Damit wäre bereits der grobe Rahmen für ein Assemblerprogramm abgesteckt. Abbildung 2.2 zeigt einen Rahmen für Assemblerprogramme, der in schätzungsweise 90% aller Anwendungen verwendet werden kann (eine Ausnahme stellen z.B. Assemblerprogramme dar, die mit einem Hochsprachenmodul verknüpft werden sollen). Diese Schablone können Sie in der abgebildeten Form in Ihre Programme übernehmen. Alles was Sie noch zu tun brauchen ist, etwaige Datendefinitionen in das Datensegment sowie die Programmbefehle in das Programmsegment einzutragen.

Damit wären die wichtigsten Komponenten eines Assemblerprogramms besprochen. In den nächsten acht Kapiteln werden die Anweisungen des Microsoft Makroassemblers der Reihe nach vorgestellt.

Abbildung 2.2 Eine Schablone für Standardanwendungen

```
.MODEL SMALL

.STACK 100h

.DATA

  < Hier müssen Datendefinitionen erfolgen >

.CODE
START:                  ; Dieses Label markiert den Programmanfang

  < Hier müssen die Programmbefehle aufgeführt werden >


ENDE:                   ; Dieses Label markiert das Programmende

    MOV AH,4Ch          ; Rückkehr ins DOS
    INT 21h
END START
```

2.3 Zusammenfassung

Ein Assemblerprogramm besteht aus Anweisungen und Befehlen. Anweisungen sind Befehle an den Assembler und beeinflussen die Art und Weise wie der Quelltext assembliert wird. (Anweisungen werden einzig und allein aus dem Grund nicht als Befehle bezeichnet, um sie leichter von den Maschinenbefehlen unterscheiden zu können). Zu den Anweisungen gehören z.B. Datenanweisungen, mit denen sich Konstanten und Variablen definieren lassen, Segmentanweisungen, mit denen sich Segmente definieren lassen oder Ausgabeanweisungen, die das Format oder den Aufbau des Programmlistings bestimmen. Bei den Befehlen handelt es sich um die Befehlsmnemonics des Prozessors, die bei der Assemblierung in die entsprechenden Opcodes, d.h. die Maschinenbefehle, übersetzt werden. Befehle haben keinen Einfluß auf die Assemblierung, sondern sie legen das Ausführungsverhalten des Maschinenprogramms fest.

KAPITEL 3

SEGMENTANWEISUNGEN UND SPEICHERMODELLE

3.1 Einleitung

Mit diesem Kapitel beginnt die Beschreibung des Befehlssatzes des Makroassemblers. Wir beginnen mit den Segmentanweisungen, da sie zu den wichtigsten Anweisungen des Makroassemblers gehören, ohne die kein Assemblerprogramm auskommt. Dieses Kapitel erläutert, warum Segmentanweisungen überhaupt notwendig sind und welche Segmentanweisungen ein Programm benötigt. In diesem Kapitel werden die sog. vereinfachten Segmentanweisungen beschrieben, die ab der Version 5.0 die Definition von Segmenten erheblich erleichtern. (die sog. erweiterten Segmentanweisungen, die noch in der Version 4.0 ausschließlich verwendet wurden, werden erst in Kapitel 12 vorgestellt). Beim Einsatz der vereinfachten Segmentanweisungen muß zusätzlich ein sog. Speichermodell festgelegt werden. Auch die Bedeutung des Speichermodells wird in diesem Kapitel erklärt. Falls Sie ersteinmal eine praktische Anleitung für das narrensichere Erstellen von Assemblerprogrammen mit Hilfe der vereinfachten Segmentanweisungen benötigen, finden Sie in der Zusammenfassung die notwendigsten Informationen über jene Anweisungen, die in jedem Fall erforderlich sind.

Im einzelnen geht es um :

» Was ist ein Segment ?

» Die Segmentierung des Arbeitsspeichers

» Eine Übersicht über die vereinfachten Segmentanweisungen

» Speichermodelle und ihre Bedeutung

Folgende Anweisungen werden vorgestellt :

DOSSEG	.MODEL	.CODE	.DATA
.DATA?	.FARDATA	.CONST	.STACK
.FARDATA?			

3.2 Warum Segmentanweisungen ?

Wie es bereits an dem Beispielprogramm aus dem letzten Kapitel deutlich wurde, spielt sich die Assemblerprogrammierung der 80x86 Prozessoren stets in Segmenten, d.h. in separaten Programmbereichen ab. In der Regel benötigt ein Assemblerprogramm drei Segmente (ein Segment für die Daten, ein Segment für die Befehle und schließlich ein Segment für den Stack), die mit Hilfe der Segmentanweisungen definiert werden. Bevor es an die Erläuterung der einzelnen Segmentanweisungen geht, soll zunächst die Frage geklärt werden, wozu man diese Anweisungen überhaupt benötigt. Schließlich kommen Assembler anderer Prozessoren (z.B. des 68000er) ohne derartige Anweisungen bzw. mit sehr simplen Anweisungen (TEXT, DATA und BSS) aus. Um diese Frage zu beantworten, muß man sich zwangsläufig etwas näher mit der Hardware der 80x86 Prozessoren beschäftigen (keine Angst, es wird nicht allzu technisch). Die Notwendigkeit von Segmentanweisungen liegt in der Tatsache begründet, daß die 80x86 Prozessoren den verfügbaren physikalischen Speicher (d.h. ihren Arbeitsspeicher) in sog. Segmente aufteilen. Der 8086 verfügt (wie sein "kleinerer Bruder" der 8088 übrigens auch) über 20 Adreßleitungen. Damit läßt sich ein Arbeitsspeicher von max. 2^{20} = 1048576, d.h. 1 MByte, adressieren. Anders herum ausgedrückt, um jedes Byte des Arbeitsspeichers ansprechen zu können, ist eine 20-Bit Adresse notwendig. Nun sind aber alle internen Register des 8086, insbesondere auch das Befehlszeigerregister IP, nur 16 Bit breit. Mit 16 Bit lassen sich aber nur 2^{16} = 65536 Bytes adressieren. Prinzipiell wäre es möglich gewesen, für den 8086 z.B. 24-Bit Register zu verwenden. Dann wäre zwar die Adressierung kein Problem, allerdings wäre ein solcher Prozessor äußerst komplex geworden, da alle anderen Register bzw. die Maschinenbefehle ebenfalls mit 24 Bit hätten arbeiten müssen. Ein weiterer Gesichtspunkt bei der Entwicklung des 8086 war auch die Notwendigkeit, eine gewisse Kompatibilität zu den, zu der Zeit sehr populären 8-Bit Prozessoren 8080, 8085 und Z80 herstellen zu müssen. Diese Prozessoren verfügten (wie der 8086 auch) über einen 16-Bit Programmzähler, konnten aber lediglich 64 KByte Arbeitsspeicher adressieren. Fazit : An 16-Bit Registern ging kein Weg vorbei. Um aber dennoch auch mit 16-Bit Registern eine 20-Bit Adresse bilden zu können, ließen sich die Entwickler des 8086 bei Intel einen technischen Trick einfallen. Die notwendige 20-Bit Adresse wird stets aus zwei Komponenten gebildet. Zum einen aus dem Inhalt eines der vier Segmentregister des 8086, welche die erste Adreßkomponente liefern. Diese Komponente, die entsprechend ihrer Funktion und Herkunft auch als *Segmentadresse* bezeichnet wird, wird bei der Adreßberechnung intern mit 16 multipliziert, woraus eine 20-Bit Adresse resultiert. Die letzten vier Bit dieser Adresse sind, bedingt durch die Multiplikation mit 16 (bzw. dem Verschieben der

Segmentadresse um vier Stellen nach links) stets Null. Zu dieser 20-Bit Adresse wird dann die zweite Komponente, der sog. *Offset*, addiert, um die endgültige 20-Bit Adresse zu bilden. Diese Adreßberechnung geschieht intern (in der sog. *Busschnittstelleneinheit* des Prozessors), so daß der Programmierer auf die gebildete 20-Bit Adresse keinen direkten Zugriff hat. Die Segmentadresse legt die Startadresse des Segments fest (da die letzten vier Bits der 20-Bit Adresse stets Null sind, kommt nur jede 16te Speicheradresse als Segmentadresse in Frage), durch den Offset wird jedes einzelne Byte innerhalb des Segments adressiert. Da der Offset immer 16 Bit beträgt, ist die maximale Größe eines Segments auf 64 KByte beschränkt. Abbildung 3.1 illustriert das Prinzip, nach dem ein 80x86 Prozessor eine Speicheradresse bildet, an einem Beispiel.

Abbildung 3.1 Bildung einer physikalsichen Speicheradresse

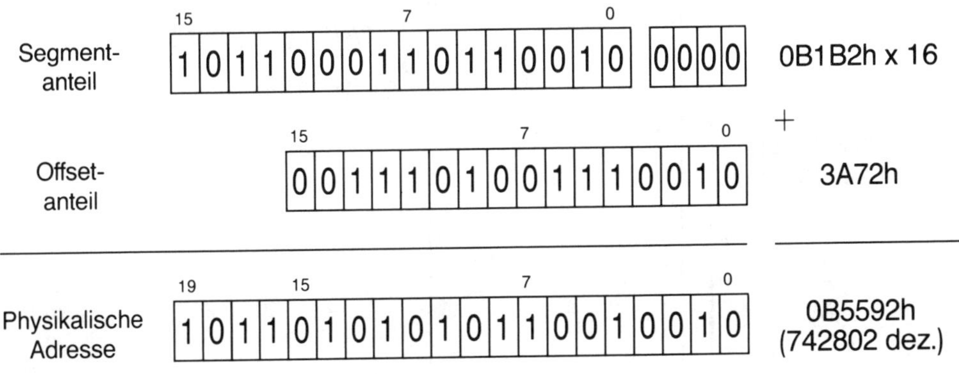

Durch diesen Adressierungsmechanismus ergibt sich als Konsequenz, daß der verfügbare Arbeitsspeicher (der in diesem Zusammenhang auch als Adreßraum bezeichnet wird), in einzelne, max. 64 KByte große Bereiche, die als Segmente bezeichnet werden, unterteilt wird. Die Startadresse eines Segments wird durch den Segmentanteil festgelegt, während die Position innerhalb des Segments durch den Offset markiert wird. Denken Sie daran, daß es sich auch bei dem Segmentanteil um eine 16-Bit Zahl handelt, die lediglich intern und für den Programmierer nicht zugänglich bei der Adreßberechnung durch Anhängen von vier Nullen (dies entspricht einer Multiplikation mit 16) zu einer 20-Bit Zahl erweitert wird. Die maximale Anzahl der Segmente, wird lediglich durch die Größe des Arbeitsspeichers begrenzt. In einem

1 MByte großen Arbeitsspeicher können max. 65536 verschiedene Segmente existieren (die sich ja ruhig überlappen können), da es 65536 verschiedene Startadressen für ein Segment gibt. (In der Praxis hat man es allerdings selten mit mehr als drei oder vier Segmenten zu tun). Durch dieses besondere Adreßberechnungsschema ergibt sich auch eine etwas ungewohnte Darstellungsform von Adressen. Jede Adresse wird nämlich in der Form ***Segment:-Offset***, also z.B. **4500:F000** dargestellt, wobei es sich bei der ersten Zahl um die Segmentadresse und bei der Zahl nach dem Doppelpunkt um den Offset handelt. Abbildung 3.2 soll die eben beschriebene Segmentierung an einem Beispiel veranschaulichen.

Abbildung 3.2 Die Segmentierung des Arbeitsspeichers

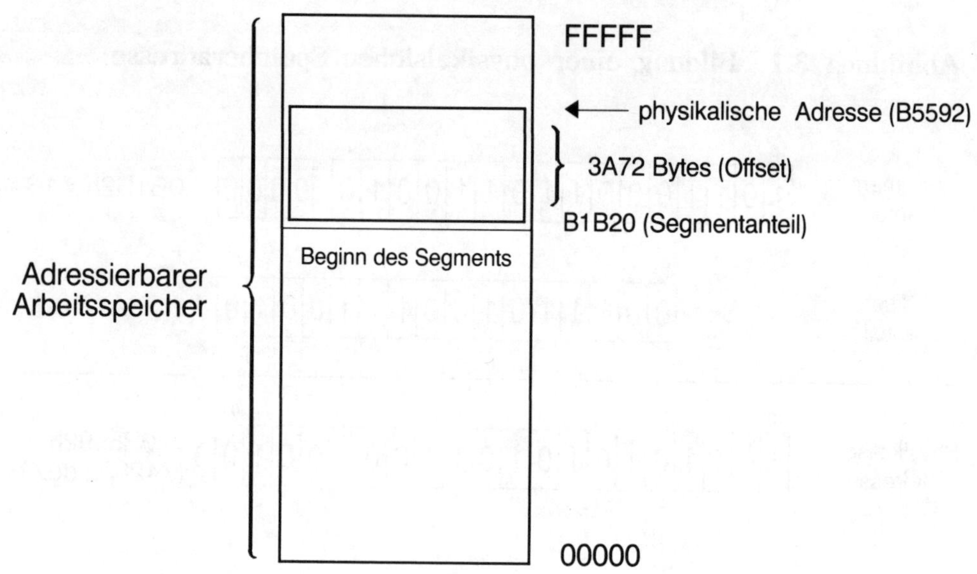

Bei einem Segment handelt es sich also um einen Speicherbereich mit einer konstanten Startadresse (der Segmentadresse) und einem variablen Zeiger (dem Offset), durch den sich jedes Byte innerhalb des max. 64 KByte großen Segments adressieren läßt. Alle Variablen und Labels innerhalb eines Segments haben daher die gleiche Segmentadresse, die in einem der vier Segmentregister (beim 80386 sind es sechs) gespeichert ist. Sie unterscheiden sich lediglich in ihrem Offset, der die Distanz in Bytes zwischen ihrer Position in dem Segment und dem Segmentbeginn angibt. Bei jeder Adreßberechnung spielt sowohl der Offset, als auch (meisten für den Benutzer nicht direkt sichtbar) die Segmentadresse eine Rolle. So wird bei einem Sprungbefehl wie z.B. 'JMP LAB1' indirekt das

CS-Register benötigt, sofern es sich um einen Sprung in ein anderes Segment handelt. Bei dem Befehl 'MOV AX,[BX]', bei dem der Inhalt einer durch das BX-Register adressierten Speicherstelle in das AX-Register geladen werden soll, wird die Adresse dieser Speicherstelle aus dem Offset (im BX-Register) und der Segmentadresse (in diesem Fall im DS-Register, da es sich um einen Datenzugriff handelt) gebildet.

Da sich die Programmierung eines 80x86 Prozessors stets in Segmenten abspielt, muß der Assembler zwangsläufig Anweisungen zur Verfügung stellen, mit denen sich Segmente definieren und innerhalb des Programms ansprechen lassen. Wie aus dem Programmlisting aus dem letzten Beispiel deutlich wurde, arbeiten kleinere Assemblerprogramme in der Regel mit drei Segmenten, die durch die Segmentanweisungen definiert werden. Die Segmentanweisungen haben aber nur für die Erstellung einer Programmdatei eine Bedeutung, da sie dem Assembler bzw. dem Linker bei der Berechnung der Segmentadressen helfen. Liegt die EXE-Datei ersteinmal auf Diskette vor, sind die Segmentadressen bereits vom Linker durch relative Adressen ersetzt worden. Aus diesen relativen Adressen werden dann beim Laden, unter Umständen noch durch Addition eines Offsets, die absoluten Speicheradressen gemacht, die dann Grundlage für die Adressierung sind. Wie ein Assemblerprogramm, das aus drei Segmenten besteht, später im Arbeitsspeicher aussehen könnte, soll die Abbildung 3.3 zeigen.

Wenn Ihnen das alles im Moment noch ungeheuer kompliziert und/oder äußerst verwirrend vorkommen sollte, lassen Sie sich bitte an dieser Stelle trösten. Auch ein BASIC Interpreter muß zwangsläufig, wenn auch für Sie unsichtbar, mit Segmenten arbeiten. Schließlich kommt die Begrenzung des Datenbereichs bei GWBASIC auf 64 KByte nicht von ungefähr. Für die Assemblerprogrammierung hat dieser Adreßmechanismus in den meisten Fällen keine direkte Konsequenz. Sie definieren sich am Anfang mit Hilfe der Segmentanweisungen ein Segment für Ihre Daten, ein Segment für die Programmbefehle und vielleicht noch ein Segment für den Stack und brauchen sich innerhalb Ihres Programms, wenn überhaupt, nur noch um (relative) Offsetadressen Gedanken zu machen. Um die Segmentadresse kümmert sich der Assembler bzw. der DOS-Lader. Zu guter letzt werden auch Offsetadressen in der Regel durch symbolische Namen dargestellt, so daß Sie mit Adressen bei der Programmierung nur äußerst selten konfrontiert werden.

Abbildung 3.3 Ein "Assemblerprogramm" im Arbeitsspeicher

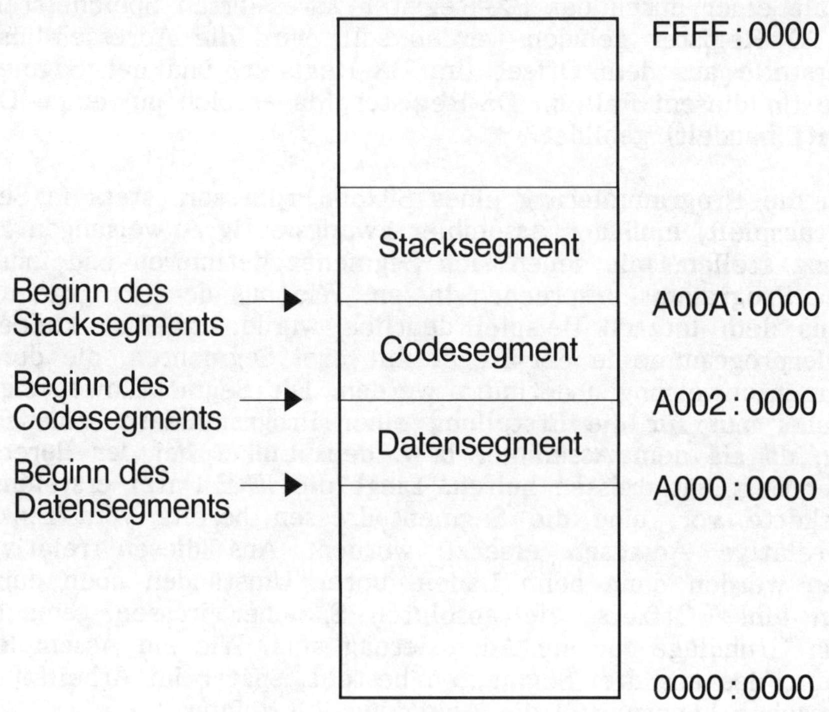

Auch beim 80186, 80286 bzw. beim 80386 liegen die Verhältnisse ähnlich (wenngleich der 80386 auch mit 32-Bit Segmenten arbeiten und somit einen wesentlich größeren Arbeitsspeicher ansprechen kann), so daß die eben beschriebenen Verhältnisse auch für diese Prozessoren gelten.

Fassen wir kurz zusammen : Segmente stellen eine logische (d.h. nicht physikalische) Aufteilung des Arbeitsspeichers dar, die zwangsläufig entsteht, da der Prozessor eine physikalische Adresse immer aus zwei Komponenten bilden muß. Ein Segment ist eine Bezeichnung für einen Speicherbereich, der an einer bestimmten Adresse beginnt und der nicht größer als 64 KByte werden kann. Die Startadresse des Segments wird durch die Segmentadresse bestimmt und befindet sich in einem der Segmentregister (CS, DS, ES und SS bzw. auch FS und GS beim 80386). Jedes Label, jede Konstante oder Variable, kurz jede Adresse innerhalb eines Segments, weist diese Segmentadresse auf. Die Offsetadresse (die auch als *effektive Adresse* oder kurz EA bezeichnet wird), d.h.

die relative Distanz der Adresse vom Segmentbeginn, kann dagegen auf verschiedene Weise festgelegt werden. Sie kann z.B. in einem Datenregister (etwa dem BX-Register) enthalten sein oder aus dem Inhalt des DI-Registers und einer Konstanten berechnet werden, um einmal zwei Beispiele zu nennen. Dadurch, daß es sich ausschließlich um 16-Bit Register handelt, kann ein Segment nicht größer als 2^{16} = 65536 Bytes werden.

Die Verwendung von Segmenten bringt Vorteile und Nachteile mit sich. Zu den Vorteilen zählt die vereinfachte Adressierung innerhalb eines Segments. Um mehrere Speicherstellen innerhalb eines Segments zu adressieren oder einen Sprung innerhalb eines Segments durchzuführen, ist immer nur eine 16-Bit Adresse notwendig, da sich die Segmentadresse dabei nicht ändert und in einem der vier Segmentregister belassen werden kann. Eine 16-Bit Adresse kann unter Umständen schneller angesprungen werden (wie Sie sicher wissen, verwendet der Prozessor in Sprungbefehlen innerhalb eines Segments ja keine absolute Adresse, sondern vielmehr eine relative Adreßdistanz) und benötigt auch zwei Bytes weniger, als eine vollständige Segment:Offset Adresse. Als Nachteil ist sicherlich zu sehen, daß ein Arbeitsspeicherbereich größer als 64 KByte nicht linear, d.h. durch ein einziges Adreßregister, adressiert werden kann, sondern daß in diesem Fall auch eine Änderung der Segmentadresse notwendig ist. Nicht zuletzt stellt die Segmentierung des Arbeitsspeichers mit allen ihren Konsequenzen mitunter die Vorstellungskraft von Maschinenspracheinsteigern auf eine harte Probe.

Es ist die Aufgabe des Assemblers, einen logischen Rahmen für die zu verwendenden Segmente aufzubauen. Der Assembler stellt dazu eine Reihe von Anweisungen zur Verfügung, die im folgenden und in Kapitel 12 (dann aber für fortgeschrittene Programmierer) besprochen werden. Dazu gehören z.B. die Anweisungen, die den Beginn eines Segments festlegen bzw. den Segmentnamen innerhalb eines Programms zur Verfügung stellen[1]. (Es wurde bereits mehrmals erwähnt, daß innerhalb eines Assemblerprogramms nur äußerst selten mit absoluten Adressen gearbeitet wird. Dies gilt insbesondere für die Definition von Segmenten, die innerhalb eines Programms nur über einen Namen adressiert werden. Eine absolute Adresse erhalten die Segmente in der Regel erst, wenn das Programm von DOS geladen wird).

---

1 Der Name eines Segments spielt eine wichtige Rolle, da er den Beginn des Segments innerhalb eines Programms repräsentiert.

3.3 Die vereinfachten Segmentanweisungen

Ab der Version 5.0 bietet MASM dem Benutzer die sog. vereinfachten Segmentanweisungen. Darauf wird extra hingewiesen, weil ein Makel der Assemblerprogrammierung bislang die leider sehr umständliche Handhabung der Segmentanweisungen war. Damit ist es nun vorbei. Falls Sie bislang mit der Version 4.0 oder älter gearbeitet haben und vielleicht unsicher sind, ob Sie die neuen Anweisungen übernehmen sollen, sollten Sie berücksichtigen, daß Sie vorsichtig geschätzt in ca. 90 % aller Fälle mit den vereinfachten Anweisungen auskommen. Oder andersherum, es gibt nur einige wenige Spezialfälle, in denen Sie auf die erweiterten Segmentanweisungen zurückgreifen müssen. Ein solcher "Spezialfall" tritt z.B. ein, wenn Sie eine COM-Datei erstellen möchten. In diesem Fall bringt die Verwendung der vereinfachten Segmentanweisungen keine Vorteile bzw. es lassen sich die vereinfachten Segmentanweisungen gar nicht oder nur sehr eingeschränkt nutzen. Sie sollten hier auf die normalen Segmentanweisungen zurückgreifen. Falls Sie bereits Programme mit der Version 4.0 (oder einer älteren Version) erstellt haben, brauchen Sie diese natürlich nicht umzuschreiben, da die neueren Versionen aufwärtskompatibel sind.

Der Aufbau eines Assemblerprogramms

Im folgenden wird der Aufbau eines Assemblerprogramms unter Verwendung der vereinfachten Segmentanweisungen besprochen. Anders als im letzten Kapitel, wo es nur um eine allgemeine Beschreibung ging, geht es diesmal etwas mehr ins Detail. Zu diesem besonderen Anlaß finden Sie in der Abbildung 3.4 wieder ein kleines Assemblerlisting. Es unterscheidet sich vom Niveau sicher nicht sehr von seinem Vorgänger, doch kommt es in diesem, wie auch in allen übrigen Kapiteln, einzig und allein auf das Prinzip an[1].

1 Das schöne an Einsteigerbüchern ist, daß man hier auch die plumpesten Ausreden glaubhaft verkaufen kann.

Abbildung 3.4 Ein kleines Assemblerprogramm Beispiel

a) mit den vereinfachten Segmentanweisungen

```
DOSSEG
.MODEL SMALL

.STACK 100h
.DATA
   ANTWORT DB ' IST DAS ERGEBNIS',10,13,'$'

.CODE
START:

    RECHNE PROC
           MOV DX,@DATA      ; DS mit Adresse des
           MOV DS,DX         ; Datensegments laden
           MOV AL,02         ; Lade AL mit 2
           MOV DL,07         ; Lade DL mit 7
           ADD DL,AL         ; Addiere AL zu DL
           ADD DL,48         ; Ergebnis in ASCII umwandeln
           MOV AH,02         ; Ergebnis ausgeben
           INT 21h
           MOV DX,OFFSET ANTWORT  ; Offsetadresse nach DX
           MOV AH,09         ; Antwort ausgeben
           INT 21h
           RET               ; Rückkehr zum Hauptprogramm
   RECHNE ENDP
END START
```

b) mit den "normalen" Segmentanweisungen aus der Version 4.0

```
STACK  SEGMENT  STACK
       DB 100h DUP (?)
STACK  ENDS

DATEN  SEGMENT
       ANTWORT DB ' IST DIE ANTWORT ',10,13,'$'
DATEN  ENDS

CODE   SEGMENT
       ASSUME CS:CODE,DS:DATEN
START:
    RECHNE PROC
           MOV DX,DATEN      ; DS mit Adresse des
           MOV DS,DX         ; Datensegments laden
           MOV AL,02         ; Lade AL mit 2
           MOV DL,07         ; Lade DL mit 7
```

```
        ADD DL,AL           ; Addiere AL zu DL
        ADD DL,48           ; Ergebnis in ASCII umwandeln
        MOV AH,02           ; Ergebnis ausgeben
        INT 21h
        MOV DX,OFFSET ANTWORT  ; Offsetadresse nach DX
        MOV AH,09           ; Antwort ausgeben
        INT 21h
        RET                 ; Rückkehr zum Hauptprogramm
   RECHNE ENDP
END START
```

In der Abbildung 3.4 wurde der Vollständigkeit halber das gleiche Programm unter Verwendung der erweiterten Segmentanweisugen gegenübergestellt. Anwender, die bereits mit der Version 4.0 gearbeitet haben, können so am leichtesten die Unterschiede erkennen. Für alle anderen Leser soll es lediglich als abschreckendes Beispiel dienen[1].

Schauen wir uns das Programm aus Abbildung 3.4 genauer an. Es wird durch die Anweisung *DOSSEG* eingeleitet. Diese Anweisung teilt dem Assembler mit, daß ein bestimmtes Segmentmodell verwendet wird. Er trifft daraufhin bestimmte Annahmen, die für die Assemblierung erforderlich sind. Insbesondere wird die Reihenfolge festgelegt, in der die einzelnen Segmente später in die Programmdatei übertragen werden. Die Segmentreihenfolge ist in manchen Fällen von Bedeutung (z.B. wenn Sie Ihr Programm mit einem Hochsprachenmodul verknüpfen wollen), doch soll uns dieser Umstand im Moment nicht weiter interessieren. Was es mit der DOSSEG Anweisung im einzelnen auf sich hat, wird erst in Kapitel 12 "Mehr über Segmente" besprochen werden. Merken Sie sich an dieser Stelle lediglich, daß die DOSSEG Anweisung, sofern sie verwendet wird, stets die erste Anweisung innerhalb des Programms sein sollte. Im allgemeinen wird man diese Anweisung verwenden, um unerwünschte Nebeneffekte grundsätzlich auszuschließen, zwingend notwendig ist sie aber nur in wenigen Fällen. Fahren wir statt dessen mit der Besprechung des Listings fort. Als nächstes wird das Speichermodell durch die *.MODEL* Anweisung festgelegt. Die Festlegung des Speichermodells ist immer dann notwendig, wenn Sie die vereinfachten Segmentanweisugen benutzen wollen. Über die Bedeutung des Speichermodells werden Sie im nächsten Abschnitt aufgeklärt werden. Es es hier bereits erwähnt, daß das Speichermodell lediglich festlegt, wie groß das Datensegment und das Codesegment werden können. Es besteht die Auswahl zwischen fünf verschiedenen Speichermodellen (Small,

1 dies ist sicher ein wenig übertrieben, denn diese Anweisungen haben auch ihre guten Seiten.

Compact, Medium, Large und Huge - das Speichermodell Tiny kann nicht ausgewählt werden und wird auch von keinem Microsoft Compiler, wohl aber von den Compilern "anderer Hersteller"[1] wie z.B. TURBO C unterstützt). Obgleich die Auswahl groß ist, wird man sich in der Praxis zwischen den Speichermodellen Small und Large entscheiden. Die Angabe eines Speichermodells ist für den Assembler wichtig, um z.B. Sprungbefehle (wie z.B. den Return-Befehl am Ende einer Prozedur) passend erzeugen zu können. Es sei aber gleich vorangestellt, daß für sog. "*Stand alone*" Programme, d.h. für Assemblerprogramme, die nicht mit einem Hochsprachenmodul verknüpft werden sollen[2], jedes beliebige Speichermodell verwendet werden kann (im allgemeinen wird es sich um das Modell Small handeln).

Wie im obigen Beispiel wird das Speichermodell in 90% aller Fälle durch die Anweisung '.MODEL SMALL' festgelegt. Sollte Sie diese Erklärung nicht befriedigen, finden Sie, wie bereits erwähnt, im nächsten Abschnitt sowie in Kapitel 12 weitere Informationen über die Bedeutung des Speichermodells. Damit wären alle Formalitäten abgehandelt, und das eigentliche Programm kann beginnen. Es beginnt mit der Definition des Stacksegments durch die Anweisung '.STACK 100h'. Diese Anweisung definiert ein Stacksegment, das genau 256 Bytes umfaßt. Dieser Speicherplatz sollte im allgemeinen ausreichend sein. Folgt auf die .STACK Anweisung kein Parameter, richtet der Assembler einen Stackbereich von 1024 Bytes ein. Sie wissen wahrscheinlich, daß ein Stacksegment in vielen Fällen nicht zwingend notwendig ist, insbesondere dann nicht, wenn das Assemblerprogramm von einem Hochsprachenprogramm aufgerufen werden soll, da dann der Compiler bzw. der Interpreter das Stacksegment einrichtet. Dennoch sollten Sie es im allgemeinen definieren, denn Ausnahmen bestätigen die Regel. Nicht zuletzt vermeiden Sie so auch die manchmal etwas störend wirkende Warnung des Linkers ('Warning no stack Segment'). Als nächstes folgt die Definition des Datensegments durch die Anweisung *.DATA*. Sie beendet zugleich die Definition eines vorangehenden Segments (in diesem Fall die Definition des Stacksegments) und legt ein Segment an, in dem Daten gespeichert werden können. Innerhalb des Datensegments können nun beliebige Datenanweisungen (mehr dazu in Kapitel 4) erfolgen. Falls das Assemblerprogramm mit einem Hochsprachenmodul verknüpft werden soll, müssen allerdings uninitialisierte Daten, d.h. Datenanweisungen, die mit Hilfe des *?* und des *DUP* Operators definiert worden sind und die zur Zeit der Definition keinen expliziten Wert aufweisen,

1 dies ist die Microsoft interne Bezeichnung für die Firma Borland.

2 der Begriff alleinstehende Programme ist wohl nicht so treffend.

in einem speziellen Segment mit dem Namen *.DATA?* untergebracht werden, wenn diese Daten auch von dem Hochspracheprogramm genutzt werden. Desweiteren wird man Stringkonstanten, Realzahlen und andere Konstanten im Segment .CONST definieren. Dies entspricht einer Microsoft-Konvention, nach der verschiedene Datentypen auch in verschiedenen Segmenten untergebracht werden. Handelt es sich jedoch um ein Stand-Alone Programm, können auch uninitialisierte Daten bzw. Konstanten im *.DATA* Segment definiert werden.

Das Datensegment wird durch die Anweisung *.CODE* beendet, die gleichzeitig das Codesegment einleitet. Das Codesegment ist das wichtigste Segment innerhalb des Programms, denn es enthält die Befehle, die beim Aufruf des Programms ausgeführt werden sollen. Innerhalb des Codesegments ist keine weitere spezielle Anweisung (z.B. eine *ASSUME* Anweisung, wie noch in der Version 4.0) mehr erforderlich. Wenn Sie wollen, können Sie auf die .CODE Anweisung einen Namen folgen lassen, um mehrere Codesegmente voneinander unterscheiden zu können. Dies ist aber nur bei den Speichermodellen Medium und Large möglich, da nur hier der Programmbereich aus mehreren Segmenten bestehen kann (ansonsten erhalten Sie eine Fehlermeldung). Auf die .CODE Anweisung folgt in der Regel die Definition eines Startpunktlabels und das Programm kann beginnen. Das Startpunktlabel teilt dem Assembler bzw. dem Linker mit, wo die Ausführung des Programms beginnt. Falls ein Programm aus mehreren, unabhängig voneinander assemblierten Modulen zusammengesetzt wird, darf nur ein Modul ein Startpunktlabel enthalten, denn es kann ja nur einen Programmbeginn geben. Das erste Label eines Programms ist nicht automatisch auch das Startpunktlabel. Ein Programmlabel wird vielmehr dadurch zum Startpunktlabel, indem es auf die *END* Anweisung folgt.

Falls Sie bereits Erfahrung mit der Version 4.0 gesammelt haben, werden Sie sicher feststellen, daß sich die Handhabung der Segmentdefinitionen stark vereinfacht hat. Wenn Sie Ihre Assemblerkarriere dagegen mit der Version 5.0 oder 5.1 begonnen haben, werden Sie diese Feststellung leider nicht machen können (vielleicht schauen Sie sich doch einmal das Listing b aus der Abbildung 3.4 an). Weitere Segmentanweisungen sind für die meisten Assemblerprogramme nicht notwendig.

3.4 Die Segmentanweisungen im einzelnen

Nachdem im letzten Abschnitt die wichtigsten Segmentanweisungen in einer allgemeinen Übersicht vorgestellt wurden, erfolgt in diesem Abschnitt eine systematische Auflistung sämtlicher vereinfachter Segmentanweisungen. Dieser Abschnitt eignet sich daher wahrscheinlich weniger gut zum Lesen. Sie sollten ihn vielmehr zum Nachschlagen beim Erstellen eigener Programme verwenden.

Tabelle 3.1 Die vereinfachten Segmentanweisungen

Syntax	Bedeutung
.STACK [Größe]	Stacksegment
.CODE [Name]	Codesegment
.DATA	Initialisierte Daten, Typ Near
.DATA?	Uninitialisierte Daten, Typ Near
.FARDATA [Name]	Initialisierte Daten, Typ Far
.FARDATA? [Name]	Uninitialisierte Daten, Typ Far
.CONST	Konstante Daten

Bei jeder der folgenden Anweisungen sind mögliche Parameter wie üblich in eckigen Klammern enthalten. Jede dieser Anweisungen markiert den Beginn eines Segments und beendet gleichzeitig ein unter Umständen zuvor definiertes Segment. Das letzte Segment wird schließlich durch die *END* Anweisung beendet. Eine kurze Übersicht über alle zur Verfügung stehenden vereinfachten Segmentanweisungen finden Sie in Tabelle 3.1.

.STACK [Größe]

Definiert ein Stacksegment. Der optionale Parameter legt die Größe des Stacksegments in Bytes fest. Wird keine Stackgröße angegeben, wird ein Stackbereich von 1024 Bytes festgelegt. Für Programme, die mit einem Hochsprachenmodul verknüpft werden sollen, ist die Definition eines Stacksegments in der Regel nicht erforderlich, da das Stacksegment bereits durch den Compiler festgelegt wird.

.CODE [Name]

Definiert ein Codesegment. Auf die Anweisung kann ein Name folgen, der das Segment in einem Modul mit mehreren Codesegmenten eindeutig festlegt. Mehrere Programmsegmente in einem Modul sind nur beim Speichermodell Medium, Large und Huge möglich, da nur hier der Programmbereich größer als 64 KByte werden kann. Beim Speichermodell Small bzw. Compact wird ein etwaiger Name ignoriert bzw. er führt zu einer Fehlermeldung. Normalerweise enthält ein Programmodul nur ein Codesegment, so daß die Angabe eines Namens nicht notwendig ist.

.CONST — Definiert ein Datensegment für Konstanten, d.h. für symbolische Werte, die sich während des Programmablaufs nicht ändern. Für Stand-alone Assemblerprogramme ist dieses Datensegment nicht zwingend vorgeschrieben. Falls das Assemblermodul mit einem Hochsprachenmodul verknüpft wird, sollten z.B. String- und Fließkommakonstanten in diesem Segment definiert werden.

.DATA — Definiert ein Datensegment, das (in der Regel) initialisierte Daten vom Typ Near enthält, d.h. alle Daten können lediglich über einen Offset angesprochen werden, da das Datensegment nicht größer als 64 KByte wird.

.DATA? — Definiert ein Datensegment, das uninitialisierte Daten (d.h. Variablen, die durch den ? und den DUP Operator deklariert wurden) vom Typ Near enthält, d.h. alle Daten können lediglich über einen Offset angesprochen werden, da das Datensegment nicht größer als 64 KByte wird.

.FARDATA [Name] — Definiert ein Datensegment für (in der Regel) initialisierte Daten vom Typ Far. Da das Datensegment größer als 64 KByte werden kann, werden alle Daten über eine Segment- und eine Offsetadresse angesprochen. Auf die Anweisung kann ein optionaler Name folgen, da ein Segment von diesem Typ keiner Gruppe angehört.

.FARDATA? [Name] Definiert ein Datensegment für uninitialisierte Daten (d.h. Variablen, die durch den ? und den DUP Operator deklariert wurden) vom Typ Far. Da das Datensegment größer als 64 KByte werden kann, werden alle Daten über eine Segment- und eine Offsetadresse angesprochen. Auf die Anweisung kann ein optionaler Name folgen, da ein Segment von diesem Typ keiner Gruppe angehört.

Ein Hinweis zu den Segmenten .DATA?, .FARDATA? und CONST

Diese Segmente spielen nur eine Rolle, wenn das Assemblerprogramm vom Linker mit einem Hochsprachenmodul verknüpft werden soll[1]. In diesem Fall sollten Sie uninitialisierte Daten im .DATA? bzw. .FARDATA? Segment und konstante Daten (Strings und Fließkommakonstanten) im CONST Segment ablegen. Für alle Stand-Alone Assemblerprogramme ist die Verwendung dieser Segmente dagegen optional (oder salopp gesprochen egal).

1 diese Verknüpfung findet beim Linken statt.

3.5 Vordefinierte Konstanten (Equates)

MASM bietet dem Benutzer eine Anzahl vordefinierter Konstanten, die das Arbeiten mit den vereinfachten Segmentanweisungen unterstützen. Es handelt sich hier um Konstanten, die wichtige Informationen wie z.B. den Segmentnamen, das Speichermodell oder den Namen der Quelltextdatei innerhalb eines Assemblerprogramms zur Verfügung stellen. Diese Konstanten (die übrigens allgemein und auch innerhalb dieses Buches als *Equates* bezeichnet werden) können an jeder beliebigen Stelle des Programms verwendet werden. Um Fehler von vorneherein auszuschließen, sollten Sie keine Konstanten mit dem gleichen Namen definieren.

@curseg Steht für den Namen des aktuellen Segments und kann in allen Anweisungen verwendet werden, denen als Parameter ein Segmentname übergeben wird (z.B. ASSUME oder ENDS).

Beispiel

```
PROG1   SEGMENT
        ASSUME CS:@curseg

        ....

PROG1   ENDS
```

In diesem Fall wird durch @curseg das Segment *PROG1* dem CS-Register zugeordnet.

@filename Steht für den Namen der Quelltextdatei. Die Konstante kann z.B. überall dort eingesetzt werden, wo der Name eines Symbols oder einer Prozedur vom Dateinamen abhängig sein soll.

Beispiel

```
@filename  SEGMENT

           ...

@filename  ENDS
```

In diesem Fall wird durch *@filename* ein Segment mit dem gleichen Namen definiert.

Wichtig : Das Equate @filename enthält nicht die obligatorische Endung .ASM. Falls z.B. ein Dateiname 'TEST.ASM' lautet, hat @filename den Wert 'TEST'.

@codesize
@datasize

Beide Konstanten liefern einen Code für das ausgewählte Speichermodell, sofern eines durch die Anweisung .MODEL vereinbart wurde.

@codesize = 0 für small und compact
@codesize = 1 für medium, large und huge

@datasize = 0 für small und medium
@datasize = 1 für compact und large
@datasize = 2 für huge

Diese Equates geben darüber Auskunft, ob z.B. der Datenbereich eines Programms größer als 64 KByte werden kann oder nicht. Diese Information wird im folgenden Beispiel dazu genutzt, die entsprechenden Befehle für das Laden eines 16-Bit bzw. eines 32-Bit Zeigers zu assemblieren.

Beispiel

```
IF @DATASIZE
    LES BX,ZEIGER
    MOV AX,ES:WORD PTR [BX]
ELSE
    MOV BX,WORD PTR ZEIGER
    MOV AX,WORD PTR [BX]
THEN
```

Dies ist eine häufig anzutreffende Anwendung für das Equate @datasize. Innerhalb der bedingten Anweisung (s.Kapitel 8) wird geprüft, ob das Speichermodell für die Daten Zeiger vom Typ Far (Compact, Large oder Huge) oder vom Typ Near (Small oder Medium) erlaubt. Im ersten Fall wird eine Befehlsfolge assembliert, die einen 32-Bit Zeiger (Segment:Offset) in das Registerpaar ES:BX lädt und anschließend das Wort, das durch diesen Zeiger adressiert wird, in das AX-Register holt. Im zweiten Fall wird eine Befehlsfolge assembliert, die lediglich den Offset des Zeigers in das BX-Register lädt und anschließend über eine indirekte Adressierung das Wort, welches durch den Inhalt des BX-Registers adressiert wird, in das AX-Register transportiert.

Segmentequates

Um ein Segment, welches mit Hilfe der vereinfachten Segmentanweisungen definiert wurde und daher in der Regel über keinen Namen verfügt, auch innerhalb eines Programms ansprechen zu können, stellt MASM für jeden der bereits vordefinierten Segmentnamen ein entsprechendes Equate zur Verfügung. Im einzelnen handelt es sich um :

```
@CODE
@FARDATA
@FARDATA?
@DATA
```

Jedes Equate trägt den Namen des dazugehörigen Segments, beginnt aber mit einem '@'-Zeichen anstelle eines Punktes. Das Segmentequate enthält den Segmentnamen (und nicht etwa die Segmentadresse) des Segments, das durch die entsprechende Segmentanweisung definiert wurde. Eine gewisse Ausnahme stellt das @DATA Equate dar. Es liefert nicht den Namen des Datensegments, sondern den Namen der Segmentgruppe DGROUP, die alle Segmente umfaßt, die durch die Anweisungen .DATA, .DATA?, .CONST oder .STACK definiert wurden (mehr zu Gruppen in Kapitel 12).

Wichtig : Obwohl die vordefinierten Konstanten in erster Linie zusammen mit den vereinfachten Segmentanweisungen verwendet werden, können die Equates *@curseg* und *@filename* auch in Zusammenhang mit den erweiterten Segmentdefinitionen verwendet werden.

3.6 Speichermodelle

Jedes Programm benötigt in der Regel ein Segment für Programmbefehle und ein Segment für Programmdaten. Das Speichermodell legt fest, wie groß der Programmbereich und der Datenbereich eines Programms max. werden kann. Danach richtet sich z.B. der Rückkehrbefehl von einer Prozedur, bei dem es sich je nach Speichermodell um einen *RETN* Befehl (Small und Compact) oder um einen *RETF* Befehl (Medium, Large und Huge) handelt.

Desweiteren hat die Wahl des Speichermodells bestimmte Nebeneffekte, die an dieser Stelle aber noch nicht besprochen werden sollen. Normalerweise benötigt ein Assemblerprogramm keine Anweisung zur Festlegung des Speichermodells, es liegt vielmehr im Ermessen des Programmierers Daten- und Sprungbefehle so zu wählen, wie sie für die jeweilige Situation angemessen sind. Verwenden Sie dagegen die vereinfachten Segmentanweisungen, so geben Sie dem Assembler weniger Informationen, als bei der erweiterten Segmentanweisungen. Um Ihnen Arbeit abzunehmen, macht der Assembler Standardannahmen, die von der Größe des Programm- und Datenbereichs abhängen. Damit der Assembler diese Annahmen aber machen kann, nun kommt der entscheidende Punkt, muß ihm über die .MODEL Anweisung das Speichermodell mitgeteilt werden, das die Grundlage für diese Annahmen darstellt.

Das Speichermodell wird durch die Anweisung *.MODEL* festgelegt. Folgende Speichermodelle stehen zur Auswahl :

Tiny[1] Sowohl der Programmbereich, als auch der Datenbereich werden zusammen nicht größer als 64 KByte, d.h. das Programm besteht in der Regel aus nur einem Segment. Programme mit diesem Speichermodell müssen im COM-Format geschrieben werden. Dieses Modell wird nicht von Microsoft Sprachen unterstützt, wohl aber z.B. von TURBO C.

Small Der Programmbereich und der Datenbereich werden einzeln nicht größer als 64 KByte. Alle Zeiger sind 16 Bit groß, alle Sprünge sind vom Typ Near. Dies ist das gebräuchliche Speichermodell für Stand-Alone Assemblerprogramme. Innerhalb der Microsoft Familie unterstützt nur der C-Compiler dieses Modell.

---

1 Dieses Speichermodell gibt es zwar nicht bei Microsoft Sprachen. Der Vollständigkeit halber soll es aber dennoch erwähnt werden.

Medium Alle Daten passen in ein einzelnes Segment. Der Programmcode kann jedoch größer als 64 KByte werden, d.h. er kann theoretisch so groß werden, wie der verfügbare physikalische Speicher. Alle Zeiger sind 16 Bit groß. Sprünge innerhalb eines Moduls sind vom Typ Near, Sprünge zwischen zwei Modulen dagegen vom Typ Far. Die meisten Microsoft Hochsprachen unterstützen dieses Speichermodell.

Compact Der Programmcode paßt in ein einzelnes Segment, der Datenbereich kann allerdings größer als 64 KByte werden. Innerhalb des Datenbereichs darf aber kein zusammenhängendes Datenfeld größer als 64 KByte sein. Zeiger sind damit 32 Bit groß, d.h. sie bestehen aus Segment- und Offsetanteil. Alle Sprünge sind vom Typ Near. Innerhalb der Microsoft Familie unterstützt nur der C-Compiler (ab Version 4.0) dieses Modell.

Large Sowohl der Programmcode als auch der Datenbereich kann größer als 64 KByte werden. Innerhalb des Datenbereichs darf aber kein zusammenhängendes Datenfeld größer als 64 KByte werden. Zeiger sind damit 32 Bit groß, d.h. sie bestehen aus Segment- und Offsetanteil. Für die Sprungbefehle gilt das gleiche wie beim Modell Medium. Dieses Speichermodell wird von allen Microsoft Hochsprachen unterstützt.

Huge Dieses Speichermodell entspricht dem Modell Large. Zusätzlich darf ein einzelnes zusammenhängendes Datenfeld größer als 64 KByte werden. Die meisten Microsoft Hochsprachen (C-Compiler ab Version 4.0) unterstützen dieses Speichermodell, unter Umständen allerdings mit bestimmten Einschränkungen bezüglich der Größe.

Abbildung 3.5 Die Auswirkung des Speichermodells

Modell	Programm-bereich	Daten-bereich	Zeiger-typ	Sprünge	RET-Befehl
Small	< 64KB	<64KB	Near	Near	RETN
Medium	0..640KB	<64KB	Near	Far	RETF
Compact	<64KB	0..640KB	Far	Near	RETN
Large	0..640KB	0..640KB	Far	Far	RETF
Huge		wie bei Large			

Abbildung 3.5 zeigt die Auswirkung der einzelnen Speichermodelle auf den Programmaufbau. Welche Auswirkungen das Speichermodell konkret hat, wird vielleicht am besten am folgenden Beispiel deutlich. Betrachten Sie sich dazu folgende Prozedurdefinitionen :

```
.MODEL SMALL
.CODE
  TEST PROC
       ...
       RET
  TEST ENDP

.MODEL MEDIUM
.CODE
  TEST PROC
       ...
       RET
  TEST ENDP
```

Beide Prozedurdefinitionen sind nach außen identisch. Wenn Sie sich aber einmal den Opcode anschauen, der durch den RET Befehl erzeugt wurde, werden Sie feststellen, daß es sich im ersten Fall um den Befehl RETN (Rückkehr von einer Near Prozedur) und im zweiten Fall um einen RETF Befehl (Rückkehr von einer Far Prozedur) handelt. Die Erklärung ist einfach. Im Speichermodell Medium kann der Programmbereich größer als 64 KByte werden. Eine Prozedur kann daher auch von einer Stelle außerhalb des Segments aufgerufen werden, in dem die Prozedur definiert wurde. In diesem Fall wird für den Rücksprung sowohl der Offset als auch die Rückkehradresse benötigt. Im ersten Beispiel kann der Programmbereich nicht größer als 64 KByte werden, so daß nur Aufrufe vom Typ Near in Frage kommen.

Es sei noch einmal darauf hingewiesen, daß für Assemblerprogramme, die nicht mit einem Hochsprachenmodul verknüpft werden, das Modell Small in 90% der Fälle ausreichend ist. Fügen Sie daher in die erste Zeile Ihres Programms die Anweisung '.MODEL SMALL' ein und Sie brauchen sich für den Rest des Programms keine Gedanken mehr um das Speichermodell zu machen. Natürlich kann das Speichermodell auch, falls erforderlich, innerhalb eines Assembler- oder auch Hochsprachenprogramms, geändert werden. In diesem Fall spricht man von sog. *mixed-modell* Programmen. Dennoch, derartige "Programmiertricks" werden selten benötigt.

Wozu Speichermodelle ?

Auch diese Frage soll nicht unbeantwortet bleiben. Schließlich sollen Sie die *.MODEL* Anweisung mit gutem Gewissen verwenden können und nicht bei einer etwaigen Fehlersuche mit dem unguten Gefühl auf diese Anweisung schielen, daß sie vielleicht Schuld an ungeklärten Programmabstürzen trägt.

Der Hintergrund für die Notwendigkeit von Speichermodellen ist die unumstößliche Tatsache, daß die 80x86 Prozessoren den Arbeitsspeicher in einzelne Segmente unterteilen. Besteht ein Programm aus mehreren Modulen (z.B. wenn ein Modul von einem C-Compiler und das andere Modul von einem Assembler erzeugt wurde), ließen sich diese Daten und Programmbefehle durchaus in verschiedenen Segmenten unterbringen. Wesentlich sinnvoller ist es jedoch in den meisten Fällen, Daten und Programmbefehle in jeweils einem einzigen Segment zu kombinieren. Alle Adressen wie z.B. Labels oder Variablen sind dann vom Typ Near, d.h. sie können lediglich über ihren Offset angesprochen werden. Das läßt sich natürlich nicht immer verwirklichen. Von Fall zu Fall wird entweder der Programm- oder der Datenbereich größer als 64 KByte werden. Dann sind die Label- und/oder die Sprungadressen vom Typ Far.

Der Programmierer muß sich daher z.B. entscheiden, ob er 16-Bit oder 32-Bit Adressen in einem Sprungbefehl verwendet. Erstere bieten den Vorteil, daß sie weniger Speicherplatz benötigen und unter Umständen schneller ausgeführt werden können, bieten aber den Nachteil, daß ihre Reichweite auf ein 64 KByte Segment beschränkt ist. In einem Assemblerprogramm kann diese Entscheidung von Fall zu Fall getroffen und an die jeweiligen Umstände angepaßt werden. So kann der Programmierer eine Prozedur wahlweise mit dem Entfernungsattribut Near bzw. Far versehen und so festlegen, ob diese Prozedur nur innerhalb des gleichen Segments (Near) oder auch von einem anderen Segment aus angesprungen werden kann (Far), denn wie Sie gesehen haben, legt das Speichermodell u.a. die Art des Rückkehrbefehls fest. Arbeiten Sie dagegen mit einem Compiler, muß diese Entscheidung bereits am Anfang durch Festlegen eines Speichermodells getroffen werden. So ist z.B. beim Microsoft C Compiler das Speichermodell Small als Default vereinbart. In der Regel hat der Programmierer allerdings die Möglichkeit, eine einmal getroffene Entscheidung innerhalb des Programms bei Bedarf wieder aufzuheben.

Das Speichermodell ist daher nichts anderes als eine Festlegung über die Größe des Code- und des Datensegments innerhalb eines Assemblerprogramms. Möchte man ein Assemblerprogramm mit einem Hochsprachenmodul, d.h. z.B. mit einem C-Programm verknüpfen, so sollte man das Speichermodell des Assemblerprogramms an das Speichermodell des Compilers anpassen. Ein Beispiel für die Verknüpfung eines Assemblerprogramms mit einem C-Modul, bei dem auch die eben angesprochene Problematik noch einmal unter einem anderen Gesichtspunkt besprochen wird, finden Sie in Kapitel 13.

3.7 Zusammenfassung

In diesem Kapitel wurden die wichtigsten Grundlagen zum Thema Segmentanweisung und Speichermodelle behandelt. Zusammenfassend läßt sich sagen, daß ein Stand-Alone Assemblerprogramm, d.h. ein Assemblerprogramm, welches nicht von einem Hochsprachenmodul aufgerufen wird, in den meisten Fällen folgenden Aufbau aufweist :

1) Vereinbaren der Standard DOS-Segmentreihenfolge

DOSSEG

Diese Anweisung sorgt dafür, daß die einzelnen Segmente des Programms entsprechend einer Konvention geordnet werden, die auch von allen Microsoft Hochsprachen verwendet wird. Da die Reihenfolge der einzelnen Segmente auf die Funktionsfähigkeit der meisten Assemblerprogramme keinerlei Einfluß hat, brauchen Sie sich über diesen Punkt keine Gedanken machen, wenn Sie am Anfang des Assemblerprogramms die DOSSEG Anweisung verwenden.

2) Festlegen des Speichermodells

.MODEL SMALL

Um die vereinfachten Segmentanweisungen verwenden zu können, muß zuvor ein Speichermodell festgelegt werden. Obwohl ein Stand-alone Assemblerprogramm theoretisch jedes der fünf (bzw. sechs) möglichen Speichermodelle verwenden kann, sollten Sie, falls keine zwingenden Gründe dagegen sprechen, das Modell Small verwenden.

Die Festlegung eines Speichermodells ist immer dann notwendig, wenn Sie auf die vereinfachten Segmentanweisungen zurückgreifen. In diesem Fall bekommt der Assembler nämlich nur ein Minimum an Informationen (dafür, daß Sie es leichter haben). In manchen Fällen reicht diese Information nicht aus und es werden zusätzliche Angaben erforderlich.

3) Definieren eines Stacksegments

.STACK 100h

Diese Anweisung definiert ein Stacksegment mit einer Größe von 256 Bytes, die für die meisten Anwendungen ausreichend sein sollte.

4) Definieren eines Datensegments

.DATA

Diese Anweisung markiert den Beginn des Datensegments. Innerhalb des Datensegments werden alle Daten definiert, die innerhalb des Programms verwendet werden. Auch hier gilt, daß, wenn es sich um ein Stand-Alone Assemblerprogramm handelt, initialisierte, uninitialisierte und konstante Daten in dem gleichen Segment untergebracht werden können.

5) Definieren eines Programmsegments

Durch diese Anweisung wird der Beginn des Programmsegments, also jenes Segments, das die eigentlichen Maschinenbefehle enthält, festgelegt.

.CODE
<Startpunktlabel>:

6) Beenden des Assemblerprogramms

END <Startpunktlabel>

Diese Anweisung ist obligatorisch, denn sie teilt dem Assembler mit, daß das Programm zu Ende ist. Auf END folgt die Angabe des Startpunktlabels, wenn das Programm nur aus einem Modul besteht, bzw. wenn es sich um das Hauptmodul handelt.

Ausblick

Wenn Sie dieses Kapitel erfolgreich durchgearbeitet haben, sind Sie mit allen notwendigen Formalitäten vertraut gemacht worden, die für den Einstieg in die Assemblerprogrammierung bzw. das erfolgreiche Arbeiten mit dem Makroassembler 5.0 bzw. 5.1 erforderlich sind. Das was Sie in diesem Kapitel gelernt haben, sollte für die meisten Assemblerprogramme ausreichen, die Sie in den nächsten Monaten und vielleicht sogar Jahren schreiben werden. Eine Ausnahme stellen Assemblerprogramme dar, die mit einem Hochsprachenmodul verknüpft werden sollen. In diesem Fall, oder wenn Sie mit einer älteren MASM Version arbeiten, müssen Sie unter Umständen ein wenig tiefer in die Materie der Segmentierung einsteigen und sich mit den Hintergründen und Nebeneffekten der vereinfachten Segmentanweisungen beschäftigen (s.Kapitel 12).

In den nächsten Kapiteln werden nun Anweisungen vorgestellt, die für den Inhalt des Assemblerprogramms eine Rolle spielen. Dazu gehören Datenanweisungen (Kapitel 4), Prozeduren (Kapitel 5), das Verknüpfen mehrerer Module zu einem Programm (Kapitel 6) sowie die unabdingbaren Assembler Operatoren, die in Kapitel 7 besprochen werden.

KAPITEL 4

DATENANWEISUNGEN

4.1 Einleitung

Wie jede andere Programmiersprache, verfügt auch der Assembler über primitive Datentypen wie z.B. Variablen und Konstanten. Grundsätzlich muß zwischen der Assemblierung und der späteren Ausführung unterschieden werden. Für die Assemblierung bietet der Assembler Anweisungen zur Definition von Konstanten und Variablen, die bei der Assemblierung durch ihre Werte ersetzt werden. Die Definition von Variablen, die bei der späteren Ausführung eine Rolle spielen wird dagegen mit Hilfe der Datenanweisungen realisiert. Mit den Datenanweisungen bietet MASM dem Anwender die Möglichkeit einzelne oder Gruppen von Speicherzellen über einen symbolischen Namen anzusprechen. Der Inhalt dieser Speicherzellen, d.h. ihre Bedeutung obliegt dem Programmierer. Während in höheren Programmiersprachen eine Variable eine rein symbolische Größe ist, der lediglich ein Wert zugewiesen bzw. deren Wert innerhalb eines Ausdrucks verarbeitet werden kann und deren interne Struktur dem Anwender verborgen bleibt, sind Variablen innerhalb eines Assemblerprogramms symbolische Namen für eine oder mehrere Speicheradressen innerhalb des Arbeitsspeichers. Hier kann der Programmierer sowohl die Größe als auch die Struktur der Variablen festlegen bzw. den Inhalt der Variablen in einer beliebigen Weise manipulieren.

In diesem Kapitel geht es um :

» Verarbeitung von BCD und Fließkommazahlen

» Definition von Feldern

» den Adreßzähler

» Strukturen

» Vorwärtsreferenzen

Folgende Anweisungen werden vorgestellt :

.RADIX EQU = DB DW DD DF DQ DT .MSFLOAT

4.2 Darstellung von Konstanten und Variablen

Die Verwendung der Begriffe Konstanten und Variablen ist in Assembler ein wenig problematisch, wenn man diese mit Variablen und Konstanten in Hochsprachen wie BASIC, PASCAL oder C vergleicht. In Assembler ist der Übergang zwischen Konstanten und Variablen sehr fließend. Man unterscheidet vielmehr zwischen Konstanten und Variablen, die während der Assemblierung eine Bedeutung haben, und Datenanweisungen, mit denen sich Speicherplatz reservieren läßt, der während der Programmausführung für die Speicherung von variablen Werten genutzt werden kann.

Betrachten wir zunächst kurz die Konstanten, da sie relativ leicht abzuhandeln sind. Unter einer Konstanten versteht man einen Wert, der sich innerhalb eines Programms nicht mehr ändern kann. Die Zahl '7' ist in diesem Sinne eine Konstante oder auch der String 'ABC'. Konstanten können aber auch durch symbolische Namen repräsentiert werden. So wird durch die Anweisung

XY EQU 99

dem Symbol *XY* der Zahlenwert 99 zugewiesen. Der Assembler ersetzt bei der Assemblierung überall, wo das Symbol XY auftaucht, dieses durch den Zahlenwert 99. Ein einmal auf diese Weise definiertes Symbol kann innerhalb des Assemblerprogramms seinen Wert nicht mehr ändern.

Bei den Variablen ist eine allgemeine Definition schon nicht mehr so einfach (sie ist auch nicht schwierig, höchstens ein wenig gewöhnungsbedürftig). Grundsätzlich muß man hier zwischen Variablen unterscheiden, die während der Assemblierung eine Bedeutung haben und Variablen, die während der Programmausführung eine Bedeutung haben. Bei dem ersten Typ handelt es sich um Symbole, die mit Hilfe der = Anweisung definiert werden. Variablen, die auf diese Weise definiert wurden, spielen nur bei der Assemblierung eine Rolle. Ein Beispiel soll dies verdeutlichen. Durch die Anweisung

X = 10

wird innerhalb eines Assemblerprogramms die Variable *X* mit dem Anfangswert 10 definiert. Trifft der Assembler nun auf den Befehl

MOV AH,X

so wird er die Variable X durch ihren momentanen Wert, nämlich 10, ersetzen und den Opcode für den Befehl 'MOV AH,10' assemblieren. Ändert X nun im weiteren Verlauf des Programms seinen

Wert, so hat das für diesen Befehl keine Auswirkung mehr. Bei der Programmausführung wird der Befehl 'MOV AH,10' ausgeführt, unabhängig davon, welchen Wert X am Ende des Assemblerprogramms auch hat.

Der zweite Typ von Variablen wird durch eine sog. Datenanweisung definiert. Bei den Datenanweisungen handelt es sich um Anweisungen, die eine oder mehrere Speicherstelle(n) im Arbeitsspeicher reservieren. Dieser Speicherplatz kann bei Bedarf über einen symbolischen Namen angesprochen und daher im Sinne einer Variablen verwendet werden. In diesem Fall steht der symbolische Name für die Offsetadresse des zugewiesenen Speicherplatzes innerhalb des Segments, wobei es sich bei dem Segment in der Regel um das Datensegment handeln wird[1]. Auch hier soll ein Beispiel die Anwendung verdeutlichen :

X DB 10

Durch diese Anweisung wird ein Byte innerhalb des Arbeitsspeichers reserviert und mit dem Wert 10 initialisiert. Die Offsetadresse des reservierten Bytes innerhalb des Segments, in dem diese Definition stattfindet (denken Sie sich z.B. eine vorausgehende .DATA Anweisung, die das Datensegment definiert) wird dem Symbol X zugeordnet. Die so definierte Variable kann auch innerhalb eines Befehls verwendet werden :

MOV AH,X

In diesem Fall wird der Assembler aber nicht den Wert 10 einsetzen, sondern die Offsetadresse des Symbols X. Zwar hat die spätere Ausführung des Befehls den gleichen Effekt wie im letzten Beispiel (die Zahl 10 wird in das AH-Register geladen), doch gibt es einen wesentlichen Unterschied. Wird der Inhalt der Speicherstelle, die den Wert der Variablen X enthält, während der Programmausführung einmal geändert, so bewirkt die nächste Ausführung des Befehls 'MOV AH,X', daß der neue Wert in das AH-Register geladen wird. Sie sehen, daß dieser Typ von Variable auch auf die Programmausführung einen Einfluß hat, da sein Wert auch während der Programmausführung geändert werden kann.

Für manchen Leser mag diese Begriffsklärung sehr trivial sein. Doch sind für Assembler Einsteiger erfahrungsgemäß gerade solche "Kleinigkeiten" oft Stolpersteine, die das Erlernen der Assemblersprache unnötig erschweren.

---

1 Datenanweisungen haben daher eine gewisse Ähnlichkeit mit den Segmentanweisungen, die ja ebenfalls einem Symbol eine Adresse, wenn auch eine Segmentadresse, zuordnen.

4.3 Konstanten

Als Konstanten werden Zahlen oder Zeichenketten innerhalb eines Assemblerprogramms bezeichnet. Wie bereits in Kapitel 2 angesprochen wurde, kennt MASM vier verschiedene Konstantentypen :

Integerzahlen
BCD-Zahlen
Realzahlen
und
Strings

Integerkonstanten

Integerkonstanten sind stets ganze Zahlen. Sie können z.B. als dezimale, binäre, oktale oder hexadezimale Werte (bzw. allgemein in einem beliebigen Zahlensystem, dessen Basis zwischen 2 und 16 liegt) angegeben werden. Für Zahlensysteme mit einer Basis größer als zehn werden für die restlichen Ziffern Buchstaben verwendet, die sowohl klein als auch groß geschrieben werden können. Die Zahlenbasis einer Integerkonstanten kann entweder durch einen angehängten Buchstaben (den sog. *Basis-Bezeichner*, engl. radix specifier) festgelegt werden :

Zahlenbasis	Buchstabe
Binär	B
Oktal	Q oder O
Dezimal	D
Hexadezimal	H

Wichtig : Hexadezimalzahlen müssen stets mit einer Dezimalziffer (0-9) beginnen, damit sie nicht fälschlicherweise als Symbol interpretiert werden. So wird die Hexadezimalzahl 'ABC' als Symbol interpretiert und nicht als Zahl. In diesem Fall muß der Hexadezimalzahl eine Null vorangestellt werden, denn '0ABCh' wird vom Assembler korrekt als Zahl verarbeitet.

Die Zahlenbasis kann aber auch durch die *.RADIX* Anweisung geändert werden.

Syntax

```
.RADIX  Ausdruck
```

Der Ausdruck muß eine Zahl im Bereich 2 - 16 ergeben und legt das gewünschte Zahlensystem fest. Zahlen innerhalb von Ausdrücken werden immer als Dezimalzahlen behandelt, unabhängig von der momentan gültigen Zahlenbasis. Des weiteren hat die .RADIX Anweisung keinen Einfluß auf Realkonstanten, die mit den Anweisungen DD, DQ oder DT definiert wurden. Deren Initialisierungswerte werden immer als Dezimalzahlen behandelt, wenn ihnen kein Buchstabe zur Festlegung des Zahlensystems angehängt ist. Die .RADIX Anweisung hat auch keinen Einfluß auf Integerzahlen, denen ein B oder D zur Festlegung der Zahlenbasis angehängt ist.

Wichtig : Zahlen mit einem B oder einem D am Ende werden als Binär- bzw. Dezimalzahlen behandelt, auch wenn die aktuelle Zahlenbasis 16 ist. So wird z.B. unter der Zahlenbasis 16 die Zahl '0ABCD' als Dezimalzahl und damit als illegaler Wert interpretiert. Die vermeintliche Hexadezimalzahl muß als '0ABCDh' geschrieben werden, damit sie als Hexadezimalzahl erkannt wird. Ähnlich wird die Zahl '11B' als Binärzahl interpretiert, aber nicht als Hexadezimalzahl wie beabsichtigt. Damit sie als Hexadezimalzahl behandelt wird, muß sie als '11Bh' geschrieben werden. Diese Konvention ist ein wenig kniff1ig und häufig die Ursache schwer zu lokalisierender Fehler, wenn man diese Regel nicht kennt.

Beispiel

```
.RADIX 16           ; Zahlenbasis soll 16 sein

    MOV BH,0AD      ; Dies ist eine Dezimalzahl
    MOV CH,0FE      ; Dies ist eine Hexadezimalzahl
    MOV AH,11B      ; Dies ist eine Binärzahl !!
```

Von den drei aufgeführten Hexadezimalzahlen wird nur '0FE' korrekt als solche interpretiert. Die Zahl '0AD' führt sogar zu einer Fehlermeldung des Assemblers ('Illegal digit in number'). Der Grund ist wahrscheinlich erst auf den zweiten Blick zu erkennen. Durch die Endung 'D' wird eine Dezimalzahl festgelegt, und die darf kein 'A' enthalten. Auch die dritte Anweisung hat ihre Tükken. So führt das 'B' am Ende der Zahl dazu, daß der Assembler die Zahl als binär interpretiert, obwohl die allgemeine Zahlenbasis 16 ist.

BCD-Konstanten

BCD-Konstanten sind Integerzahlen, bei denen jede einzelne Ziffer separat in eine Binärzahl umgewandelt wird. Die Schreibweise von BCD-Zahlen entspricht der Schreibweise von normalen Integerzahlen. Integer-Konstanten, die durch die DT Anweisung definiert werden, werden automatisch als BCD-Zahlen codiert. Mehr Informationen über die Darstellung und die Definition von BCD-Zahlen finden Sie im Kapitel 4.5 bei der Besprechung der DT Anweisung.

Realkonstanten

Realzahlen (oder Fließkommazahlen, dies ist eine andere Bezeichnung) werden in Assemblerprogrammen nur selten benutzt. Um mit Realzahlen sinnvoll arbeiten zu können, sollte das System über einen mathematischen Koprozessor verfügen, der diese Anweisungen mit einer vertretbaren Geschwindigkeit ausführen kann. Eine weitere Möglichkeit besteht darin, das Assemblerprogramm mit einem Hochsprachenprogramm und dieses wiederum mit einer sog. *Emulatorbibliothek*, welche Routinen enthält, die die Funktionen des mathematischen Koprozessors emulieren, zu verknüpfen. Die Umwandlung von Realzahlen "per Hand", d.h. durch eigene Routinen ist relativ aufwendig und lohnt sich nur in seltenen Fällen. In diesem Abschnitt soll nur kurz auf den Aufbau von Realzahlen eingegangen werden. Wenn dieses Thema brennend interessiert, findet in Kapitel 4.5 eine ausführlichere Beschreibung der binären Darstellung.

Eine Realzahl besteht stets aus einem Integeranteil, einem Nachkommaanteil und unter Umständen einem Exponenten. Damit ergibt sich folgende allgemeine Schreibweise :

```
[+ | -] Integer . Nachkomma [E [+ | -] Exponent]
```

Sowohl der Integeranteil (der auch als Mantisse bezeichnet wird) als auch der Exponent können vorzeichenbehaftet sein. Während der Assemblierung wandelt der Assembler Realzahlen in ein spezielles binäres Format um. Realzahlen können auch direkt in ihrer dekodierten Form dargestellt werden. In diesem Fall muß die Zahl allerdings hexadezimal geschrieben und durch ein nachfolgendes 'R' gekennzeichnet werden (s.Kapitel 4.5). Da man Realzahlen nicht innerhalb von Ausdrücken verwenden kann, werden sie in der Regel als Konstanten verwendet. Realzahlen können nur durch die Anweisungen DD, DQ bzw. DT initialisiert werden.

Beispiel

```
ZAHL1  DD  227.23          ; Kurze Realzahl
ZAHL2  DQ  77.8E2          ; Lange Realzahl
ZAHL3  DD  69000000R       ; Direkt codierte Realzahl
```

Wie bereits erwähnt, wird auf die interne Abspeicherung von Realzahlen in Kapitel 4.5 ausführlicher eingegangen.

Stringkonstanten

Bei einer Stringkonstanten handelt es sich um eine Folge von ASCII-Zeichen, die durch Anführungszeichen oder Apostrophe eingeschlossen sind. Strings mit mehr als zwei Zeichen werden durch die *DB* Anweisung initialisiert. Strings, die aus zwei oder einem (beim 80386 auch vier) Zeichen bestehen, können auch durch jede andere Datenanweisung definiert werden.

Beispiel

```
TEXT1  DB 'Guten Tag !'
TEXT2  DB "Hi there ! '
TEXT3  DB 'Das ''X'' ist ein Zeichen'
```

Wie das letzte Beispiel zeigt, muß ein Apostroph (bzw. auch ein Anführungszeichen) doppelt aufgeführt werden, wenn es innerhalb eines Strings verwendet werden soll, der durch zwei Apostrophe markiert wird.

4.4 Equates (Konstanten)

Equates sind vereinfacht gesagt Konstanten, d.h. Symbole, denen innerhalb des Assemblerprogramms ein konstanter Wert zugewiesen wird. Sie können überall innerhalb des Programms anstelle des Wertes, den sie repräsentieren, eingesetzt werden[1]. Equates haben daher nur während der Assemblierung eine Bedeutung. Ihren Namen verdanken Equates ganz einfach ihrer Funktion (to equate = gleichsetzen). Natürlich hätte man diesen Begriff auch irgendwie ins Deutsche übersetzen können, doch tauchen Equates innerhalb des Assemblers in vielen, durchaus unterschiedlichen Bereichen auf, so daß ein kurzer und prägnanter Begriff das Verständnis

1 Daß man sie nicht gemeinhin als Konstanten bezeichnet liegt daran, daß Equates noch mehr können, als nur einen Wert zu repräsentieren.

dieser Materie hoffentlich erleichtert. MASM unterscheidet vier Typen von Equates :

- Wiederdefinierbare Equates

- Nichtwiederdefinierbare Equates

- String-Equates (Textmakros)

- Vordefinierte Equates

Wiederdefinierbare numerische Equates

Durch numerische Equates wird einem Symbol ein konstanter numerischer Wert zugeordnet. Der Wert des Symbols kann an jeder Stelle im Programm neu definiert werden.

Syntax

```
Name  =  Ausdruck
```

Durch das Gleichheitszeichen wird dem Symbol 'Name' ein konstanter Ausdruck zugeordnet. Für das Symbol wird allerdings kein Speicherplatz reserviert, da es bereits beim Assemblieren wieder durch seinen Wert ersetzt wird. Ein durch die = Anweisung definiertes Symbol kann in allen nachfolgenden Anweisungen und Befehlen als unmittelbarer Wert verwendet werden.

Bei dem Ausdruck kann es sich um eine Integerzahl, einen konstanten Ausdruck, eine Stringkonstante mit einem oder zwei (beim 80386 sind es vier) Zeichen oder einen Ausdruck, der für eine Adresse steht, handeln. Der Name des Symbols darf, ausgenommen in einer mit der = Anweisung bereits durchgeführten Definition, noch nicht im Programm verwendet worden sein.

Beispiel

```
LINE_NR     =  32
SCR_ADR     = LINE_NR * 64
```

Stringequates (Textmakros)

Stringequates bzw. Textmakros werden dazu benutzt, einem Symbol eine Stringkonstante zuzuordnen. Sie werden durch die EQU Anweisung definiert und können in einer Vielzahl von Situationen angewendet werden.

Syntax

```
Name  EQU  [<] String [>]
```

Mit der EQU Anweisung definierte Strings können auch neu definiert werden.

Beispiel

```
ERGEBNIS  EQU SUMME
PROG_NAME EQU 'TEST.ASM'

 A$ EQU 'Guten Morgen !'
 A$ EQU 'Gute Nacht !'
```

Nichtwiederdefinierbare numerische Equates

Mit Hilfe der EQU Anweisung lassen sich auch numerische Konstanten definieren. Anders als Konstanten, die durch das '=' Zeichen definiert worden sind, lassen sich durch die EQU Anweisung definierte Konstanten innerhalb des Programms nicht umdefinieren.

Syntax

```
Name  EQU  Ausdruck
```

Auch die EQU Anweisung erzeugt, wie das Gleichheitszeichen, ein Symbol und ordnet ihm einen konstanten Wert zu. Beim Assemblieren ersetzt der Assembler den Symbolnamen des Equates an jeder Stelle durch seinen Wert. Der Wert eines Equates kann auch ein bereits vorher definiertes Equate sein. Man spricht in diesem Fall von einem sog. *Alias*. Auch für die nichtwiederdefinierbaren Equates wird kein Speicherplatz reserviert.

Beispiel

```
     A     EQU  9
     B     EQU 12
SUMME      EQU  A + B
```

Wird einem numerischen Symbol, welchem mit der EQU Anweisung einen Wert zugewiesen wurde erneut definiert, erhalten Sie die Fehlermeldung 'Redefinition of symbol'.

Beispiel

Im folgenden Beispiel wird die DOS Versionsnummer ermittelt und ausgegeben. Beachten Sie, daß sich die Funktionsnummer relativ einfach lesbarer machen lassen, wenn man sie durch Textkonstanten ersetzt.

```
    DOS         EQU  21h
    PRINT_CHR   EQU  02
    PRINT_STR   EQU  09
    GET_DOS     EQU  30h
    EXIT        EQU  4Ch

    TEXT1 EQU <'MSDOS - VERSION : '>

    .MODEL SMALL

    .STACK 100h

    .DATA
     TEXT2 DB 10,13,TEXT1,'$'
    .CODE
GET_VERSION PROC
      MOV DX,@DATA          ; DS-Register initialisieren
      MOV DS,DX
      MOV DX,OFFSET TEXT2
      MOV AH,PRINT_STR
      INT DOS
      MOV AH,GET_DOS        ; DOS Version ermitteln
      INT 21h
      ADD AL,30h            ; Zahl in ASCII umwandeln
      MOV DL,AL
      MOV AH,PRINT_CHR      ; Hauptversionsnummer ausgeben
      INT DOS
      MOV AH,EXIT           ; Zurück zu DOS
      INT DOS
GET_VERSION ENDP
   END GET_VERSION
```

Mit Hilfe der Funktion 30h des Interrupts 21h wird die DOS Versionsnummer ermittelt, wobei sich im AL-Register die Hauptversions- und im AH-Register die Unterversionsnummer befindet. Um das Programm nicht zu kompliziert zu machen, wird allerdings nur die Hauptversionsnummer ausgegeben.

Textmakros können noch mehr

Seit der Version 5.1 können Textmakros (d.h. Stringequates) auch im Anweisungsfeld einer Assembleranweisung bzw. eines Befehls aufgeführt werden. So können sie z.B. als Ersatz für Prozessorbefehle eingesetzt werden, da Textmakros nun auf die gleiche Weise wie normale Makros ausgewertet werden. Wenn Ihnen z.B. der Mnemonic *MOV* nicht gefällt, benennen Sie ihn doch einfach um :

```
LADE    EQU   <MOV>
```

Das folgende Beispiel erinnert doch schon viel weniger an ein Assemblerprogramm :

```
LADE      EQU <MOV>
DOS       EQU 21h
PRINT_STR EQU 09
SUMME     EQU 'A + B '

.MODEL SMALL
.DATA
  TEXT DB SUMME,10,13,'$'
.CODE
  LADE DX,@DATA
  LADE DS,DX
  LADE DX,OFFSET TEXT
  LADE AH,PRINT_STR
  INT DOS
  ...
END
```

Beim Assemblieren des Programms tauscht der Assembler zunächst alle Textmakros mit dem Namen 'LADE' durch ihren Wert, in diesem Fall 'MOV', aus und assembliert dann den entsprechenden Opcode. Bei älteren MASM Versionen war dies noch nicht möglich, da Textmakros innerhalb eines Befehlsfeldes nicht ausgewertet wurden. Sie erhielten dann die Fehlermeldung 'Expected : Instruction or directive'.

Vordefinierte Equates

Seit der Version 5.0 bietet MASM eine Reihe von vordefinierten Equates, von denen Sie einige (nämlich die Segmentkonstanten) schon im letzten Kapitel kennengelernt haben. Die übrigen Equates werden erst in Kapitel 10 vorgestellt.

4.5 Datenanweisungen

Neben den Maschinenbefehlen werden im Arbeitsspeicher auch die Daten abgelegt, mit denen die Maschinenbefehle arbeiten sollen. Diese Daten könnte man im Prinzip direkt über eine Adresse ansprechen. Allerdings nur im Prinzip, denn folgende zwei Gründe sprechen dagegen. Zum einen sind absolute Adressen in den meisten Fällen bei der Programmerstellung noch gar nicht bekannt, da Sie noch nicht wissen können, an welche Adresse DOS ihr Programm lädt. Die Adressierung müßte sich auf den Offset beschränken, der die relative Position einer Variablen zum Segmentbeginn festlegt. Zum anderen ist es äußerst unpraktisch, mit absoluten Adressen bzw. Offsets zu arbeiten. Wesentlich praktischer ist es, wenn man zur Speicherung von Daten zwar Speicherplatz reserviert, diesen aber über einen symbolischen Namen anspricht. Durch die Datenanweisungen können Sie innerhalb eines Assemblerprogramms eine oder mehrere Speicherstellen des Arbeitsspeichers reservieren und diesen einen symbolischen Namen zuordnen. Die so definierten Speicherstellen können im Sinne von Variablen verwendet werden, da sich ihr Inhalt während des Programmablaufs ändern kann. Je nach Größe des reservierten Speicherbereichs lassen sich Integer-, Real- und Stringvariablen sowie Felder erstellen. Des weiteren bietet MASM die Möglichkeit, mit sog. *strukturierten Datentypen* zu arbeiten (s.Kapitel 4.7), mit denen sich Record-ähnliche Variablen aufbauen lassen.

Die zentrale Anweisung zum Erstellen von Variablen ist *Dx*, wobei das x für die Größe des zu reservierenden Speicherplatzes steht.

Syntax

```
[Name] Dx Initialisierungswert [,Initialisierungswert]...
```

Bei 'Name' handelt es sich um einen optionalen symbolischen Namen, über den der reservierte Speicherplatz später im Programm angesprochen werden kann. Durch die Anweisung Dx wird dem Symbol 'Name' eine Offsetadresse[1] zugeordnet. Beim Assemblieren wird 'Name' vom Assembler durch diese Offsetadresse ersetzt. Es ist auch möglich, keinen Namen festzulegen. In diesem Fall wird lediglich Speicherplatz reserviert, welcher dann aber nicht über einen symbolischen Namen angesprochen werden kann. Die Größe des zu reservierenden Speicherplatzes wird durch das x festgelegt. Falls mehrere Initialisierungswerte übergeben werden sollen, müssen diese durch ein Komma voneinander getrennt

1 Genauer gesagt handelt es sich um den momentanen Wert des Adreßzählers - s.Kapitel 4.7.

werden. In diesem Fall werden für jeden Initialisierungswert soviele Bytes reserviert, wie es durch das x festgelegt wird. Folgende Datenanweisungen stehen zur Verfügung :

Aweisung	Bedeutung
DB	Definiert ein Byte
DW	Definiert ein Wort (2 Bytes)
DD	Definiert ein Doppelwort (4 Bytes)
DF	Definiert ein sog. Far-Wort (6 Bytes)
DQ	Definiert ein Quad-Wort (8 Bytes)
DT	Definiert ein 10-Byte Wort

Bei dem Initialisierungswert kann es sich um eine Konstante, einen Ausdruck, der eine Konstante ergibt, oder ein ? handeln. Das Fragezeichen ist ein spezielles Symbol zur Definition uninitialisierter Variablen und wird häufig im Zusammenhang mit dem DUP Operator zur Definition von Feldern verwendet (s.Kapitel 4.6).

Am einfachsten ist es sicherlich, Integervariablen zu definieren, da man sich hier keine Gedanken über deren interne Struktur machen muß. Integervariablen werden durch eine Binärzahl dargestellt, deren Größe 8-, 16-, 32- oder gar 64-Bit betragen kann.

Die DB Anweisung

Die DB Anweisung definiert ein Byte und ermöglicht damit die Speicherung von vorzeichenlosen Zahlen im Bereich 0 bis 255 bzw. von vorzeichenbehafteten Zahlen im Bereich -128 bis +127.

Beispiel

```
ZAHL1  DB  78
```

Definiert eine Byte-Variable mit dem Initialisierungswert 78. Auf diese Variable kann z.B. in einem *MOV* Befehl zugegriffen werden :

```
MOV  AL,ZAHL1
```

Natürlich ist es auch möglich, den Wert der Variablen in ein 16-Bit Register zu laden. Allerdings muß hier der *OFFSET* Operator verwendet werden (s.Kapitel 7), da MASM ansonsten ein ganzes Wort lesen würde :

```
MOV AX,ZAHL1
```

Durch diesen Befehl wird ein Wort (d.h. 16 Bit), das an der Adresse, die durch ZAHL1 festgelegt wird beginnt, in das AX-Register geladen. Das nächste Beispiel zeigt die Verwendung des Fragezeichens. Durch die Anweisung

```
ZAHL2  DB  ?
```

wird zwar ebenfalls ein Byte im Arbeitsspeicher reserviert, allerdings wird in die Speicherstelle kein Initialisierungswert eingetragen. Stattdessen bleibt der Wert bestehen, der sich dort zuvor (meißt zufällig) befunden hat.

Die DW Anweisung

Die DW Anweisung erlaubt die Abspeicherung eines Wortes. Damit lassen sich immerhin schon Zahlen ohne Vorzeichen von 0 bis 65535 bzw. vorzeichenbehaftete Zahlen im Bereich -32,768 bis +32,767 abspeichern. Genau wie Byte-Variablen können auch Wort-Variablen in 8086/8088 Systemen direkt in einem Maschinenbefehl verarbeitet werden. Denken Sie aber daran, daß ein Wort in dem typischen Intel-Format, d.h. mit dem niederwertigen Byte zuerst abgespeichert wird. So wird die Variable

```
ZAHL2  DW  1234h
```

intern so abgelegt, daß sich der Wert 34h unter der Adresse adr und der Wert 12h unter der Adresse adr+1 befindet. Aus Gründen der besseren Lesbarkeit werden Zahlen in Assemblerlistings bzw. auch innerhalb des CodeView Debuggers mit dem höherwertigen Byte zuerst dargestellt.

Die DD Anweisung

Diese Anweisung definiert 4 Bytes (d.h. ein Doppelwort) und ermöglicht die Abspeicherung von Zahlen ohne Vorzeichen im Bereich 0 bis 4,294,967,295 bzw. vorzeichenbehaftete Zahlen im Bereich -2,147,483,648 bis 2,147,483,647. Auch diese Zahlen werden im intel-typischen Format abgelegt (s.Abbildung 4.1). Wie zu erkennen ist, wird zuerst das niederwertige und dann das höherwertige Wort gespeichert. Innerhalb eines Wortes gilt wiederum, daß zuerst das niederwertige Byte und dann das höherwertige gespeichert wird. Eine Variable, die auf folgende Weise definiert wurde :

```
ZAHL4   DD   12345678h
```

wird so gespeichert, daß unter der Adresse adr der Wert 34h, unter der Adresse adr+1 der Wert 12h, unter der Adresse adr+2 der Wert 78h und schließlich unter der Adresse adr+3 der Wert 56h zu finden ist. Doppelwörter können von einigen Befehlen des 8086 (z.B. dem Divisionsbefehl DIV, der eine 32-Bit Zahl, die sich in den Registern AX und DX befindet, durch eine 16-Bit Zahl teilen kann) und von den Instruktionen der mathematischen Koprozessoren der 80x87-Familie verarbeitet werden.

Abbildung 4.1 Speicherformat von 4 Byte Werten

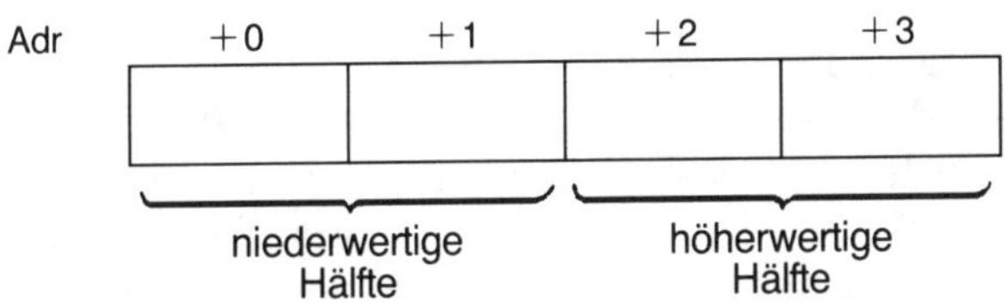

Die DF Anweisung

Diese Anweisung definiert ein sog. Far-Wort, welches aus 6 Bytes besteht und damit eine 48-Bit Zahl darstellt[1]. Far-Worte werden normalerweise nur in 80386 Systemen benötigt.

Die DQ Anweisung

Durch die DQ Anweisung kann eine 64-Bit Integerzahl definiert werden. Das Format, mit dem die 64-Bit Zahl gespeichert wird, ist in Abbildung 4.2 zu sehen. 64-Bit Zahlen, mit denen sich astronomisch große Werte (der Bereich geht bei vorzeichenlosen Zahlen immerhin bis 1.8446^{19}) darstellen lassen, können von einigen Befehlen des 80386 bzw. von den Instruktionen der mathematischen Koprozessoren der 80x87-Familie verarbeitet werden. Auch auf einem 8086/8088-System ist das Arbeiten mit 64-Bit Zahlen denkbar, allerdings müssen hier spezielle Routinen erstellt werden, die die 64-Bit Zahl in kleinere Einheiten aufteilen, die dann einzeln verarbeitet und später wieder zu einem 64-Bit Ergebnis verknüpft werden.

1 Diese Schlußfolgerung ist zwar messerscharf, aber wahrscheinlich höchst überflüssig.

Abbildung 4.2 Speicherung einer 64-Bit Zahl

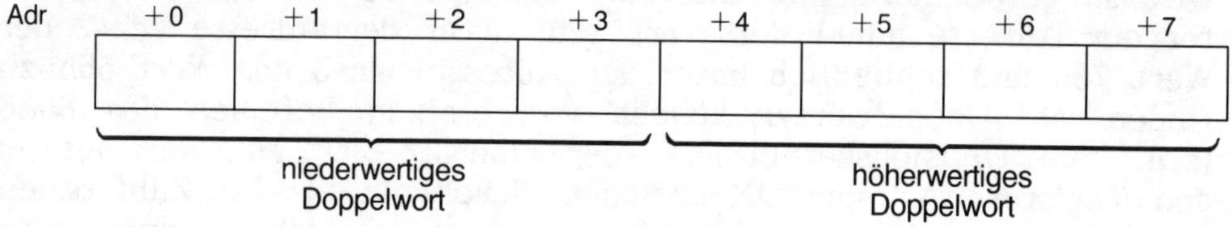

Die DT Anweisung und BCD-Zahlen

Durch diese Anweisung werden normalerweise BCD-Zahlen definiert, für die in diesem Fall im Speicher 10 Bytes reserviert werden. Wenn Sie mit der DT Anweisung auch Dezimalzahlen definieren wollen, muß an die Zahl ein 'D' als Basis-Bezeichner angehängt werden. BCD-Zahlen stellen eine weitere Methode dar, Dezimalzahlen binär zu codieren. Anders als bei der direkten binären Codierung, wo eine Dezimalzahl einfach nur umgewandelt wird, wird in einer BCD-Zahl jede Ziffer einzeln in die entsprechende Binärzahl umgewandelt. Für die umgewandelte Ziffer stehen entweder vier Bit (gepackte BCD-Zahl) oder 8-Bit (ungepackte BCD-Zahl) zur Verfügung. Zwar benötigen BCD-Zahlen mehr Speicherplatz, dafür können bei Kommazahlen keine Stellen durch etwaige Rundungen oder systembedingte Ungenauigkeiten verlorengehen, da jede Stelle der Zahl separat umgewandelt und abgespeichert wird. Der 8086/8088 (wie auch die mathematischen Koprozessoren) verfügt über spezielle Befehle für das Arbeiten mit BCD-Zahlen.

Beispiel

```
ZAHL1  DT  12345

ZAHL2  DT  12345d
```

Im ersten Fall wird jede Ziffer der Zahl separat in eine Binärzahl umgewandelt, d.h. jede Ziffer der Zahl wird in einem Halbbyte gespeichert. Im Speicher finden Sie daher die Zahlenfolge *'45 23 01 00 00 00 00 00 00 00'*. Im zweiten Beispiel wird die zu speichernde Zahl aufgrund des Basis-Bezeichners als Dezimalzahl behandelt. Im Speicher finden Sie in diesem Fall die Bytefolge *'39 30 00 00 00 00 00 00 00 00'*, weil der hexadezimale Wert der Zahl 3039h beträgt.

Stringvariablen

Stringvariablen werden normalerweise durch die DB Anweisung definiert, indem auf die DB Anweisung eine Stringkonstante in Anführungsstrichen bzw. einfachen Apostrophen folgt :

```
TEXT  DB  'Guten Tag'
```

Genauso ist es möglich, eine Stringvariable Zeichen für Zeichen zu definieren bzw. eine Stringkonstante um einzelne Zeichen zu ergänzen :

```
TEXT1  DB  65 , 66 , 67
```

bzw.

```
TEXT2  DB  'Dies ist ein Test',10,13
```

Mit allen anderen Datenanweisungen lassen sich nur Stringvariablen definieren, die aus max. 2 (bzw. 4 beim 80386) Zeichen bestehen :

```
BAD_STRING  DW 'AB'
```

Dieser String besteht nur aus zwei Zeichen, wobei das 'A' unter der Adresse adr+1 und das 'B' unter der Adresse adr gespeichert wird.

Zeigervariablen

Zeigervariablen enthalten die Adresse eines Datenobjekts. Der Inhalt einer Zeigervariablen ist demnach selber wieder eine Adresse, die entweder vom Typ Near (es wird lediglich der Offset gespeichert) oder vom Typ Far (es wird sowohl der Offset als auch der Segmentanteil gespeichert) ist. Zeiger vom Typ Near können in einer Variablen gespeichert werden, die durch die DW Anweisung definiert wurde. Zeiger vom Typ Far benötigen zwei Bytes mehr und müssen daher durch die DD Anweisung definiert werden. Wie Zeiger abgespeichert werden, wird in Abbildung 4.3 veranschaulicht.

Abbildung 4.3 Speicherung von Zeigern

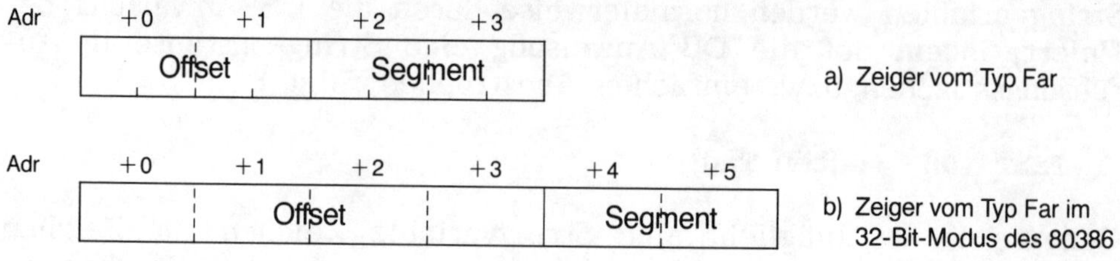

Ab der Version 5.1 können Zeiger explizit definiert werden. Die Definition eines Zeigers hat die folgende Form :

Symbol [DW DD DF] Typ PTR Initialisierungswert

Es lassen sich also Wort-, Doppelwort- und Far-Wort- Zeiger definieren, wenn zusammen mit der Datenanweisung der *PTR* Operator verwendet wird, wobei der Operand 'Typ' vom Typ des Datenobjekts abhängt.

Beispiel

```
DATA_OBJECT  DB 10 DUP (?)

POIN1 DW BYTE PTR DATA_OBJECT
```

Dies ist eine weitere Anwendung des PTR Operators, der normalerweise dazu verwendet wird, den Typ einer Variablen festzulegen (s.Kapitel 7). Die explizite Definition einer Variablen als Zeiger bietet den Vorteil, daß die betreffende Variable auch innerhalb von CodeView als Zeiger behandelt wird.

Für 80386 Programmierer : Da beim 80386 auch 32-Bit Zeiger möglich sind (z.B. dann, wenn das Segment mit dem Attribut *USE32* - s.Kapitel 12 - versehen wurde), beträgt der Offset-Anteil 32 Bit, während der Segmentanteil nach wie vor 16 Bit groß ist. In diesem Fall besteht ein Zeiger vom Typ Near aus 32 Bit bzw. ein Zeiger vom Typ Far aus 48 Bit.

Normalisierte Zeiger

Zeiger, die nur aus einem Offsetanteil bestehen werden durch vorzeichenlose 16-Bit Zahlen dargestellt. Der Wert des Offsets kann in diesem Fall zwischen 0 und 65535 liegen. Sobalb ein Zeiger aber aus einem Offset- und einem Segmentanteil besteht, kann es zu Problemen kommen. Diese Probleme treten z.B. dann auf, wenn zwei Far-Zeiger verglichen werden sollen. Wie bereits im Kapitel 3 angedeutet wurde, gibt es aufgrund der Segment:-Offset Darstellung einer physikalischen Adresse mehrere Möglichkeiten diese Adresse aus Segment- und Offsetanteil zu bilden. Mit anderen Worten, ein- und dasselbe Speicherregister kann durch mehrere verschiedene Segment:Offset Adressen angesprochen werden. Führt man nun einen Vergleich zwischen zwei Far-Zeigern durch, so kann es passieren, daß obwohl beide Zeiger auf das gleiche Speicherregister zeigen, die beiden Zeiger nicht als gleich erkannt werden. Die Ursache liegt darin, daß bei einem solchen Vergleich Segment- und Offsetanteil getrennt miteinander verglichen werden. Um einen objektiven Vergleich von Far-Zeigern durchführen zu können, müssen diese in ihrer sog. *normalisierten Form* vorliegen. Die Rechenregel, durch die ein beliebiger Far-Zeiger in seine normalisierte Form umgewandelt werden kann ist denkbar einfach : Von dem Offsetanteil wird solange 16 abgezogen und der Segmentanteil dabei um eins erhöht, bis der Offsetanteil kleiner als 16 ist. Erst wenn Far-Zeiger in ihrer normalisierten Form vorliegen, ist ein Vergleich möglich.

Beispiel

Der Far-Zeiger 2001:0101 soll in seine normalisierte Form gebracht werden.

Der Offsetanteil 101h enthält genau sechzehnmal die Zahl 16 (Rest 1). Also muß der Segmentanteil entsprechend um 16 erhöht werden, so daß sich folgende normalisierte Form ergibt :

2011:0001

Das Problem Far-Zeiger vergleichen zu müssen, tritt nur selten auf. Ein Beispiel findet man manchmal beim Arbeiten mit Feldern, die größer als 64 KByte sind (Speichermodell Huge).

Realvariablen

Auch Realzahlen werden in einem binären Format dargestellt, wobei für die Mantisse und den vorzeichenbehafteten Exponenten ein eigenes Bitfeld definiert wird. Das Prinzip, nach dem Realzahlen in Binärzahlen umgewandelt werden, ist ein wenig trickreich[1]. Um es zu erklären, muß zwangsläufig ein wenig weiter ausgeholt werden. Eine Realzahl kann auf zwei grundsätzlich verschiedene Weisen dargestellt werden. Zum einen kann die Position des Kommas konstant bleiben. Geldbeträge würde man z.B. so darstellen, daß sich das Komma stets an der zweiten Stelle von rechts befindet. Derartige Fixkommazahlen sind zwar relativ leicht zur verarbeiten, bieten dafür aber auch einige Nachteile. So lassen sich z.B. sehr große oder sehr kleine Zahlen gar nicht darstellen, wenn man nicht jede einzelne Ziffer abspeichern möchte. Wesentlich flexibler ist dagegen die Fließkommadarstellung, bei der die Position des Kommas nicht feststeht. Fließkommazahlen bestehen aus einem Zahlenwert, der Mantisse, und dem Exponenten, der die Position des Kommas angibt. So wird z.B. die Zahl 123,456 als 123456 * 10^{-3} geschrieben. Die -3 gibt dabei an, daß sich das Komma um drei Stellen nach links verschiebt. Fließkommazahlen erlauben die Darstellung von sehr großen bzw. sehr kleinen Zahlen, da die Anzahl der Stellen lediglich durch den Exponenten dargestellt wird. So läßt sich die Zahl 1 000 000 relativ einfach als 1E6 darstellen, wobei das E für den Exponenten steht, der sich immer auf das verwendete Zahlensystem bezieht. In der Praxis wird die sog. *normalisierte Darstellung* verwendet, bei der das Komma immer nach der ersten Stelle, die ungleich Null ist, gesetzt wird. Die Zahl 768,891 wird also nicht als 768891E-3, sondern als 7,68891E2 dargestellt. Durch diese Darstellung wird die Umwandlung vereinfacht und man spart u.U. führende Nullen. Da nun die Darstellung von Realzahlen im Dezimalsystem geklärt wäre, muß als nächstes betrachtet werden, wie eine Realzahl in das Binärsystem umgewandelt wird.

Die Grundlage für die Umwandlung ist der Umstand, daß sich auch Binärzahlen als Realzahlen darstellen lassen. Betrachten Sie dazu folgende binäre Realzahl :

1 0 1 , 1 0 1 (Exponent : 0)

Diese Binärzahl hat einen dezimalen Wert von 5,625. Wie kommt dieser Wert zustande ? Nun, der Wert der Integerzahl beträgt 5, weil $1 * 2^2 + 0 * 2^1 + 1 * 2^0 = 5$ ist. Um den Nachkommanteil zu berechnen, brauchen Sie lediglich diese Rechnung fortzuführen,

1 Mathematisch gesehen eigentlich nicht.

jetzt allerdings mit negativen Potenzen von zwei. Damit ergibt sich $1 * 2^{-1} = 0{,}5$, $1 * 2^{-3} = 0{,}125$ bzw. die Summe des Nachkommaanteils zu 0,625. Auch bei binären Realzahlen wird eine normalisierte Darstellung verwendet, die dazu führt, daß der Wert vor dem Komma immer 1 ist. Die obige Realzahl 5,625 würde normalisiert wie folgt dargestellt werden :

1, 0 1 1 0 1 Exponent : 1 0

MASM kennt zwei Formate zur Darstellung von Realzahlen, das *IEEE-Format* und das *Microsoft-Format*. In älteren Versionen (bis Version 4.0) wurden Realzahlen automatisch im Microsoft-Format dargestellt. Um die Anpassung an Hochsprachencompiler zu erleichtern, wird ab der Version 5.0 das IEEE-Format standardmäßig festgelegt. Es richtet sich nach der IEEE Norm 754, die vom Institut of Electrical and Electronical Engineers (IEEE) herausgegeben wurde. Diesem Standard entsprechen nicht nur die mathematischen Koprozessoren der 80x87 Familie, sondern z.B. auch die Fließkommaprozessoren 68881/68882 von Motorola. Es ist aus verschiedenen Gründen ratsam, dieses Format beizubehalten. Falls Sie aus irgendeinem Grund dennoch im Microsoft-Format arbeiten möchten, müssen Sie die Anweisung *.MSFLOAT* verwenden.

In beiden Formaten kann MASM kurze 32-Bit Realzahlen oder lange 64-Bit Realzahlen verarbeiten. Zusätzlich existiert noch ein 80-Bit Format (das sog. *extended precision Format*), das zur internen Darstellung von Realzahlen in den mathematischen Koprozessoren der 80x87 Familie verwendet wird. Dieses erweiterte Format, das stets nach der IEEE Norm dekodiert wird, ist zu allen von Microsoft Hochsprachen verwendeten Formaten inkompatibel. Die zur Verfügung stehenden Formate sind in Abbildung 4.4 aufgeführt.

Abbildung 4.4 Interne Darstellung von Fließkommazahlen

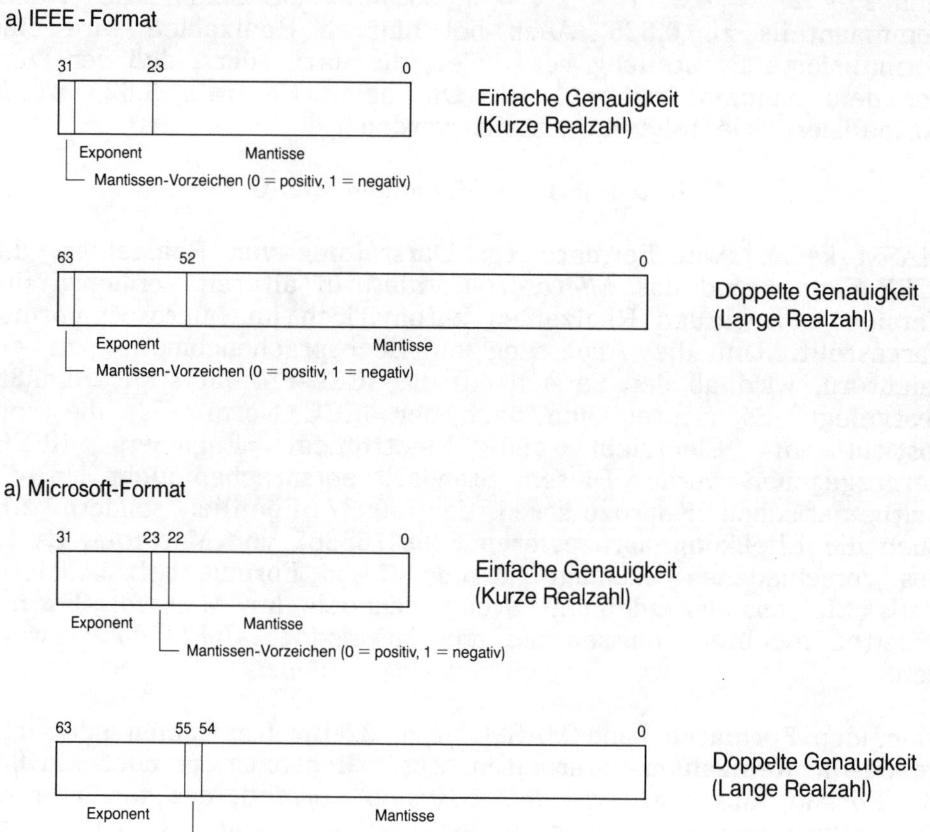

Wenn Sie sich einmal Abbildung 4.4 anschauen, werden Sie feststellen, daß sich beide Formate nicht sehr wesentlich unterscheiden. Der wichtigste Unterschied ist die Position des Exponenten. Außerdem verwenden beide Formate einen verschiedenen "*Bias*". Hierbei handelt es sich um einen konstanten Offset, der zum Exponenten addiert wird. Doch dieser relativ kleine Unterschied reicht bereits aus, um den Austausch von Fließkommazahlen zwischen zwei Programmen, die unterschiedliche Formate verwenden, ohne Konvertierungsroutine unmöglich zu machen.

Zwei Beispiele

Obwohl das Umrechnen von Realzahlen in ihre binären Werte so gut wie nie benötigt wird, ist es dennoch interessant einmal das Verfahren nachzuvollziehen, nach dem MASM Realzahlen codiert.

1) Die Zahl 18,75 soll als kurze Realzahl einmal im IEEE-Format und einmal im Microsoft-Format dargestellt werden.

a) IEEE-Format

Die hexadezimale Codierung der Realzahl ergibt :

41 96 00 00

Um zu verstehen wie diese Darstellung zustande kommt, soll zunächst gezeigt werden, wie die Mantisse in ihren binären Wert umgewandelt wird :

18,75 = 1 0 0 1 0, 1 1 bzw. 1, 0 0 1 0 1 1 Exponent : +4

Damit ergibt sich folgende binäre Darstellung :

0 1 0 0 0 0 0 0 1 1 0 0 1 0 1 1 0

41h 96h

Das erste Bit stellt das Vorzeichen der Mantisse dar. Bei den folgenden 8 Bit handelt es sich um den Exponenten selber, zu dem ein Offset von 7Fh addiert wird. Dieser Offset wird zwar nicht im MASM Handbuch erwähnt, er ergibt sich aber, wenn man verschiedene Realzahlen miteinander vergleicht. Auf den Exponenten folgt der normalisierte Wert der Mantisse. Beachten Sie, daß das führende Bit, welches in der normalisierten Darstellung immer gesetzt ist (wie auch im Microsoft-Format) nicht gespeichert wird.

b) Microsoft-Format

Die hexadezimale Codierung der Realzahl ergibt hier :

85 16 00 00

Betrachten wir die ersten beiden Bytes, die den Wert des Exponenten, das Vorzeichen der Mantisse und den Wert der Mantisse festlegen :

1 0 0 0 0 1 0 1 0 0 0 1 0 1 1 0

85h 16h

In diesem Format wird der Exponent durch die ersten 8 Bit dargestellt. Auch hier wird ein Offset addiert, der aber diesmal 81h beträgt. Auf den Exponenten folgt das Vorzeichenbit der Mantisse. Die letzten sieben Bits werden durch die Mantisse belegt, die in beiden Formaten den gleichen Wert aufweist. In beiden Fällen sind die restlichen Bits nicht gesetzt, da der Wert 18,75 bereits durch die ersten 6 Bits exakt dargestellt werden kann. Nicht immer kann eine Realzahl exakt dargestellt werden, wie das nächste Beispiel zeigt.

2) Die Zahl 0,33 soll als kurze Realzahl im IEEE-Format dargestellt werden. Die codierte Realzahl wird zunächst einmal in ihrer hexadezimalen Form abgebildet :

3E A8 F5 C3

Es fällt auf, daß die Zahl wesentlich größer ist als die Zahl 18,75, obwohl doch letztere zahlenmäßig viel größer ist. Dieser scheinbare Widerspruch löst sich schnell auf, wenn man bedenkt, daß die Zahl 0,33 durch eine Aussummierung negativer Zweierpotenzen dargestellt wird. Die Aufschlüsselung des zweiten Bytes soll dies verdeutlichen :

Bit 7	:	0	Niederwertigstes Exponentenbit
Bit 6	:	0	0 * 0,25
Bit 5	:	1	1 * 0,125
Bit 4	:	0	0 * 0,0625
Bit 3	:	1	1 * 0,03125
Bit 2	:	0	0 * 0,015625
Bit 1	:	0	0 * 0,0078125
Bit 0	:	0	0 * 0,00390625

Bereits die Aufsummierung der ersten sieben Bits der Mantisse ergibt einen Wert von 0,3291015615, der dem darzustellenden Wert von 3,3 bereits relativ nahe kommt. Obwohl noch 16 weitere Bits zur Verfügung stehen, wird der Wert von 3,3 allerdings nie exakt erreicht, sondern nur angenähert. Eine gewisse Ungenauigkeit (die in der Regel vernachlässigt werden kann), ist also nie auszuschließen[1]. Werfen wir noch einmal einen Blick auf die ersten neun Bits, welche das Vorzeichenbit der Mantisse und den Exponenten enthalten :

0 0 1 1 1 1 1 0 1 0

Das Vorzeichenbit der Mantisse ist wieder Null, da es sich ja um eine positive Zahl handelt. Der Wert des Exponenten beträgt 7Dh und führt nach Subtraktion des Bias (7Fh) zu dem tatsächlichen Exponenten, nämlich -2 (in der nicht normalisierten Darstellung ist

1 Lassen Sie sich dadurch nicht Ihren Glauben an den Computer erschüttern. Mit dieser Ungenauigkeit kann man in den meißten Fällen ganz gut leben.

0,33 binär gleich 0, 0 1 0 1 0 1 ..., in der normalisierten Darstellung dagegen 1, 0 1 0 1 ... mit einem Exponenten von -2).

Natürlich sind die ganzen Umrechnungsverfahren bzw. internen Darstellung im allgemeinen allerhöchstens von theoretischem Interesse. MASM übernimmt diese Umrechnung automatisch beim Assemblieren.

Initialisierung von Realvariablen

Zur Initialisierung von Realvariablen stehen die Anweisungen DD, DQ und DT zur Verfügung. Dabei kann der Zahlenwert entweder als Realkonstante oder als bereits decodierte, d.h. in ihren binären Wert umgewandelte Hexadezimalzahl angegeben werden. In diesem Fall muß der Hexadezimalzahl ein 'R' als Basisbezeichner folgen, welcher die Zahl als decodierte Realzahl kennzeichnet.

DD - Definiert kurze 32-Bit Realzahlen entweder im IEEE- oder im Microsoft-Format.

DQ - Definiert lange 64-Bit Realzahlen entweder im IEEE- oder im Microsoft-Format.

DT - Definiert 80-Bit Realzahlen in einem Format, das dem IEEE-Format ähnlich ist. 80-Bit Realzahlen werden stets in demselben Format dekodiert. Es entspricht dem Format, mit dem die mathematischen Koprozessoren der 80x87 Familie intern Realzahlen darstellen. Da die mathematischen Koprozessoren aber automatisch 4-Byte bzw. 8-Byte Realzahlen in das interne Format umwandeln bzw. wieder zurück in die entsprechende 4-Byte bzw. 8-Byte Realzahl, wird das 80-Bit Format in Assemblerprogrammen nur äußerst selten benutzt.

Microsoft oder IEEE ?

Welches der beiden Formate ist zu bevorzugen ? In den allermeisten Fällen wird das IEEE-Format eingesetzt. Die mathematischen Koprozessoren sowie die meisten Hochsprachen verwenden dieses Format, so daß auch ein Assemblerprogramm, welches mit Hochsprachenmodulen verknüpft wird, Realzahlen in diesem Format darstellen muß. Auch der CodeView Debugger kann lediglich Realzahlen im IEEE-Format verarbeiten. Das Microsoft-Format sollte lediglich verwendet werden, wenn Sie Assemblerprogramme schreiben, die von alten (um nicht zu sagen uralten) Versionen des Microsoft bzw. IBM BASIC Compilers bzw.

Quickbasic (bis Version 2.01) aufgerufen werden, oder wenn Sie eine Kompatibilität zu älteren Assemblerprogrammen herstellen müssen.

Wenn Sie Stand-Alone Assemblerprogramme schreiben, ist es egal, welches Format Sie verwenden. Empfehlenswert ist auch hier das IEEE-Format, da Sie so auf alle Fälle Kompatibilität zu anderen Hochsprachen hergestellt haben und das Programm mit dem Code-View Debugger verarbeiten können. Fazit : Die wenigsten Probleme werden Sie wahrscheinlich haben, wenn Sie das IEEE-Format verwenden. Da dies der Default ist, brauchen Sie sich um keine zusätzlichen Anweisungen zu kümmern.

Hinweis : Wenn Ihr Assemblerprogramm von einem Hochsprachenmodul aufgerufen wird, spielt das Realzahlenformat nur eine Rolle, wenn die Realzahlen im Assemblerprogramm initialisiert werden. Wenn alle Realzahlen im Hochsprachenmodul initialisiert werden, ist es gleichgültig, welches Format für das Assemblerprogramm gewählt wurde.

Eine kleine Zusammenfassung

Fassen wir zwischendurch einmal kurz zusammen. Die Datenanweisung *Dx* bewirkt, daß der Assembler den entsprechenden Platz, der durch die Größenangabe x festgelegt wird, im Arbeitsspeicher reserviert. Der reservierte Speicherplatz kann über einen symbolischen Namen angesprochen werden. Entsprechend der gewählten Größenangabe wird dem Symbol ein Typ (Byte, Word usw.) zugeordnet. Die Dx Anweisung ist daher die zentrale Anweisung zur Definition von Datentypen wie z.B. Integervariablen oder Strings. Beachten Sie, daß es keine vorgegebene Struktur für die abgespeicherten Daten gibt, sondern diese als eine Folge von Bytes im Speicher abgelegt werden.

Beispiel

```
WERT  DW  1234h
STR   DB 'JA, SO IST DAS','$'
F1    DT  12.34
```

Für den Assembler sind die auf diese Weise gespeicherten Daten, denen innerhalb des Programms jeweils ein bestimmter Typ zugedacht ist, nichts anderes als eine Aneinanderreihung einzelner Bytes, die im Arbeitsspeicher direkt aufeinander folgen. Der Programmierer muß dafür sorgen, daß diesen Bytes die richtige Bedeutung zugeordnet wird.

4.6 Datenfelder

Ein Feld ist vereinfacht ausgedrückt eine Aneinanderreihung von Datenobjekten derselben Größe und desselben Typs. In einem Assemblerprogramm lassen sich Felder (z.B. Puffer) relativ einfach unter Verwendung des DUP Operators definieren. Dieser Operator kann mit jeder der im Kapitel 4.5 vorgestellten Datenanweisungen verwendet werden.

Syntax

```
Zähler DUP (Initialisierungswert [,Initialisierungswert]...)
```

Der Zähler legt fest, wie oft der nachfolgende Initialisierungswert bzw. die nachfolgenden Initialisierungswerte in den Speicher eingetragen werden sollen. Schauen wir uns zunächst einmal ein einfaches Beispiel an :

```
EMPTY_BUFFER  DB  40 DUP (0)
```

Diese Anweisung trägt ab der definierten Speicherstelle 40 Nullen in den Speicher ein. Im Grunde sind die Anweisung DB und der *DUP* Operator voneinander unabhängig. Die DB Anweisung reserviert ein Byte, dessen Adresse durch das Symbol *EMPTY_BUFFER* dargestellt wird. Der DUP Operator trägt ab dieser Adresse dann 40 Nullen in den Arbeitsspeicher ein.

Doch der DUP Operator kann noch mehr. Auch kompliziertere Datenstrukturen lassen sich mit DUP erstellen. Im folgenden Beispiel wird die Buchstabenfolge 'ABC' fünfmal in den Arbeitsspeicher eingetragen :

```
        DB  5 DUP ('ABC')
```

Des weiteren kann der DUP-Operator auch verschachtelt werden[1], wie das folgende Beispiel, zu mindestens annähernd demonstriert :

```
    FELD  DB 10 DUP (3 DUP ('XX', 2 DUP ('YY')))
```

Wie sieht das Feld aus, das durch diese Anweisung definiert wird? Die Lösung dieser kniffligen Frage finden Sie in Abbildung 4.5.

1 Laut MASM Handbuch bis zu 17 Mal.

Derartige Anweisungen dienen nicht nur dazu, den Spieltrieb des Programmierers zu befriedigen, sondern können durchaus auch einen praktischen Nutzen haben. So lassen sich Felder mit einer bestimmten Anfangsstruktur (z.B. Datenmasken) relativ einfach mit Hilfe verschachtelteter DUP Operatoren initialisieren. Das nächste Beispiel wird auch in "normalen" Assemblerprogrammen Anwendung finden. Stellen Sie sich ein Feld mit z.B. 10 Zeichenketten vor, die aber erst während des Programms initialisiert werden. Sollen die Zeichenketten auch ausgegeben werden, wäre es ganz praktisch, wenn jede Zeichenkette mit der Zeichenfolge 10,13,'$' beendet würde. Mit Hilfe des DUP Operators läßt sich ein Feld bereits bei der Definition so strukturieren, daß jedes Feldelement ohne Zutun des Programmierers mit dieser Zeichenfolge beendet wird :

```
FELD  DB  10 DUP ( 20 DUP(32),10,13,'$')
```

Insgesamt werden zehn Zeichenketten mit einer Länge von 20 + 3 Zeichen initialisiert.

Abbildung 4.5 Beispiel für den DUP Operator

x	x	y	y	y	y	x	x	y	y	y	y	x	

insgesamt
30 mal

Denken Sie bei der Verwendung des DUP Operators stets daran, daß das Argument in Klammern geschrieben werden muß, dies gilt auch dann, wenn mehrere DUP Operatoren verschachtelt werden sollen.

Eine Frage drängt sich auf (vorausgesetzt Sie wissen die Antwort noch nicht), wenn man die Datenanweisungen, insbesondere in Zusammenhang mit dem DUP Operator, betrachtet. Wie kommt es, daß dieser Bereich nicht z.B. durch eine nachfolgende Datenanweisung überschrieben wird? Oder andersherum gefragt, woher weiß der Assembler in welcher Speicherstelle der nächste Befehl bzw. das nächste Datenobjekt einzutragen ist ? Die Antwort auf diese Frage ist simpel[1]. Die Speicherstelle, in die das nächstes Byte eingetragen wird, wird durch einen internen Zähler festgelegt, der als *Adreßzähler* des Assemblers bezeichnet wird und im folgenden vorgestellt werden soll.

4.7 Der Adreßzähler

Der Adreßzähler (engl. location counter) ist ein Zähler, der bei der Assemblierung von Prozessorbefehlen oder Assembleranweisungen um die Anzahl der Bytes, die die assemblierte Anweisung belegt, erhöht wird. Er wird z.B. bei der Assemblierung des Befehls CLI um eins erhöht, da dieser Befehl aus einem Byte besteht. Auch die Datenanweisungen erhöhen den Adreßzähler, und zwar um die Anzahl der zu reservierenden Bytes. So wird z.B. durch die Anweisung

```
TEXT DB 65 , 66 , 67
```

der Adreßzähler um drei erhöht, da die Variable TEXT im Speicher drei Bytes belegt. Der momentane Wert des Adreßzählers kann durch das $-Symbol innerhalb einer Anweisung oder eines Befehls verwendet werden. Zwei Beispiele sollen die Anwendung verdeutlichen :

```
BRA $+3         ; Springe um 3 Bytes nach vorne
JMP LABEL
...
```

In diesem Beispiel wird der Adreßzähler dazu benutzt, einen Sprung durchzuführen (der den nachfolgenden Sprungbefehl übergeht), ohne ein Label zu definieren. Im zweiten Beispiel wird mit Hilfe des Adreßzählers die Länge eines Textstrings bestimmt :

```
TEXT   DB  'Guten Tag !',10,13
LAENGE EQU $ - TEXT
```

Die Länge des Strings, d.h. der Wert der Stringkonstanten *LAENGE*, ergibt sich aus der Differenz der Startadresse des Strings und dem Wert des Adreßzählers nach der erfolgten Stringdefinition.

---

1 Vorallem dann, wenn man wie der Autor die Antwort bereits kennt.

Die ORG Anweisung

Der Wert des Adreßzählers kann durch die ORG Anweisung explizit auf einen bestimmten Wert gesetzt werden. Auch für diese Anweisung gibt es mehrere Anwendungsmöglichkeiten :

```
INT_VECTOR_TAB  SEGMENT  AT  0h
                ORG 4 * 9
  KEY_BOARD_INT DD  ?

INT_VECTOR_TAB  ENDS
```

Zunächst wird ein Segment definiert, dessen Segmentadresse dank des Kombinationstyps *AT* (s.Kapitel 12) Null beträgt. Damit fällt der Segmentbeginn mit dem Beginn der Interruptvektortabelle des 8086/8088[1] zusammen. Durch die Anweisung 'ORG 4 * 9' beginnt die erste Datenanweisung des Segments mit einem Offset von 36 und ist damit mit der Adresse des Tastaturinterruptvektors 9 identisch. Mit anderen Worten, die Variable *KEY_BOARD_INT* enthält die Adresse dieser Interruptroutine.

Ein anderer Anwendungsfall tritt bei COM-Dateien auf. Hier ist es im allgemeinen notwendig, den Adreßzähler auf 100h zu setzen damit bei Adreßberechnungen innerhalb des Programms der Offset von 256 (bedingt durch den sog. *Progammparameterblock* (PSP), der jedem Programm vorangeht) korrekt berücksichtigt wird. Die Anweisung 'ORG 100h' bewirkt in COM-Dateien, daß alle Adreßberechnungen (wie z.B. die Erzeugung von Sprungadressen oder Offsets) nach dieser Anweisung um 100h erhöht werden. Diese Anweisung hat aber nicht direkt etwas damit zu tun, daß ein Programm in einer COM-Datei stets bei der Adresse 100h relativ zum Programmbeginn gestartet wird. Dies wird von DOS beim Laden der COM-Datei vorgenommen, indem das IP-Register mit dem Wert 100h geladen wird. Die ORG Anweisung hat, wie alle Assembler Anweisungen lediglich Einfluß auf die Assemblierung des Programms.

Der Adreßzähler hängt eng mit dem Offset zusammen, der einem Symbol durch eine der Dx Datenanweisungen zugeordnet wird. Ja mehr noch als das, der einem Symbol auf diese Weise zugeordnete Offset ist mit dem momentanen Stand des Adreßzählers identisch.

---

1 Entgegen der Vermutung eines anderen Autors, der diese in einem anderen Buch über den C Compiler eines anderen Herstellers, übrigens auch in einem anderen Zusammenhang, geäußert hat, liegt die Adresse der Interruptvektortabelle beim 8086/88 fest und wird nicht etwa durch den Interrupt Controller festgelegt.

Diese kühne Behauptung soll im folgenden an einem kleinen Beispiel bewiesen werden. Stellen Sie sich ein kleines Datensegment vor, das eine Reihe von Datenanweisungen enthält. Bei der Assemblierung wird jedem Symbol der momentane Wert des Adreßzählers zugeordnet. Das ist das eigentliche "Geheimnis" der Datenanweisungen. Sehen Sie selbst :

```
.DATA                            ; Definition eines Datensegments
ZAHL1 DW ?                       ; Zahl1 hat den Offset 0
ZAHL2 DW 1000                    ; Zahl2 hat den Offset 2
TEXT  DB 'Na sowas !',10,13      ; TEXT hat den Offset 4

ZAHL3 DD 123456789               ; ZAHL3 hat den Offset 16

ORG 240                            ; Nun wird der Adreßzähler auf
240
                                 ; gesetzt

ZAHL4 DB 190                     ; ZAHL4 hat den Offset 240
```

Das gesamte Datensegment hat einen Umfang von 241 Bytes, zugegebenermaßen mit einigen Lücken. Der gesamte 241 Byte Block wird beim Assemblieren und dem anschließenden Linken in dieser Form in die Programmdatei übertragen. Dort bildet er zusammen mit den übrigen Segmenten das sog. "*executable image*", d.h. ein Abbild von dem, was nach dem Laden des Programms in den Arbeitsspeicher kopiert wird. Im Arbeitsspeicher stehen dann die 241 Bytes an Datenbereich zur Verfügung, die innerhalb des Programms auf beliebige Weise genutzt werden können.

4.8 Ausrichtung von Daten

In manchen Situationen kann es vorteilhaft sein, den Adreßzähler z.B. auf eine gerade Adresse oder auf eine Paragraphenadresse zu setzen. MASM stellt dazu spezielle Anweisungen zur Verfügung. Es handelt sich um *EVEN* und *ALIGN*. Die EVEN Anweisung ist schnell erklärt. Sie setzt den Adreßzähler auf die nächste gerade Adresse (wenn er sich bereits auf einer geraden Adresse befindet, passiert nichts). Durch die ALIGN Anweisung, die erst ab der Version 5.0 verfügbar ist und die in der Form

```
ALIGN <Zahl>
```

eingesetzt wird, wird der Adreßzähler auf die nächste Adresse gesetzt, die ein Vielfaches von 'Zahl' ist (bei 'Zahl' muß es sich um eine Zweierpotenz handeln). Die Anweisung 'ALIGN 4' bewirkt z.B., daß der Adreßzähler auf die nächste "Doppelwortgrenze", d.h. die nächste Adresse, die glatt durch vier teilbar ist, gesetzt wird. Der entstehende Zwischenraum wird in der Objektdatei durch NOP Befehle ausgefüllt. Der Parameter 'Zahl' sollte mindestens genauso groß sein, wie der Ausrichtungstyp des Segments, in welchem die ALIGN Anweisung verwendet wird.

Hinweis : Mittlerweile, genauer gesagt, ab der Version 5.1, haben clevere Entwickler bei Microsoft herausgefunden, daß der NOP Befehl nicht immer die beste Lösung ist. So läßt sich Zeit sparen, wenn man anstelle von zwei NOP Befehlen einen XCHG BX,BX Befehl verwendet. Die Zeitersparnis beträgt sagenhafte zwei Taktzyklen für zwei ausgetauschte NOP Befehle. Bei einem 8088 der mit 4.77 MHz betrieben wird, sind das immerhin fast eine halbe Mikrosekunde. Datensegmente werden nicht mit einem Befehlsopcode, sondern mit Nullen ausgefüllt[1].

Wann sind EVEN bzw. ALIGN vorteilhaft ?

Beide Anweisungen bringen keinen Vorteil auf einem System mit einem Prozessor, der einen 8-Bit Datenbus besitzt (wie z.B. der 8088 bzw. der 80188), da ein solcher Prozessor ohnehin nur 8 Bit auf einmal lesen kann. Die Verwendung der EVEN Anweisung kann jedoch u.U. die Arbeitsgeschwindigkeit bei Prozessoren mit einem 16-Bit Datenbus (wie z.B. dem 8086/80186, dem 80286 und dem 80386S) steigern, da diese Prozessoren 16 Bit auf einmal lesen können, im Falle eines Zugriffs auf eine ungerade Adresse jedoch zwei Lesezyklen durchführen müssen[2]. Analog kann die Anweisung ALIGN 4 die Arbeitsgeschwindigkeit des 80386 in bestimmten Situationen erhöhen, da dieser Prozessor in der Lage ist, 4 Bytes aufeinmal zu lesen, falls diese 4 Bytes mit einer Doppelwortgrenze beginnen.

Insbesondere bei Programmschleifen sollte man darauf achten, daß die zu lesenden Daten auf geraden bzw. Doppelwortadressen liegen, da sich so die Ausführungsgeschwindigkeit teilweise erheblich steigern läßt.

1 Da soll einer noch sagen, in der Softwareindustrie werden keine Fortschritte gemacht.

2 Der Autor sah sich leider nicht imstande, genauere Angaben zu machen.

4.9 Strukturvariablen

Wir kommen nun zu einer besonderen Datenanweisung. Es handelt sich um die *STRUC* Anweisung zur Definition strukturierter Datentypen. C-Programmierern wird dieser Datentyp vielleicht vertraut sein, da er dem STRUC Typ in C sehr ähnlich ist. Strukturierte Datentypen sind Datenobjekte, denen Sie bei ihrer Definition eine bestimmte Struktur geben können, d.h. der reservierte Speicherplatz wird in einzelne Felder beliebiger Größe aufgeteilt. Der Vorteil von Strukturvariablen liegt darin, daß Sie sowohl die Struktur als ganzes als auch die einzelnen Felder innerhalb des Programms über einen Namen ansprechen können. Eine Struktur ist im Grunde nichts anderes, als ein Sammelobjekt für Variablen, welches man im Prinzip auch einzeln mit den Dx Datenanweisungen erstellen könnte. Der Hauptvorteil von Strukturen besteht aber darin, daß man mit einer einmal festgelegten Struktur beliebig viele andere strukturierte Variablen definieren kann, die dann die gleiche Struktur aufweisen. Das Arbeiten mit einer Struktur vollzieht sich in drei Schritten :

1. Definition der Struktur

Als erstes muß der Strukturtyp festgelegt werden. Der Strukturtyp legt die Größe der einzelnen Datenobjekte, deren Typ und, falls erwünscht, auch einen Initialisierungswert fest. Der Strukturtyp definiert aber noch keine Daten, er legt lediglich den Aufbau des zu definierenden Datenobjekts (bildlich gesehen in einer Schablone) fest und dient später dazu, strukturierte Variablen zu definieren.

<u>Syntax</u>

```
<Name>  STRUC
     Felddefinition
<Name>  ENDS
```

Die Definition eines Strukturtyps beginnt mit dessen Namen, gefolgt von der STRUC Anweisung. Als nächstes folgen die Definitionen der einzelnen Felder. Beendet wird die Strukturdefinition durch die ENDS Anweisung. Vergessen Sie auf keinen Fall den Namen des Strukturtyps vor der ENDS Anweisung. Ansonsten verhält sich MASM äußerst "merkwürdig" und beschwert sich z.B. über eine fehlende END Anweisung, auch wenn eine solche Anweisung vorhanden ist[1].

---

1 Der Grund für dieses Verhalten liegt darin, daß auch die vereinfachten Segmentanweisungen intern, d.h. für den Benutzer unsichtbar eine ENDS Anweisung zur

Die einzelnen Felder eines Strukturtyps werden durch die in Kapitel 4.5 beschriebenen Datenanweisungen definiert. Ein Strukturtyp kann eine beliebige Anzahl an Felddefinitionen enthalten, wobei es für die Feldgröße keine Begrenzung gibt. Ab der Version 5.0 können innerhalb eines Strukturtyps auch Anweisungen zur bedingten Assemblierung (s.Kapitel 8) enthalten sein. Damit läßt sich dann die Struktur einer Strukturvariablen variieren, ohne die Definition selber ändern zu müssen. Ansonsten darf ein Strukturtyp keine weiteren Anweisungen enthalten, Strukturtypen können daher auch nicht verschachtelt werden. Des weiteren dürfen der Name der Struktur, wie auch die Namen der einzelnen Felder innerhalb des Programms nur einmal vergeben werden. Das folgende Beispiel zeigt die Definition eines Strukturtyps, der z.B. für eine Personendatei verwendet werden könnte.

Beispiel

```
DATENSATZ  STRUC
  VORNAME  DB 'XXXXXXXXXX'
 NACHNAME  DB 'XXXXXXXXXXXXXXXXXXXX'
    ALTER  DW ?
DATENSATZ  ENDS
```

Der Strukturtyp besteht aus drei Feldern, bei denen es sich im Grunde um gewöhnliche Variablen handelt. Den beiden Stringvariablen wird ein Initialisierungswert zugewiesen, der die max. Feldgröße festlegt. Daß die beiden Felder mit X's gefüllt wurden, hat keinerlei Bedeutung und sollte lediglich helfen, die Feldgröße zu veranschaulichen. Durch die Größe der einzelnen Felder wird gleichzeitig der Offset der einzelnen Feldvariablen innerhalb des Gesamtfeldes festgelegt. So besitzt die Variable *VORNAME* einen Offset von 0, die Variable *NACHNAME* einen Offset von 10 und schließlich die Variable *ALTER* einen Offset von 30.

2. Definition einer Strukturvariablen

Nachdem der Strukturtyp definiert wurde, kann dieser dazu verwendet werden, eine Strukturvariable mit der festgelegten Struktur zu definieren. Eine Strukturvariable ist eine Variable, die aus einer oder mehreren "Untervariablen" besteht, deren Größe und Typ durch den Strukturtyp festgelegt wurden.

Beendingung eines Segments assemblieren, die dann mit der ENDS Anweisung der STRUC Anweisung durcheinander kommt.

Syntax

[Name] Strukturname <[Initialisierungswert,...]>

Bei 'Name' handelt es sich um den Namen der zu definierenden Strukturvariablen. Wird kein Name angegeben, wird vom Assembler zwar der entsprechende Speicherplatz reserviert, die Variable kann dann aber nicht über einen Namen angesprochen werden. Bei dem Strukturnamen handelt es sich um den Namen eines Strukturtyps, der zuvor mit Hilfe der STRUC/ENDS Anweisung definiert wurde. Der Strukturvariablen können Initialisierungswerte für die einzelnen Felder übergeben werden. Der Initialisierungswert muß vom gleichen Typ sein, wie die entsprechende Feldvariable. Es müssen aber nicht alle Felder auf einmal initialisiert werden. Wird für ein Feld kein Wert festgelegt, wird der durch den Strukturtyp festgelegte Default-Wert eingetragen. Wurde auch hier kein Default-Wert festgelegt, bleibt der Inhalt der Feldvariablen unbestimmt. Auch wenn kein Initialisierungswert übergeben wird, müssen spitze Klammern verwendet werden.

Beispiel

```
MITARBEITER1  DATENSATZ  <"Harald","Mayer",37>

MITARBEITER2  DATENSATZ  <"Franz","Huber",,>
```

Wichtig : Datenfelder, die innerhalb des Strukturtyps mit Hilfe des DUP Operators definiert wurden, können bei der Definition einer Strukturvariablen nicht durch einen Initialisierungswert überschrieben werden :

```
TEST_TYP  STRUC
VORNAME   DB 10 DUP (?)
NACHNAME DB '          '
TEST_TYP  ENDS
```

Im Gegensatz zum Datenfeld *NACHNAME*, kann das Datenfeld *VORNAME* bei der Definition einer Strukturvariablen nicht durch einen neuen Wert überschrieben werden. Ansonsten erhalten Sie die Assembler Fehlermeldung 'Field cannot be overriden'. Die gleiche Fehlermeldung würden Sie auch erhalten, wenn Sie versuchen das Feld *VORNAME* mit einem String zu überschreiben, der aus mehr als 10 Zeichen besteht.

3. Arbeiten mit einer Strukturvariablen

Die einzelnen Felder einer Strukturvariablen bzw. die Strukturvariable als Ganzes, können innerhalb des Programms über ihren Namen angesprochen werden. Um ein Feld innerhalb einer Strukturvariablen ansprechen zu können, muß folgende Syntax verwendet werden :

Strukturvariable.Feldname

Bei 'Strukturvariable' handelt es sich um den Namen einer bereits definierten Struktur, bei 'Feldname' um den Namen eines Feldes innerhalb dieser Struktur. Beide Namen werden durch einen Punkt, genauer gesagt durch den *Strukturfeld-Operator*, getrennt. Dazu ein Beispiel :

```
MOV  AX,MITARBEITER1.ALTER
```

lädt das AX-Register mit dem Inhalt des Feldes *ALTER* aus der Strukturvariablen *MITARBEITER1.*

```
MOV  AX,OFFSET MITARBEITER1
```

lädt die Adresse der Strukturvariablen *MITARBEITER1* in das AX-Register. Das abschließende Beispiel zeigt, wie Strukturvariablen innerhalb eines Programms angesprochen werden können. In diesem Beispielprogramm wird der Vorname der Struktur *MITARBEITER1*, die zuvor durch den Strukturtyp *DATENSATZ* definiert wurde, ausgegeben. Das '$' Zeichen nach den Namen dient lediglich dazu, die Länge des Strings für die DOS-Ausgabefunktion festzulegen und hat hat ansonsten keine Bedeutung.

Beispiel

```
.MODEL SMALL
.STACK 100h
.DATA
DATENSATZ  STRUC         ; Definition eines Strukturtyps
 VORNAME   DB 'XXXXXXXXXX'
 NACHNAME  DB 'XXXXXXXXXXXXXXXXXXXX'
 ALTER     DW ?
DATENSATZ  ENDS

MITARBEITER1 DATENSATZ <"Harald$","Mayer$",37>
MITARBEITER2 DATENSATZ <"Franz$","Huber$",44>
```

```
.CODE
    MOV DX,@DATA
    MOV DS,DX
    MOV AH,09
    MOV DX,OFFSET MITARBEITER1.VORNAME
    INT 21h
    MOV AH,4Ch
    INT 21h
END
```

Doch Strukturvariablen lassen sich nicht nur dazu benutzen, Record ähnliche Datentypen auch in Assembler nachzubilden, zumal man solche Datentypen ohnehin nur selten benötigen wird. Eine andere, und vorallem praxisnahere Anwendung, zeigt das folgende Beispiel. Hier wird eine Strukturvariable definiert, die den Zugriff auf die höherwertige bzw. niederwertige Hälfte eines Doppelwortes erlaubt.

<u>Beispiel</u>

```
.MODEL SMALL

.DATA
   DOPPEL_WORT STRUC
              HIGH_WORT DW ?
              LOW_WORT  DW ?
   DOPPEL_WORT ENDS

   ZEIGER1  DOPPEL_WORT <1111h,2222h>
   ZEIGER2  DOPPEL_WORT <3333h,4444h>

.CODE
START:
   MOV DX,@DATA
   MOV DS,DX
   MOV AX,ZEIGER1.HIGH_WORT
   MOV DX,ZEIGER1.LOW_WORT
   MOV AX,ZEIGER2.HIGH_WORT
   MOV DX,ZEIGER2.LOW_WORT
END START
```

Durch den Strukturtyp *DOPPEL_WORT* lassen sich Zeigervariablen definieren, die aus 4 Bytes bestehen. Der Strukturtyp ist in zwei Felder mit den Namen *HIGH_WORT* und *LOW_WORT* aufgeteilt, die den Zugriff auf die höherwertigen bzw. niederwertigen 16-Bit des Doppelzeigers ermöglichen. In dem kleinen Beispiel werden mit Hilfe des Strukturtyps *DOPPEL_WORT* zwei Strukturvariablen *ZEIGER1* und *ZEIGER2* definiert. Innerhalb des Programms kann nun über den Strukturfeld-Operator auf die höherwertige bzw. niederwertige Hälfte des Doppelwortes zugegriffen werden. So wird z.B. durch den Befehl 'MOV AX,ZEIGER1.HIGH_WORT' die Zahl 1111 in das AX-Register geladen[1].

4.10 Vorwärtsreferenzen

Es liegt in der Natur des Assemblers, daß Variablen, Labels, Segmentnamen und andere Symbole in einem Programm angesprochen werden können, bevor sie im Programm definiert worden sind. Das ist möglich, weil der Assembler stets zwei Läufe (2-Pass-Assembler) durchführt. Im ersten Lauf wird der Quelltext analysiert und nicht aufgelöste Referenzen (d.h. Zugriffe auf Symbole), wie z.B. der Sprung zu einem Label, welches zu diesem Zeitpunkt noch nicht definiert ist, werden in eine Tabelle eingetragen. Beim zweiten Lauf versucht der Assembler, nicht aufgelöste Referenzen aufzulösen, indem er die jetzt bekannten Adressen an die entsprechenden Stellen einträgt. Nicht auflösbare Referenzen führen zu einer Fehlermeldung, sofern das entsprechende Symbol mit der *EXTRN* Anweisung nicht als extern deklariert wurde (s.Kapitel 5).

Auch wenn alle Referenzen aufgelöst werden konnten, kann es bei Vorwärtsreferenzen zu Problemen kommen. Nämlich immer dann, wenn der Assembler im ersten Lauf über ein noch nicht definiertes Symbol Annahmen machen muß, die beim zweiten Lauf nicht mehr zutreffen. Dieses Problem, das sowohl bei Labels, als auch bei Variablen auftreten kann, soll an entsprechenden Beispielen verdeutlicht werden :

a) Vorwärtsreferenzen bei Sprüngen

```
          JMP  Sprungziel

          ...

Sprungziel:
```

1 Es muß fairerweise angemerkt werden, daß man Zeiger in der Regel nicht aus absoluten Werten zusammensetzt. Aber es handelt sich ja nur um ein Beispiel.

Wenn der Assembler den Sprungbefehl verarbeitet kann er noch nicht wissen, wo das anzuspringende Label liegt. Es kann sich um eine Label vom Typ Short handeln, das weniger als 128 Bytes entfernt ist, es kann sich um ein Label vom Typ Near handeln, das sich in einer Entfernung von -32,768 bis +32,767 Bytes vom Sprungbefehl entfernt befinden kann, oder es kann sich schließlich um ein Label vom Typ Far handeln, welches irgendwo im Arbeitsspeicher lokalisiert sein kann. Da der Assembler, wie die meisten anderen Programme auch, über keine hellseherischen Fähigkeiten verfügt, muß er eine Annahme machen (die Amis nennen das "qualified guessing"). Der Assembler geht von der wahrscheinlichsten Situation aus, nämlich daß es sich bei dem unbekannten Label um ein Label vom Typ Near handelt, und reserviert 2 Bytes für die Sprungadresse des Sprungbefehls.

Falls sich beim zweiten Lauf herausstellt, daß es sich bei dem betreffenden Label um ein Label vom Typ Short handelt, bringt das den Assembler nicht in Schwierigkeiten. In diesem Fall wird für die Sprungadresse nur ein Byte benötigt und das zweite Byte wird still und klammheimlich durch einen NOP Befehl ausgefüllt. Sollte sich aber herausstellen, daß es sich um ein Label vom Typ Far handelt, kommen wir in Schwierigkeiten. Jetzt reichen die beiden reservierten Bytes natürlich nicht aus, denn eine Far Adresse benötigt bekanntlich vier Bytes (zwei für die Offset-, und zwei für die Segmentadresse). Die Folge ist, daß der Assembler resigniert die Arbeit hinschmeißt[1] und einen Phasenfehler meldet.

Solchen Komplikationen kann man im allgemeinen vorbeugen, indem man eine Vorwärtsreferenz mit einem Typen-Operator versieht. So würde man z.B. einen Sprung zu einem Label vom Typ Short folgendermaßen formulieren :

```
JMP SHORT Sprungziel
```

Der SHORT Operator teilt dem Assembler mit, daß es sich bei Sprungziel um ein Label vom Typ Short handelt, so daß dieser sich den überflüssigen NOP Befehl verkneift und für die Sprungadresse nur ein Byte reserviert. Der SHORT Operator wird natürlich nur benötigt, wenn es sich bei dem Sprungziel um eine Vorwärtsreferenz handelt. Ansonsten ist dem Assembler bereits der Typ des Labels bzw. die Entfernung zum Sprungziel bekannt und die zusätzliche Hilfestellung kann entfallen.

---

1 auf die Idee, das bis dahin erstellte Programm um zwei Bytes nach hinten zu verschieben kommt er ein Glück nicht.

Wenn man einen überflüssigen NOP Befehl auch noch verschmerzen kann, so gilt dies nicht für den Fall eines Far Labels. Hier muß das anzuspringende Label unbedingt mit einem Entfernungsattribut versehen werden, da es ansonsten zu dem erwähnten Phasenfehler kommt :

```
                JMP FAR PTR Sprungziel

                ...

Sprungziel:                     ; In einem anderen Segment
```

Der Operator *FAR PTR* bewirkt, daß für die Sprungadresse vier Bytes reserviert werden. Das folgende Beispiel soll noch einmal die Problematik der *intersegmentalen* Sprünge, d.h. der Sprünge vom Typ Far veranschaulichen.

Beispiel

```
.MODEL LARGE
.STACK 100h
.DATA
   TEXT DB 'DER SPRUNG INS KALTE WASSER','$'
.CODE PROG1
          MOV DX,@DATA
          MOV DS,DX
          MOV DX,OFFSET TEXT
          MOV AH,09
          JMP FAR PTR GANZ_FERN
ENDE:
          MOV AH,4Ch
          INT 21h
.CODE PROG2
GANZ_FERN LABEL FAR
          INT 21h
          JMP FAR PTR  ENDE
END
```

Das Programm besteht aus zwei Codesegmenten (aus diesem Grund wurde auch das Speichermodell Large verwendet). Am Ende des ersten Codesegments findet ein Sprung in das zweite Segment statt. Sprünge zwischen zwei Segmenten sind immer vom Typ Far, da sich sowohl die Segment- als auch die Offsetadresse ändert. Der Assembler kann beim ersten Lauf noch nicht ahnen, daß das anzuspringende Label GANZ_FERN[1] in einem anderen Segment liegt. Aus diesem Grund wird der FAR PTR Operator benötigt, der dem Assembler ein bißchen auf die Sprünge hilft (mehr über diesen Operator finden Sie in Kapitel 7). Würden Sie den FAR PTR Operator weglassen, käme es zwangsläufig wieder zu einem der gefürchteten Phasenfehler. Ganz anders sieht es bei dem Label ENDE aus. Zwar wird auch dieses Label von einem anderen Segment angesprungen, doch es handelt sich diesmal nicht um eine Vorwärtsreferenz. Der Assembler weiß bereits, genauer gesagt, wenn er auf den Befehl JMP ENDE trifft, daß dieses Label in einem anderen Segment liegt und wird einen Sprung vom Typ Far auch ohne den FAR PTR Operator erzeugen. Mit anderen Worten, dieser Operator ist in diesem Fall überflüssig.

Für 80386 Programmierer : Beim 80386 Prozessor ergeben sich bezüglich Vorwärtsreferenzen etwas andere Beschränkungen. Anders als beim 8086/80186 und 80286 können bedingte Sprünge auch vom Typ Near sein. Falls mit 32-Bit Segmenten gearbeitet wird, ist die Anzahl der Bytes, die für einen Near bzw. Far Sprung benötigt werden entsprechend größer.

b) Vorwärtsreferenzen bei Variablen

Auch bei Variablen kann es in bezug auf Vorwärtsreferenzen, wenn auch seltener, zu Problemen kommen. Wenn der Assembler beim ersten Durchlauf auf eine Variable trifft, die noch nicht definiert wurde, macht er bestimmte Annahmen bezüglich des Segments, in dem die Variable definiert wird. Falls sich diese Annahme beim zweiten Durchlauf als falsch erweisen sollte, kommt es zu einem Fehler.

Normalerweise geht der Assembler davon aus, daß sich Referenzen auf Variablen stets auf das DS-Register beziehen. Falls eine Anweisung eine Variable anspricht, die sich in einem Segment befindet, das nicht mit dem DS-Register assoziiert ist, und zusätzlich die Variable noch nicht definiert worden ist, muß der Segment-Override-Operator (s.Kapitel 7) verwendet werden, um das Segment festzulegen.

Die Situation sieht wenig anders aus, wenn weder die Variable noch das Segment, in welchem die Variable definiert ist, definiert wurden. In diesem Fall muß das Segment einer Gruppe zugeordnet werden, die bereits innerhalb des Programms mit Hilfe der GROUP Anweisung definiert wurde (mehr zur GROUP Anweisung in Kapitel 12). Durch die Gruppenanweisung wird dem Assembler

1 wie leicht soll man es dem Assembler denn noch machen ?

die Existenz des Segments mitgeteilt, obwohl dieses noch nicht definiert wurde.

4.11 Zusammenfassung

In diesem Kapitel wurden die Datenanweisungen des Assemblers beschrieben. Datenanweisungen reservieren Speicherplatz im Arbeitsspeicher und erlauben es, daß dieser Speicherplatz über einen symbolischen Namen angesprochen werden kann. Neben den einfachen Datenanweisungen DB, DW, DD, DF, DQ und DT stellt MASM die STRUC Anweisung zur Verfügung, mit der sich Datenobjekte mit einer vom Benutzer zu definierenden Struktur erstellen lassen. Neben den Datenanweisungen kann ein Assemblerprogramm auch Konstanten und Variablen enthalten, die nur während der Assemblierung von Bedeutung sind. Anders als die Datenanweisungen, bei denen Speicherplatz reserviert wird, werden die Konstanten (definiert durch die EQU Anweisung) bzw. die Variablen (definiert durch das = Zeichen) bereits bei der Assemblierung durch ihre Werte ersetzt.

KAPITEL 5

LABELS UND PROZEDUREN

5.1 Einleitung

Sprünge, Schleifen und Prozeduraufrufe gehören zu den wichtigsten Elementen einer Programmiersprache. In Assembler werden diese Anweisungen in erster Linie mit Hilfe der entsprechenden Befehle des 80x86 Prozessors realisiert. Grundlage für einen Sprung bzw. für einen Prozeduraufruf ist immer ein sog. Label. Ein Label ist ein symbolischer Name für eine Adresse, welcher bei Sprungbefehlen oder Prozeduraufrufen zur Festlegung des Sprungziels dient. Der Assemblers unterscheidet drei verschiedene Labeltypen : Labels mit dem Entfernungstyp Near, Prozedurlabels und Labels, die durch die LABEL Anweisung definiert wurden. Das durch das Label festgelegte Sprungziel kann in dem selben Segment, in einem anderen Segment oder gar in einem anderen Programmmodul liegen. Dieser Aspekt wird allerdings erst im nächsten Kapitel erläutert.

In diesem Kapitel geht es um :

» die Definition von Labels

» Prozeduren

» Parameterübergabe und lokale Variablen

Folgende Anweisungen werden vorgestellt :

PROC ENDP

5.2 Labels

Labels sind symbolische Markierungen innerhalb eines Programms, die von Sprungbefehlen, Verzweigungen und Prozeduraufrufen benutzt werden können. Wie bereits in der Einleitung erwähnt, unterscheidet der Assembler zwischen Labels vom Typ Near, Prozedurlabels und Labels, die durch die *LABEL* Anweisung definiert werden. Bevor die einzelnen Labeltypen vorgestellt werden, soll zunächst erläutert werden, was es mit dem Unterschied zwischen einem Label vom Typ Near und einem Label vom Typ Far auf sich hat.

Ein Label vom Typ Near, welches innerhalb dieses Buches der Einfachheit halber auch als Near Label bezeichnet wird, ist ein Label, welches nur innerhalb des gleichen Segments als Ziel eines Sprungbefehls verwendet werden kann. Ein Far Label kann dagegen auch von einem beliebigen Segment aus angesprungen werden. Anders als bei einem Near Label, wo nur die Offsetadresse (bzw. eine Offsetdifferenz) benötigt wird, muß bei einem Far Label sowohl die Offsetadresse als auch die Segmentadresse zur Verfügung stehen.

Near Labels

Labels vom Typ Near können in einem Programm besonders definiert werden.

Syntax

```
Name:
```

Es handelt sich also einfach nur um einen Namen, der durch einen Doppelpunkt beendet werden muß. Durch den Doppelpunkt erkennt der Assembler, daß es sich bei einem symbolischen Namen (welcher sich nur im Namensfeld der Assemblerprogrammzeile befinden darf) um ein Label vom Typ Near handelt. Für die Zusammensetzung des Namens gilt das, was auch in Kapitel 2 über die Zusammensetzung eines Symbolnamens gesagt wurde. Ein Label vom Typ Near kann alleine in einer Zeile oder zusammen mit einem Maschinenbefehl bzw. einer Assembleranweisung aufgeführt werden. Im allgemeinen wird man das Label in einer separaten Zeile schreiben, da sich so der Programmfluß besser verfolgen läßt. Der Name eines Labels kann durchaus in mehreren Modulen eines Programms verwendet werden, solange jedes Label nur innerhalb seines eigenen Moduls angesprochen wird. Falls ein Label dagegen von einem anderen Modul aufgerufen werden soll, darf sein Name nur einmal verwendet werden. Außerdem muß das

Label dann mit der *PUBLIC* Anweisung als global deklariert werden (s.Kapitel 6). Eine Ausnahme stellen bestimmte Prozedurlabels dar, die es ab der Version 5.1 gibt und die in Kapitel 13 besprochen werden sollen.

Beispiel

```
.CODE
        ...
        JMP ENDE
        ...
ENDE:               ; Hier wird ein Near Label definiert

END
```

Das Label *ENDE* kann von überall innerhalb des Segments angesprungen werden, da dazu nur die Offsetadresse des Labels benötigt wird.

5.3 Die LABEL Anweisung

Labels lassen sich auch mit der LABEL Anweisung definieren. Der Vorteil dieser Anweisung liegt darin, daß hierder Typ des Labels explizit festgelegt werden kann. Außerdem ist die LABEL Anweisung die einzige Möglichkeit, ein Far Label zu definieren[1].

Syntax

```
Name  LABEL  Entfernungstyp oder Größe
```

Bei 'Name' handelt es sich um den Namen des zu definierenden Labels. Der Entfernungstyp legt fest, ob es sich um ein Label vom Typ Near, Far oder PROC handelt. Der Entfernungstyp *PROC* wurde noch nicht besprochen. Er legt den Default Entfernungstyp des Labels, d.h. den Entfernungstyp, den der Assembler annimmt, wenn keine anderen Angaben gemacht werden, fest. Der Default Entfernungstyp ist bei der Verwendung der vereinfachten Segmentanweisungen Near (Speichermodell Small oder Compact) bzw. Far (Speichermodell Medium, Large oder Huge). Bei Verwendung der erweiterten Segmentdefinitionen (s.Kapitel 12) ist der Default Entfernungstyp stets Near. Mit dem Parameter

1 Ein Pendant zum ':' gibt es bei Far Labels nicht.

PROC kann der Entfernungstyp eines Labels bzw. einer Prozedur an das verwendete Speichermodell angepaßt werden.

Beispiel

```
NAME1 LABEL NEAR   ;  Definiert ein Near Label

NAME2 LABEL FAR    ;  Definiert ein Far Label

.MODEL LARGE

NAME3 LABEL PROC   ;  Definiert ebenfalls ein Far Label
```

Die LABEL Anweisung kann auch verwendet werden, um den Beginn einer Prozedur bzw. weitere Einsprungpunkte innerhalb einer Prozedur zu definieren (s.Kapitel 5.4). Schließlich läßt sich die LABEL Anweisung auch als eine Datenanweisung "mißbrauchen", wie das folgende Beispiel zeigt. In diesem Fall muß die Größe des Labels durch eine der folgenden Typen festgelegt werden : BYTE WORD DWORD FWORD QWORD TBYTE.

Beispiel

```
FELD1  LABEL WORD
FELD2  DB  100 DUP(?)
```

Diese Konstruktion sollten Sie verwenden, wenn Sie z.B. ein und dasselbe Feld einmal als Byte-Feld und ein anderes Mal als Wort-Feld ansprechen möchten. Sowohl das Label *FELD1* als auch das Label *FELD2* adressieren ein und diesselbe Speicherstelle. Allerdings besitzt FELD1 den Typ WORD, während FELD2 den Typ BYTE besitzt. Zwar ändert sich nichts an der Wirkung der folgenden Befehle, aber Sie vermeiden zumindestens eine Warnung vom Typ 'Operand sizes must match', wenn Sie die zweite Alternative verwenden.

Beispiel

```
MOV AX,FELD2            ; erzeugt eine Warnung
MOV AX,WORD PTR FELD2   ; so sollte es sein
MOV AX,FELD1            ; gleicher Effekt, aber keine Warnung
```

Lokale Labels

Seit der Version 5.1 gibt es eine zusätzliche Möglichkeit, Labels innerhalb eines Programms zu definieren. Durch die Anweisung @@: wird ein sog. *lokales Label* definiert[1]. Dieses Label kann in einem Sprungbefehl entweder durch ein *@B* (springe zurück) oder durch ein *@F* (springe nach vorne) angesprungen werden. Lokale Labels werden in erster Linie dort eingesetzt, wo Labels lediglich aus Behelfsgründen oder mangels einer besseren Alternative definiert werden. Ein Beispiel findet man bei den bedingten Verzweigungen. Hier tritt manchmal der Fall auf, daß durch eine bedingte Verzweigung zu einem Ziel verzweigt werden muß, daß außerhalb der Reichweite einer bedingten Verzweigung (-128 bis +127 Bytes) liegt. In diesem Fall war bislang folgender Notbehelf erforderlich :

```
              CMP CX,0
              JNE SPRUNG_NAH
              JMP SPRUNG_FERN
SPRUNG_NAH: ...
```

Eigentlich sollte zu dem Label *SPRUNG_FERN* verzweigt werden, wenn der Inhalt des CX-Registers gleich Null ist. Dies ist aber nicht möglich, da ein bedingter Sprung nur eine Reichweite von -128 bis +127 Bytes hat (beim 80386 kann ein bedingter Sprung auch vom Typ Near sein). Der gleiche Effekt läßt sich auch mit einem lokalen Label erzielen :

```
              CMP CX,0
              JNE @F
              JMP SPRUNG_FERN
@@:           ...
```

Durch die @@: Anweisung entfällt in erster Linie die Notwendigkeit, jedesmal einen Labelnamen definieren zu müssen (Programmierer, die häufig unter Phantasielosigkeit leiden können aufatmen). Durch das @F (bzw. @B) Symbol innerhalb eines Sprungbefehls führt der Sprung immer zu dem am nächsten gelegenen lokalen Label.

1 wie auch bei den "lokalen" Variablen in dem nächsten Abschnitt wird der Begriff "lokal" hier nicht in dem gleichen Sinne benutzt, wie z.B. in Programmiersprachen wie C oder PASCAL.

5.4 Prozeduren

Prozeduren sind Programmteile innerhalb eines Assemblerprogramms, die durch einen *CALL* Befehl aufgerufen und durch einen *RET* Befehl beendet werden. Prozeduren werden auch als Unterprogramme bezeichnet, wobei es sich im Prinzip um zwei verschiedene Begriffe für ein und denselben Gegenstand handelt. Die Verwendung von Prozeduren stellt neben der Aufteilung eines Programms in mehrere Programmmodule (s.Kapitel 6) eine weitere Möglichkeit dar, ein Programm modular aufzubauen. Man wird z.B. immer dann auf Prozeduren zurückgreifen, wenn ein und dieselbe Programmroutine in mehreren Stellen eines Programms benötigt wird. (Eine Alternative zur Verwendung von Prozeduren stellt der Einsatz von Makros dar, der in Kapitel 9 besprochen wird).

Prozeduren, d.h. Unterprogrammaufrufe, werden vom Assembler durch besondere Anweisungen unterstützt. Eine Prozedur wird durch die Anweisung *PROC* eingeleitet und durch die Anweisung *ENDP* beendet. Zusätzlich sollte die Prozedur einen RET Befehl zur Rückkehr zum Hauptprogramm enthalten.

Syntax

```
<Name>  PROC  [NEAR | FAR ]
        ...
        Anweisungen
        ...

        RET [Konstante]
<Name>  ENDP
```

Auch durch die PROC Anweisung wird ein Label mit einem festgelegten Entfernungstyp definiert (falls Sie keinen Entfernungstyp angeben, setzt der Assembler als Default Near ein). Durch das Label 'Name' wird die Prozedur mit einem symbolischen Namen versehen, der z.B. von einem CALL Befehl verwendet werden kann. Das Prozedurlabel kann wahlweise vom Typ Near oder Far sein. Entsprechend dem Entfernungstyp wird der entsprechende RET Befehl erzeugt (entweder RET oder RETF). Ein Prozedurlabel vom Typ Near kann von jeder Adresse innerhalb des Segments bzw. ein Prozedurlabel vom Typ Far von einem beliebigen Segment angesprungen werden. Auf den RET Befehl kann eine Zahl folgen, die angibt um wieviel der Stackzeiger erhöht werden soll.

Dadurch lassen sich etwaige Parameter problemlos vom Stack entfernen. Die Prozedurdefinition wird durch die ENDP Anweisung beendet. Zu jeder PROC Anweisung muß auch eine entsprechende ENDP Anweisung gehören.

Wenn die PROC Anweisung vom Assembler verarbeitet wird, setzt der Assembler den Wert des Labels gleich dem momentanen Wert des Adreßzählers und den Typ des Labels entweder gleich Near oder Far. Wenn es sich um ein Far Label handelt, wird auch der Segmentwert des Labels gleich der Adresse des Segments gesetzt, in dem die Prozedur definiert wird. Der Default für den Entfernungstyp ist Near, wenn die erweiterten Segmentanweisungen verwendet werden. Ansonsten, d.h. bei Verwendung der in Kapitel 3 besprochenen vereinfachten Segmentanweisungen hängt der Default, wie bereits erwähnt, vom verwendeten Speichermodell ab. Er ist Near für die Speichermodelle Small und Compact (zur Erinnerung, hier kann der Programmbereich ja nicht größer als 64 KByte werden, d.h. es werden nur Near Labels verwendet) bzw. Far für die Speichermodelle Medium, Large und Huge.

Der Aufruf einer Prozedur

Der Aufruf einer Prozedur erfolgt in der Regel durch einen CALL Befehl. Der CALL Befehl transportiert den Inhalt des IP-Registers (bei einem Sprung zu einem Far Label zuerst auch den Inhalt des CS-Registers) auf den Stack und springt zu der Prozeduradresse. Am Ende der Prozedur wird durch den RET Befehl die auf dem Stack gespeicherte Adresse wiedergeholt und in das IP-Register geladen (bzw. auch in das CS-Register, falls die Prozedur durch einen RETF Befehl beendet wurde), damit das Programm an der Stelle nach dem Prozeduraufruf fortgesetzt werden kann.

Syntax

CALL { Register | Speicher }

Das Ziel eines CALL Befehls ist normalerweise eine Speicheradresse (in Form einer symbolischen Adresse). Es kann sich aber auch um ein Register oder einen indirekten Speicheroperanden handeln, dessen Adresse erst bei der Ausführung des Programms festgelegt wird. Der Aufruf einer Prozedur vom Typ Far, die noch nicht definiert wurde (d.h. eine Vorwärtsreferenz) muß mit Hilfe des *PTR* Operators (s.Kapitel 7) durchgeführt werden.

Beispiel

```
CALL FAR PTR PROC_LABEL
```

Bezüglich etwaiger Vorwärtsreferenzen gelten hier die gleichen Verhältnisse, die auch schon in Kapitel 4.10 angesprochen wurden.

In manchen Fällen soll es für eine Prozedur mehrere Einsprungpunkte geben. Auch dies ist kein Problem, wenn man diese zusätzlichen Einsprungpunkte mit der LABEL Anweisung definiert. Dabei muß sichergestellt werden, daß diese Labels auch den gleichen Entfernungstyp wie die Prozedur besitzen. In der Regel kann man für die Labels den Entfernungstyp PROC wählen, da so gewährleistet ist, daß sich der Entfernungstyp der Labels an das Speichermodell anpaßt.

Ab der Version 5.0 kann eine Prozedur auch ohne eine PROC Anweisung definiert werden. Wenn es sich um eine Prozedur vom Typ Near handelt, kann eine Prozedur einfach durch ein Near Label eingeleitet werden :

```
Labelname:
    ...
    Anweisungen
    ...
RETN [Konstante]
```

bzw. wenn es sich um eine Prozedur vom Typ Far handelt, kann eine Prozedur mit Hilfe der LABEL Anweisung definiert werden :

```
Labelname LABEL FAR
          ...
          Anweisungen
          ...
RETF [Konstante]
```

Durch das Wegfallen der ENDP Anweisung liegt es nun in der Verantwortung des Programmierers, den richtigen Rückkehrbefehl (RETN oder RETF) einzusetzen[1]. Bislang wurde der entsprechende Rückkehrbefehl durch den Entfernungstyp der Prozedur bestimmt.

1 Ein normaler RET Befehl kann ja nicht "wissen", auf welche Weise das Unterprogramm aufgerufen wurde.

Während der RETN Befehl nur ein Wort vom Stack holt (nämlich die Offsetadresse), lädt der RETF Befehl sowohl die Offsetadresse als auch die Segmentadresse in das IP- bzw. CS-Register und holt damit zwei Worte vom Stack. Sowohl auf den RETF als auch auf den RETN Befehl kann eine Konstante folgen. Diese Konstante legt fest, um wieviel Bytes (es sollte sich immer um einen geraden Betrag handeln) der Stackzeiger nach der Ausführung des RETN bzw. RETF Befehls erhöht werden soll um etwaige übergebene Parameter zu entfernen. Die Angabe einer Konstanten für die Korrektur des Stackzeigers am Ende einer Prozedur erleichtert das Arbeiten mit Parametern.

5.5 Parameterübergabe und lokale Variablen

In der Regel möchte man einer Prozedur auch Parameter übergeben, mit denen sie arbeiten soll. In Hochsprachen wie C oder PASCAL ist dies kein Problem. Hier werden die zu übergebenden Parameter im Funktionsaufruf aufgeführt. In Assembler mußte man auf diesen Komfort bislang leider verzichten. Ab der Version 5.1 können auch lokale Label innerhalb einer Prozedur definiert werden[1]. Eine konkrete Anwendung für lokale Variablen wird in Kapitel 13 vorgestellt, wo es um den Aufruf einer Assemblerroutine von einem C-Programm geht.

Ohne die optionalen Anweisungen zur Definition lokaler Variablen, steht es dem Programmierer in der Regel vollkommen frei, auf welche Weise er das Problem der Parameterübergabe löst. Betrachtet man sich einmal die DOS Funktionsaufrufe mit Hilfe des Interrupt 21h, so sieht man ein mögliches Beispiel für eine Parameterübergabe. Hier werden die von der Funktion benötigten Parameter in Prozessorregistern übergeben. Wesentlich üblicher (insbesondere bei Microsoft Hochsprachen und bei OS/2) ist es, die Parameter auf dem Stack zu übergeben. Die aufgerufene Prozedur holt sich die benötigten Werte über die indirekte Adressierung vom Stack und legt dort auch etwaige Funktionsergebnisse ab. Am Ende der Prozedur muß entweder der RET Befehl oder ein nachfolgender Additionsbefehl den Stack wieder "aufräumen", so daß alle vor dem Funktionsaufruf abgelegten Parameter wieder verschwunden sind.

---

1 diese Möglichkeit gab es im Prinzip schon ab der Version 5.0, allerdings standen die dazu erforderlichen Anweisungen lediglich als Makrodefinitionen in der Datei MIXED.INC zur Verfügung.

Das folgende Beispiel zeigt diese Art der Parameterübergabe, wie sie auch innerhalb eines C-Programms verwendet wird. Abbildung 5.1 illustriert die Verhältnisse auf dem Stack vor und nach dem Funktionsaufruf. Achten Sie vor allem auf das stacktypische *Last In - First Out Prinzip*, nach dem die zuletzt abgelegte Zahl an oberster Stelle auf dem Stack abgelegt wird, und daß der Stackzeiger (in diesem Fall das BP-Register) auf den untersten Wert des Stacks zeigt.

Abbildung 5.1 Parameterübergabe auf dem Stack

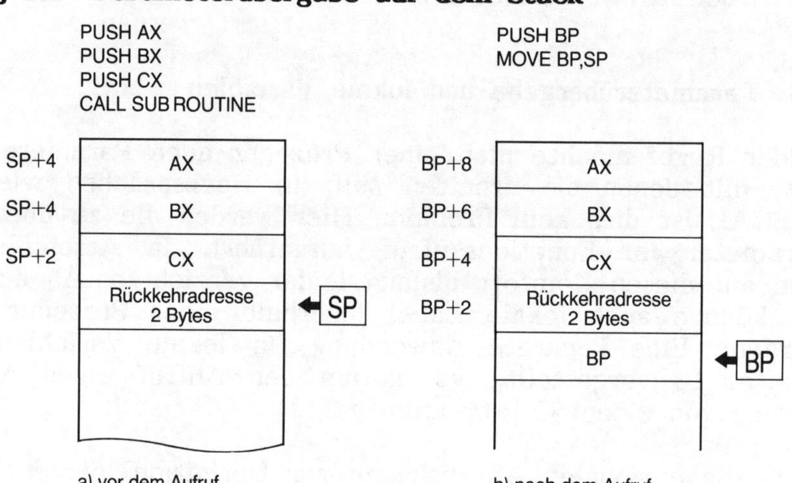

Die Befehle ENTER und LEAVE

Die Prozessoren 80186, 80286 und 80386 stellen zwei Befehle zur Verfügung, mit denen sich ein sog. *Stackrahmen* (engl. stack frame) aufbauen läßt. Ein Stackrahmen ist lediglich ein bestimmter Speicherplatz auf dem Stack, der zur Zwischenspeicherung von Parametern vorübergehend benötigt wird und der über ein Basisregister (in der Regel das BP-Register) adressiert wird. Nach Beendigung der Prozedur wird der Stackrahmen wieder durch die Korrektur des Stackzeigers gelöscht. Durch den Stackrahmen wird sichergestellt, daß andere Stackbefehle keine auf dem Stack befindlichen Parameter zufällig überschreiben können. Des weiteren wird eine Basis zur Verfügung gestellt, durch die sich die einzelnen Parameter relativ leicht adressieren lassen. Bei den Eingangs erwähnten Befehlen handelt sich um ENTER und LEAVE[1], mit denen sich ein Stackrahmen definieren bzw. wieder löschen läßt.

---

1 die Prozessoren der 68000 Familie verfügen mit LINK und UNLK über ähnliche Befehle.

Syntax

```
ENTER Rahmengröße, Verschachtelungstiefe
    ...
    Befehle
    ...
LEAVE
```

Dem ENTER Befehl muß die Größe des Stackrahmens und die Verschachtelungstiefe übergeben werden. Letztere sollte immer Null sein, wenn die betreffende Prozedur innerhalb eines BASIC, C oder FORTRAN Programms verwendet werden soll. Die Rahmengröße legt fest, wieviel Bytes auf dem Stack reserviert werden sollen. Die Verschachtelungstiefe würde es z.B. bei rekursiven Funktionsaufrufen erlauben, auf die Parameter der aufrufenden Prozedur zuzugreifen.

Die Verwendung der Befehle ENTER und LEAVE spart unter Umständen ein paar Bytes ein und macht den Programmaufbau übersichtlicher, es sollte aber berücksichtigt werden, daß ein Programm mit diesen Befehlen nicht mehr auf 8086/88 Systemen lauffähig ist[1].

Interruptroutinen

Interruptroutinen, die über einen INT Befehl aufgerufen werden, insbesondere die BIOS-und DOS-Funktionsaufrufe, können als eine besondere Art des Unterprogrammaufrufs betrachtet werden. Auch ein *Interrupthandler*, das ist eine Routine, die nach Ausführung des INT Befehls bzw. nach Auftreten eines Hardwareinterrupts ausgeführt wird, kann mit Hilfe der PROC/ENDP Anweisungen aufgebaut werden. Der einzige Unterschied besteht darin, daß die Interruptroutine immer das Entfernungsattribut Far besitzen sollte und daß sie anstelle eines RET Befehls einen IRET Befehl zur Rückkehr zum "unterbrochenen" Programm benötigt. Ferner kann es in manchen Fällen notwendig sein, durch den Befehl CLI weitere Interrupts zu verhindern. Interrupts, die während eines gelöschten Interruptflags empfangen wurden, werden gespeichert und nach dem Einschalten des Interruptflags durch den STI Befehl oder das Zurückspeichern des Flagregisters durch den IRET Befehl abgearbeitet.

---

1 Um überhaupt in den Genuß dieser Befehle zu gelangen, muß zuvor durch die Anweisung .186 bzw. auch .286 oder .386 der Befehlssatz dieser Prozessoren für die Assemblierung aktiviert werden.

Für 80386 Programmierer : Der INT Befehl legt in einem 32-Bit Segment einen 32-Bit Befehlszeiger bzw. in einem 16-Bit Segment einen 16-Bit Befehlszeiger auf dem Stack ab. Da der IRET Befehl aber immer einen 16-Bit Befehlszeiger vom Stack holt, ist es in einem 32-Bit Segment erforderlich, den Befehl IRETD zur Beendingung einer Interruptroutine zu verwenden, da dieser Befehl einen 32-Bit Befehlszeiger vom Stack holt.

Lokale Variablen

In einer Hochsprache versteht man unter einer lokalen Variable eine Variable, die nur innerhalb einer Prozedur gültig ist. Außerhalb der Prozedur ist die betreffende Variable nicht definiert und kann bei Bedarf neu definiert werden. Wie Sie im nächsten Kapitel lernen werden, wird der Begriff lokal beim Makroassembler auch in einem anderen Zusammenhang verwendet. Lokale Variablen sind hier Variablen, die nur innerhalb eines Segments angesprochen werden können. Doch auch MASM bietet die Möglichkeit, "richtige" lokale Variablen zu definieren. Eine lokale Variable entspricht dann dem Inhalt einer bestimmten Stackposition, die vor einer Prozedurdefinition oder innerhalb der PROC Anweisung definiert wird. Der Vorteil von lokalen Variablen liegt in erster Linie darin, daß nun auf dem Stack übergebene Parameter über einen symbolischen Namen angesprochen werden können (s.Kapitel 13).

5.6 Zusammenfassung

Ein Label ist eine symbolische Markierung innerhalb eines Programms, die von Sprungbefehlen, Schleifenbefehlen und Prozeduraufrufen verwendet wird. Ein Label steht entweder für einen Offset oder für einen Offset und eine Segmentadresse. Im ersten Fall wird das Label als Near Label, im zweiten Fall als Far Label bezeichnet. Near Label können nur innerhalb des Segments angesprungen werden, in dem sie definiert worden sind, während ein Far Label von einem beliebigen Segment angesprungen werden kann. Ein besondere Form des Sprungbefehls ist der Prozeduraufruf. Hier wird der Inhalt des IP- bzw. auch des CS-Registers (bei einem Far Aufruf) vor dem Aufruf der Prozedur auf dem Stack abgelegt. Die gespeicherte Adresse wird für die Rückkehr zum Hauptprogramm benötigt. Einer Prozedur können auch Parameter übergeben werden, die in der Regel auf dem Stack abgelegt und nach Beendigung der Prozedur wieder vom Stack entfernt werden.

KAPITEL 6

MODULARE PROGRAMMIERUNG

6.1 Einleitung

"Teile und herrsche" lautete das Motto altertümlicher Regierungschefs. Auch ein neuzeitlicher Programmierer kann von diesem Prinzip profitieren, wenn er ein Programm in einzelne Module aufteilt, um das ganze Programm besser "beherrschen" zu können. In diesem Kapitel soll erläutert werden, wie sich die Aufteilung eines Programms in einzelne Module in Assembler realisieren läßt. Bei allen größeren Assemblerprogrammen bietet es sich an, diese in mehrere Module zu zerteilen, die einzeln erstellt und assembliert werden. Die entstandenen Objektdateien werden dann vom Linker zu einer einzigen Programmdatei verknüpft. Diese Art der modularen Programmierung bringt einige Vorteile, wie z.B. eine erleichterte Fehlersuche, eine flexiblere Programmgestaltung sowie eine bessere Erweiterbarkeit des Programms. Wird ein Programm aus mehreren Modulen zusammengesetzt, spielt der Gültigkeitsbereich der verwendeten Symbole eine wichtige Rolle. Der Gültigkeitsbereich eines Symbols kann entweder lokal oder global sein. Im ersteren Fall kann ein Symbol nur in dem Modul verwendet werden, in dem es definiert wurde. Im letzteren Fall kann ein Symbol auch von anderen Modulen aufgerufen werden.

In diesem Kapitel geht es um :

» den Gültigkeitsbereich von Symbolen

» das Verknüpfen mehrerer Module zu einer Programmdatei

Folgende Anweisungen werden vorgestellt :

PUBLIC   EXTRN

6.2 Die Vorteile modularer Programmierung

Modulare Programmierung bietet einige Vorteile. Bevor auf diese Vorteile im einzelnen eingegangen wird, soll zuvor der Begriff modulare Programmierung im Zusammenhang mit der Assemblerprogrammierung etwas genauer beleuchtet werden. Unter modularer Programmierung wird normalerweise die Aufteilung eines Programms in einzelne möglichst unabhängige Funktionsblöcke d.h. Programmodule, die in Form von Prozeduren geschrieben werden, verstanden. Auch in Assembler lassen sich Prozeduren definieren. Allerdings handelt es sich hier mehr um Unterprogrammaufrufe, bei denen formale Dinge wie z.B. die Parameterübergabe dem Programmierer überlassen bleiben und die bei weitem nicht so komfortabel durchgeführt werden, wie etwa in PASCAL oder C. Modulare Programmierung in Assembler bedeutet vielmehr, ein Programm in mehrere Programmodule aufzuteilen, die separat erstellt und assembliert werden. Die entstandenen Objektdateien werden anschließend von einem Linker zu einer einzigen Programmdatei verknüpft. Die Aufteilung eines Programms in kleinere Module ist allerdings nicht die einzige Alternative, ein Programm modular aufzubauen. Eine andere, ebenfalls häufig angewendete Methode besteht darin, häufig benutzte Programmteile in Bibliotheken abzulegen und diese bei Bedarf mit Hilfe einer *INCLUDE* Anweisung in das Programm einzubinden. Beide Verfahren unterscheiden sich grundsätzlich voneinander. Die Einbindung von INCLUDE-Dateien erst in Kapitel 9 vorgestellt.

Warum soll man sich die Mühe machen und ein Programm in mehrere Module aufteilen ? Schließlich ist es doch auf den ersten Blick ein erhöhter Arbeitsaufwand, da jedes Modul einzeln assembliert werden muß. Dem stehen aber einige gute Gründe entgegen, die für die Modularisierung sprechen :

- ein Programmodul muß nur einmal erstellt werden und kann dann von mehreren Programmen benutzt werden. Voraussetzung ist eine einheitliche und klar definierte Schnittstelle für die Parameterübergabe. Außerdem sollte das aufgerufene Programm möglichst wenig "Kenntnisse" über das rufende Programm besitzen, da ansonsten die allgemeine Verwendbarkeit wieder eingeschränkt wird.

- die Fehlersuche wird erleichtert, da einzelne Programmodule unabhängig vom Gesamtprogramm assembliert werden können. Die Assemblierung kleinerer Module geht schneller. Tippfehler können sofort erkannt und behoben werden. Auch Laufzeitfehler lassen sich u.U. leichter finden, wenn das Modul mit Hilfe des Debuggers getestet werden kann. Dies ist natürlich in den meisten Fällen nicht so ohne weiteres möglich. Man wird vielmehr für das zu testende Modul eine "Testumgebung" erstellen müssen, die die zu übergebenden Parameter bereitstellt. Vielfach ist aber eine derartige Testumgebung leichter zu handhaben, als das gesamte Programm.

und schließlich :

- modulare Programmierung unterstützt Teamarbeit. Einzelne Module können von verschiedenen Programmierern erstellt werden. Voraussetzung ist auch hier, daß die Schnittstellen, d.h. die Form der Parameterübergabe vereinheitlicht und genau definiert werden.

Trotz unbestrittener Vorteile der modularen Programmierung, wird der Assemblerneuling erfahrungsgemäß dazu tendieren, Programme in einem Stück zu schreiben. Dies hat verschiedene Gründe. Zum einen ist dies in anderen Programmiersprachen ebenfalls in der Regel so üblich. Desweiteren setzt das Arbeiten mit mehreren Modulen eine gewisse Vertrautheit mit der Arbeitsweise des Assemblers und vor allem des Linkers voraus. Fairerweise sollte auch angemerkt werden, daß sich die viel zitierten Vorteile der modularen Programmierung erst bei größeren Assemblerprogrammen auszahlen[1]. Nichtsdestotrotz sollten Sie sich bereits frühzeitig daran gewöhnen "modular" zu denken, denn insbesondere das Arbeiten mit Multitasking Betriebssystemen wie z.B. OS/2 oder UNIX setzt ein Umdenken in diese Richtung voraus.

6.3 Die Anweisungen PUBLIC und EXTRN

Damit ein Symbol wie z.B. eine Prozedur, ein Label oder eine Variable außerhalb des Moduls, in dem es definiert wurde angesprochen werden kann, sind zwei Voraussetzungen zu erfüllen :

1. Es muß in dem Modul, in welchem es definiert ist, mit der Anweisung *PUBLIC* als global (d.h. von anderen Modulen zugänglich) deklariert werden.

2. Es muß in jedem anderen Modul, in welchem es aufgerufen wird, mit der Anweisung *EXTRN* als extern deklariert werden.

---

1 Um Ihnen einmal eine ungefähre Vorstellung zu geben, ein größeres Assemblerprogramm beginnt etwa bei 100 KByte Quelltextumfang.

Bevor die Syntax der Anweisungen PUBLIC und EXTRN vorgestellt wird, soll zunächst noch einmal kurz auf die Begriffe lokal und global eingegangen werden. Falls Sie bereits intensiver mit Programmiersprachen wie PASCAL, C oder gar MODULA-2 gearbeitet haben, wird Ihnen das Konzept der lokalen Variablen bereits vertraut sein. In Assembler hat der Begriff lokal meistens jedoch eine etwas andere Bedeutung. Während in vielen höheren Programmiersprachen lokale Variablen (bzw. allgemein lokale Symbole) nur innerhalb einer Funktion oder Prozedur gültig sind, bezieht sich der Begriff lokal bei MASM auf den Gültigkeitsbereich innerhalb eines Programmoduls[1]. Ein lokales Symbol ist innerhalb eines Programmoduls gültig, während ein globales Symbol auch in einem Modul verwendet werden kann, in dem das betreffende Symbol nicht definiert ist.

Hinweis : Seit der Version 5.1 verfügt MASM auch über lokale Variablen, die nur innerhalb einer Prozedur eine Gültigkeit haben, so daß die eben getroffene Definition wieder eingeschränkt werden muß. Damit hat das Wort "lokal" in der Assemblerprogrammierung zwei verschiedene Bedeutungen. Ein Umstand, der nicht unbedingt zum leichteren Verständnis beiträgt. Fortschritt hat eben seinen Preis. Falls Sie aber noch mit einer älteren Version arbeiten, können Sie unbeschwert weiterlesen.

Alles, was Sie jetzt noch über lokale und globale Variablen im Zusammenhang mit Assemblerprogrammen wissen müssen ist, wie man sie als solche deklariert. Ein Symbol wird durch die Anweisung *PUBLIC* als global deklariert.

Syntax

```
PUBLIC  Name,[Name]...
```

Wie Sie sehen, ist die Anweisung relativ problemlos einzusetzen. Bei 'Name' handelt es sich um den Namen des Symbols, welches als public, d.h. als global, deklariert werden soll. Ein solchermaßen definiertes Symbol kann nun von einem anderen Modul aufgerufen werden, da die Objektdatei, die später vom Linker mit anderen Modulen verknüpft wird, über den Namen und die Offsetadresse des Symbols verfügt.

Wichtig : Verwechseln Sie die PUBLIC Anweisung nicht mit dem Kombinationstyp public, der in Zusammenhang mit den erweiterten Segmentdefinitionen (s.Kapitel 12) verwendet wird. Eine Ver-

1 Ein Programmmodul entspricht einer Objektdatei.

wechselung sollte eigentlich nicht vorkommen, da beide in einem vollkommen verschiedenen Zusammenhang verwendet werden.

Durch die Anweisung PUBLIC wird aber nur ein Teil des Problems gelöst. Zwar verfügt die Objektdatei nun über die entsprechende Information, was die Adresse des Symbols betrifft, doch woher soll der Assembler beim Assemblieren eines Moduls, in dem eine Referenz auf dieses Symbol vorkommt, wissen, daß dieses Symbol in einem anderen Modul zur Verfügung steht? Normalerweise würde der Assembler nämlich bei der Assemblierung eines Moduls mit einem Symbol, welches nicht in dem betreffenden Modul definiert ist, eine Fehlermeldung erzeugen. Um dem Assembler mitzuteilen, wo das entsprechende Symbol definiert ist, ist die *EXTRN* Anweisung notwendig. Sie ist nicht ganz so einfach zu handhaben wie die PUBLIC Anweisung, da zusätzlich zu dem Symbolnamen auch der Symboltyp aufgeführt werden muß. Außerdem spielt es in manchen Fällen eine Rolle, an welcher Stelle des Programms die EXTRN Anweisung aufgeführt wird.

Syntax

EXTRN Name:Typ [,Name:Typ]...

Die EXTRN Anweisung definiert eine externe Variable, ein Label oder ein Symbol mit dem festgelegten Namen und Typ. Letzterer muß mit dem tatsächlichen Typ des Symbols übereinstimmen, der dem betreffenden Symbol bei seiner Definition zugeordnet wurde. Folgende Typen stehen zur Auswahl :

Entfernungstypen	:	**NEAR, FAR, PROC**
Größentypen	:	**BYTE, WORD, DWORD, FWORD, QWORD oder TBYTE**
Sonstige	:	**ABS**

Zu den meisten der in Frage kommenden Typenbezeichnern gibt es nicht viel zu sagen, da sie bereits in anderen Zusammenhägen mehrfach erwähnt wurden. Lediglich der Typ *ABS* ist neu. Dieser Typ wird für Konstanten verwendet, die z.B. mit der EQU oder der = Anweisung definiert wurden.

Unter Umständen spielt es, anders als bei der PUBLIC Anweisung, eine Rolle an welcher Stelle im Programm die EXTRN Anweisung steht. Folgende Regeln sollten dabei beachtet werden :

- Labels vom Typ Near (wie z.B. Prozeduren) müssen in dem Code-Segment deklariert werden, von welchem auf sie zugegriffen wird.

- Labels vom Typ Far können an einer beliebigen Stelle des Programms definiert werden.

- Daten müssen in dem Segment definiert werden, in welchem Sie innerhalb des Programms angesprochen werden.

- Absolute Symbole können an einer beliebigen Stelle im Programm definiert werden.

Nach soviel Theorie ist ein Beispiel fällig. Im folgenden wird gezeigt, wie innerhalb eines Programms eine Prozedur aufgerufen wird, die in einem anderen Programmodul definiert wurde. Dabei wird auch gezeigt, welche Schritte notwendig sind, um aus den beiden Programmodulen ein ausführbares Programm zu machen.

Zunächst ein Hinweis in eigener Sache. Bei dem folgenden Beispiel handelt es sich wieder einmal um eines jener entsetzlich trivialen Beispiele, die kaum jemand in der Praxis einsetzen wird. Der Autor steht in solchen Fällen vor der Entscheidung, ein interessantes und praxisbezogenes oder ein langweiliges Beispiel zu verwenden. Normalerweise sollte die Wahl nicht schwer fallen, doch fast alle interessanten Beispiel haben den Nachteil, daß sie zum einen relativ umfangreich sind und zum anderen sogar die Gefahr mit sich bringen, daß der Blick für das Wesentliche verstellt wird. Insbesondere Einsteigern fällt es dann schwer zu erkennen, was mit diesem Beispiel eigentlich gezeigt werden soll. In Ihrem eigenen Interesse werden Sie daher weiterhin mit trivialen Beispielen gelangweilt, in der Hoffnung, daß an diesen Beispielen die praktische Anwendung der zu erläuternden Anweisung am besten veranschaulicht wird. Ganz so düster sind die Aussichten aber auch nicht. In Kapitel 11 und in Kapitel 13 werden Sie auch Beispiele finden, die hoffentlich nicht in diese Kategorie fallen.

Beispiel

```
.MODEL SMALL       ; Diese Anweisung ist auf jeden Fall erforderlich
.DATA              ; Definition eines Datensegments
 INP_BUFFER LABEL BYTE   ; Definition eines Eingabebuffers
 MAX_CHAR   DB 9         ; Maximale Zeichenanzahl
 LAENGE     DB ?         ; Hier wird die Anzahl der eingegebenen
                         ; Zeichen eingetragen
            DB 10 DUP(32) ; Platz für zehn Zeichen
PUBLIC LAENGE,INP_STR    ; Beide Symbole sind damit global

.CODE              ; Beginn des Codesegments
  INP_STR  PROC
           MOV DL,'?'     ; Ausgabe eines Fragezeichens
           MOV AH,02
           INT 21h
           MOV AH,0Ah     ; Warten auf eine Eingabe
           MOV DX,OFFSET INP_BUFFER
           INT 21h
           RET            ; Rückkehr zum Hauptprogramm
   INP_STR ENDP
END
```

Das obige Beispiel zeigt ein Programm, welches bei seiner Ausführung eine Zeichenkette von der Tastatur entgegennimmt. Das Programm beruht im wesentlichen auf der Funktion 10 des DOS Interrupts 21h. Diese Funktion erwartet im Registerpaar DS:DX die Adresse eines Eingabepuffers. Das erste Byte des Eingabepuffers legt die maximale Anzahl der einzugebenden Zeichen fest. Die tatsächlich eingegebene Anzahl wird im zweiten Byte gespeichert. Sie werden ein ähnliches Beispiel nocheinmal in Kapitel 11 kennenlernen. Darum sollen Einzelheiten zu dem Programm an dieser Stelle nicht besprochen werden. Achten Sie vielmehr auf die PUBLIC Anweisung, durch die die Symbole *LAENGE* und *INP_STR* als global deklariert werden. Sie können dadurch von einem anderen Modul aufgerufen werden. Beachten Sie weiterhin, daß das Programm in der vorliegenden Form nicht ausführbar ist. So wird z.B. weder ein Stacksegment definiert, noch wird das DS-Register initialisiert. Dies alles übernimmt das Hauptprogramm, von dem dieses Modul aufgerufen wird :

```
.MODEL SMALL
.STACK 100h          ; Nur im Hauptmodul muß ein Stacksegment
                     ; definiert werden

.CODE
   EXTRN INP_STR:NEAR,LAENGE:BYTE
;
; Beide Symbole befinden sich nicht in diesem Modul
;
START:
     MOV DX,@DATA    ; Initialisierung des Datensegments
     MOV DS,DX
     CALL INP_STR    ; Aufruf der Eingabefunktion
     MOV DL,LAENGE   ; Die Länge der eingegeben Zeichen soll
     ADD DL,48       ; ausgegeben werden
     MOV AH,02
     INT 21h
     MOV AH,4Ch      ; Rückkehr zu DOS
     INT 21h
END START
```

Weder das Symbol *LAENGE*, noch die Prozedur *INP_STR* sind in diesem Modul definiert. Durch die EXTRN Anweisung werden diese Symbole allerdings als sog. *externe Referenzen* deklariert, so daß der Assembler weiß, daß sich dieses Symbole in einem anderen Modul befinden. Er überträgt diese Information in die Objektdatei, wo sie vom Linker ausgewertet wird. Es ist die Aufgabe des Linkers, beide Objektdateien zu einer Programmdatei zu verknüpfen. Wie dies in der Praxis durchgeführt wird, soll im folgenden kurz beschrieben werden :

```
A>MASM MODUL1;              Assemblierung des ersten Moduls

A>MASM MODUL2;              Assemblierung des zweiten Moduls

>LINK MODUL1 + MODUL2;      Aufruf des Linkers
```

Der Linker verknüpft die Dateien *MODUL1.OBJ* und *MODUL2.OBJ* zu einer Programmdatei mit dem Namen *MODUL1.EXE*. Dabei löst er auch externe Referenzen auf, d.h. er trägt die Adressen der Symbole INP_STR und LAENGE, die er in der Datei *MODUL1.OBJ* findet an den entsprechenden Stellen ein.

Es sei zum Schluß dieses Kapitels erwähnt, daß die Anweisungen PUBLIC und EXTRN nicht die einzige Möglichkeit darstellen, um Symbole auch von anderen Modulen aufrufen zu können. Eine Alternative dazu wird durch die *COMM* Anweisung geboten, durch die sog. *kommunale Variablen* definiert werden können. Bei kommunalen Variablen handelt es sich um uninitialisierte Variablen, die sowohl extern als auch global sind. Sie werden in der Regel innerhalb von INCLUDE-Dateien eingesetzt. Wenn eine Variable in mehreren Modulen angesprochen wird, kann man diese Variable in einer INCLUDE-Datei definieren und diese INLCUDE-Datei in jedem der Module aufrufen. Obwohl diese Variable damit an mehreren Stellen deklariert wird, existiert sie nur an einer Adresse. Das Konzept der kommunalen Variablen ist mit seinen zahlreichen Implikationen aber so fortgeschritten, daß es an dieser Stelle nicht erläutert werden kann.

6.4 Zusammenfassung

Ab einer bestimmten Größe ist es sinnvoll bzw. in manchen Fällen auch schlicht notwendig, das Assemblerprogramm in kleinere Module aufzuteilen. Diese Module können einzeln erstellt und assembliert werden. Durch den Linker werden die so erstellten Objektdateien zu einer einzigen Programmdatei verknüpft. Doch bei diesem Verfahren können auch Probleme auftreten. Zum Beispiel dann, wenn der Assembler auf ein Symbol stößt, das in einem anderen Modul, welches der Assembler nicht kennen kann, definiert wurde. Normalerweise wird am Ende des zweiten Assemblerlaufes jedes nicht gefundene Symbol als Fehler angezeigt. Durch die EXTRN Anweisung kann man jedoch dem Assembler mitteilen, daß es sich um eine externe Definition, d.h. eine Definition in einem anderen Modul, handelt. Zusätzlich muß in dem Modul, in dem das betreffende Symbol definiert wird, dieses mit der PUBLIC Anweisung als global deklariert werden. Diese Anweisung bewirkt, daß der Assembler die Offsetadresse des Symbols in die Objektdatei überträgt. Die Offsetadresse steht dann dem Linker beim Verknüpfen der einzelnen Module zur Verfügung.

KAPITEL 7

OPERATOREN

7.1 Einleitung

MASM stellt eine Vielzahl von Operatoren zur Verfügung, mit denen sich Rechenoperationen durchführen, Vergleiche anstellen oder z.B. der Typ eines Operanden bestimmen lassen. Manche Operatoren werden sehr häufig innerhalb von Assemblerprogrammen verwendet, manche Operatoren werden Sie vielleicht niemals benötigen. Alle Operatoren haben eines gemeinsam, sie bewirken lediglich etwas bei der Assemblierung und haben keinen direkten Einfluß auf das Ausführungsverhalten des Programms. Aus diesem Grund können z.B. Rechenoperatoren nur mit Operanden arbeiten, deren Wert bereits bei der Assemblierung bekannt ist.

Folgende Operatoren werden vorgestellt :

+	-	*	/	MOD	+
-	.	[]	SHL	SHR	NOT
AND	OR	XOR	EQ	NE	LT
LE	GT	GE	:	PTR	SHORT
THIS	HIGH	LOW	SEG	OFFSET	.TYPE
TYPE	LENGTH	SIZE			

7.2 Operator-Prioritäten

Entsprechend der Prioritätsfolge bei den arithmetischen Operatoren in der Mathematik, gibt es auch bei den Assembleroperatoren eine Reihenfolge, nach der ein Ausdruck mit mehreren Operatoren ausgewertet wird. Dabei gilt zunächst folgende allgemeine Regel :

- Operatoren mit der höchsten Priorität werden zuerst ausgeführt
- Operatoren mit gleicher Priorität werden von links nach rechts abgearbeitet
- Die Operatorreihenfolge kann durch Verwendung von Klammern aufgehoben werden. Operatoren in Klammern haben stets die höchste Priorität.

Tabelle 7.1 zeigt die Prioritätsreihenfolge für alle Assembleroperatoren.

Tabelle 7.1 Prioritätsreihenfolge der MASM Operatoren

Priorität	Operator
(Hoch)	
1	LENGTH, SIZE, WIDTH, MASK, (), [],<>
2	. (Strukturfeld-Operator)
3	: (Segment-Override-Operator)
4	PTR, OFFSET, SEG, TYPE, THIS
5	HIGH, LOW
6	+, - (unär)
7	*, /, MOD, SHL, SHR
8	+, -
9	EQ, NE, LT, LE, GT, GE
10	NOT
11	AND
12	OR, XOR
13	SHORT, .TYPE
(niedrig)	

7.3 Rechenoperatoren

MASM stellt Operatoren für alle vier Grundrechenarten zur Verfügung sowie weitere Rechenoperatoren, mit denen sich Verschiebungen, logische Verknüpfungen und Vergleiche durchführen lassen.

Für 80386 Programmierer : MASM arbeitet mit 32-Bit Zahlen, wenn der 80386-Modus aktiviert ist bzw. mit 16-Bit Zahlen, wenn der 80386-Modus nicht aktiv ist. Konstante Werte werden vor der Operation auf 33-Bit (im 80386-Modus) bzw. 17-Bit Zahlen erweitert.

Tabelle 7.2 gibt Ihnen eine Übersicht über die arithmetischen Operatoren, wobei die Operatoren gleichzeitig entsprechend ihrer Rechenpriorität geordnet sind (das unäre plus hat die höchste Priorität). Mit Ausnahme der Addition und der Subtraktion, die auch mit Speicherwerten möglich sind, müssen alle arithmetische Operationen mit Integerzahlen durchgeführt werden. Realzahlen können zwar als Konstanten gespeichert werden, Operationen mit Realzahlen sind jedoch nicht möglich. Dies bezieht sich selbstverständlich auf die Assembleranweisungen. Fließkommaoperationen können bei der Ausführung des Maschinenprogramms jederzeit entweder mit Unterstützung der mathematischen Koprozessoren oder durch eigene Routinen durchgeführt werden.

Der Additions- und der Subtraktionsoperator können dazu benutzt werden, eine Integerkonstante und einen Speicherwert zu addieren bzw. zu subtrahieren. Das Ergebnis kann als Speicherwert verwendet werden. Der Subtraktionsoperator kann zusätzlich dazu benutzt werden, zwei Speicherwerte voneinander zu subtrahieren. Das Ergebnis ist allerdings eine Konstante und kein Speicherwert.

Tabelle 7.2 Arithmetische Operatoren

Operator	Syntax	Bedeutung
+	+Ausdruck	unäres Plus
-	-Ausdruck	unäres Minus
*	Ausdruck1*Ausdruck2	Multiplikation
/	Ausdruck1/Ausdruck2	Division
MOD	Ausdruck1 MOD Ausdruck2	IntegerDivision
+	Ausdruck1 + Ausdruck2	Addition
-	Ausdruck1 - Ausdruck2	Subtraktion

Anmerkung : Das unäre Plus und das unäre Minus sind Vorzeichenoperatoren, die lediglich einen Einfluß auf das Vorzeichen des Operanden haben.

Der Strukturfeld-Operator

Der Strukturfeld-Operator '.' kann im Sinne eines Additionsoperators verwendet werden. Er wird in der Regel dazu benutzt, ein Feld innerhalb einer Struktuvariable zu adressieren.

Beispiel

```
.MODEL SMALL
.STACK 100h
.DATA
  PKW_DATEN STRUC
    BAUJAHR DW ?
    LEISTUNG DW ?
    FARBE   DB '    '
  PKW_DATEN ENDS

  AUTO1 PKW_DATEN <1988,75,'ROT'>

.CODE
START:
    MOV DX,@DATA
    MOV DS,DX
    MOV AX,AUTO1.BAUJAHR
    ...
END
```

In diesem Beispiel wird zuerst ein Strukturtyp mit Hilfe der *STRUC* Anweisung (s.Kapitel 4) definiert. Anschließend wird durch den Strukturtyp eine Strukturvariable mit dem Namen *AUTO1* definiert. Über diese Strukturvariable wird innerhalb des Programms durch den Strukturfeld-Operator das Baujahr des ersten Autos in das AX-Register geladen.

Der Index-Operator

Auch der Index-Operator kann ebenfalls im Sinne eines Additionsoperators verwendet werden. Es gelten die gleichen Beschränkungen wie beim + Operator, d.h. auch hier können nicht zwei Speicheroperanden addiert werden.

Beispiel

```
FELD DB 11,22,33,44,55,66

MOV  AL,FELD[3]
```

In diesem Beispiel wird das vierte (der Index beginnt bei Null !) Element des Feldes in das AL-Register geladen. Der Index-Operator wird meistens dazu verwendet einen indirekten Speicheroperanden bzw. einen indizierten Operanden anzuzeigen.

Schiebeoperatoren

Die Schiebeoperatoren SHR und SHL verschieben einen konstanten Wert um eine bestimmte Anzahl an Bits nach rechts bzw. nach links. Beim SHR Operator werden nach links herausgeschobene bzw. beim SHL Operator nach rechts herausgeschobene Bits mit Nullen aufgefüllt.

Syntax

```
Ausdruck  SHR  Zähler
Ausdruck  SHL  Zähler
```

Wenn der Zähler größer als 16 (bzw. 32 beim 80386) ist, wird der Ausdruck zu Null. Verwechseln Sie die Operatoren SHR bzw. SHL nicht mit den gleichlautenden Prozessorbefehlen. Die Operatoren arbeiten mit Integer-Konstanten während der Assemblierung. Die Prozessorbefehle SHR und SHL arbeiten dagegen bei der Ausführung des Programms und dann sowohl mit Integer-Konstanten, als auch mit Speicherwerten.

Logische Operatoren

Die logischen Operatoren führen bitweise Operationen mit ihren Operanden aus. Tabelle 7.3 gibt Ihnen einen Überblick über die zur Verfügung stehenden Operatoren. Auch hier sollten Sie die Operatoren AND, NOT, OR und XOR nicht mit den gleichlautenden Prozessorbefehlen verwechseln.

Tabelle 7.3 Die logischen Operatoren

Operator	Syntax	Bedeutung
NOT	NOT Ausdruck	Komplement
AND	Ausdruck1 AND Ausdruck2	UND Verknüpfung
OR	Ausdruck1 OR Ausdruck2	ODER Verknüpfung
XOR	Ausdruck1 XOR Ausdruck2	EXOR Verknüpfung

Wichtig : Obwohl die Berechnungen bei den Operatoren AND, OR und XOR intern mit 17-Bit Zahlen (beim 80386 33-Bit Zahlen) durchgeführt werden, werden die Ergebnisse auf 16-Bit (beim 80386 32-Bit) gekürzt.

7.4 Vergleichsoperatoren

Die Vergleichsoperatoren führen einen Vergleich zwischen zwei Ausdrücken durch. Das Ergebnis ist -1, wenn der Vergleich wahr ist, bzw. 0, wenn der Vergleich nicht wahr ist. Vergleichsoperatoren werden in erster Linie in Zusammenhang mit den Anweisungen zur bedingten Assemblierung (s.Kapitel 8) verwendet. In Tabelle 7.4 sind die zur Verfügung stehenden Vergleichsoperatoren aufgeführt.

Tabelle 7.4 Vergleichsoperatoren

Operator	Syntax	Resultat
EQ	Ausdruck1 EQ Ausdruck2	Wahr, wenn beide Ausdrücke gleich
NE	Ausdruck1 NE Ausdruck2	Wahr, wenn beide Ausdrücke ungleich
LT	Ausdruck1 LT Ausdruck2	Wahr, wenn Ausdruck1 < Ausdruck2
LE	Ausdruck1 LE Ausdruck2	Wahr, wenn Ausdruck1 <= Ausdruck2
GT	Ausdruck1 GT Ausdruck2	Wahr, wenn Ausdruck1 > Ausdruck2
GE	Ausdruck1 GE Ausdruck2	Wahr, wenn Ausdruck1 >= Ausdruck2

Wichtig : Die Operatoren EQ und NE arbeiten mit 16-Bit Zahlen. Hier ist eine Zahl negativ, wenn Bit 15 gesetzt ist. Die Operatoren LT, LE, GT und GE arbeiten dagegen mit 17-Bit Zahlen, wobei das Bit 16 (d.h. das 17te Bit) das Vorzeichen darstellt. Dieser Sachverhalt muß bei dem Einsatz der Vergleichsoperatoren berücksichtigt werden, wie die folgenden Beispiele zeigen.

Beispiel

```
MOV AL,-1 EQ 0FFFFh        ; lädt den Wert 255 in AL
MOV AL,-1 GE 0FFFFh        ; lädt den Wert 0 in AL

ZAHL    EQU 5
GRENZE  EQU 10

MOV DL,ZAHL GE GRENZE      ; lädt den Wert 0 in DL
```

7.5 Der Segment-Override-Operator

Normalerweise wird die Adresse eines Symbols, wie z.B. einer Variable, immer relativ zu dem Segment berechnet, in dem das Symbol definiert wurde. Der Segment-Override-Operator ':' bewirkt, daß die Adresse eines Symbols relativ zu einem angegebenen Segment berechnet wird.

Syntax

Segment:Ausdruck

Das Segment kann auf verschiedene Weisen festgelegt werden. Zum einen kann der Registername (CS, DS, ES, SS bzw. FS und GS beim 80386) direkt aufgeführt werden. Bei 'Segment' kann es sich aber auch um einen Segment- bzw. Gruppennamen handeln, der zuvor mit einer *SEGMENT* bzw. *GROUP* Anweisung definiert wurde und mit der *ASSUME* Anweisung einem Segmentregister zugeordnet wurde. Der Ausdruck kann eine Konstante, ein Ausdruck oder ein sog. *SEG-Ausdruck* sein.

Wichtig : Wenn der Segment-Override-Operator in Zusammenhang mit einem Index-Operator benutzt wird, muß das Segment außerhalb des Index-Operators aufgeführt werden. So ist z.B. ES:[DI] korrekt, während [ES:DS] zu einer Fehlermeldung führt.

Wann wird der Segment-Override-Operator verwendet ?

Zunächst muß vorangestellt werden, daß der Segment-Override-Operator fast ausschließlich in Zusammenhang mit den erweiterten Segmentanweisungen verwendet wird. Wenn Sie also mit diesen Anweisungen nicht vertraut sind, können Sie diesen Abschnitt überspringen bzw. sollten Sie zuerst einen Blick in Kapitel 12 werfen, wo die Hintergründe der erweiterten Segmentanweisungen besprochen werden. Der 8086/88 verfügt über vier spezielle Ein-Byte-Befehle, die sog. *Segment-Override-Präfixe.* Jede dieser Präfixe ist für eines der vier Segmentregister zuständig und bewirkt, daß der Prozessor die standardmäßig festgelegte Zuordnung (s.Tabelle 7.5) aufhebt und ein anderes Segmentregister für die Adreßberechnung verwendet. Der Segment-Override-Operator tut eigentlich nichts anderes, als das entsprechende Präfix zu assemblieren.

Tabelle 7.5 Standardmäßige Segmentzuordnung

Befehlstyp	Standardsegment	Alternative
Sprung	CS	Keine
Stackoperation	SS	Keine
Adresszugriff	DS	CS,ES,SS
BP als Basisreg.	SS	CS,ES,SS
BX als Basisreg.	DS	CS,ES,SS

Fazit : Der Segment-Override-Operator wird immer dann verwendet, wenn eine implizite Segmentadreßberechnung nicht zu dem gewünschten Ergebnis führen würde.

Beispiel

Stellen Sie sich vor, Ihr Maschinenprogramm soll den Programm-Segment-Präfix (PSP) ansprechen, der bekanntlich jedem Programm vorausgeht und dessen Adresse nach dem Programmstart im DS- und im ES-Register enthalten ist. Im PSP befinden sich z.B. ab dem Offset 80h jene Parameter, die einem Programm beim Aufruf unter Umständen übergeben werden. Um diese Parameter ansprechen zu können, wird zunächst das DI-Register mit dem Offset geladen :

```
MOV DI,80h
```

Nun könnte man im Prinzip einen Befehl vom Typ

```
MOV AL,BYTE PTR [DI]
```

verwenden, um das Byte an der achtzigsten Position im PSP in das AL-Register zu laden. Allerdings nur im Prinzip, denn in der Praxis berechnet der Prozessor die effektive Adresse aus dem Inhalt des DS-Registers (Segmentanteil) und dem Inhalt des DI-Registers (Offset-Anteil). Um den Prozessor aber dazu zu bringen, das ES-Register als Quelle für die Segmentadresse zu verwenden, muß der Segment-Override-Operator in Aktion treten :

```
MOV AL,BYTE PTR ES:[DI]
```

Nun wird ein Byte aus der Speicherzelle in das AL-Register geladen, die durch das Registerpaar ES:DI adressiert wird. Einen ähnlichen Effekt könnte man auch mit Hilfe der ASSUME Anweisung (s.Kapitel 12) erzielen, denn auch diese Anweisung legt eine Zuordnung zwischen einem Segment und einem Segmentregister fest, die der Assembler u.a. dazu benutzt, in bestimmten Fällen ein Segment-Override-Präfix (ohne Zutun des Programmierers) zu assemblieren.

7.6 Typen Operatoren

Durch die Typen Operatoren wird der Typ eines Speicheroperanden bzw. eines Ausdrucks festgelegt bzw. ermittelt.

Der PTR Operator

Durch den PTR Operator wird der Typ für ein Label oder eine Variable festgelegt. Ab der Version 5.1 wird der PTR Operator (PTR steht für Pointer) auch dazu benutzt, Zeiger zu definieren.

Syntax

```
Typ  PTR  Ausdruck
```

Der PTR Operator bewirkt, daß ein Ausdruck so behandelt wird, als würde er den betreffenden Typ besitzen. Bei dem Ausdruck kann es sich um einen beliebigen Operanden handeln. Für den Typ stehen folgende Optionen zur Auswahl : ***BYTE***, ***WORD***, ***DWORD***, ***FWORD***, ***QWORD*** oder ***TBYTE*** für Speicheroperanden bzw. ***NEAR***, ***FAR*** oder ***PROC*** für Labels.

Der PTR Operator wird typischerweise in zwei Fällen eingesetzt :

a) um einem Befehl zu ermöglichen, auf eine Variable in einer Weise zuzugreifen, die normalerweise eine Warnung (in der Version 4.0 und älter dagegen noch eine Fehlermeldung) erzeugen würde. Der Grund, MASM führt ein sog. *strong typing*, d.h. eine strenge Typenüberprüfung durch. Konsequenz : Wenn in einem Befehl mit zwei Operanden implizierte Datentypen verwendet werden, müssen beide Operanden den gleichen Typ aufweisen.

Beispiel

```
        .DATA
TEXT    DB 'Guten Tag !',10,13
        .CODE
        ...
        MOV AX,TEXT[1]
```

Der MOV Befehl soll das erste Byte des Strings *TEXT* in das AX-Register laden. In dem Beispiel besitzt aber das AX-Register den Typ WORD, der String dagegen den Typ BYTE. MASM erzeugt in diesem Fall eine Warnung vom Typ 'Operand types must match'. Um diese Warnung zu vermeiden, muß der PTR Operator eingesetzt werden :

```
        .DATA
TEXT    DB 'Guten Tag !',10,13
        .CODE
        ...
        MOV AX,WORD PTR TEXT[1]
```

Die Anweisung WORD PTR bewirkt, daß die Variable TEXT1 innerhalb des MOV Befehls den Typ WORD besitzt. Was würde ohne den PTR Operator passieren ?

In diesem Fall macht der Assembler folgende Annahme : Immer wenn ein Registeroperand mit einem Speicheroperand innerhalb eines Befehls verwendet wird, geht der Assembler davon aus, daß der Registeroperand den korrekten Typ besitzt. In dem Befehl

```
MOV   AX,TEXT[1]
```

würde ein Wort unter der Adresse TEXT[1] in das AX-Register geladen werden.

Wichtig : Im MASM Handbuch wird darauf hingewiesen, daß ältere Versionen des IBM Makroassemblers (wahrscheinlich die Version 1.0) keine strenge Überprüfung der Typenkompatibilität durchführen. Um dennoch Programme assemblieren zu können, die für diesen Assembler geschrieben wurden, führen Typen-Inkompatibilitäten ab der Version 5.0 nur zu Warnungen und nicht mehr zu Fehlermeldungen. Diese Warnungen können außerdem durch Setzen der Warnstufe mit der /W Option unterdrückt werden.

b) Bei Vorwärts-Referenzen (s.Kapitel 4.10), um den Typ eines noch nicht definierten Labels bzw. einer noch nicht definierten Variable explizit festzulegen. Ohne den PTR Operator würde der Assembler bestimmte Standardannahmen machen, die entweder ungünstig sind oder gar zu einer Fehlermeldung führen würden.

Der PTR Operator kann auch dazu verwendet werden, den Typ von indirekten Speicheroperanden für einen CALL oder JMP Befehl festzulegen. Wenn sich der Speicheroperand in einem Register befindet, wird der PTR Operator aber anders als gewohnt angewendet. Anstelle eines Entfernungstyps muß die Größe des Operators, d.h. anstelle von Near muß Größentyp WORD bzw. anstelle von Far der Größentyp DWORD aufgeführt werden.

Beispiel

```
JMP  NEAR PTR[BX]     ; So ist es falsch
JMP  WORD PTR[BX]     ; Und so ist es richtig

CALL FAR  PTR[BX]     ; Auch das ist falsch
CALL DWORD PTR[BX]    ; Und so richtig
```

Für 80386 Programmierer : Bei Verwendung von 32-Bit Segmenten muß für einen Sprung vom Typ Near der Größentyp DWORD und für einen Sprung vom Typ Far der Größentyp FWORD verwendet werden.

Ab der Version 5.1 kann der PTR auch dazu benutzt werden, den Typ einer Zeigervariablen explizit festzulegen. Mehr dazu in Kapitel 4.

Der SHORT Operator

Der SHORT Operator wird verwendet, um den Typ eines Labels gleich SHORT zu setzen und es damit als Label mit dem Entfernungstyp Short zu deklarieren.

Syntax

```
SHORT  Label
```

Ein Sprung zu einem Short Label ist um ein Byte kürzer, als ein Sprung, der den Default Entfernungstyp Near verwendet, da sich ein Label vom Typ Short in einer Entfernung von -128 bis +127 Bytes vom Sprungbefehl befindet und die Sprungentfernung somit in einem Byte dargestellt werden kann.

Der THIS Operator

Der THIS Operator erzeugt einen Operanden, dessen Typ durch den Operator festgelegt wird und dessen Offset- und Segmentadresse mit dem momentanen Stand des Adreßzählers identisch sind.

Syntax

```
THIS  Typ
```

Für den Typ des Operanden stehen wieder einmal folgende Möglichkeiten zur Auswahl : ***BYTE, WORD, DWORD, FWORD, QWORD*** oder ***TBYTE*** für Variablen bzw. ***NEAR, FAR*** oder ***PROC*** für Labels.

Der THIS Operator entspricht, wenn er zusammen mit der EQU Anweisung verwendet wird, im wesentlichen der LABEL Anweisung, wie das folgende Beispiel zeigt.

Beispiel

```
W_FELD  EQU THIS WORD
B_FELD  DB  10 DUP(65)
```

Sowohl *W_FELD,* als auch *B_FELD* besitzen dieselbe Offsetadresse, allerdings verschiedene Typen.

Die Operatoren HIGH und LOW

Die Operatoren HIGH bzw. LOW liefern das höherwertige Byte bzw. das niederwertige Byte eines konstanten Ausdrucks.

Syntax

```
HIGH  Ausdruck
LOW   Ausdruck
```

Bei dem Ausdruck muß es sich um einen konstanten Ausdruck handeln. Beide Operatoren können nicht auf Speicheroperanden angewendet werden, da sich deren Inhalt bei der Ausführung des Programms ändern kann.

Beispiel

```
ZAHL DW 1234h

MOV AH,HIGH ZAHL
```

Dieser Befehl führt zu der Fehlermeldung 'Constant expected', da es sich bei ZAHL um einen Speicheroperanden handelt. Richtig ist dagegen das nächste Beispiel :

```
ZAHL  EQU  1234h

MOV AH,HIGH ZAHL
```

In diesem Fall wird der Wert 12h in das AH-Register geladen.

Der SEG Operator

Der SEG Operator liefert die Segmentadresse eines Ausdrucks.

Syntax

```
SEG  Ausdruck
```

Bei dem Ausdruck kann es sich um ein Label, eine Variable, einen Segmentnamen, einen Gruppennamen oder einen Speicheroperanden handeln. Der SEG Operator kann nicht auf konstante Ausdrücke angewendet werden. Das Ergebnis des SEG Operators kann in Form eines Speicheroperanden verwendet werden.

Beispiel

```
.DATA
   ZAHL DW 1122h

.CODE
   ...
   MOV AX,SEG ZAHL
   ...
```

Durch den MOV Befehl wird die Segmentadresse des Segments, in dem die Variable *ZAHL* definiert wurde, in das AX-Registers geladen. Der Befehl 'MOV AX,@DATA', der die Adresse des Datensegments in das AX-Register lädt, hätte in diesem Fall den gleichen Effekt.

Der OFFSET Operator

Der OFFSET Operator berechnet die Offsetadresse eines Ausdrucks.

Syntax

```
OFFSET  Ausdruck
```

Bei dem Ausdruck kann es sich um ein Label, eine Variable oder einen direkten Speicheroperanden handeln. Konstante Ausdrücke liefern Werte, die keine Bedeutung haben, bzw. ab der Version 5.1 sogar eine Fehlermeldung. Das Ergebnis des OFFSET Operators ist eine Zahl, die als unmittelbarer Operand innerhalb eines Prozessorbefehls verwendet werden kann.

Wichtig : Wenn Sie die vereinfachten Segmentanweisungen verwenden, hängt der vom OFFSET Operator zurückgegebene Wert vom Entfernungstyp des Datensegments ab. Wenn es sich um ein Datensegment mit dem Entfernungstyp Near handelt, entspricht der zurückgegebene Wert der Entfernung in Bytes zwischen dem Ausdruck und der Startadresse der Gruppe, zu der das Datensegment gehört (im allgemeinen *DGROUP*). Handelt es sich dagegen um ein Datensegment mit dem Entfernungstyp Far, entspricht der zurückgegebene Wert der Entfernung in Bytes zwischen dem Ausdruck und der Startadresse des Segments, in welchem der Ausdruck definiert wurde. Bei Verwendung der erweiterten Segmentanweisungen, handelt es sich bei dem von OFFSET ermittelten

Wert ebenfalls um die Entfernung in Bytes zwischen dem Ausdruck und der Startadresse des Segments, in welchem der Ausdruck definiert wurde.

Mit Hilfe des Segment-Override-Operators (s.Kapitel 7) kann OFFSET dazu gezwungen werden, die Entfernung in Bytes zwischen dem Ausdruck und irgendeinem anderen Segment bzw. einer anderen Gruppe zu ermitteln. Auf diese Weise läßt sich z.B. für einen Ausdruck bei Verwendung der vereinfachten Segmentanweisungen auch der Offset innerhalb seines Segments bestimmen.

Beispiel

```
MOV DX,OFFSET TEXT

MOV DX,OFFSET GRUPPE1:TEXT
```

Der erste MOV Befehl lädt die Differenz zwischen dem Beginn des Segments (bzw. der Gruppe), in dem *TEXT* definiert wurde, und der Stelle, an der *TEXT* innerhalb dieses Segments definiert wird. Im zweiten Fall wird der Offset relativ zu der Gruppe *GRUPPE1* berechnet, so daß sich unter Umständen eine andere Differenz ergibt.

Der .TYPE Operator

Der .TYPE Operator liefert ein Byte, das für den Modus und den Gültigkeitsbereich (engl. *scope*) eines Ausdrucks charakteristisch ist.

Syntax

```
.TYPE Ausdruck
```

Wenn es sich nicht um einen gültigen Ausdruck handelt, ist das Ergebnis Null. Ansonsten geben die Bits 0-7 (mit Ausnahme von Bit 6) des Ergebnisbytes Auskunft über den Ausdruck (s.Tabelle 7.6). Die Bits 2, 3 und 4 stehen erst seit der Version 5.1 zur Verfügung.

Tabelle 7.6 Ergebnisbyte des .TYPE Operators

Bit	Wenn Bit = 0	Wenn Bit = 1
0	Nicht programmbezogen	programmbezogen
1	Nicht datenbezogen	datenbezogen
2	Kein konstanter Wert	Konstanter Wert
3	Keine direkte Adress.	Direkte Adressierung
4	Kein Register	Ausdruck ist Register
5	Nicht definiert	Definiert
7	Lokal oder public	Extern

Anmerkung : Wenn sowohl Bit 2 als auch Bit 3 Null sind, enthält der Ausdruck eine Register-Indirekte Adressierung.

Der .TYPE Operator wird häufig innerhalb von Makrodefinitionen (s.Kapitel 9) benutzt, wenn z.B. die Assemblierung bestimmter Teile eines Makros vom Typ der übergebenen Argumente abhängen. Wie Sie in Kapitel 9 lernen werden, können einem Makroaufruf im Prinzip beliebig viele Parameter übergeben werden, deren Typ aber bei der Definition des Makros nicht festgelegt wird. In manchen Fällen muß dann der Typ eines Parameters daher explizit innerhalb des Makros bestimmt werden, um Fehler bereits bei der Assemblierung des Makros auszuschließen.

Beispiel

```
.MODEL SMALL
.STACK 100h

.DATA

.CODE
   ...
   IF ((.TYPE GET_VALUE) AND 32) EQ 0
    %OUT SYMBOL WURDE NICHT DEFINIERT
   ENDIF
```

Für dieses Beispiel ist das Verständnis der bedingten Anweisungen erforderlich, die aber erst in Kapitel 8 vorgestellt werden. Durch die Bedingung '.TYPE GET_VALUE AND 32 EQ 0' wird geprüft, ob Bit 5 in dem durch .TYPE ermittelten Byte gesetzt ist oder nicht. Ist es nicht gesetzt, heißt das, daß das Symbol nicht definiert ist. In diesem Fall wird, bedingt durch die IF Anweisung, beim Assemblieren (und nicht erst während der Programmausführung !) durch die %OUT Anweisung (s.Kapitel 10) eine Fehlermeldung ausgegeben. Wenn Sie das Programm assemblieren, werden Sie feststellen, daß diese Fehlermeldung sogar zweimal erscheint, da der Assembler auch zwei Läufe macht und bei jedem Lauf die Bedingung prüft. Beachten Sie auch die doppelten Klammern, die notwendig sind, weil der Operator .TYPE leider die niedrigste Priorität (s.Tabelle 7.1) besitzt.

Der TYPE Operator

Durch den TYPE Operator läßt sich der Typ eines Ausdrucks bestimmen. Handelt es sich bei dem Ausdruck um eine Variable, wird die Anzahl an Bytes eines einzelnen Datenobjekts innerhalb dieser Variable zurückgegeben. Für Strings wird jedes einzelne Zeichen als ein Datenobjekt angesehen, so daß Sie in diesem Fall eine '1' erhalten. Falls es sich bei dem Ausdruck um einen Strukturtyp oder eine Strukturvariable handelt, erhalten Sie die Anzahl der Bytes in der Struktur. Schließlich kann es sich bei dem Ausdruck auch um ein Label oder eine Konstante handeln. Im ersten Fall liefert der Operator 0FFFFh für ein Near bzw. 0FFFEh für ein Far Label. Im Falle einer Konstante ergibt TYPE eine Null. Die möglichen Rückgabewerte des TYPE Operators sind in Tabelle 7.7 zusammengefaßt.

Syntax

TYPE Ausdruck

Tabelle 7.7 Rückgabewerte des TYPE Operators

Ausdruck	Ergebnis
Variable	Anzahl d. Bytes in jedem Datenobjekt
String	Anzahl der Zeichen
Struktur oder Strukturvar.	Anzahl d. Bytes in der Struktur
Near Label	0FFFFh
Far Label	0FFFEh
Konstante	0

Beispiel

```
TEXT DB 'ABC'

MOV AH,TYPE TEXT        ; Lädt eine 1 nach AH
ZAHL DT 1234

MOV AH,TYPE ZAHL        ; Lädt eine 10 nach AH
```

Der LENGTH Operator

Der LENGTH Operator ermittelt die Anzahl an Datenelementen in einem Feld oder einer anderen Variable, die mit Hilfe des DUP Operators definiert wurde.

Syntax

LENGTH Variable

Wenn die Variable durch verschachtelte DUP Operatoren definiert wurde, wird nur der Wert für den äußeren DUP Operator übergeben. Variablen, die nicht durch einen DUP Operator definiert wurden, ergeben stets den Wert 1.

Beispiel

```
TEXT  DB  'FLIP_FLOP'
LAENGE EQU LENGTH TEXT
```

In diesem Beispiel liefert der LENGTH Operator den Wert 1, da das Feld nicht durch einen DUP Operator definiert wurde. Im zweiten Beispiel dagegen "nur" den Wert 10, da sich LENGTH nur auf die äußerste Ebene des DUP Operators bezieht :

```
FELD  DB  10 DUP(0FFh, 0FFh, 5 DUP (32))
```

Der SIZE Operator

Der SIZE Operator ermittelt die gesamte Anzahl an Bytes, die für eine Variable oder ein Feld mit Hilfe des DUP Operators reserviert wurden. Auch die Anwendung des SIZE Operators ist nur begrenzt, da z.B. bei verschachtelten DUP Operatoren nur die äußerste Ebene berücksichtigt wird.

Syntax

SIZE Variable

Das Ergebnis des Operators ist gleich dem Ergebnis des LENGTHS Operators mal dem Ergebnis des TYPE Operators. Wurde die Variable durch verschachtelte DUP Operatoren definiert, wird nur der äußere DUP Operator berücksichtigt. Wurde die Variable nicht mit einem DUP Operator definiert, wird das Ergebnis des TYPE Operators übergeben.

Beispiel

```
BIG_NUM  DD  1000,2000

MOV AX,SIZE BIG_NUM
```

In diesem Fall wird durch den SIZE Operator der Wert 4 in das AX-Register transportiert. Für die Operatoren LENGTH und TYPE ergeben sich entsprechend die Werte 1 für die Länge und 4 für den Typ, da jedes Datenobjekt der Variablen aus vier Bytes besteht.

KAPITEL 8

ARBEITEN MIT MAKROS

8.1 Einleitung

In diesem Kapitel geht es um das Arbeiten mit Makros. Bei einem Makro handelt es sich um einen Block von Anweisungen, der mit einem Namen versehen wird. Wird der Name eines Makros im Programm eingefügt, so setzt MASM bei der Assemblierung an dieser Stelle die einzelnen Anweisungen ein, die durch den Makronamen repräsentiert werden. Makros können auch in einer separaten Datei abgespeichert und durch die INCLUDE Anweisung eingebunden werden. Doch ein Makro ist mehr als nur ein Platzhalter für eine Anzahl von Anweisungen. Einem Makro können auch Parameter übergeben werden. Des weiteren lassen sich innerhalb eines Makros lokale Labels definieren, so daß durch ein Makro auch bedingte Sprünge oder Schleifen assembliert werden können. Zusammen mit den bedingten Anweisungen, die in Kapitel 9 vorgestellt werden, stellen die Makroanweisungen ein äußerst leistungsfähiges und enorm flexibles Programmierwerkzeug des Assemblers dar.

Im einzelnen geht es um :

» Die Definition von Makros

» Parameterübergabe an Makros

» Wiederholungsblöcke

» Makrooperatoren

» Einbinden von INCLUDE-Dateien

Folgenden Anweisungen und Operatoren werden vorgestellt :

MACRO	ENDM	LOCAL	EXITM	REPT	IRP
IRPC	INCLUDE		&	<>	!
%	;;				

8.2 Makroanweisungen

MASM stellt dem Anwender über ein Dutzend Makroanweisungen bzw. Makrooperatoren zur Verfügung. Die Menge der vorhandenen Makroanweisungen und vor allem deren ein wenig kryptisch wirkende Syntax macht auf ersten Blick wahrscheinlich einen eher abschreckenden Eindruck, so daß man als Assembler-Einsteiger diese Anweisungen zunächst lieber links liegen läßt. Damit der Einstieg in dieses sehr interessante und vor allem enorm wichtige Teilgebiet der Assemblerprogrammierung nicht durch die Fülle an neuen Anweisungen unnötig erschwert wird, werden zunächst nur die elementaren Makroanweisungen besprochen, und es soll so getan werden, als würden die übrigen Anweisungen und Operatoren überhaupt nicht existieren. Nachdem Sie dann anhand einiger Beispiele mit dem grundsätzlichen Umgang mit Makros vertraut gemacht worden sind, wird anhand der übrigen Anweisungen gezeigt, wie sich Makros gezielt einsetzen lassen.

Makros erlauben es dem Programmierer, einen Block von Anweisungen durch einen symbolischen Namen zu ersetzen. Jedesmal, wenn der Assembler beim Assemblieren des Quelltextes auf einen Makronamen stößt, ersetzt er den Namen durch den dazugehörigen Block von Anweisungen (dieser Vorgang wird auch als die *Erweiterung* des Makros bezeichnet). Des weiteren werden etwaige Parameter, mit denen das Makro definiert wurde, durch ihre aktuellen Werte ersetzt. Makros können prinzipiell überall im Quelltext definiert werden. Laut MASM Handbuch muß zwar die Definition eines Makros vor dem ersten Aufruf des Makros erfolgen, doch sind auch Vorwärtsreferenzen, d.h. in diesem Fall der Aufruf von noch nicht definierten Makros prinzipiell möglich[1]. MASM stellt ab der Version 5.0 dem Anwender übrigens bereits vordefinierte Makros zur Verfügung. Diese Makros sollen den Aufruf von BIOS bzw. DOS Funktionen sowie die Einbindung von Assemblerroutinen in Hochsprachenprogramme erlauben. Sie befinden sich in den Dateien *BIOS.INC*, *DOS.INC* und *MIXED.INC* und müssen bei Bedarf durch eine *INCLUDE* Anweisung (s.Kapitel 8.5) eingebunden werden. Zu den einzelnen Dateien befindet sich auf der Assemblerdiskette jeweils eine Datei mit einer Beschreibung der enthaltenen Makros.

---

1 in der Regel sollte man ein Makro aber vor seinem Aufruf definieren, da ansonsten Phasenfehler auftreten können.

Doch zurück zur Makroprogrammierung. Folgende "Standard"-Anweisungen stehen für das Arbeiten mit Makros zur Verfügung :

MACRO
ENDM
LOCAL
PURGE

Die Definition eines Makros wird durch die Anweisung *MACRO* eingeleitet und durch die Anweisung *ENDM* beendet. Ein Makro besitzt stets folgenden Aufbau :

```
<Name>  MAKRO  [Parameter [,Parameter]...]
        ...
        Anweisungen
        ...
        ENDM
```

Makros werden häufig definiert, um beim Schreiben eines Programms Zeit zu sparen. Mehrfach vorkommende Befehlssequenzen können durch ein Makro ersetzt werden. Anstelle der Befehlssequenz braucht dann nur der Name des Makros aufgeführt werden.

Beispiel

```
EXIT  MACRO
      MOV AH,4Ch
      INT 21h
      ENDM
```

In diesem Beispiel wird ein Makro mit dem Namen *EXIT* definiert. Beachten Sie, daß der Assembler die Makrodefinition selber nicht assembliert. Er führt lediglich eine primitive Syntaxüberprüfung durch (z.B. stellt er fest, ob zu jeder MACRO Anweisung auch eine ENDM Anweisung gehört). Es wird daher z.B. noch nicht festgestellt, ob die Anweisungen oder Befehle innerhalb des Makros überhaupt einen Sinn ergeben. Dies geschieht erst, wenn der Assembler beim assemblieren auf den Namen des Makros trifft. Erst jetzt wird in dem obigen Beispiel der Makroname EXIT durch die Befehlssequenz ersetzt, die sich innerhalb der Makrodefinition befindet. Dieser Umstand (und vor allem seine Konsequenzen) wird von Assemblereinsteigern häufig übersehen. So müssen z.B. alle Adressen innerhalb eines Makros stets relativ zu der Stelle betrachtet werden, an der das betreffende Makro erweitert wird. Des weiteren werden Fehlermeldungen beim Assemblieren in der

Zeile angezeigt, in der beim Erweitern des Makros ein Fehler aufgetreten ist. Aus diesem Grunde ist die Fehlersuche innerhalb von Makrodefinitionen ohne Zuhilfenahme eines Programmlistings manchmal eine knifflige Angelegenheit. Auch die vereinfachten Segmentanweisungen, die in Kapitel 3 vorgestellt wurden, sind im Grunde nichts anderes als spezielle vordefinierte Makroanweisungen, die aber bereits fest "eingebaut" sind (mehr dazu in Kapitel 12). In gewissem Sinne stellen Makros daher eine Möglichkeit dar, den Befehlsatz des Makroassemblers (nahezu) beliebig zu erweitern. So ist es leicht[1], neue Prozessorbefehle in den Assembler in Form von Makros zu integrieren.

Hinweis : Programmlistings, die optional vom Assembler erzeugt werden können, sind für das Arbeiten mit Makros, insbesondere in Zusammenhang mit den bedingten Anweisungen aus Kapitel 9, ein unentbehrliches Hilfsmittel zur Fehlersuche. Auch wenn das von MASM erstellte Programmlisting in vollem Umfang erst in Kapitel 10 besprochen wird, sollten Sie sich dennoch bereits beim Arbeiten mit den Makrodefinitionen ein Programmlisting erstellen lassen, um die Wirkung der einzelnen Makroaufrufe besser nachvollziehen zu können. Um ein Programmlisting zu erzeugen, wird der Assembler am einfachsten mit der Option */L* (s.Kapitel 10) in folgender Weise aufgerufen :

```
A>MASM /L TEST;
```

wobei es sich bei *TEST* um den Namen der Quelltextdatei handeln soll. Die Option */L* bewirkt, daß ein Programmlisting erstellt wird, auch wenn dies nicht in der Kommandozeile festgelegt wurde.

In die Programmlistingdatei werden bei der Erweiterung eines Makros normalerweise nur die Anweisungen übertragen, die entweder Code oder Daten erzeugen (Sie erkennen die erweiterten Makroanweisungen im Programmlisting an einer vorangehenden Zahl, die die Ebene der Makroerweiterung darstellt - in der Regel wird es sich daher um eine 1 handeln). Insbesondere bei der Verwendung der bedingten Anweisungen, bei denen die Assemblierung eines Teils des Makros u.U. von einer Bedingung abhängt, ist es oft nützlich, auch jene Anweisungen im Programmlisting zu sehen, die nicht assembliert worden sind. Dies läßt sich z.B. durch die Anweisung *.LALL* (list all) erreichen, die bewirkt, daß bei der Erweiterung eines Makro, auch jene Programmteile an der Stelle in das Programmlisting eingetragen werden, an der der Aufruf des Makros erfolgt, die keinen Code bzw. keine Daten erzeugen (z.B. eine SEGMENT Anweisung). Ab der Version 5.0 kann der gleiche

---

1 dies mag vielleicht zunächst ein wenig überheblich klingen, wenn Sie sich aber mehr mit den Makroanweisungen beschäftigen, werden Sie wahrscheinlich zustimmen.

Effekt auch durch die Option */LA* (anstelle der Option /L) erreicht werden, die beim Aufruf von MASM gesetzt werden muß. Anders als bei der Anweisung .LALL wird durch die Option /LA allerdings automatisch ein Programmlisting erzeugt, so daß der Assembler in diesem Fall wie gewohnt aufgerufen werden kann. Der Assembler verfügt noch über weitere Anweisungen, mit denen sich der Aufbau des Programmlistings beeinflussen läßt. Diese werden aber, wie auch die Anweisung .LALL bzw. die Option /LA, erst in Kapitel 10 vorgestellt.

8.2.1 Der Aufruf eines Makros

Der Aufruf eines Makros ist extrem einfach, wie die folgende Syntaxbeschreibung zeigt.

Syntax

Name [Argument [,Argument]...]

Bei 'Name' handelt es sich um den Namen des (in der Regel zuvor definierten) Makros. Als Argument wird vereinbarungsgemäß ein übergebener Makroparameter bezeichnet, der diesmal aber, anders als bei der Definition des Makros, für einen konkreten Wert steht. Falls einem Makro mehr Argumente übergeben werden, als Dummy-Parameter vorgesehen sind, werden die überzähligen Argumente einfach ignoriert. Werden einem Makro dagegen zuwenig Argumente übergeben, werden in die freibleibenden restlichen Parameter Nullstrings eingesetzt. Mit Hilfe der bedingten Assembleranweisungen bzw. der bedingten Fehleranweisungen (s.Kapitel 9) läßt sich relativ einfach feststellen, ob jedem Makroparameter auch ein passendes Argument zugeordnet wurde.

8.2.2 Parameterübergabe

Einem Makro können wahlweise Parameter übergeben werden. Die Parameternamen, die nach der Anweisung MACRO aufgeführt werden, dienen als Platzhalter für die Werte, die dem Makro beim Aufruf übergeben werden. Es können soviele Parameter aufgeführt werden, wie in eine Zeile passen. Jeder Parameter muß durch ein Komma oder ein Leerzeichen von seinem Vorgänger getrennt werden. MASM kopiert bei der Assemblierung die Anweisungen, die die Makrodefinition enthält, an die Stelle, an der der Aufruf des Makros erfolgt, und ersetzt alle Parameter durch die Werte, die dem Makroaufruf übergeben werden. Makros können auch verschachtelt werden. Allerdings kann das innere Makro, welches innerhalb eines Makros definiert wurde, nur aufgerufen werden, nachdem das äußere Makro aufgerufen wurde. Die Verschachtelungstiefe wird nur durch den zur Verfügung stehenden Speicherplatz begrenzt. Des weiteren kann ein Makro auch rekursiv aufgerufen werden.

Beispiel

```
HOLE_ELEMENT MACRO INDEX        ; Die Definition des Makros beginnt
             MOV CL,INDEX       ; Lade übergebenen Parameter in CL
             CMP CL,5
             JG ENDE
             CMP CL,0
             JL ENDE
             LEA DI,FELD
             MOV AL,INDEX[DI]
 ENDE:
             ENDM                 ; Ende der Makrodefinition

.MODEL SMALL
.STACK 100h
.DATA
        FELD  DB  11H,22H,33H,44H,55H
.CODE
        MOV DX,@DATA
        MOV DS,DX
        HOLE_ELEMENT 7
END
```

Die Aufgabe des Makros *HOLE_ELEMENT* ist es, ein Element aus dem Feld *FELD* in das AL-Register zu laden. Dabei wird der Index des gewünschten Elements beim Makroaufruf durch den Parameter *INDEX* übergeben. Ferner wird geprüft, ob der übergebene Index kleiner als Null oder größer als fünf ist. Ist dies der Fall, wird kein Element aus dem Feld geladen. Innerhalb des Programms wird das Makro erweitert, sobald der Assembler auf den Namen HOLE_ELEMET trifft. Dann wird der Inhalt des Makros an die betreffende Stelle des Programms eingefügt und für den Dummy-Parameter INDEX wird das übergebene Argument (in diesem Fall die 7) gesetzt.

8.2.3 Lokale Labels in Makrodefinitionen

Fassen wir noch einmal zusammen: Ein Aufruf des Makros HOLE_ELEMENT bedeutet nichts anderes, als daß der Quelltext, der innerhalb der Makrodefinition steht, an die Stelle des Aufrufs kopiert wird. Im obigen Beispiel können aber Probleme auftreten, wenn das Makro ein zweites Mal aufgerufen wird. In diesem Fall wird nämlich auch die Definition des Labels ENDE ein zweites Mal durchgeführt, woraufhin MASM eine Reihe von Fehlermeldungen ausgeben wird, da eine mehrfache Definition von Symbolen normalerweise[1] nicht erlaubt ist. Einen Ausweg bietet die Makroanweisung *LOCAL*, die einfach einer Symboldefinition innerhalb eines Makros einen anderen Namen gibt.

Syntax

LOCAL Labelname [,Labelname] ...

Die Anweisung LOCAL muß, mit mindestens einem Labelnamen, direkt auf die Anweisung MACRO folgen (auch ein Makro-Kommentar darf nicht vorausgehen). Im obigen Beispiel also in der Form

LOCAL ENDE

MASM erzeugt nun bei jedem Aufruf des Makros einen Dummynamen für das Symbol ENDE, der anstelle dieses Symbols verwendet wird. Der erzeugte Dummyname hat stets die Form *??Zahl*. Der Wert von Zahl kann im Bereich von 0000 bis FFFFh liegen, es lassen sich also insgesamt 65536 derartiger lokaler Labels definieren. Bei jedem Aufruf des Makros wird der Wert von Zahl um eins erhöht. Beim ersten Aufruf von HOLE_ELEMENT wird dem Label ENDE der interne Name ??0000, beim zweiten Aufruf ??0001 usw. zugeordnet. Durch dieses clevere Verfahren wird verhindert, daß MASM versucht, ein Symbol doppelt zu definieren.

Innerhalb der Makrodefinition wird zwar der Originalname des Labels aufgeführt, bei jedem Aufruf des Makros wird allerdings der aktuelle Name des Symbols eingesetzt. Diese LOCAL Anweisung (MASM kennt noch eine weitere) darf nur innerhalb von Makrodefinitionen eingesetzt werden und muß, wie bereits erwähnt, direkt auf die Zeile mit der MACRO Anweisung folgen. Ferner sollten Sie keine Symbole mit einem Namen der Form ??Zahl[1] verwenden, da es sonst wieder zu Mehrfach-Definitionen kommen kann.

---

1 eine Ausnahme stellen Labels innerhalb einer Prozedur dar, die ab der Version 5.1 zur Verfügung stehen.

1 wer solche Labelnamen freiwillig und ohne physischen Zwang verwendet, dem ist ohnehin nicht mehr zu helfen.

Hinweis : Von lokalen Labels war bereits schon einmal in Kapitel 4 die Rede. Ferner kennt MASM eine weitere Anweisung mit dem Namen LOCAL, durch die lokale Variablen innerhalb einer Prozedur definiert werden können (s.Kapitel 13). Bei den hier besprochenen Labels handelt es sich jedoch um spezielle Labels, die nur innerhalb einer Makrodefinition verwendet werden.

8.2.4 Verlassen eines Makros

In den meisten Fällen sollen auch alle Anweisungen innerhalb eines Makros assembliert werden. Dennoch ist es möglich, die Erweiterung eines Makros vorzeitig abzubrechen. Dazu steht die Anweisung *EXITM* zur Verfügung.

Syntax

```
EXITM
```

Da EXITM die Erweiterung eines Makros rigoros abbricht, wird man diese Anweisung in der Regel innerhalb einer bedingten Anweisung einsetzen und die Erweiterung des restlichen Teils von einer Bedingung abhängig machen (ansonsten wäre sie ja mit der ENDM Anweisung identisch). Eine weitere Anwendung für die EXITM Anweisung sind Wiederholungsblöcke und rekursive Aufrufe, doch davon nachher mehr.

Beispiel

```
HOLE_ELEMENT   MACRO INDEX
                     IF INDEX LT 0
                        EXITM
                     ELSE
                        MOV DI,OFFSET FELD
                        MOV AL,INDEX[DI]
                     ENDIF
                     ENDM
```

In diesem Beispiel wird mit Hilfe der bedingten Anweisung IF (Kapitel 9) bereits bei der Assemblierung geprüft, ob der übergebene Parameter *INDEX* kleiner als Null ist. Ist dies der Fall, werden die beiden *MOV* Befehle erst gar nicht assembliert, da die Erweiterung des Makros durch die Anweisung EXITM abgebrochen wird. Auf den ersten Blick scheint dieses Makro mit dem letzten Beispiel bezüglich der Wirkung identisch zu sein. Allerdings gibt es einen entscheidenden Unterschied. Dieses Makro prüft die Bedingung 'INDEX < 0' bereits bei der Assemblierung, während das letzte Makro Maschinenbefehle assembliert hat, die den Index erst bei der Ausführung des Programms prüften. Damit kann bei dem obigen Makrobeispiel z.B. keine Speichervariable als Argument übergeben werden, da diese während der Assemblierung u.U. noch keinen Wert besitzt.

8.2.5 Löschen von Makros

Ein weiteres "Problem" kann beim Laden einer sog. *Makro-Bibliothek* durch die INCLUDE Anweisung (s.Kapitel 8.5) auftreten. Bei einer Makro-Bibliothek handelt es sich um eine Datei, die mind. eine, in der Regel aber mehrere Makrodefinitionen enthält. So werden z.B. durch die Anweisung

```
INCLUDE  MATHE.INC
```

sämtliche Makros aus der Datei *MATHE.INC* in den Arbeitsspeicher geladen und assembliert. Um Speicherplatz zu sparen, können die nicht benötigten Makros mit der Anweisung *PURGE* wieder aus dem Arbeitsspeicher entfernt werden.

Syntax

```
PURGE  Makroname [,Makroname]...
```

Beispiel

```
PURGE  SIN,COS,TAN
```

Diese Anweisung löscht die Makros *SIN*, *COS* und *TAN* aus dem Arbeitsspeicher. Allerdings führt ein erneuter Aufruf eines gelöschten Makros nicht zu einer Fehlermeldung, da das Makro anscheinend nicht vollständig gelöscht, sondern laut MASM Handbuch lediglich zu einem Null-String umdefiniert wird. Falls das gelöschte Makro einen reservierten Namen besaß, wird durch das Löschen die ursprüngliche Bedeutung des Namens wieder hergestellt. Daher ist es auch nicht erforderlich, ein neu zu definierendes Makro zuvor zu löschen, da die neue Definition die alte ersetzt[1]. Schließlich kann ein Makro sich selber löschen, wenn PURGE die letzte Anweisung innerhalb der Makrodefinition ist.

1 FORTH Programmierern wird dieser Umstand sicher bekannt vorkommen.

Makro oder Prozeduraufruf ?

Insgesamt stellen Makros eine simple, aber effektive Methode dar, den Aufbau des Quelltextes zu modularisieren bzw. einmal geschriebene Module in einer Datei speichern, und bei Bedarf mit Hilfe der INCLUDE Anweisung einbinden zu können. Anders als bei einer Prozedur findet kein Unterprogrammaufruf statt, der letzten Endes Prozessorzeit kostet und bei dem in der Regel bestimmte Register vorher gerettet werden müssen. Als Nachteil von Makros wäre der Umstand zu nennen, daß sie bei jedem Aufruf den gesamten Code ihrer Definition an die betreffende Stelle einfügen und daher im allgemeinen wesentlich mehr Speicherplatz belegen als ein vergleichbarer Prozeduraufruf. Unter Umständen macht der exzessive Gebrauch von Makros den Programmablauf und vor allem auch das Programmlisting unübersichtlich. Die Ursache liegt darin, daß Makros oft universell einsetzbar sein müssen und daher nicht immer so effektiv programmiert werden können, wie eine entsprechende Befehlssequenz, die direkt in das Programm eingebaut werden kann.

8.3 Makros für Fortgeschrittene - Wiederholungsblöcke

Die Möglichkeiten der Makros lassen sich bei MASM unter Verwendung der Makroanweisungen

REPT/ENDM
IRP/ENDM
und
IRPC/ENDM

noch erheblich steigern. Diese Anweisungen definieren sog. *Wiederholungsblöcke*. Hierbei handelt es sich um eine spezielle Form der Makrodefinition, die einen Block von Anweisungen eine bestimmte Anzahl oft, d.h. innerhalb einer Schleife, erweitert. Anders als die normalen Makros haben Wiederholungsblöcke keinen Namen und können daher nicht explizit aufgerufen werden. Vielmehr wird der Quelltext bei der Assemblierung eines Wiederholungsblocks erzeugt. Genau wie Makros werden Wiederholungsblöcke aber durch die ENDM Anweisung beendet. Des weiteren können ihnen auch Parameter übergeben werden, bzw. es lassen sich lokale Labels innerhalb eines Wiederholungsblocks definieren. Bliebe noch die Frage zu klären, welchen Vorteil die Wiederholungsblöcke bringen. Sie werden in der Regel innerhalb eines "normalen" Makros eingesetzt, um beim Aufruf des betreffenden Makros bestimmte Anweisungen mehrfach zu erweitern. MASM stellt drei verschiedene Anweisungen zur Definition von Wiederholungsblöcken zur Verfügung. Sie unterscheiden sich lediglich in der Art und Weise, wie die Anzahl der Wiederholungen spezifiziert wird.

8.3.1 Die REPT/ENDM Anweisung

Durch diese Anweisung kann ein Block von Anweisungen eine bestimmte Anzahl oft assembliert werden.

Syntax

```
REPT  Ausdruck
...
Anweisungen
...
ENDM
```

Der auf *REPT* folgende Ausdruck legt fest, wie oft die Anweisungen assembliert werden sollen. Der Ausdruck muß bei seiner Auswertung eine vorzeichenlose 16-Bit Zahl ergeben.

Beispiel

```
 ASCII  =  65
BUCHSTABEN = 26
.DATA
       REPT  BUCHSTABEN
         DB  ASCII
         ASCII = ASCII + 1
       ENDM
```

In diesem Beispiel werden die ASCII-Codes der Buchstaben A bis Z in den Speicher, genauer gesagt in das Datensegment, eingetragen. Schauen Sich sich dazu am besten einmal das vom Assembler erzeugte Programmlisting an. Sie werden feststellen, daß sich im Datensegment die Zeichenfolge 'ABCD..' befindet.

8.3.2 Die IRP/ENDM Anweisung

Auch diese Anweisung ermöglicht, daß ein Block von Anweisungen eine bestimmte Anzahl oft durchgeführt wird. Diesmal wird die Anzahl an Wiederholungen durch eine Parameterliste festgelegt. Die Anweisungen zwischen IRP und ENDM werden für jedes Argument in der Parameterliste ausgeführt.

Syntax

```
IRP  Dummyname,<Argument [,Argument]...>
...
Anweisungen
...
ENDM
```

Innerhalb der spitzen Klammern können beliebig viele Parameter aufgeführt werden, bei denen es sich um Symbole, numerische Werte, Stringkonstanten oder Zahlenkonstanten handeln kann. Die Anzahl der Wiederholungen hängt von der Anzahl der Parameter in der Liste ab. Bei jeder Wiederholung wird ein Argument aus der Liste für den Dummyparameter eingesetzt.

Beispiel

```
IRP  Char,<'A','B','C','D','E'>
  DB 2 DUP(Char)
ENDM
```

Dieses Beispiel trägt im Speicher für jeden Buchstaben der Parameterliste zweimal dessen ASCII-Code ein. Genauer gesagt werden folgende Anweisungen erzeugt :

```
DB 2 DUP('A')
DB 2 DUP('B')
DB 2 DUP('C')
DB 2 DUP('D')
DB 2 DUP('E')
```

Wenn dieses Beispiel wohl eher unter die Rubrik "Na ja, ganz nett, aber was soll man damit anfangen?" fällt, stammt das nächste Beispiel aus dem "richtigen Leben". Mit dem folgenden Makro kann eine Anzahl von Registern auf den Stack gerettet werden, wobei die einzelnen Register in einer Liste übergeben werden.

Beispiel

```
.MODEL SMALL

SAVE_REGS  MACRO
           IRP REG_NAME,<AX,BX,CX,DX>
           PUSH REG_NAME
           ENDM
           ENDM
.CODE
   SAVE_REGS
   ...

END
```

Wird das Makro *SAVE_REGS* innerhalb des Programms aufgerufen, wird dank der IRP Anweisung für jedes Register der Liste ein PUSH Befehl assembliert. Natürlich wäre es schöner, wenn man dem Makro SAVE_REGS eine beliebige Registerliste übergeben könnte. Das Makro wäre dann universell einsetzbar. Nichts ist einfacher als das, übergeben Sie dem Makro lediglich den entsprechenden Parameter.

Beispiel

```
.MODEL SMALL
.STACK 100h

    SAVE_REGS MACRO LISTE
              IRP REG_NAME,<LISTE>
              PUSH REG_NAME
              ENDM
              ENDM
.CODE
    SAVE_REGS <AX,BX,CX,DX>
END
```

In diesem Beispiel wurde dem Makro SAVE_REGS ein Parameter übergeben, so daß das Makro nun mit einer beliebigen Liste aufgerufen werden kann.

8.3.3 Die IRPC/ENDM Anweisung

Diese Anweisung assembliert einen Block von Anweisungen für jedes einzelne Zeichen eines Strings, der beim Aufruf übergeben wird. Mit anderen Worten, die Anweisungen innerhalb des Wiederholungsblocks werden sooft ausgeführt, wie der String lang ist. Bei jedem Durchlauf wird der Dummy-Parameter durch das aktuelle Stringzeichen ersetzt.

Syntax

```
IRPC  Dummyname,String
...
Anweisungen
...
ENDM
```

Bei dem Dummynamen handelt es sich wieder um einen Platzhalter, der bei jeder Wiederholung durch ein Zeichen des übergebenen Strings ersetzt wird. Der String muß in spitze Klammern gesetzt werden, wenn er Trennzeichen wie z.B. Leerzeichen oder Kommas enthält.

Beispiel

```
    N = 65
    MECKI MACRO
           IRPC X,ABCDEFGH
               X EQU N
               MOV DL,N
               MOV AH,02
               INT 21h
               n = n + 1
             ENDM
           ENDM
    .MODEL SMALL
    .STACK 100h
    .CODE
      MECKI
      MOV AH,4Ch          ; Und zurück ins DOS
      INT 21h
END
```

Das in diesem Beispiel vorgestellte Makro assembliert Befehlsfolgen, die bei der Ausführung die Buchstaben A bis H auf dem Bildschirm ausgeben. Zugegebenermaßen hätte man den gleichen Effekt auch mit weniger Aufwand erreichen können, doch dient dieses (wie auch die übrigen Beispiele) in erster Linie dazu, die Wirkung der beschriebenen Befehle und Anweisungen zu veranschaulichen. Bei jeder Wiederholung des Anweisungsblocks wird für *X* ein Buchstabe der Liste übergeben. Innerhalb des Anweisungsblocks wird nun für jedes X einfach der betreffende Buchstabe gesetzt. Durch die Anweisung 'X EQU N' innerhalb der Schleife werden insgesamt acht Symbole definiert (A=65, B=66, C=67 usw.) Der Umweg über diese Hilfskonstante ist notwendig, da die direkte Anweisung 'MOV DL,X' einen Fehler produzieren würde, denn der Buchstabe, der für X steht, würde als nicht definiertes Symbol erkannt werden. Einfacher geht es allerdings, wenn Sie den Austauschoperator & verwenden. Dieser wird zwar erst im nächsten Abschnitt vorgestellt, das Beispiel soll Ihnen aber dennoch nicht vorenthalten werden, denn Sie sparen so eine Anweisung :

```
...
IRPC X,ABCDEFGH
 MOV DL,'&X'
 ...
```

8.4 Makrooperatoren

Neben den reinen Makroanweisungen verfügt die "Makrosprache" des Assemblers auch über einige Operatoren, die in Tabelle 8.1 zusammengefaßt sind, und die im folgenden vorgestellt werden sollen.

Tabelle 8.1 Makrooperatoren

Operator	Bedeutung
&	Austauschoperator
<>	Textoperator
!	Zeichenoperator
%	Ausdrucksoperator
;;	Makro Kommentar

8.4.1 Der Austauschoperator &

Syntax

```
&Parameter
```

Dieser Operator bewirkt, daß MASM einen Dummyparameter durch seinen korrespondierenden aktuellen Wert ersetzt. Die Wirkung dieses nützlichen Operators wird am besten an einem Beispiel deutlich.

Beispiel

```
DEFINE_FELD  MACRO  NR,SIZE
     BUF_&NR DB SIZE DUP(?)
             ENDM
```

Durch das Makro *DEFINE_FELD* lassen sich Datenfelder am "Fließband" produzieren. Jeder Aufruf des Makros definiert ein neues Datenfeld, wobei dem Makroaufruf eine Nummer und die Größe des Feldes übergeben wird. Die übergebene Nummer wird durch den Austauschoperator in den Namen des Feldes eingebaut. So wird durch den Aufruf

```
DEFINE_FELD 1,10
```

ein 10-Byte Feld mit dem Namen *BUF_1* bzw. durch den Aufruf

```
DEFINE_FELD 2,12
```

ein aus 12 Byte bestehendes Feld mit dem Namen *BUF_2* definiert.

Der Austauschoperator & bedarf im Grunde keiner weiteren Erläuterungen, da seine Anwendung im allgemeinen unproblematisch ist. Trickreich wird es aber, wenn eine Makrodefinition aus mehreren Ebenen besteht. Das folgende Beispiel soll veranschaulichen, was damit gemeint ist.

Beispiel

```
MAKE_VAR  MACRO  NAME
          IRP INDEX,<1,2,3,4>
          NAME&INDEX DB ?
          ENDM
          ENDM
```

Dieses Makro soll bei seiner Assemblierung vier Variablen definieren, wobei an den übergebenen Variablennamen jeweils ein Index angehängt ist. Wird das Makro *MAKE_VAR* allerdings in der obigen Form erweitert, kommt nicht das gewünschte Resultat heraus. Im Gegenteil, ruft man das Makro in der folgenen Form auf :

```
MAKE_VAR  ZAHL
```

erhält man sieben Fehlermeldungen. Das sind eindeutig sieben zu viel. Den Grund für die Fehlerflut erfährt man, wenn man sich einmal das Programmlisting anschaut. MASM hat viermal die Variable *ZAHLINDEX* erzeugt. Die Ursache für dieses merkwürdige Verhalten liegt in dem Umstand begründet, daß die IRP Anweisung bereits eine zweite Erweiterungsebene des aufgerufenen Makros darstellt. MASM versucht aber schon in der ersten Ebene alle Symbole, denen ein & Operator vorangeht, auszutauschen. Da der Parameter INDEX zu diesem Zeitpunkt noch nicht definiert ist, wird statt dessen der Name INDEX eingesetzt. Um zu erreichen, daß der Austausch des Parameters INDEX erst stattfindet, wenn die Anweisung IRP ausgeführt wird, d.h. in der zweiten Ebene des Makros, muß dem Platzhalter INDEX ein zweiter Austauschoperator vorangehen. Die entsprechende Zeile hat dann folgendes Aussehen :

```
NAME&&INDEX  DB  ?
```

Fazit : Um zu erreichen, daß ein Parameter in der n-ten Erweiterungsebene des Makros ausgetauscht wird, müssen dem Parameter auch n Austauschoperatoren vorangehen. Das nächstes Beispiel stellt einen weiteren Fall dar, wo man ohne mehrfache Austauschoperatoren in Schwierigkeiten kommen würde. Stellen Sie sich dazu zunächst ein Feld mit 4x4 Feldern vor. Für jedes der sechzehn Felder soll eine Variable definiert werden, die die Feldindices enthält (Bsp. FELDA1, FELDA2 usw.). Auch dies läßt sich relativ einfach mit einem Makro bewerkstelligen, vorausgesetzt man fügt entsprechende Austauschoperatoren ein.

Beispiel

```
MAKE_FELD  MACRO  NAME
           IRP X,<A,B,C,D>
           IRP Y,<1,2,3,4>
           NAME&&X&&&Y DB ?
           ENDM
           ENDM
           ENDM
```

Beim Aufruf des Makros werden die gewünschten Variablen *FELDA1*, *FELDA2*, *FELDA3*, *FELDB1* usw. erzeugt. Insgesamt gibt es drei Erweiterungsebenen. In der dritten Ebene werden die Zahlenindices geändert, während die Buchstabenindices in der zweiten

Ebene geändert werden. Aus diesem Grund müssen dem Platzhalter Y drei Austauschoperatoren und dem Platzhalter X zwei Austauschoperatoren vorangehen[1].

Hinweis : Der Austauschoperator ist anscheinend nicht universell einsetzbar. So wird z.B. in dem Symbolnamen NAME_&INDEX der Parameter NAME nicht durch seinen momentanen Wert ausgetauscht. Läßt man das Unterstreichungssymbol dagegen weg, funktioniert es wieder.

8.4.2 Der Textoperator

Syntax

<Text>

Dieser Operator, der bereits mehrfach in anderen Zusammenhängen beschrieben worden ist, wird dann verwendet, wenn eine Liste mit mehreren Parametern als ein einzelner String behandelt werden soll. Der Textoperator wird z.B. dann notwendig, wenn ein String Kommas oder Leerstellen, die normalerweise als Trennoperatoren wirken, enthält.

Beispiel

```
MAKE_STR  MACRO  NAME
          TEXT$ DB '&NAME',10,13,'$'
          ENDM
```

Dieses Mini-Makro soll eine Stringdefinition durchführen, wobei der Inhalt des Strings durch den übergebenen Namen festgelegt wird. Würde man das Makro in der Form

```
MAKE_STR GUTEN TAG
```

aufrufen, so würde folgender String erzeugt werden :

```
TEXT$  DB  'GUTEN',10,13,'$'
```

Als formlose Begrüßung wäre das zwar brauchbar, aber es ist nicht das, was wir uns vorgestellt haben. Um zu vermeiden, daß der übergebene String aufgrund des enthaltenen Leerzeichens

1 Vielleicht wird Ihnen jetzt klarer, was es mit der eingangs erwähnten "kryptischen" Syntax auf sich hat.

separiert wird, muß er lediglich in spitze Klammern gesetzt werden :

```
MAKE_STR <GUTEN TAG >
```

Jetzt wird das gewünschte Ergebnis produziert.

8.4.3 Der Zeichenoperator

Syntax

!Zeichen

Dieser Operator entspricht dem Textoperator, allerdings arbeitet er nur mit einem einzelnen Zeichen. Der Textoperator bewirkt, daß ein Zeichen mit einer besonderen Bedeutung als normales Textsymbol behandelt wird.

Die Wirkung dieses Operators wird schnell klar, wenn Sie einmal das Makro aus dem letzten Abschnitt in der Form

```
MAKE_STR <Guten Tag !>
```

aufrufen. In diesem Fall wird der String 'Guten Tag >' erzeugt. Woran liegt das ? Nun, der Textoperator ! hat sich in diesem Fall selber ausgetrickst. Normalerweise hat das '>' Zeichen eine besondere Bedeutung, es markiert nämlich das Ende eines Ausdrucks. In diesem speziellen Fall wird jedoch die Wirkung des '>' Zeichens durch den vorangehenden Textoperator (unbeabsichtigt) aufgehoben. Um dennoch in den Genuß des Ausrufezeichens zu kommen, muß der Textoperator doppelt angewandt werden. Wenn Sie das Makro in der Form

```
MAKE_STR <Guten Tag !!>
```

aufrufen, wird wie gewünscht der String 'Guten Tag !' erzeugt. In diesem Fall hebt der Textoperator seine eigene Wirkung auf.

8.4.4 Der Ausdrucksoperator

Syntax

%Text

Dieser Operator bewirkt, daß MASM den nachfolgenden Text als einen Ausdruck behandelt, diesen auswertet und durch 'Text' ersetzt. Bei dem Ausdruck kann es sich um einen numerischen Ausdruck oder, seit der Version 5.0, auch um ein Textmakro handeln. Man wird diesen Operator also immer dann verwenden, wenn für den Wert eines Strings dessen Ergebnis und nicht der String selber ausgewertet werden soll.

Beispiel

```
.MODEL SMALL

M1  MACRO  ARGUMENT,ERGEBNIS
    TEXT DB '&ARGUMENT = &ERGEBNIS',10,13,'$'
    ENDM

TERM1 EQU <4+5>
ZAHL1 EQU 4
ZAHL2 EQU 5
.DATA
 M1  <4 + 5>,(ZAHL1 + ZAHL2)
```

Wenn das Makro *M1* in dieser Form aufgerufen wird, hat der entstandene String folgendes Aussehen :

```
TEXT DB '4 + 5 = (ZAHL1 ',10,13,'$'
```

Offensichtlich denkt MASM gar nicht daran, für den Ausdruck (ZAHL1 + ZAHL2) den Wert 9 einzusetzen. Dies geschieht erst, wenn diesem Ausdruck beim Aufruf des Makros der Ausdrucksoperator % vorangeht :

```
M1  <4 + 5>,%(ZAHL1 + ZAHL2)
```

Nun hat auch der entstandene String das gewünschte Aussehen :

```
TEXT DB '4 + 5 = 9',10,13,'$'
```

Ab der Version 5.1 hat der Ausdrucksoperator eine erweiterte Bedeutung. Diese erweiterte Bedeutung tritt immer dann in Aktion, wenn der Ausdrucksoperator das erste Zeichen einer Zeile ist und wenn auf ihn mindestens ein Leerzeichen folgt. In diesem Fall sorgt der Ausdruckoperator dafür, daß alle Textmakros in der betreffenden Zeile durch ihren Wert ersetzt werden. Das Makro aus dem letzten Beispiel soll die Wirkung des Ausdrucksoperator in dieser Situation veranschaulichen. Würde man beim Aufruf dieses Makros das Textmakro *TERM1* übergeben, entstände nicht das gewünschte Ergebnis, denn der Aufruf :

```
M1  TERM1,%(ZAHL1 + ZAHL2)
```

ergibt folgenden String :

```
TEXT DB 'TERM1 = 9',10,13,'$'
```

Erst die Verwendung des Ausdrucksoperators % am Anfang der Zeile bewirkt, daß das Textmakro TERM1 durch seinen Wert ersetzt wird :

```
%   M1  TERM1,%(ZAHL + ZAHL2)
```

In diesem Fall wird wieder der gewünschte String erzeugt. Im obigen Beispiel ist es anscheinend wichtig, daß der String, der dem Textmakro TERM1 zugeordnet, ist keine Leerzeichen enthält. Würde man das Textmakro TERM1 wie folgt definieren :

```
TERM1  EQU  <4 + 5>
```

würde nicht der korrekte Wert eingesetzt werden. Der Ausdrucksoperator wird am Zeilenanfang immer dann benötigt, wenn ein Textmakro auch in einem Operandenfeld evaluiert, d.h. ausgewertet, werden soll. Der Assembler durchsucht die betreffende Zeile solange, bis alle Textmakros ersetzt worden sind. Textmakros in einem Namens- bzw. Operatorfeld werden dagegen automatisch ausgewertet.

8.4.5 Makro Kommentare

Syntax

```
;;Text
```

Bei einem Makro Kommentar handelt es sich um Text, der bei der Erweiterung des Makros nicht übertragen werden soll. Der Makro Kommentar wird stets durch ein doppeltes Semikolon eingeleitet. Der nachfolgende Text wird nun vom Assembler ignoriert und erscheint im Programmlisting lediglich innerhalb der Makrodefinition. In einem Makro können auch normale Kommentare (eingeleitet durch ein einfaches Semikolon) verwendet werden. Ob normale Kommentare auch innerhalb der Makroerweiterung in das Programmlisting übertragen werden, hängt von den Anweisungen .LALL, .XALL und .SALL (s.Kapitel 10) ab.

Ein paar Tips für das Arbeiten mit Makros

Makros können jederzeit neu definiert werden. In diesem Fall wird die alte Bedeutung des Makros einfach durch die neue überschrieben. MASM gibt aber keine Warnung aus, wenn ein Makro erneut definiert wird. In diesem Fall wird die alte Makrodefinition durch die neue Makrodefinition ersetzt. Ferner ist möglich, ein Makro innerhalb seiner eigenen Definition neu zu definieren (Sie werden es vielleicht schon geahnt haben, aber es gibt wirklich nicht viel, was man mit Makros nicht machen könnte).

Beachten Sie, daß MASM keine Warnung ausgibt, wenn Sie einem Makro ungeeignete Parameter übergeben. So wird ein Parameter AH überall dort ausgetauscht, wo er innerhalb der Makrodefinition auftaucht. Das gilt aber auch für einen Befehl wie z.B. 'MOV AH,DL'. Falls Sie einen reservierten Namen als Makronamen verwenden, gibt MASM dagegen immerhin eine Warnung aus ('Reserved word used as symbol'). Sie können diese Warnung ignorieren, müssen aber berücksichtigen, daß der alte reservierte Name dann unter Umständen nicht mehr verwendet werden kann. So sollte man den beliebten Namen 'TEST' für irgendwelche Definitionsprototypen nur mit Bedacht einsetzen, da es einen TEST Befehl bereits gibt.

8.5 Arbeiten mit INCLUDE-Dateien

In der Regel wird man mehrere Makrodefinitionen in einer separaten Datei ablegen und diese bei Bedarf von dem Hauptprogramm laden. Auf diese Weise lassen sich Programmbibliotheken erstellen, die von mehreren Programmen genutzt werden können. Mit Hilfe der *INCLUDE* Anweisung kann eine Datei mit Quelltext im allgemeinen bzw. mit Makrodefinitionen im speziellen in ein Programm eingebunden werden.

Syntax

INCLUDE Dateiname oder Suchpfad

Auf die INCLUDE Anweisung folgt entweder ein Dateiname oder ein Suchpfad für einen Dateinamen, der den einzubindenden Quelltext enthält. Trifft MASM auf eine INCLUDE Anweisung, unterbricht es die momentane Assemblierung des Quelltextes, liest die angegebene Datei, assembliert deren Inhalt und fährt dann mit der Assemblierung des Quelltextes nach der INCLUDE Anweisung fort. Die INCLUDE-Datei muß also so aufgebaut sein, daß deren Inhalt, würde er direkt in das Programm eingebaut werden, keinen Fehler verursacht (so darf eine INCLUDE-Datei z.B. keine TITLE Anweisung enthalten). Innerhalb des Programmlistings geht allen Anweisungen und Befehlen, die aus einer INCLUDE-Datei stammen, ein 'C' voraus (s.Kapitel 11).

Beispiel

```
INCLUDE  MAC1.INC
```

Sobald der Assembler auf diese Anweisung stößt, unterbricht er die Assemblierung des augenblicklichen Programms und beginnt statt dessen den Inhalt der Datei *MAC1.INC*[1] zu assemblieren. Erst wenn alle Anweisungen und Befehle, die sich in dieser Datei befinden, assembliert worden sind, fährt der Assembler mit der Assemblierung des aktuellen Programms fort.

Bliebe noch die Frage zu klären, wo MASM nach der INCLUDE-Datei sucht. Dies hängt davon ab, ob nach INCLUDE ein kompletter Suchpfad oder nur ein Dateiname folgt. Wenn ein kompletter Suchpfad angegeben wird, durchsucht MASM nur die aufgeführten Verzeichnisse. Wird dagegen nur ein Dateiname angegeben, gilt folgende Suchreihenfolge :

- Zuerst werden die Verzeichnisse durchsucht, die durch die MASM Option /I (falls verwendet) festgelegt werden.

- Anschließend wird das aktuelle Verzeichnis durchsucht.

- Falls eine INCLUDE Umgebungsvariable definiert ist, werden die Verzeichnisse durchsucht, die durch diese Umgebungsvariable festgelegt werden.

Die Suchreihenfolge kann u.U. von entscheidender Bedeutung sein,, denn nicht immer befindet sich eine INCLUDE-Datei in dem gleichen Verzeichnis wie die Datei, von der die INCLUDE-Datei aufgerufen wird.

Hinweis : Um Kompatibilität zu XENIX herzustellen, können die einzelnen Verzeichnisse entweder durch ein / Zeichen oder durch ein \ Zeichen voneinander getrennt werden.

Normalerweise beinhalten INCLUDE-Dateien nur Makrodefinitionen und Equates. "Normale" Programmroutinen (z.B. Prozeduren) werden sinnvollerweise in einer eigenen Datei assembliert und mit Hilfe des Linkers mit dem Hauptmodul verknüpft. Ein Nachteil

---

1 die Endung 'INC' ist nicht obligatorisch, wird aber in der Regel für INCLUDE-Dateien verwendet.

von INCLUDE-Dateien ist, daß ihr Inhalt, genauso wie der Inhalt einer Makrodefinition, nicht mit Hilfe des CodeView Debuggers bearbeitet werden kann.

8.6 Zusammenfassung

Makros sind mit einem Namen versehene Blöcke von Anweisungen. Trifft der Assembler beim Assemblieren auf einen Makronamen, so wird das betreffende Makro "erweitert", d.h. der dazugehörige Anweisungsblock wird an diese Stelle assembliert. Einem Makro können Parameter übergeben werden, des weiteren lassen sich in einem Makro lokale Labels definieren, so daß ein Makro mit einer Labeldefinition auch mehrfach assembliert werden kann, ohne eine Fehlermeldung zu erzeugen. Auch Wiederholungsblöcke ermöglichen die Definition von Makros, allerdings kann ihnen kein Name zugewiesen werden. Durch Wiederholungsblöcke lassen sich Assembleranweisungen mehrfach innerhalb einer Schleife assemblieren. Die Anzahl der Wiederholungen hängt entweder von einer Zahl, von einer Parameterliste oder von der Länge eines übergebenen Strings ab. In der Regel wird man häufig benutzte Wiederholungsblöcke und Makrodefinitionen in einer INCLUDE-Datei unterbringen. Bei einer INCLUDE-Datei handelt es sich um eine Datei mit Quelltext, die innerhalb eines Assemblerprogramms über die Anweisung INCLUDE eingebunden werden kann. Trifft der Assembler auf eine INCLUDE Anweisung, unterbricht er die Assemblierung des Programms, öffnet die durch den Suchpfad festgelegte INCLUDE-Datei und assembliert deren Inhalt. Anschließend wird mit der Assemblierung des unterbrochenen Programms fortgefahren. Zusammen mit INCLUDE-Dateien lassen sich durch Makroanweisungen Programmbibliotheken mit Assemblerroutinen aufbauen, die sich bei Bedarf jederzeit in das Programm einbinden lassen. Die Verwendung von INCLUDE-Dateien stellt damit eine, wenn auch in bestimmten Bereichen eingeschränkte, Alternative zur Erstellung mehrerer Objektdateien dar, die mit Hilfe des Linkers zu einem Programm verknüpft werden.

KAPITEL 9

BEDINGTE ASSEMBLIERUNG

9.1 Einleitung

Normalerweise verarbeitet der Assembler alle Anweisungen und Befehle des Quelltextes in der Reihenfolge ihres Auftretens und wandelt die Befehlsmnemonics in die entsprechenden Opcodes um. Manchmal kann es jedoch erforderlich sein, bestimmte Teile eines Programms nicht oder nur unter einer bestimmten Bedingung zu assemblieren. Der Assembler prüft dann eine vom Programmierer festgelegte Bedingung und assembliert den folgenden Programmblock nur, wenn die Bedingung zutrifft. Diese Programmiertechnik wird als bedingte Assemblierung bezeichnet. Neben Anweisungen zur bedingten Assemblierung stellt MASM auch Anweisungen zur Verfügung, die bei der Assemblierung ebenfalls eine bestimmte Bedingung testen und bei einem positiven Ergebnis eine Fehlermeldung erzeugen. Diese sog. bedingten Fehleranweisungen können z.B. dazu eingesetzt werden, darauf aufmerksam zu machen, daß ein Programmteil mit falschen oder gar keinen Parametern assembliert wird. Bedingte Assembleranweisungen werden oft auch in Zusammenhang mit den Makroanweisungen eingesetzt, weil es hier erforderlich ist, Bedingungen zu testen, die bereits bei der Assemblierung eintreten.

Folgende Anweisungen werden vorgestellt :

IF	ELSE	ENDIF	%OUT	IF1
IF2	IFDEF	IFNDEF	IFB	IFNB
IFIDN	IFDIF	ELSEIF	.ERR	.ERR1
.ERR2	.ERRE	.ERRNZ	.ERRDEF	.ERRNDEF
.ERRB	.ERRNB	.ERRIDN	.ERRDIF	

9.2 Bedingte Assembleranweisungen

Auch wenn die Gesamtheit der bedingten Assembleranweisungen ein wenig unübersichtlich wirken mag, sind sich diese Anweisungen alle recht ähnlich, so daß Sie, wenn Sie die erste Anweisung verstanden haben, auch die grundsätzliche Funktion der übrigen Anweisungen verstanden haben. Zu den meisten Anweisungen finden Sie ein kleines Beispiel. In manchen Fällen ist es ein wenig schwierig, sinnvolle Beispiele zu finden, da die Nützlichkeit von bedingten Assembleranweisungen erst in größeren Assemblerprogrammen deutlich wird. Bei den Bedingungen, die die Grundlage für die Entscheidung des Assemblers "Assembliere ich oder assembliere ich nicht" darstellen, handelt es sich größtenteils um Bedingungen, die mit Hilfe der Vergleichsoperatoren aus Kapitel 7.3 realisiert werden. Genausogut kann es sich aber auch um einen Ausdruck handeln. Ist dieser Ausdruck gleich Null, gilt die Bedingung als nicht erfüllt, ist der Ausdruck dagegen ungleich Null, so gilt die Bedingung als erfüllt. Jede bedingte Anweisung weist im Prinzip (und ein wenig vereinfacht) folgenden allgemeinen Aufbau auf :

```
IF <Bedingung>

    Anweisungen

[ELSE

    Anweisungen]

ENDIF
```

Die Anweisungen zwischen *IF* und *ENDIF* werden dabei nur assembliert, wenn die Bedingung wahr bzw. der Ausdruck ungleich Null ist. Ansonsten passiert nichts, bzw. es wird der optionale *ELSE*-Zweig ausgeführt, der alternativ einen anderen Anweisungsblock assembliert. Trifft die Bedingung nicht zu, tut der Assembler so, als wäre der in IF und ENDIF bzw. IF und ELSE (sofern vorhanden) eingeschlossene Block gar nicht vorhanden. Ob ein nicht erfüllter ELSE-Zweig auch in das Programmlisting übertragen wird, hängt von den Anweisungen .LFCOND, .SFCOND und .TFCOND ab, die aber erst in Kapitel 10 vorgestellt werden.

Die IF ... ELSE ... ENDIF Anweisung

Diese Anweisung assembliert einen Block von Anweisungen, wenn die Bedingung nach *IF* erfüllt ist. Die zu testende Bedingung ist ein Ausdruck, der entweder Null (Bedingung nicht erfüllt) oder ungleich Null (Bedingung erfüllt) sein kann. Der Ausdruck muß einen konstanten Wert ergeben und darf keine Vorwärtsreferenzen enthalten. Trifft die Bedingung nicht zu, werden die Anweisungen nach *ELSE* (falls vorhanden) assembliert, bzw. es wird mit dem Assemblieren bei den Anweisungen nach *ENDIF* fortgefahren.

Syntax

```
IF  <Ausdruck>
      ...
    Anweisungen
[ELSE
      ...
    Anweisungen
      ...
]
ENDIF
```

Diesen Aufbau finden Sie bei allen anderen bedingten Anweisungen auch. Lediglich das Wort *IF*, welches den Typ der bedingten Anweisung festlegt, kann variieren. Der Einfachheit halber werden im folgenden nur noch die verschiedenen IF Anweisungen vorgestellt. Denken Sie aber daran, daß zu jeder IF Anweisung immer eine ENDIF Anweisung gehört. Die erste Variation der IF Anweisung wäre z.B. die Anweisung *IFE*, die einen nachfolgenden Anweisungsblock nur assembliert, wenn die auf IFE folgende Bedingung falsch ist bzw. der Wert des Ausdrucks gleich Null ist.

Beispiel

```
ZAHL  =  0
   ...

IF ZAHL EQ 0
   MOV WERT,0
ELSE
   MOV WERT,1
ENDIF
```

In diesem Beispiel wird geprüft, ob der Wert des Symbols *ZAHL* gleich Null ist. Ist dies der Fall, wird die Variable *WERT* mit einer Null, ansonsten mit einer eins geladen. Es soll noch einmal daran erinnert werden, daß die Bedingung 'ZAHL = 1' bereits bei der Assemblierung erfüllt sein muß. Bei ZAHL darf es sich deshalb nicht um eine Speichervariable handeln. Assemblerneulinge sind leicht versucht, die IF ... ENDIF Anweisung mit einer bedingten Entscheidung aus Hochsprachen wie z.B. PASCAL zu vergleichen. Dies trifft jedoch nicht zu, da diese Anweisung nicht die Programmausführung beeinflußt, sondern lediglich festlegt, ob ein Block von Anweisungen assembliert wird oder nicht.

Vielleicht werden Sie sich die Frage stellen, ob ein solcher Vergleich denn einen Sinn macht. Denn der Wert von ZAHL kann sich doch von alleine nicht ändern, weil die Abfrage ja bereits bei der Assemblierung stattfindet. Nun, dieser Einwand ist im Prinzip berechtigt. Was Sie aber unter Umständen noch nicht wissen können ist, daß bedingte Anweisungen häufig innerhalb von Makrodefinitionen eingesetzt werden. In größeren Programmen ist es nicht immer gewährleistet, daß bei der Assemblierung einer Makrodefinition die korrekten Parameter übergeben werden, insbesondere dann, wenn Sie Makros aus einer Makrobibliothek verwenden und diese u.U. nicht selber erstellt haben. Aus diesem Grund ist es in manchen Fällen sinnvoll, innerhalb von Makrodefinitionen bereits bei der Assemblierung zu prüfen, ob die korrekten Parameter übergeben werden.

IF ... ENDIF Anweisungen können laut MASM Handbuch max. 255 mal verschachtelt werden. Die ELSE Anweisung muß stets in einer separaten Zeile aufgeführt werden. Verschachtelte IF ... ENDIF Blöcke können unter Umständen durch die ELSEIF Anweisung stark vereinfacht werden. Diese Anweisung, die erst ab der Version 5.1 zur Verfügung steht, wird am Ende dieses Abschnittes vorgestellt.

Die %OUT Anweisung

Bevor es mit der Besprechung der bedingten Anweisungen weitergeht, soll Ihnen noch eine Anweisung "untergemogelt" werden, die eigentlich thematisch nirgends so recht hinpaßt, die aber häufig im Zusammenhang mit den bedingten Anweisungen verwendet wird. Es handelt sich um die Anweisung *%OUT*, mit der sich während des Assemblierens eine Mitteilung auf dem Bildschirm ausgeben läßt.

Syntax

```
%OUT  Text
```

Diese Anweisung veranlaßt den Assembler, während der Assemblierung den folgenden Text auszugeben. Im allgemeinen ergibt eine solche Mitteilung nur einen Sinn, wenn man sie von einer Bedingung abhängig macht, wie das folgende Beispiel zeigt.

Beispiel

```
IF ZAEHLER GT 10
   %OUT DER ZAEHLER IST ZU GROSS
ENDIF
```

In diesem Fall wird beim Assemblieren eine Mitteilung ausgegeben, wenn die Variable *ZAEHLER* (die vorher im Programm mit einer = Anweisung definiert wurde) größer als zehn ist. Die Anweisung %OUT hat aber keine Wirkung mehr bei der Ausführung des Programms.

Das nächste Beispiel stellt ein Makro vor, welches eine Reihe von Registern auf den Stack rettet bzw. vom Stack holt. Es wird in der Form 'P1 MODUS,REG_LIST' aufgerufen, wobei es sich bei *MODUS* um eine 0 (Register werden vom Stack geholt) oder um eine 1 (Register werden auf den Stack geschoben) handeln kann. Durch *REG_LIST* werden die Register festgelegt, deren Inhalte auf den Stack bzw. vom Stack transportiert werden sollen. Das besondere an dieser Makrodefinition ist, daß der festgelegte Modus durch eine IF Anweisung abgefragt wird. Ist der Parameter MODUS = 0, werden nur die entsprechenden POP Befehle assembliert, ist der MODUS = 1, werden die entsprechenden PUSH Befehle assembliert. Sollte für MODUS allerdings weder eine 0, noch eine 1 übergeben worden sein, wird bereits bei der Assemblierung durch die %OUT Anweisung eine Fehlermeldung ausgegeben.

Beispiel

```
.MODEL SMALL

   P1  MACRO MODUS,REG_LIST
       IF  MODUS  EQ 0
           IRP REG_NAME,<&REG_LIST>
               POP REG_NAME
           ENDM
       ELSE
        IF  MODUS   EQ 1
            IRP REG_NAME,<&REG_LIST>
                PUSH REG_NAME
           ENDM
        ELSE
           %OUT FALSCHER PARAMETER (PUSH ODER POP !)
        ENDIF
       ENDIF
       ENDM

.CODE
    P1 1,<AX,BX,CX>
    P1 0,<DI,SI>
END
```

Unter Verwendung der *ELSEIF* Anweisung, die ab der Version 5.1 zur Verfügung steht, ließe sich das Makro noch ein wenig vereinfachen. Man kann dann jeweils die Anweisungen ELSE und IF durch die Anweisung ELSEIF ersetzen und spart zusätzlich eine ENDIF Anweisung.

Die Anweisungen IF1 und IF2

Die Anweisungen *IF1* und *IF2* testen den momentanen Assemblerlauf. Wie Sie wissen, bzw. wie in Kapitel 4.10 erläutert wurde, handelt es sich bei MASM, wie bei fast allen anderen Assemblern auch, um einen sog. *2-Pass-Assembler*, der zwei Läufe benötigt, um den Quelltext vollständig zu übersetzen. Die Anweisung IF1 assembliert den folgenden Anweisungsblock nur beim ersten Lauf, während die Anweisung IF2 entsprechend die folgenden Anweisungen bis zur nächsten ELSE bzw. ENDIF Anweisung nur beim zweiten Lauf assembliert.

Beispiel

```
IF1
    TEST MACRO
         ...
         ENDM
ENDIF
```

In diesem Beispiel wird das Makro *TEST* nur während des ersten Assemblerlaufes assembliert. Makros müssen in der Regel nur während des ersten Durchlaufs assembliert werden und können daher in der Regel innerhalb eines IF1 ... ENDIF Blocks aufgeführt werden, um das Assemblieren zu beschleunigen.

Die Anweisungen IFDEF und IFNDEF

Diese Anweisungen testen, ob ein Symbol bereits definiert wurde oder nicht. *IFDEF* (if defined) erlaubt die Assemblierung des folgenden Anweisungsblocks nur, wenn es sich bei Name um ein Label, eine Variable oder ein Symbol handelt. Dementsprechend erlaubt *IFNDEF* die Assemblierung eines Anweisungsblocks nur, wenn Name noch nicht definiert wurde. Eine Vorwärtsreferenz ist nur während des ersten Laufs undefiniert, nicht jedoch während des zweiten Laufs. Unter Umständen kann man zuerst mit Hilfe der IF2 Anweisung feststellen, ob sich der Assembler im zweiten Lauf befindet und anschließend testen, ob das entsprechende Symbol bereits definiert wurde.

Syntax

```
IFDEF  <Name>
IFNDEF <Name>
```

Beispiel

```
IF2                     ; nur weiter bei Durchlauf 2
   IFDEF TEST_VAR       ; Ist TEST_VAR definiert ?
      ...
     Anweisungen        ; Ja, Anweisungen assemblieren
      ...
   ENDIF
ENDIF
```

In diesem Beispiel werden die auf IFDEF folgenden Anweisungen nur assembliert, wenn das Symbol *TEST_VAR* definiert ist. Wäre das Symbol mit der *EXTRN* Anweisung als extern deklariert, so gilt es auch als definiert. Eine in diesem Zusammenhang häufig angewendete Programmiertechnik ist es, das zu testende Symbol überhaupt nicht innerhalb des Programms, sondern erst beim Aufruf des Assemblers mit Hilfe der Option */D Symbol* zu definieren (s.Kapitel 10). Dadurch ist es möglich, das Assemblierverhalten beim Aufruf des Assemblers zu steuern, wie das folgende Beispiel zeigt.

Beispiel

```
IFNDEF X_POS
   %OUT  DAS SYMBOL IST NICHT DEFINIERT !
ENDIF
```

Wird innerhalb des Assemblerprogramms kein Symbol mit dem Namen *X_POS* definiert, wird beim Assemblieren der auf %OUT folgende Kommmentar ausgegeben. Diese Meldung wird nicht ausgegeben, wenn der Assembler in folgender Form aufgerufen wird :

```
A>MASM /DXPOS TEST;
```

wobei *TEST* der Name der zu assemblierenden Quelltextdatei sein soll. Durch die Option */DXPOS* wird bereits beim Aufruf des Assemblers ein Symbol mit dem Namen X_POS definiert. Die Option */D Symbol* hat den gleichen Effekt wie z.B. die Anweisung EQU innerhalb des Quelltextes. Ab der Version 5.0 wurde diese Option erweitert, so daß es zum einen möglich ist, dem Symbol bereits beim Aufruf des Assemblers einen Wert zuzuweisen und zum anderen, mehrere Symbole in einer Zeile zu definieren.

Die Anweisungen IFB und IFNB

Beide Anweisungen dienen dazu, die Argumente eines Makros zu überprüfen. Mit ihrer Hilfe kann die Assemblierung eines Makros davon abhängig gemacht werden, ob dem Makro ein Argument übergeben wurde, d.h. wenn einem Makro kein Argument übergeben wurde, wird es auch nicht assembliert.

Syntax

```
IFB  <Argument>
IFNB <Argument>
```

IFB bewirkt, daß der folgende Anweisungsblock assembliert wird, wenn das Argument "leer" ist, d.h. keinen Wert enthält, während *IFNB* bewirkt, daß der folgende Anweisungsblock assembliert wird, wenn das Argument nicht leer ist. Das Argument, bei dem es sich um einen Namen, eine Zahl oder einen Ausdruck handeln kann, muß in spitze Klammern (<>) eingeschlossen werden.

Beispiel

```
DOS MACRO FN_NR
    IFNB FN_NR      ; ist Argument leer
      MOV AH,FN_NR
    ELSE
      MOV AH,4Ch
    ENDIF
    INT 21h
    ENDM
```

Innerhalb dieser Makrodefinition wird zunächst geprüft, ob für den Parameter *FN_NR* tatsächlich ein Wert übergeben wurde. Ist dies der Fall, wird die übergebene Funktionsnummer in das AH-Register geladen. Wurde für FN_NR kein Wert übergeben, wird in das AH-Register der Wert 4Ch eingetragen, der bei der späteren Ausführung des INT 21h Befehls eine Rückkehr zu DOS bewirken soll. Durch die Abfrage wird verhindert, daß bei einem leeren Parameter später während der Programmausführung u.U. eine unerlaubte DOS Funktion aufgerufen wird. Zwei Beispiele sollen die Verwendung dieses Makros verdeutlichen :

a)

```
PRINT_STR  EQU  09
DOS PRINT_STR
```

b)

```
DOS
```

Im ersten Fall wird dem Makro tatsächlich ein Wert übergeben, worauf der Befehl 'MOV AH,09' assembliert wird. Im zweiten Fall wird dem Makro kein Parameter übergeben. Dies ist nicht weiter schlimm, da die bedingte Anweisung IFNB diesen, ansonsten problematischen, Fall abfängt und statt dessen den Befehl MOV AH,4Ch assembliert. In beiden Fällen wird zum Schluß der Befehl INT 21h assembliert.

Die Anweisungen IFIDN und IFDIF

Diese Anweisungen vergleichen zwei Makro Argumente und erlauben die Assemblierung in Abhängigkeit des Ergebnisses.

Syntax

```
IFIDN [I] <Argument1>,<Argument2>
IFDIF [I] <Argument1>,<Argument2>
```

Auch diese Anweisungen werden fast ausschließlich innerhalb von Makros eingesetzt. Sie testen, ob zwei Argumente, die einem Makro übergeben werden, gleich sind oder nicht. *IFIDN* erlaubt die Assemblierung des folgenden Blockes, wenn die beiden Argumente gleich sind, *IFDIF* erlaubt die Assemblierung entsprechend, wenn die beiden Argumente nicht gleich sind. Bei den Argumenten kann es sich um Namen, Zahlen oder Ausdrücke handeln, die in spitze Klammern eingeschlossen und durch ein Komma getrennt werden müssen.

An beide Anweisungen kann wahlweise ein *I* angehängt werden (ab Version 5.0), welches bewirkt, daß nicht zwischen Groß- und Kleinschreibung unterschieden wird. Ohne das I, werden z.B. die Symbole TEST und Test als unterschiedlich behandelt.

Beispiel

```
LADE_SEG  MACRO  SEG_REG,QUELLE
          IFIDNI <SEG_REG>,<ES>
            MOV DX,QUELLE
            MOV SEG_REG,DX
          ELSE
          IFIDNI <SEG_REG>,<DS>
            MOV DX,QUELLE
            MOV SEG_REG,DX
          ELSE
            IF1
              %OUT FALSCHER PARAMETER IN LADE_SEG
            ENDIF
          ENDIF
          ENDIF
          ENDM
```

Dieses Makro soll eine Befehlsfolge assemblieren, die ein Segmentregister mit einer Adresse lädt. Dem Makro werden sowohl der Segmentregistername als auch die symbolische Adresse übergeben. Innerhalb des Makros wird nun geprüft, ob es sich bei dem Segmentregisternamen um 'ES' oder 'DS' handelt. Ist dies der Fall, werden die entsprechenden MOV Befehle assembliert, ansonsten wird eine Fehlermeldung ausgegeben. Der Aufruf des Makros kann z.B. in folgender Form erfolgen :

```
LADE_SEG  DS,@DATA
```

In diesem Fall werden folgende Befehle assembliert :

```
MOV DX,@DATA
MOV DS,DX
```

Erfolgt aber der Aufruf z.B. in der folgenden Form :

```
LADE_SEG SS,@DATA
```

wird bereits beim Assemblieren eine Fehlermeldung erzeugt, da es sich nicht um das DS- bzw. ES-Register handelt. Die Ausgabe der Fehlermeldung wird in eine IF1 ... ENDIF Anweisung gesetzt, um zu erreichen, daß die Meldung nur im ersten Lauf ausgegeben wird.

Die ELSEIF Anweisung

Ab der Version 5.1 stellt MASM eine komfortablere Anweisung zur Erstellung verschachtelter IF ... ELSE ... ENDIF Anweisungen zur Verfügung. Es handelt sich um die Anweisung *ELSEIF*, die immer dann eingesetzt werden kann, wenn auf eine ELSE Anweisung direkt eine weitere IF Anweisung folgt. Zu jeder der verschiedenen IF Anweisungen gibt es eine passende ELSEIF Anweisung, so daß insgesamt folgende ELSEIF Anweisungen zur Verfügung stehen :

```
ELSEIF
ELSEIF1
ELSEIF2
ELSEIFB
ELSEIFDEF
ELSEIFDIF[I]
ELSEIFE
ELSEIFIDN[I]
ELSEIFNB
ELSEIFNDEF
```

Erschrecken Sie nicht über den Umfang und vor allem die Schreibweise der einzelnen Anweisungen. Es handelt sich stets um ELSEIF Anweisungen, denen jeweils die spezifizierte Bedingung folgt. Das folgende Beispiel wird Sie hoffentlich von der Nützlichkeit dieser Anweisung überzeugen. Es handelt sich um das letzte Beispiel, diesmal allerdings unter Verwendung der ELSEIF Anweisung.

Beispiel

```
LADE_SEG  MACRO  SEG_REG,QUELLE
          IFIDNI <SEG_REG>,<ES>
            MOV DX,QUELLE
            MOV SEG_REG,DX
          ELSEIFIDNI <SEG_REG>,<DS>
            MOV DX,QUELLE
            MOV SEG_REG,DX
          ELSEIF1
             %OUT FALSCHER PARAMETER IN LADE_SEG
          ENDIF
          ENDM
```

9.3 Fehleranweisungen

Fehleranweisungen in einem Assemblerprogramm werden zur Fehlersuche bzw. Fehlerprävention (d.h. Verhinderung von Fehlern) verwendet. Durch ihre Hilfe lassen sich bereits bei der Assemblierung Fehler an kritischen Punkten innerhalb eines Programms erzeugen. Man unterscheidet zwischen unbedingten Fehleranweisungen, die in jedem Fall einen Fehler erzeugen, und bedingten Fehleranweisungen. Letztere testen eine zuvor festgelegte Bedingung und zeigen so vermeintliche Fehlersituationen bereits an der Stelle an, an der sie im Programm auftreten. Beide Fehleranweisungstypen erzeugen einen bestimmten Fehler mit einer bestimmten Fehlernummer (s.Tabelle 9.1). Eine weitere Verwendungsmöglichkeit der bedingten Fehleranweisungen liegt in der Überprüfung der Argumente, die einem Makro übergeben werden. Unbedingte Fehleranweisungen können an bestimmten Stellen im Programm gezielt eingesetzt werden, um den Assemblierungsverlauf nachvollziehen zu können.

Wichtig : Alle Fehleranweisungen sind, wie die bedingten Anweisungen auch, nur während der Assemblierung des Programms tätig und haben keinen Einfluß auf die spätere Programmausführung.

Tabelle 9.1 Liste aller Fehleranweisungen

Syntax	Wann wird ein Fehler erzeugt ?	Code
.ERR	immer	89
.ERR1	nur im 1. Durchlauf	87
.ERR2	nur im 2. Durchlauf	88
.ERRE <Ausdruck>	Ausdruck Null	90
.ERRNZ <Ausdruck>	Ausdruck nicht Null	91
.ERRDEF <Name>	Name definiert	93
.ERRNDEF <Name>	Name nicht definiert	92
.ERRB <String>	String leer	94
.ERRNB <String>	String nicht leer	95
.ERRIDN[I]		
<String1> <String2>	beide Strings gleich	96
.ERRDIF[I]		
<String1> <String2>	beide Strings nicht gleich	97

Mit Ausnahme von *.ERR1* erzeugen alle übrigen Anweisungen einen *Severe-Fehler,* d.h. einen schwerwiegenden Fehler. Er bewirkt, daß MASM den DOS-Fehlercode 7 erzeugt und die bereits erstellte Objektdatei wieder löscht. .ERR1 erzeugt dagegen einen Fehler vom Typ *Warning.*

Die Anweisungen .ERR, .ERR1 und .ERR2

Diese Fehleranweisungen führen in jedem Fall zu einer Fehlermeldung. Während die Anweisung *.ERR* in beiden Läufen des Assemblers zu einem Fehler führt, bewirken die Anweisungen *.ERR1* nur im ersten bzw. *.ERR2* nur im zweiten Lauf einen Fehler.

Syntax

```
.ERR
.ERR1
.ERR2
```

Die Anweisung .ERR1 führt nur zu einem sichtbaren Effekt, wenn der Assembler mit der Option /D (s.Kapitel 10) zur Erzeugung eines Lauf-1 Listings aufgerufen wurde.

Da diese Anweisungen in jedem Fall zu einer Fehlersituation führen, werden sie häufig innerhalb eines IF ... ENDIF Blocks eingesetzt, um das Erzeugen von Fehlern auf bestimmte Situationen zu begrenzen.

Beispiel

```
TEST MACRO ARG
     IFB <ARG>
       .ERR Falsches Argument übergeben !
     ...
```

In diesem Fall wird beim Assemblieren ein Fehler erzeugt, wenn bei der Erweiterung des Makros kein Argument übergeben wurde.

Die Anweisungen .ERRE und .ERRNZ

Diese beiden Anweisungen testen den Wert eines Ausdrucks und führen in Abhängigkeit des Ergebnisses zu einem Fehler.

Syntax

```
.ERRE  <Ausdruck>
.ERRNZ <Ausdruck>
```

Die Anweisung *.ERRE* führt zu einer Fehlermeldung, wenn der Ausdruck gleich Null ist, *.ERRNZ* führt dagegen zu einem Fehler, wenn der Ausdruck ungleich Null ist. Der Ausdruck muß einen konstanten Wert ergeben und darf keine Vorwärtsreferenzen enthalten.

Beispiel

```
MAKE_BUF  MACRO  LAENGE,NAME
          .ERRE LAENGE GT 20
          &NAME DB LAENGE DUP (32)
           ENDM

 .CODE
    MAKE_BUF 10,TEST1
    MAKE_BUF 30,TEST2
```

In diesem Beispiel wird bei dem Aufruf des Makros zunächst geprüft, ob die übergebene Länge größer als 20 ist. Ist dies der Fall, wird eine Fehlermeldung erzeugt. Ansonsten wird ein Puffer mit dem übergebenen Namen (der & Operator macht's möglich) und der angegebenen Länge definiert. Im ersten Fall wird ein Puffer mit dem Namen *TEST1* und der Länge 10 definiert, im zweiten wird zwar auch ein Puffer definiert und zwar mit dem Namen *TEST2* und der Länge 30, Sie erhalten aber die Fehlermeldung 'Forced error - expression not equal 0', woraufhin die Objektdatei mitsamt den definierten Puffern wieder gelöscht wird.

Der Einsatz dieses Makros ist natürlich innerhalb des Programmsegments ein wenig problematisch, da es den Puffer mitten in das Programm setzt. Falls man sich also zu einem Einsatz dieses Makros innerhalb des Programmsegments entschliessen sollte, muß u.U. zuvor ein Sprungbefehl assembliert werden, der bewirkt, daß bei der Programmausführung dieser Teil übersprungen wird.

Die Anweisungen .ERRDEF und .ERRNDEF

Diese Anweisungen prüfen, ob ein Symbol definiert bzw. nicht definiert ist, und führen in Abhängigkeit von dem Resultat zu einer Fehlermeldung.

Syntax

```
.ERRDEF  <Name>
.ERRNDEF <Name>
```

Die Anweisung *.ERRDEF* produziert einen Fehler, wenn 'Name' bereits als Label, Variable oder Symbol definiert ist. *.ERRNDEF* führt dagegen zu einem Fehler, wenn 'Name' noch nicht definiert wurde. Falls es sich bei 'Name' um eine Vorwärtsreferenz handelt, gilt sie während Lauf 1 als undefiniert und erst bei Lauf 2 als definiert.

Beispiel

```
IF2          ; Nur im zweiten Lauf prüfen
 .ERRNDEF WERT
ENDIF
```

In diesem Fall wird während des zweiten Assemblerlaufes eine Fehlermeldung produziert, falls das Symbol *WERT* bis dahin nicht definiert ist.

Die Anweisungen .ERRB und .ERRNB

Diese beiden Anweisungen überprüfen, ob einem Makro ein Argument übergeben wurde oder nicht.

Syntax

```
.ERRB  <Argument>
.ERRNB <Argument>
```

Diese beiden Anweisungen werden in der Regel innerhalb eines Makros eingesetzt um festzustellen, ob dem Makro tatsächlich ein Wert übergeben wurde. Wie in Kapitel 8 gezeigt wurde, kann bei einer Makrodefinition eine Parameterliste aufgeführt werden. Bei den einzelnen Parametern handelt es sich jedoch um sog. *Dummys*, denen nicht unbedingt ein Wert zugeordnet werden muß. Die Anweisung *.ERRB* führt zu einem Fehler, falls das angegebene Argument leer ist. Entsprechend führt die Anweisung *.ERRNB* zu einem Fehler, wenn das angegebene Argument nicht leer ist, d.h. wenn dem Makro ein Wert übergeben wurde. Auf diese Weise kann sehr effektiv vermieden werden, daß bestimmte Werte innerhalb eines Makros leer bleiben und zu schwer lokalisierbaren Fehlern führen.

Beispiel

```
WRITE_FILE  MACRO BUF_ADR, HANDLE
            .ERRB HANDLE
            ...
```

In diesem Beispiel wird beim Assemblieren ein Fehler erzeugt, wenn bei dem Aufruf des Makros für den Parameter *HANDLE* kein Wert übergeben wurde. Im allgemeinen wird man für solche Situationen allerdings keine bedingte Fehlermeldung, sondern vielmehr eine bedingte Assembleranweisung einsetzen.

Die Anweisungen .ERRIDN und .ERRDIF

Diese Anweisungen testen, ob zwei Makroargumente gleich sind oder nicht.

Syntax

```
.ERRIDN [I]  <Argument1>,<Argument2>
.ERRDIF [I]  <Argument1>,<Argument2>
```

Auch diese Anweisungen werden in der Regel innerhalb eines Makros eingesetzt. Die Anweisung *.ERRIDN* führt zu einem Fehler, wenn die beiden Argumente gleich sind, während *.ERRDIF* zu einem Fehler führt, wenn die beiden Argumente nicht gleich sind. Beide Argumente müssen durch ein Komma voneinander getrennt werden. Ab Version 5.0 kann optional an beide Anweisungen ein I angehängt werden, welches bewirkt, daß zwei Argumente mit identischen Namen aber unterschiedlicher Groß- und Kleinschreibung gleich behandelt werden.

Was bringen die Fehleranweisungen ?

Wahrscheinlich werden Sie sich diese Frage bereits gestellt haben. Offensichtlich ist es schon schwierig genug ein Programm fehlerfrei zu bekommen, warum soll man sich dann noch das Leben schwerer machen und bewußt Fehler in sein Programm einbauen ? Wie aus den vorgestellten Beispielen bereits ersichtlich wurde, liegt die Anwendung der bedingten Fehleranweisungen darin, Fehler zu erkennen, die bereits bei der Assemblierung auftreten. Dabei sind aber nicht Schreibfehler gemeint, sondern Fehler, wie z.B. eine falsche Parameterübergabe oder ein nicht definiertes Argument. Experimentieren Sie einmal mit diesen Anweisungen, nur so bekommen Sie ein Gefühl für deren Nützlichkeit.

9.4 Zusammenfassung

Die bedingten Anweisungen bewirken, daß ein Block von Anweisungen nur assembliert wird, wenn bestimmte Bedingungen erfüllt sind. Sie werden häufig innerhalb von Makrodefinitionen eingesetzt und bewirken, daß ein Makro von Fall zu Fall unterschiedlich assembliert wird. Die Fehleranweisungen erzeugen an einer bestimmten Stelle gezielt einen Fehler bei der Assemblierung. Dabei läßt sich auch das Auftreten der Fehlermeldung von einer Bedingung abhängig machen, so daß die bedingten Fehleranweisungen in bezug auf die zu testende Bedingung den bedingten Anweisungen sehr ähnlich sind. Mit Hilfe der bedingten Anweisungen läßt sich z.B. der Verlauf der Assemblierung gezielt verfolgen oder verhindern, daß einem Makroaufruf falsche oder keine Argumente übergeben werden. Sowohl die bedingten Anweisungen als auch die bedingten Fehleranweisungen testen allerdings nur Bedingungen, die während der Assemblierung auftreten. Auf die spätere Programmausführung haben Sie keinen Einfluß, da sie ja nicht in die Objektdatei übertragen werden. Die bedingten Anweisungen entscheiden lediglich, welche Befehle übertragen werden und welche nicht.

KAPITEL 10

MASM UND LINK SPECIALS

10.1 Einleitung

Die Überschrift zu diesem Kapitel ist sicher genauso vielversprechend wie nichtssagend. In diesem Kapitel werden Eigenheiten des Assemblers und des Linkers besprochen, die sich in den letzten neun Kapitel schlecht unterbringen ließen. Dazu gehören z.B. die Assembler und Linker Optionen, die bereits beim Aufruf das Verhalten des Assemblers bzw. des Linkers beeinflussen können. Des weiteren werden die sog. Umgebungsvariablen vorgestellt, mit denen sich die Arbeit mit MASM und LINK weiter erleichtern läßt. Für Besitzer eines mathematischen Koprozessors und/oder eines 286er- bzw. 386er-Systems sind die Prozessoranweisungen von Bedeutung, da sich mit ihrer Hilfe die zusätzlichen Befehle dieser Prozessoren aktivieren lassen. Desweiteren wird kurz erläutert, wie sich die Möglichkeiten des 80386 auch unter DOS nutzen lassen.

Folgende Anweisungen werden vorgestellt :

.8086	.8087	.287	.387	.186
.286	.286P	.386	.386P	.LIST
.XLIST	.LFCOND	.SFCOND	.TFCOND	INSTR
.LALL	.SALL	.XALL	TITLE	SUBTTL
PAGE	.CREF	.XCREF	COMMENT	@wordsize
@cpu	@version	SUBSTR	CATSTR	SIZESTR

10.2 MASM Optionen

Die MASM Optionen stellen eine Möglichkeit dar, das Verhalten des Assemblers zu beeinflussen. Die Optionen werden MASM beim Aufruf innerhalb der Kommandozeile übergeben. Eine Option wird durch ein /-Zeichen eingeleitet, gefolgt von einem oder mehreren Buchstaben, die entweder klein oder groß geschrieben werden können. Tabelle 10.1 gibt Ihnen eine Übersicht über die zur Verfügung stehenden Optionen. Innerhalb einer Kommandozeile können auch mehrere Optionen übergeben werden, wobei einzelne Optionen bzw. Optionen und Dateiname in bestimmten Fällen durch ein Leerzeichen getrennt werden sollten.

Tabelle 10.1 MASM Optionen

Option	Bedeutung
/A	Schreibt Segmente in alphabetischer Reihenfolge
/B Zahl	Setzt die Puffergröße
/C	Erzeugt eine Crossreferenz-Datei
/D	Erzeugt ein Pass 1 Listing
/D Symbol [=Wert]	Definiert ein Symbol mit optionalem Wert
/E	Erzeugt Code für emulierte Fließkommabefehle
/H	Listet alle MASM Optionen auf
/I Pfad	Setzt den Suchpfad für INCLUDE-Dateien
/L	Erzeugt ein Assemblerlisting
/LA	Zeigt Wirkung der vereinfachten Segmentanweisungen
/ML	Unterscheidet zwischen Groß- und Kleinschreibung
/MU	Wandelt alle Namen in Großbuchstaben um
/MX	Wie /ML nur für globale bzw. externe Namen
/N	Unterdrückt die Ausgabe der Tabelle im Listing
/P	Überprüft auf nicht erlaubte Befehle
/S	Schreibt Segmente in Quelltextreihenfolge
/T	Unterdrückt MASM Mitteilungen
/V	Gibt zusätzliche Statistik aus
/W {0 | 1 | 2}	Setzt die Fehler-Warnstufe

/X	Umfaßt auch nicht assemblierte Blöcke im Listing
/Z	Gibt fehlerhafte Zeilen auf dem Bildschirm aus
/ZD	Schreibt Zeileninformation in Objektdatei
/ZI	Wie /ZD, zusätzlich auch symbolische Information

Anmerkung : Bis zur Version 4.0 existierte eine Option /R zum Einschalten der 8087 Befehle und zum Setzen des IEEE-Fließkommaformats. Da ab der Version 5.0 dies der Default ist, wird die Option /R nicht mehr benötigt. Sie wird zwar noch von MASM akzeptiert, hat aber keine Funktion. Das gleiche gilt für die Option /B, die ab der Version 5.1 keine Bedeutung mehr hat und lediglich aus Kompatibilitätsgründen existiert. Die Option /LA hat in der Version 5.0 und in der Version 5.1 eine unterschiedliche Bedeutung.

Die Optionen /A bzw. /S

Syntax

```
/S          Default
/A
```

Normalerweise werden die einzelnen Segmente in der Reihenfolge ihres Auftretens in die Objektdatei übertragen. Die Option /A bewirkt nun, daß MASM die Segmente der Quelltextdatei in alphabetischer Reihenfolge in die Objektdatei überträgt. Die Option /S bewirkt dagegen, daß die Segmente in der Reihenfolge ihres Auftretens übertragen werden. Da dies ohnehin der Fall ist, wird diese Option lediglich verwendet, um eine Kompatibilität zu XENIX (der UNIX Version von Microsoft) herzustellen. Wurde die Option /A in der Umgebungsvariablen *MASM* gesetzt, so läßt sich dies durch Setzen der Option /S beim Aufruf des Assemblers wieder aufheben.

Die Option /B

Syntax

```
/B Zahl
```

Diese Option dient zum Setzen der Puffergröße, die für die Quelltextdatei benutzt wird. Die Zahl gibt die Anzahl der 1 KByte

Blöcke an, die für den Puffer reserviert werden sollen. Die Größe des Puffers kann zwischen 1 KByte und 63 KByte liegen. Der Default beträgt 32 KByte. Ein größerer Puffer hat den Vorteil, daß größere Teile des Quelltextes auf einmal in den Speicher geladen werden können, was sich vorteilhaft auf die Assembliergeschwindigkeit auswirken kann. Auf der anderen Seite kann es in seltenen Fällen zu Problemen kommen, wenn der verfügbare Arbeitsspeicher nicht mehr ausreicht. Ab der Version 5.1 steht diese Option nicht mehr zur Verfügung. Aus Kompatibilitätsgründen kann sie jedoch weiterhin gesetzt werden.

Die Option /D

Diese Option bewirkt, daß MASM zusätzlich ein Lauf 1 Listing erzeugt, so daß die produzierte LST-Datei beide Assemblerläufe dokumentiert. Ein Lauf 1 Listing ist z.B. dann nützlich, wenn Phasenfehler auftreten, d.h. wenn der Assembler während des ersten Laufes von Annahmen ausgeht, die beim zweiten Lauf nicht mehr zutreffen. Während des ersten Laufs werden z.B. Symbole, die zu diesem Zeitpunkt noch nicht definiert sind, als noch nicht definiert bezeichnet, was dementsprechend zu einer Fehlermeldung führt.

Die Option /D hat nur dann eine Wirkung, wenn MASM mit der Option /L bzw. /LA oder durch eine Angabe in der Kommandozeile zur Erzeugung eines Programmlistings veranlaßt wird. Ansonsten werden nur die Fehlermeldungen während Lauf 1 und Lauf 2 auf dem Bildschirm angezeigt.

Die Option /D Symbol

Syntax

```
/D Symbol [=Wert]
```

Diese Option bewirkt die Definition eines Symbols beim Aufruf von MASM und hat die gleiche Wirkung wie eine entsprechende EQU Anweisung innerhalb des Quelltextes. Gegenüber der Version 4.0 kann ein optionaler Wert zugewiesen werden, und es können in einer Zeile mehrere Symbole definiert werden. Bei dem optionalen Wert kann es sich um einen beliebigen Text-string handeln, der aber weder ein Leerzeichen, ein Komma noch ein Semikolon enthalten darf. Wird kein Wert übergeben, setzt der Assembler als Symbolwert einen Null-String ein.

Ein durch die /D Option definiertes Symbol kann z.B. im Zusammenhang mit den bedingten Anweisungen IFDEF bzw. IFNDEF (s.Kapitel 9) dazu verwendet werden, die Assemblierung eines Programmteils von der Definition des Symbols bzw. dessen Wert abhängig zu machen.

Wichtig : Wird innerhalb der /D Option ein = Zeichen verwendet, kann diese Option nicht mehr in der Umgebungsvariablen MASM (s.Kapitel 10.4) gespeichert werden.

Die Option /E

Syntax

`/E` (nur in Zusammenhang mit Hochsprachencompiler)

Diese Option weist den Assembler an, Daten und Code für Fließkommaoperationen in einem Format zu erzeugen, wie es von einer Koprozessor-Emulations-Bibliothek erwartet wird, die viele Hochsprachencompiler zur Verfügung stellen. Eine solche Emulator-Bibliothek ist in der Lage die Befehle der mathematischen Koprozessoren 8087, 80287 und 80387 zu emulieren, falls diese Prozessoren nicht vorhanden sind. Emulator-Bibliotheken sind nur für Hochsprachencompiler verfügbar und können nicht mit Stand-alone Assemblerprogrammen gelinkt werden. Die Option /E wird also nur dann benötigt, wenn das Assemblerprogramm Befehle der mathematischen Koprozessoren verwendet und wenn es mit einem Hochsprachenmodul verknüpft wird, welches selber wiederum auf die Emulationsbibliothek zurückgreift.

Die Option /H

Syntax

`MASM /H`

Das Setzen dieser Option bewirkt, daß der Assembler alle zur Verfügung stehenden Optionen sowie den allgemeinen Aufbau der Kommandozeile auf dem Bildschirm ausgibt. Zusätzliche Optionen bzw. etwaige Dateinamen haben in diesem Fall keine Bedeutung.

Die Option /I

Syntax

```
/I Pfad [/I Pfad1]...
```

Durch diese Option wird der Suchpfad für INCLUDE-Dateien (s.Kapitel 8.5) gesetzt. Es können bis zu 10 verschiedene Suchpfade unter Verwenden der /I Option für jeden Pfad gesetzt werden. Die Suchreihenfolge wird durch die Reihenfolge der einzelnen Suchpfade in der Kommandozeile festgelegt.

Bei der Suche nach einer INCLUDE-Datei durchsucht MASM zuerst die durch die /I Option festgelegten Verzeichnisse. Als nächstes wird das aktuelle Verzeichnis und letztlich die durch die INCLUDE Umgebungsvariable festgelegten Verzeichnisse durchsucht.

Hinweis : Falls der Suchpfad für eine INCLUDE-Datei über die Kommandozeile bzw. über die Umgebungsvariable INCLUDE festgelegt werden soll, darf die INCLUDE Anweisung im Quelltext keinen Suchpfad enthalten.

Beispiel

In der Datei PROG.ASM befindet sich folgende Anweisung :

```
INCLUDE MATHE.INC
```

Die INCLUDE-Datei soll sich in einem Verzeichnis befinden, welches durch den Suchpfad *'\SYSTEM\LIB'* festgelegt wird. Da durch die INCLUDE Anweisung selber kein Suchpfad festgelegt wird, kann dieser entweder durch die Option /I oder durch die Umgebungsvariable INCLUDE gesetzt werden :

```
A>MASM /I \SYSTEM\LIB PROG;
```

Die Optionen /C und /L

Diese Optionen veranlassen den Assembler eine Crossreferenz- bzw. eine Programmlistingdatei zu erzeugen, sofern dies nicht über die Kommandozeile festgelegt wird. Beide Optionen sind in erster Linie aus Kompatibilitätsgründen zu XENIX vorhanden.

Die Option /LA

Diese Option erstellt ein Programmlisting und überträgt darin den Code, der durch die vereinfachten Segmentanweisungen im speziellen bzw. durch Makroanweisungen im allgemeinen erzeugt wurde. Diese Option ist offiziell erst seit der Version 5.1 verfügbar. Sie steht aber auch schon unter der Version 5.0 zur Verfügung. Allerdings hat sie hier eine andere Bedeutung. In der Version 5.0 werden nicht die durch die vereinfachten Segmentanweisungen assemblierten Anweisungen im Programmlisting aufgeführt. Statt dessen hat diese Option die gleiche Wirkung wie die Anweisungen .LIST, .LFCOND, .LALL und .CREF zusammen. Die Option /LA hat den Vorrang vor allen gegenteiligen Anweisungen innerhalb des Quelltextes.

Die Optionen /MU, /ML und /MX

Durch diese Optionen kann MASM dazu gebracht werden, zwischen Groß- und Kleinschreibung zu unterscheiden. Normalerweise wandelt MASM alle Kleinbuchstaben in Großbuchstaben um.

Die Option /ML veranlaßt, daß generell zwischen Groß- und Kleinschreibung unterschieden wird. In diesem Fall sind für den Assembler z.B. die Symbole Text und TEXT verschieden. Die Option /MX bezieht sich dagegen nur auf globale bzw. externe Symbole. Die /MU Option bewirkt schließlich, daß alle Namen in Großbuchstaben umgewandelt werden. Diese Option existiert lediglich aus Kompatibilitätsgründen zu XENIX (wo per Default zwischen Groß- und Kleinschreibung unterschieden wird), bzw. um Optionen zu überschreiben, die durch die Umgebungsvariable MASM festgelegt wurden.

Hinweis : Die Optionen /ML, /MU und /MX beeinflussen auch die Form der symbolischen Daten, die dem symbolischen Debugger CodeView zur Verfügung gestellt werden, falls zusätzlich die /ZI bzw. /ZD Option verwendet wird.

Die Option /N

Syntax

/N

Diese Option bewirkt, daß am Ende des Assemblerlistings keine Tabellen aufgeführt werden. Ansonsten fügt MASM an das Ende eines Assemblerlistings Tabellen an, in denen die verwendeten Segmente, Makros, Strukturen usw. aufgelistet sind.

Die Option /P

Syntax

`/P` (nur für 80286 und 80386 im geschützten Modus)

Beim Setzen dieser Option achtet MASM auf sog. "impure Code". Alle Anweisungen, die im protected Modus des 80286 bzw. 80386 zu Problemen führen könnten, führen zu einer Fehlermeldung. Diese Option kann unter XENIX bzw. OS/2 Programmiertechniken erkennen, die zu Fehlern führen würden[1].

Die Optionen /V und /T

Syntax

`/V`
`/T`

Durch diese beiden Optionen läßt sich die Ausgabe des Assemblers nach Beendigung der Assemblierung kontrollieren. Bei gesetzter Option /V gibt MASM zusätzlich die Anzahl an verarbeiteten Programmzeilen und Symbolen aus. Bei gesetzter Option /T erfolgt dagegen, mit Ausnahme etwaiger Fehlermeldungen, keine Ausgabe auf dem Bildschirm. Diese Option ist z.B. immer dann nützlich, wenn MASM in einer Stapeldatei oder unter einer anderen Benutzeroberfläche aufgerufen wird und die Assembler Meldungen ansonsten störrend wirkend würden.

Die Option /W

Syntax

`/W { 0 | 1 | 2 }`

Durch diese Option kann die Fehlerwarnstufe gesetzt werden. Diese bestimmt, welche Warnungen angezeigt werden und welche

---

1 Diese etwas nebulöse Erklärung kann an dieser Stelle leider nicht weiter vertieft werden, da ansonsten ein eigenes Kapitel über "Programmierung im geschützen Modus" hätte vorangestellt werden müssen.

nicht. MASM unterscheidet (ab der Version 5.0) folgende drei Fehlerstufen :

Fehlerstufe 0 : für schwere Fehler (severe Errors), die z.B. durch einen unerlaubten Befehl verursacht werden.

Fehlerstufe 1 : für ernste (Ver-) Warnungen. Damit werden sog. "zweifelhafte Programmiertechniken" (Zitat Microsoft Handbuch) geahndet. Darunter fallen z.B. zwei nicht zusammenpassende Typen.

Fehlerstufe 2 : Hinweis auf einen harmlosen Fehler. Darunter fallen z.B. Befehle, die einen ineffezienten Code produzieren.

Die Default-Warnstufe ist 1, d.h. es werden nur Fehler der Fehlerstufe 0 und 1 angezeigt. Durch Setzen der Warnstufe auf 2, werden zusätzlich auch Fehler der Fehlerstufe 2 bzw. durch Setzen der Warnstufe auf 0 werden nur noch Fehler der Fehlerstufe 0 (d.h. severe errors) angezeigt. Eine Liste der wichtigsten Hinweis-Fehlermeldungen ist in Anhang C zu finden.

Die Option /X

Syntax

/x

Diese Option veranlaßt MASM, alle Anweisungen innerhalb eines Blocks mit einer bedingten Anweisung in das Assemblerlisting zu übertragen, deren Bedingung nicht erfüllt ist. Normalerweise werden solche Anweisungen nicht übertragen. Die Option /X ist wirkungslos, wenn kein Programmlisting erzeugt wird.

Hinweis : Die Anweisungen .LFCOND, .SFCOND und .TFCOND können die Wirkung der Option /X beeinflussen. Sie sollten daher auch einen Blick in Kapitel 10.5 werfen.

Die Option /Z

Syntax

/z

Durch diese Option wird MASM veranlaßt, alle fehlerhaften Programmzeilen zusammen mit der dazugehörigen Fehlermeldung auf dem Bildschirm auszugeben.

Die Optionen /ZD und /ZI

Syntax

/ZD
/ZI

Beide Optionen werden in Zusammenhang mit dem symbolischen Debugger CodeView gebraucht. Die Option /ZI schreibt symbolische Informationen in die Objektdatei. Es gibt zwei Typen von symbolischen Informationen : Zeilennummern und Symbolgrößen. Die Zeilennummerinformation setzt jeden Befehl mit der Zeilennummer in der Quelltextdatei, in der dieser Befehl auftrat, in Beziehung. CodeView (und auch SYMDEB, der Debugger aus älteren MASM Versionen) benötigen diese Information, um das Debuggen mit gleichzeitiger Anzeige des dazugehörigen Quelltextes zu erlauben. Durch die symbolische Information wird die Größe für jede Variable bzw. jedes Labels innerhalb des Programms festgelegt. Auch diese Information wird von CodeView benötigt, damit Symbole innerhalb von Ausdrücken verarbeitet werden können.

Wenn Sie Ihre Programme mit CodeView (s.Kapitel 11 und Anhang B) bearbeiten wollen, sollten Sie das Programm mit der Option /ZI assemblieren und mit der Linker Option /CO linken. Die Option /ZD schreibt nur die Zeilennummer-Information in die Objektatei und kann z.B. verwendet werden, wenn nicht genug Speicherlatz für die zusätzliche Symbolinformation zur Verfügung steht. Beide Optionen bewirken, daß in eine MAP-Datei Zeilennummer übertragen werden.

10.3 Wichtige LINK Optionen

Auch der Linker stellt zahlreiche Optionen zur Verfügung. Allerdings sind einige Optionen entweder sehr speziell oder nur mit Hochsprachen Compilern verwendbar, bzw. sie setzen intime Systemkenntnisse voraus und werden daher nur äußerst selten benötigt. Aus diesem Grund werden im folgenden auch nur die wichtigsten LINK Optionen vorgestellt. Anders als die MASM Optionen sind die Namen der LINK Optionen teilweise recht lang (z.B. NOIGNORECASE). Um nicht jedesmal den gesamten Namen eingeben zu müssen, erlaubt LINK Abkürzungen für die Optionsnamen. Bei der folgenden Beschreibung der einzelnen Optionen ist bei der Syntaxbeschreibung der Teil des Namens, der weggelassen werden kann, in eckige Klammern gesetzt.

Die Option /HELP

Syntax

/HE[LP]

Diese Option bewirkt, daß LINK alle verfügbaren Optionen auf dem Bildschirm ausgibt. Bei dieser Option dürfen keine zusätzlichen Angaben, wie z.B. ein Dateiname, aufgeführt werden.

Die Option /PAUSE

Syntax

/PAU[SE]

Diese Option veranlaßt LINK, eine Pause einzulegen, bevor es die erstellte Programmdatei auf Diskette schreibt. Dadurch wird es möglich, die Diskette zu wechseln. LINK gibt in diesem Fall folgende Mitteilung aus :

```
About to generate .EXE file
Change diskette in drive <Laufw.> and press <ENTER>
```

Die Option /INFORMATION

Syntax

/I[NFORMATION]

Durch das Setzen dieser Option gibt LINK zusätzliche Informationen über den Link-Vorgang aus. Dazu gehört z.B. eine Auflistung aller Objektdateien, aus denen die Programmdatei erstellt wird. Die Ausgabe wird auf das Standard-Fehlerausgabegerät geschickt (in der Regel der Bildschirm). Durch das Hilfsprogramm *ERROUT* kann die Ausgabe jedoch auch auf einen Drucker oder in eine Datei umgelenkt werden.

Die Option /MAP

Syntax

/M[AP] [:Zahl]

Alle in den Objektdateien als global deklarierten Symbole werden in die MAP-Datei geschrieben. Die Verwendung dieser Option bewirkt, daß eine MAP-Datei (*Dateiname.MAP*) erstellt wird. Wird aber in der Kommandozeile für den Namen der MAP-Datei *NUL* eingesetzt, hat die /M Option keine Wirkung.

Die optionale Zahl legt die maximale Anzahl an Symbolen fest, die in Form einer sortierten Liste in der MAP-Datei gespeichert werden. Der Default liegt bei 2048. Sollte die Anzahl der Symbole diese Zahl übersteigen, wird nur eine unsortierte Liste erzeugt.

Die Option /LINENUMBERS

Syntax

/LI[NENUMBERS]

Durch das Setzen dieser Option werden in die MAP-Datei auch Zeilennummern und die damit assoziierten Adressen übertragen. Um eine MAP-Datei mit Zeilennummern erzeugen zu können, muß dem Linker eine Objektdatei zur Verfügung gestellt werden, die Zeilennummerinformationen enthält. Das läßt sich z.B. mit der C-Compiler Option /Zd erreichen. Ansonsten hat die /LI Option keinen Effekt.

Die Option /NOIGNORECASE

Syntax

/NOI[GNORECASE]

Normalerweise unterscheidet LINK nicht zwischen Groß- und Kleinschreibung, d.h. die Symbole TEXT und Text sind für LINK identisch. Durch Setzen der Option /NOI wird der Linker dazu gebracht, doch zwischen Groß- und Kleinschreibung zu unterscheiden. In diesem Fall sind z.B. TEXT, Text und text drei verschiedene Symbole.

Die Option CODEVIEW

Syntax

/CO[DEVIEW]

Durch diese Option wird die Programmdatei für das Arbeiten mit dem symbolischen Debugger CodeView vorbereitet. LINK erzeugt eine Programmdatei, die sowohl Zeilennummer- als auch Symbolinformationen enthält.

Die Option QUICKLIB

Syntax

/Q[UICKLIB]

Diese Option veranlaßt den Linker eine sog. "*Quick library*" zu erstellen, die von einem Microsoft QuickC oder QuickBASIC Programm aufgerufen werden kann. LINK erzeugt daraufhin anstelle einer ausführbaren Programmdatei, eine Datei mit der Endung .QBL. Der Unterschied zwischen einem normalen Bibliotheksmodul und einem Quick-Modul besteht darin, daß erstere bereits während des Linkens mit dem Hauptprogramm verknüpft wird. Ein Quick-Modul wird dagegen erst während der Programmausführung eingebunden.

10.4 Umgebungsvariablen

Umgebungsvariablen sind dazu da, das Arbeiten mit den Programmen des Assemblerpaketes, insbesondere mit MASM und LINK zu erleichtern. Manche Umgebungsvariablen enthalten Optionen, die normalerweise beim Aufruf eines Programms in der Kommandozeile übergeben worden wären. Andere Umgebungsvariablen enthalten einen Suchpfad, der festlegt in welchen Verzeichnissen ein Programm wie MASM oder LINK nach bestimmten Dateien sucht. Eine häufig verwendete Umgebungsvariable ist MASM. Durch die DOS Anweisung

SET MASM=/ZI/T

werden die Optionen /ZI und /T in der Umgebungsvariablen *MASM* gespeichert (zwischen MASM und den einzelnen Optionen sollten keine Leerzeichen stehen). Bei jedem Aufruf von MASM werden diese beiden Optionen automatisch gesetzt. Sie können diese Anweisung z.B. in der AUTOEXEC.BAT Datei speichern, um zu erreichen, daß die Optionen bei jedem Systemstart automatisch gesetzt werden[1].

Natürlich kann es passieren, daß Optionen in der Umgebungsvariablen mit nachträglich gesetzten Optionen oder mit Anweisungen im Quelltext kollidieren. In diesem Fall hat die Anweisung im Quelltext die höchste Priorität, danach kommt die Option, die in der Kommandozeile gesetzt wurde. Dazu ein kleines Beispiel :

```
SET MASM=/A
```

Zuerst wird in der Umgebungsvariablen vereinbart, daß beim Aufruf von MASM die einzelnen Segmente in alphabetischer Reihenfolge in die Objektdatei übertragen werden. Wird nun MASM aber in der Form

```
MASM /S
```

aufgerufen, hebt die /S Option die Wirkung der /A Option auf und die einzelnen Segmente werden in der Reihenfolge ihres Auftretens in die Objektdatei übertragen. Enthält der Quelltext aber die Anweisung *.ALPHA*, so hat diese Vorrang, und es bleibt bei der alphabetischen Reihenfolge der Segmente.

Die folgende Übersicht zeigt alle zur Verfügung stehenden Umgebungsvariablen :

Umgebungsvariable	Bedeutung
LIB	Sie legt fest, in welchen Verzeichnissen LINK nach Bibliotheks- und Objektdateien sucht.
INCLUDE	Sie legt fest, in welchen Verzeichnissen MASM nach INCLUDE-Dateien sucht. Diese Umgebungsvariable wird nur benötigt, wenn auf eine INCLUDE Anweisung nur ein Dateiname folgt. Wird statt dessen ein kompletter Suchpfad angegeben, wird nur das angegebene Verzeichnis durchsucht.

1 Einen unerwünschter Nebeneffekt ist es, daß man auf diese Weise vereinbarte Optionen nach einiger Zeit vergißt und sich dann über das merkwürdige Verhalten des Assemblers wundert.

MASM	Legt Optionen fest, die MASM beim Starten verwendet. Diese Optionen werden u.U. von anderen Optionen aufgehoben, die über die Kommandozeile übergeben werden.
LINK	Legt Optionen fest, die LINK beim Starten verwendet.
TMP	Legt das Verzeichnis fest, in dem LINK temporäre Dateien zwischenspeichert.
INIT	Legt das Verzeichnis fest, in dem MAKE nach der Datei TOOLS.INI sucht, die spezielle Interferenz-Regeln enthält.

Wichtig : Innerhalb einer Umgebungsvariablen ist das = Zeichen nicht erlaubt. Aus diesem Grund kann die Option /D Symbol = Wert nicht innerhalb der Umgebungsvariablen MASM gesetzt werden.

10.5 Steuern der Assembler Ausgabe

MASM kann Information über den Assemblierungsvorgang wahlweise in eine Programmlisting- oder in eine Crossreferenz-Datei schreiben. Es kann diese Informationen aber auch direkt auf das Standard-Ausgabegerät (in der Regel handelt es sich hier um den Bildschirm) ausgeben. Beide Formen der Ausgabe können entweder über entsprechende Optionen in der Kommandozeile, durch eine Umgebungsvariable oder durch Anweisungen im Quelltext beeinflußt werden. Nachdem die ersten beiden Möglichkeiten in den letzten Abschnitten vorgestellt wurden, geht es nun um die Anweisungen, mit denen sich die Assemblerausgabe steuern läßt.

10.5.1 Steuern des Seitenaufbaus im Programmlisting

Auch das Seitenformat des Programmlistings bzw. die jeweiligen Seitenüberschriften können innerhalb des Programms beeinflußt werden. Dazu stehen folgende Anweisungen zur Verfügung :

Anweisung	Bedeutung
TITLE	Setzt den Titel des Programmlistings
SUBTTL	Setzt den Untertitel für eine einzelne Seite
PAGE	Bestimmt das Format einer Seite

Die TITLE Anweisung

Durch diese Anweisung wird ein Programmtitel festgelegt, der in der zweiten Zeile auf jeder Seite des Programmlistings ausgegeben wird.

Syntax

```
TITLE  Text
```

Der Text kann aus bis zu 60 Zeichen bestehen. Falls ein Programm keine TITLE Anweisung enthält, wird auch kein Programmtitel eingesetzt. Pro Programmodul ist nur ein Titel erlaubt.

Die SUBTTL Anweisung

Durch diese Anweisung kann für jede Seite des Assemblerlistings ein Untertitel gesetzt werden.

Syntax

```
SUBTTL  Text
```

Auch dieser Text kann bis zu 60 Zeichen lang sein. Der Untertitel wird in der dritten Zeile einer jeden Programmseite ausgegeben. Falls kein Untertitel innerhalb des Programms festgelegt wird, wird der entsprechende Platz mit Leerzeichen gefüllt. Ein Programm kann eine beliebige Anzahl an SUBTTL Anweisungen enthalten.

Beispiel

```
TITLE  Grafikroutinen
SUBTTL Linie zeichnen
```

Das Programmlisting beginnt mit folgenden Zeilen :

```
Microsoft (R) Macroassembler Version 5.10        9/04/88 23:00:01
Grafikroutinen                                   Page    9-1
Linie zeichnen
```

Die PAGE Anweisung

Diese Anweisung legt die Länge und die Breite einer Seite des Assemblerlistings fest. Außerdem kann ein Seitenumbruch durchgeführt werden.

Syntax

PAGE [[Länge], Breite]
PAGE +

Im ersten Fall wird die Anzahl der Zeilen pro Seite und die Anzahl der Zeichen pro Zeile auf die angegebenen Werte gesetzt. Die Seitenlänge muß im Bereich 10-255 Zeilen und die Zeilenbreite im Bereich 60-132 Zeilen liegen. Der Default Wert für die Seitenlänge beträgt 50 Zeilen, der für die Zeilenbreite 80 Zeichen. Die Zeilenbreite kann auch ohne die Seitenlänge geändert werden. In diesem Fall muß vor die Breitenangabe einfach ein Komma gesetzt werden.

Wenn auf die PAGE Anweisung nur ein + Zeichen folgt, wird ein Seitenumbruch durchgeführt. Außerdem wird die Bereichsnummer um eins erhöht und die Seitenzahl auf 1 gesetzt. Die Seitennummer hat allgemein das Format

Bereich - Seite

Durch den Parameter Bereich wird die Bereichsnummer innerhalb des Moduls und durch den Parameter Seite die Seitennummer innerhalb des Bereichs angegeben.

10.5.2 Steuern des Inhalts eines Programmlistings

Auch der Inhalt eines Programmlistings kann innerhalb des Programms festgelegt werden. So läßt sich z.B. erreichen, daß der Inhalt eines Makros bei dessen Erweiterung nicht in das Listing übertragen wird oder daß bestimmte Teile des Programms nicht im Listing erscheinen.

Folgende Anweisungen stehen zur Kontrolle des Programmlistings zur Verfügung :

Anweisung	Bedeutung
.LIST	Es wird ein Programmlisting erzeugt
.XLIST	Es wird kein Programmlisting erzeugt
.LFCOND	Es werden Anweisungen innerhalb eines bedingten Programmteils mit einer Falsch-Bedingung in das Programmlisting übertragen.
.SFCOND	Es werden Anweisungen innerhalb eines bedingten Programmteils mit einer Falsch-Bedingung nicht in das Programmlisting übertragen.
.TFCOND	Die Wirkung der letzten .LFCOND bzw. .SFCOND Anweisung wird umgekehrt.
.LALL	Makrodefinitionen werden bei ihrer Erweiterung in das Programmlisting übertragen.
.SALL	Makrodefinitionen werden bei Ihrer Erweiterung nicht in das Programmlisting übertragen.
.XALL	Es werden keine Makrokommentare innerhalb einer Makrodefinition übertragen.

Die Anweisungen .LIST und .XLIST

Durch die Anweisung .XLIST wird die Erzeugung eines Programmlistings unterbrochen, durch die Anweisung .LIST wird sie wieder fortgeführt. Beide Anweisungen werden häufig dazu verwendet, nur bestimmte (z.B. vermeintlich fehlerhafte) Programmteile zu dokumentieren. .XLIST hebt auch die Wirkung der Anweisungen .SFCOND oder .LALL auf.

Die Anweisungen .SFCOND, .LFCOND und TFCOND

Diese Anweisungen legen fest, ob der Inhalt von Programmblocks innerhalb einer bedingten Assembleranweisung (s.Kapitel 9), deren Bedingung falsch ist, in das Programmlisting übertragen werden sollen. Im allgemeinen besitzt ein Programmblock innerhalb einer bedingten Anweisung das folgende Format :

```
IF <Bedingung>

    Anweisungen

ELSE

    Anweisungen

ENDIF
```

Je nach dem Zustand der Bedingung werden nur die Anweisungen zwischen IF und ELSE bzw. die Anweisungen zwischen ELSE und ENDIF assembliert. Der Anweisungsblock innerhalb einer bedingten Anweisung, der nicht assembliert wird, wird auch als *Falsch-Zweig* bezeichnet. Normalerweise wird ein Falsch-Zweig nicht in das Programmlisting übertragen. Dies dient in erster Linie der besseren Lesbarkeit des Programmlistings. Unter bestimmten Umständen kann es jedoch ganz nützlich sein, die komplette bedingte Anweisung im Programmlisting zu sehen. Dafür stellt MASM die Anweisung *.LFCOND* zur Verfügung, die zusammen mit den Anweisungen *.SFCOND* und *.TFCOND* die Übertragung von Falsch-Zweigen in das Programmlisting steuert.

Syntax

```
.SFCOND
.LFCOND
.TFCOND
```

Die Anweisung .SFCOND (Supress False Conditions) unterdrückt die Übertragung von bedingten Anweisungsblocks mit einer Falsch-Bedingung. Die Anweisung .LFCOND (List False Conditions) bewirkt das Gegenteil, nämlich die Übertragung von Falsch-Bedingungen in das Programmlisting. Diese beiden Anweisungen können dazu benutzt werden, bestimmte Blocks innerhalb einer bedingten Anweisung aus dem Programmlisting herauszunehmen.

Die Anweisung .TFCOND (Toggle Falsche Conditions) "toggelt", d.h. kehrt den momentanen Zustand um. Wenn keine Falsch-Bedingungen übertragen werden, werden danach welche übertragen und umgekehrt. In diesem Zusammenhang spielt auch die Option /X eine Rolle, da die Wirkung dieser Option durch die Anweisungen .SFCOND, .LFCOND und .TFCOND beeinflußt wird. Normalerweise bewirkt die Option /X, daß auch Anweisungen innerhalb eines Falsch-Zweigs in das Programmlisting übertragen werden. Wird bei gesetzter Option /X die Anweisung .SFCOND ausgeführt, werden keine Anweisungen innerhalb eines Falsch-Zweigs mehr übertragen, während die Anweisung .LFCOND bei gesetzter /X Option keine Änderung bewirkt. Etwas verwickelter ist das Zusammenwirkungen der Option /X mit der Anweisung .TFCOND. Wird die Option /X gesetzt, so bewirkt die nächste .TFCOND Anweisung im Programmlisting, daß kein Falsch-Zweig in das Programmlisting übertragen wird. Die nächste .TFCOND Anweisung kehrt diesen Zustand wieder um[1].

Hinweis : Obwohl im MASM Handbuch nicht explizit darauf hingewiesen wird, zeigen sowohl die Option /X als auch die Anweisungen .LFCOND und .TFCOND erst eine Wirkung, nachdem die Anweisung .LALL (List All) ausgeführt wurde. Am einfachsten ist es in jedem Fall, den Assembler mit der Option /LA (ab der Version 5.0) aufzurufen, da in diesem Fall eine Programmlisting-Datei erzeugt wird, in die auch die Falsch-Zweige einer bedingten Anweisung übertragen werden.

Die Anweisungen .LALL, .XALL und .SALL

Syntax

```
.LALL
.XALL
.SALL
```

Die Anweisung *.LALL* bewirkt, daß der Assembler den Inhalt einer Makrodefinition bei der Erweiterung des Makros vollständig in das Programmlisting überträgt. Dazu gehören auch Anweisungen, die keine Befehle bzw. keine Daten erzeugen und normale Kommentare (gekennzeichnet durch ein einfaches Semikolon), aber nicht spezielle Makro-Kommentare (gekennzeichnet durch zwei Semikolons). Durch die Anweisung *.XALL* wird MASM veranlaßt, nur die Anweisungen innerhalb eines Makros zu übertragen, die Code bzw. Daten erzeugen. Kommentare, Segmentdefinitionen oder Konstanten (EQU Anweisung) werden ignoriert. Schließlich gibt es noch die Anweisung *.SALL*, die rigoros die Übertragung des gesamten Makros verhindert. In diesem Fall wird lediglich der Aufruf des Makros in das Programmlisting übertragen. Per Default ist die Anweisung .XALL aktiv.

---

1 Optionen werden manchmal auch als Schalter bezeichnet. Diese Analogie hilft sicher sich die Option /X bzw. die Anweisung .TFCOND als Schalter vorzustellen, die beide ein und dieselbe "Lampe" ein- bzw. ausschalten.

10.5.3 Steuerung der Crossreferenzdatei

Auch die Erstellung der Crossreferenzdatei läßt sich in gewissem Maße durch zwei Anweisungen steuern. Zur Erinnerung : In einer Crossreferenzdatei werden zu allen Variablen, Labels und Symbolen, die in einem Programm verwendet werden, die dazugehörigen Programmzeilennummern, in denen die einzelnen Symbole definiert, aufgerufen bzw. auch geändert werden, aufgelistet.

Die Anweisungen .CREF und .XCREF

Syntax

```
.CREF
.XCREF [Name[, Name] ...]
```

Die Anweisung *.XCREF* unterdrückt die Erzeugung von Labels, Variablen und Symbolen innerhalb der Crossreferenzdatei. Die Anweisung *.CREF* hebt diese Wirkung wieder auf. Auf die .XCREF Anweisung können optional Namen folgen. Bei diesen Namen handelt es sich um Namen von Labels, Variablen oder Symbolen, die nicht in der Crossreferenzdatei erscheinen sollen.

10.6 Die Prozessoranweisungen

Die Prozessor- bzw. Koprozessoranweisungen definieren die Befehlsmenge, die für die Erstellung eines Assemblerprogramms zur Verfügung steht. Entsprechend der zur Zeit erhältlichen Prozessoren gibt es folgende Prozessor- bzw. Koprozessoranweisungen :

Anweisung	Bedeutung
.8086	Aktiviert die Befehle für den 8086/88 Prozessor und den 8087 Koprozessor.
.186	Aktiviert zusätzlich die Befehle des 80186 Prozessors.
.286	Aktiviert neben den 8086 Befehlen auch die nicht privilegierten Befehle des 80286 Prozessors und die Befehle des 80287 Koprozessors. Falls zuvor die privilegierten Anweisungen des 80286 aktiv waren, werden sie durch diese Anweisung ausgeschaltet.

.286P Entspricht der .286 Anweisung, zusätzlich können die privilegierten Befehle des 80286 benutzt werden.

.386 Aktiviert die Befehle des 8086 und die nicht privilegierten Befehle des 80286 und des 80386 Prozessors. Zusätzlich können die Befehle des 80387 Koprozessors verwendet werden. Falls zuvor die privilegierten Befehle des 80386 aktiv waren, werden sie durch diese Anweisung ausgeschaltet.

.386P Entspricht der .386 Anweisung, zusätzlich können die privilegierten Befehle des 80386 benutzt werden.

.8087 Die Befehle des 8087 Koprozessors werden aktiviert. Außerdem wird das IEEE-Format zur Umwandlung von Realzahlen festgelegt.

.287 Die Befehle des 8087 und die zusätzlichen Befehle des 80287 Koprozessors werden aktiviert. Außerdem wird das IEEE-Format zur Umwandlung von Realzahlen festgelegt.

.387 Die Befehle des 8087, des 80287 und die zusätzlichen Befehle und Adressierungsarten des 80387 Koprozessors werden aktiviert. Außerdem wird das IEEE-Format zur Umwandlung von Realzahlen festgelegt.

Wird keine dieser Anweisungen verwendet, setzt MASM folgende Standardeinstellung :

- 8086/88 Befehlssatz

- 8087 Koprozessor Befehle

- IEEE Format zur Umwandlung von Realzahlen

Wenn Sie mit einem 8086/88 System arbeiten, werden sie keine dieser Prozessoranweisungen benötigen (dennoch können Sie MASM veranlassen Opcodes, für diese Prozessoren zu erstellen). Diese Anweisungen sind nur für Besitzer von 80186/80286 bzw. 80386 Systemen von Bedeutung. Beachten Sie aber, daß Programme, die im *protected Modus* des 80286 laufen sollen, nicht unbedingt die .286P Anweisung benötigen. Diese Anweisung ist nur erforderlich, wenn das zu assemblierende Programm privilegierte Befehle des 80286 enthält.

Normalerweise werden die Prozessor- bzw. Koprozessoranweisungen zu Beginn eines Assemblerprogramms gesetzt, um das Assemblerverhalten für das gesamte Programm festzulegen. Unter zwei Einschränkungen können die Prozessor- bzw. Koprozessoranweisungen auch an anderen Stellen innerhalb des Programms eingesetzt werden :

- Die Anweisung muß außerhalb eines Segments stehen.

- Es kann ein niedriger Koprozessor mit einem höheren Prozessor definiert werden. Die Definition eines niedrigeren Prozessors mit einem höheren Koprozessor führt aber zu einer Fehlermeldung. So kann z.B. die Anweisung .386 zusammen mit der Anweisung .287, aber nicht die Anweisung .8086 zusammen mit der Anweisung .287 verwendet werden.

Die Koprozessoranweisungen haben den gegenteiligen Effekt wie die Anweisung *.MSFLOAT*, die die Koprozessorbefehle ausschaltet und das Microsoft interne Format zur Umwandlung von Realzahlen setzt. Jede der drei Koprozessor Anweisungen .8087, .287 oder .387 aktiviert wieder die entsprechenden Koprozessorbefehle und setzt das IEEE-Format zur Umwandlung von Realzahlen.

MASM und der 80386

Besitzern eines 80386-Systems stellt sich natürlich die Frage, inwieweit sich die Möglichkeiten des Prozessors auch unter DOS mit seinem auf 640 KByte begrenzten Adreßraum nutzen lassen. Bekanntlich läuft der 80386 (wie auch der 80286) unter DOS im sog. *real Modus*, indem sich die meißten Eigenschaften dieser Prozessoren wie z.B. Multitasking oder der erweiterte Adreßraum gar nicht nutzen lassen. Doch auch im real Modus gibt es ein paar ganz interessante 80386 Befehle, die auch unter DOS zur Verfügung stehen. Zu den wichtigsten Erweiterungen, die sich unter DOS ergeben gehören u.a. :

- es stehen die zusätzlichen Segmentregister FS und GS zur Verfügung.

- für arithmetische Operationen stehen 32-Bit Register zur Verfügung. So können z.B. 32-Bit Zahlen direkt und ohne Aufteilung in eine höherwertige oder niederwertige Hälfte addiert oder subtrahiert werden. Des weiteren können Multiplikationen bzw. Divisionen mit 64-Bit Zahlen durchgeführt werden.

- mit den Befehlen SHLD und SHRD können Schiebeoperationen mit Doppelwörtern durchgeführt werden.

- mit den Befehlen BSF, BFR, BT, BTC und BTS lassen sich komfortable Bitoperationen durchführen.

- es stehen leistungsfähigere Stackbefehle wie z.B. PUSHAD und POPAD zur Verfügung.

- es können nun alle allgemeinen Register als Basisregister bei der indirekten Adressierung verwendet werden.

Fazit : Auch unter DOS steht auf einem 80386-System eine Vielzahl von Befehlen zur Verfügung, mit denen sich die Leistungsfähigkeit eines Assemblerprogramms erheblich steigern läßt. Unter einem Betriebssystem wie UNIX oder OS/2, welches dann auch den 80386 (bzw. 80286) im protected Modus betreibt, lassen sich mit MASM[1] auch Programme erstellen, die im protected Modus dieser Prozessoren laufen und z.B. durch 32-Bit Segmente den vollen Adreßraum des 80386 von 4 GByte (!) ansprechen.

Hinweis : Bei der Auswertung von Ausdrücken arbeitet MASM stets mit 16-Bit Werten. Erst die Anweisungen .386 bzw. .386P bewirken, daß MASM mit 32-Bit Ausdrücken arbeitet.

10.7 Weitere MASM Anweisungen

Im folgenden Abschnitt werden noch einige nützliche MASM Anweisungen vorgestellt, die allerdings nur selten verwendet werden.

1 Auch wenn MASM ab der Version 5.1 in einer speziellen OS/2 Version vorliegt, ist dies auch mit älteren MASM Versionen möglich.

10.7.1 Die COMMENT Anweisung

Syntax

```
COMMENT  <Begrenzungszeichen>  [Text]

Text

<Begrenzungszeichen>  [Text]
```

Die *COMMENT* Anweisung erlaubt das Erstellen von Kommentaren, die sich über mehrere Zeilen erstrecken, und stellt damit eine Alternative zu der sonst üblichen Praxis, einfach jeder Zeile ein Semikolon voranzustellen, dar. Auf die COMMENT Anweisung folgt das Begrenzungszeichen (engl. Delimiter), welches festlegt bis zu welcher Zeile der folgende Text als Kommentar angesehen wird.

Beispiel

```
COMMENT  ?  Nun beginnt ein beliebig langer Kommentar,
            der durch das nächstes Fragezeichen begrenzt
            wird. Die gesamte Zeile, in der das Fragezeichen
?           auftritt, wird noch als Kommentar behandelt !!!

.DATA
   ZAHL  DW  ?
```

Diese Anweisung wird gerne zur Erstellung eines Programmvorspanns verwendet, der u.a. Copyright Notiz und eine Beschreibung des Programms enthält.

10.7.2 Vordefinierte Textmakros

Ab der Version 5.1 stellt MASM eine Reihe von vordefinierten Textmakros zur Verfügung. Im einzelnen handelt es sich um :

```
@WordSize
@Cpu
@Version
```

Das Textmakro *@WordSize* ermittelt die Wortgröße eines Segments in Bytes. Das Ergebnis ist 2 bei einer 16-Bit Wortgröße oder 4 bei einer 32-Bit Wortgröße. Der Default für die Wortgröße beträgt 2 bei 8086/80286 Systemen bzw. 4 bei 80386 Systemen.

Das Textmakro *@Cpu* gibt einen 16-Bit Wert zurück, der den bei der Assemblierung verwendeten Prozessor identifiziert. Das ermittelte Wort weist folgenden Aufbau auf :

Bit	Bedeutung, wenn Bit = 1
0	8086 Prozessor
1	80186 Prozessor
2	80286 Prozessor
3	80386 Prozessor
7	Privilegierte Befehle erlaubt
8	8087 Befehle aktiviert
10	80287 Befehle aktiviert
11	80387 Befehle aktiviert

Die Bits 4 bis 6, 9 und 12 bis 15 sind für zukünftige Verwendungen (z.B. für den 80486?) reserviert. Da die einzelnen Prozessoren der Intel-Familie aufwärtskompatibel sind, setzt ein höherer Prozessor auch die Bits der darunterliegenden Prozessoren.

Beispiel

```
XX  MACRO
    IF (@CPU AND 2)        ; Ist es ein 80286 ?
       PUSH 2              ; Ja, dann ist es einfach
    ELSE                   ; Leider nein !
       MOV AX,2            ; Dann wie gewohnt
       PUSH AX
    ENDIF
    ENDM
```

Dieses Makro verwendet das Textmakro *@Cpu*, um festzustellen, ob es sich bei dem Prozessor des Systems um einen 80286 handelt. Ist dies der Fall, wird der Befehl 'PUSH 2' assembliert. Auf einem 8086/88 System gibt es diesen Befehl nicht, so daß statt dessen die äquivalente Befehlsfolge 'MOV AX,2 PUSH AX' assembliert werden muß.

Das Textmakro *@Version* gibt eine Zeichenkette zurück, die die momentane Versionsnummer des Assemblers enthält. Dieses Textmakro erlaubt es, Makros an zukünftige Versionen des Makroassemblers anzupassen. Zur Zeit liefert @Version die Zeichenkette 510. Die aktuellen Werte der drei Textmakros @WordSize, @Cpu und @Version werden auch am Ende eines Programmlistings aufgeführt.

10.7.3 Stringanweisungen

Ebenfalls seit der Version 5.1 stehen dem Benutzer vier Stringanweisungen zur Verfügung, mit denen sich der Wert von Strings und Textmakros manipulieren läßt. Diese Anweisungen werden im gleichen Sinne wie das Gleichheitszeichen zur Definition von Variablen (s.Kapitel 4) verwendet, d.h. sie weisen einem numerischen Symbol oder einem Textmakro einen Wert zu.

Anweisung	Beschreibung
SUBSTR	Liefert einen Teilstring aus dem Textmakro oder Stringargument.
CATSTR	Verknüpft alle übergebenen Strings zu einem einzigen String.
SIZESTR	Berechnet die Länge eines Strings.
INSTR	Berechnet die Startposition eines Teilstrings in einem anderen String.

Die SUBSTR Anweisung

Diese Anweisung extrahiert aus einem String einen bestimmten Teilstring und weist das Ergebnis einem Textsymbol zu.

Syntax

```
Textsymbol  SUBSTR  String, Start [,Länge]
```

Durch 'Start' wird die Startposition festgelegt, bei der der Teilstring beginnen soll. Die optionale Längenangabe 'Länge' legt die Länge des Teilstrings fest. Wird keine Länge übergeben, werden alle Zeichen, einschließlich des Startzeichens bis zum Ende des Strings zurückgegeben.

Beispiel

```
DATEI_NAME EQU  'MIX_DEF.INC'

BASIS_NAME = SUBSTR DATEI_NAME,1,5
```

In diesem Fall wird der Variablen *NAME* der String 'MIX_DEF', d.h. die ersten fünf Zeichen des Strings *DATEI_NAME* zugewiesen.

Die CATSTR Anweisung

Diese Anweisung verknüpft mehrere Strings zu einem einzigen String.

Syntax

```
Textsymbol  CATSTR  String [,String]...
```

Beispiel

```
STR1  EQU <GHI>

NEU_STRING  CATSTR  <ABC>,<DEF>,STR1
```

In diesem Fall wird eine neue Stringvariable definiert, die sich aus den drei einzelnen Strings zusammensetzt. Jeder der Teilstrings muß in spitze Klammern eingeschlossen werden (sofern es sich nicht um eine Stringvariable handelt) und durch ein Komma von seinen Nachbarn getrennt werden.

Die SIZESTR Anweisung

Diese Anweisung weist die Länge eines Strings einem numerischen Symbol zu.

Syntax

```
Numerisches Symbol  SIZESTR  String
```

Beispiel

```
L1  SIZESTR  NEU_STRING
```

Die Variable *L1* bekommt durch die obige Zuweisung den Wert 9.

Die INSTR Anweisung

Diese Anweisung ermittelt die Startposition eines Strings innerhalb eines anderen Strings. Ist der Teilstring nicht in dem Gesamtstring enthalten, wird eine Null übergeben.

Syntax

Numerisches Symbol INSTR [Start,] String1, String2

Bei dem optionalen Parameter 'Start' handelt es sich um die Startposition, bei der die Suche beginnt. Wird keine Startposition angegeben, beginnt die Suche bei dem ersten Zeichen. 'String1' ist der String, der durchsucht wird, während 'String2' den zu suchenden Teilstring darstellt.

Beispiel

```
DATEI_NAME  EQU 'COLOUR.ASM'

NAME_LAENGE INSTR  DATEI_NAME,'.ASM'
```

Durch diese Anweisung wird dem numerischen Symbol *NAME-_LAENGE* der Wert 7 zugewiesen, da dies die Startposition des Teilstrings '.ASM'ist.

KAPITEL 11

KLEINES MASM PRAKTIKUM

11.1 Einleitung

In den vergangenen zehn Kapiteln wurden die wichtigsten Anweisungen des Makroassemblers vorgestellt. Die praktische Anwendung blieb aber bislang stets auf einige mehr oder weniger praxisnahe Beispiele beschränkt. In diesem Kapitel steht nun endlich die Praxis im Vordergrund. Anhand eines Beispielprogramms werden die wichtigsten Aspekte bei der Umsetzung einer Quelltextdatei in ein Maschinenprogramm vorgestellt. Dazu gehört in erster Linie das Assemblieren der insgesamt drei Module, aus denen das Programm besteht, und das anschließende Verknüpfen zu einer Programmdatei durch den Linker. Doch auch die Fehlersuche wird Ihnen in diesem Kapitel nicht erspart bleiben, denn in einem der drei Module, das kann bereits verraten werden, befindet sich ein kleiner Fehler, den es mit Hilfe des leistungsfähigen Debuggers CodeView aufzuspüren gilt. Die Beispielroutinen wurden übrigens so gewählt, daß Sie sie auch innerhalb ihrer eigenen Programme verwenden können. Damit Sie die beiden Programmodule möglichst vielseitig nutzen können, wird in diesem Kapitel auch gezeigt, wie Sie sich mit Hilfe des Library Managers LIB.EXE Ihre eigene Programmbibliothek aufbauen können.

11.2 Zwei nützliche Programmroutinen

In diesem Kapitel werden zwei kleine, aber feine Programmroutinen vorgestellt. Es handelt sich um Routinen, mit denen sich die Eingabe und die Ausgabe von 16-Bit Zahlen durchführen läßt. Wie Sie sicher wissen, stellt DOS keine derartige Routine zur Verfügung. Es ist natürlich praktisch, wenn solche häufig verwendeten Routinen nicht jedesmal neu erstellt bzw. assembliert werden müssen. In einer der nächsten Abschnitte wird daher gezeigt, wie Sie diese beide Routinen in einer Programmbibliothek unterbringen können, die von einem Hilfsprogramm, dem Library Manager (*LIB.EXE*), verwaltet wird. Wann immer Sie eine in einer Bibliothek gespeicherte Routine benötigen, brauchen Sie lediglich diese Routine aufzurufen und später beim Linken den Namen des Bibliotheksmoduls anzugeben. Den Rest erledigt der Linker für Sie. Es soll bereits an dieser Stelle erwähnt werden, daß sich in einer der beiden Programmroutinen ein kleiner Fehler befindet. Diesen Fehler sollen Sie mit Hilfe des CodeView Debuggers ausfindig machen, wobei natürlich gleichzeitig der Umgang mit diesem überaus nützlichen Programm erläutert wird.

Schauen wir uns zunächst die Eingaberoutine etwas genauer an. Sie basiert im wesentlichen auf der DOS Eingabefunktion 10 des Interrupts 21h. Diese Funktion erwartet beim Aufruf die Adresse eines Puffers und wartet anschließend auf die Eingabe einer Zeichenkette. Durch Betätigen der Return-Taste wird diese Zeichenkette in dem angegebenen Puffer abgelegt. Die Länge der eingegebenen Zeichenkette wird in dem zweiten Byte des Puffers gespeichert, während sich die maximale Länge des Strings, die bereits vorher durch das Programm festgelegt wurde, in dem ersten Byte befindet. Betrachten Sie sich einmal die Definition des Puffers :

```
EINGABE_BUF    DB ?
               DB 32 DUP (?)
```

Welche Funktion hat die *DB* Anweisung am Anfang ? Nun, durch sie wird lediglich ein Byte reserviert, welches separat vom Rest des Puffers initialisiert werden kann. Dies wäre notwendig, wenn die maximale Länge des Puffers, die durch das erste Byte festgelegt wird, bereits von Anfang an feststeht. In unserem Beispiel soll die max. Länge des Puffers aber erst während des Programmablaufs festgelegt werden, so daß dieses Byte nicht initialisiert wird. Die zweite DB Anweisung vergrößert den Puffer durch die

Verwendung des *DUP* Operators auf insgesamt 32 Bytes[1]. Der Aufruf der DOS Eingabefunktion wird innerhalb eines Makros durchgeführt. Dem Makro werden zwei Parameter übergeben, nämlich die Pufferadresse und die max. Länge des Eingabestrings. Durch die Anweisung *IFNB* wird zunächst geprüft, ob dem Makroaufruf auch ein Argument für den Parameter *LAENGE* übergeben wurde (Denken Sie daran, diese Abfrage tritt erst bei der Erweiterung des Makros in Aktion). Falls dies der Fall ist, wird in das erste Byte des Eingabepuffers der Inhalt von LAENGE, ansonsten eine 32 (die maximale Länge) eingetragen. Beachten Sie, daß der Makroparameter LAENGE nirgends definiert werden muß. Auch für die Ausgabe des Fragezeichens wurde ein kleines Makro definiert, dessen Aufbau aber selbsterklärend sein sollte.

Der Rest der Eingaberoutine ist schnell erklärt. Nachdem das Fragezeichen ausgegeben und die Zeichenkette entgegengenommen wurde, wird die Zeichenkette durch fortlaufende Multiplikation mit 10 sukzessiv in eine 16-Bit Zahl umgewandelt. Die Schleife hätte im Prinzip auch durch Verwendung eines *LOOP* Befehls realisiert werden können, allerdings muß in diesem Fall ein Sprung stattfinden, wenn das CX-Register Null ist (LOOP springt dagegen, wenn das CX-Register noch nicht Null ist). Sollte innerhalb der Eingabe ein nicht numerisches Zeichen auftauchen (Bedingung : ASCII Code - 48 < 0 bzw. > 9), wird eine Fehlermeldung ausgegeben. Wie auch die Ausgaberoutine, wurde die Eingaberoutine so geschrieben, daß sie später in Form eines Objektmoduls mit anderen Objektmodulen zu einer Programmdatei verknüpft werden kann. Sie finden daher in beiden Modulen weder ein Startpunktlabel, noch eine DOS-EXIT Funktion. Es wird lediglich eine *.MODEL* Anweisung benötigt, die das Speichermodell festlegt und den Assembler veranlaßt, die entsprechenden Segmentnamen (mehr dazu in Kapitel 12) zu erzeugen. Desweiteren werden die beiden Prozedurnamen *INPUT_NUM* und *PRINT_NUM* durch die *PUBLIC* Anweisung als global deklariert. Diese Anweisung bewirkt, daß die Offsetadresse beider Prozeduren in die Objektdatei übertragen wird, wo sie dann dem Linker zur Verfügung steht.

Auch das Ausgabemodul ist schnell besprochen. Hier geht es darum, eine Zahl im AX-Register Zeichen für Zeichen auszugeben. Dies wird durch fortlaufende Division durch 10000, 1000 usw. erreicht. Um den Divisor nicht innerhalb des Programms erzeugen zu müssen, wird dieser in einer Tabelle mit dem Namen *HELP_-BUF* gespeichert. Vor jeder Division wird durch den Befehl 'MOV BX,HELP_BUF[DI]' der n-te Divisor in das BX-Register geladen.

---

1 Sie haben recht, wir hätten die erste DB Anweisung gar nicht gebraucht und statt dessen gleich die Anweisung DB 33 DUP (?) verwenden können, aber es sollte halt einmal gezeigt werden, wie man es auch machen kann.

Die Zahl n steht im DI-Register und muß zuvor mit zwei multipliziert werden, da es sich in HELP_BUF um Wortelemente handelt. Durch den Index-Operator (s.Kapitel 4) wird der Inhalt des DI-Registers zu der Offsetadresse von HELP_BUF addiert. Der Prozessor geht dabei davon aus, daß sich die Segmentadresse von HELP_BUF im DS-Register befindet und dieses mit dem Datensegment assoziiert ist. Ersteres wurde durch die Befehle 'MOV DX,@DATA' (bei *@DATA* handelt es sich um ein vordefiniertes Equate, das für den Namen des Datensegments steht) und 'MOV DS,DX' (ein Segmentregister kann nicht direkt geladen werden) erreicht. Die Assoziation des Datensegments mit dem DS-Register (auch der Assembler muß ja davon unterrichtet werden, daß sich nun die Segmentadresse des angesprochenen Datensegments im DS-Register befindet) wird für Sie unsichtbar durch eine *ASSUME* Anweisung (s.Kapitel 12) vorgenommen, die wiederum durch die .MODEL Anweisung initiiert wurde.

Bliebe noch zu erwähnen, daß das ganze Programm wesentlich kürzer geworden wäre, wenn da nicht die Variable *PRINT_FLAG* wäre. Dieses sorgt dafür, daß keine führenden Nullen ausgegeben werden.

Das Hauptmodul ist äußerst simpel aufgebaut. Es besteht im wesentlichen aus zwei Prozeduraufrufen. Da aber beide Prozeduren nicht innerhalb des Moduls definiert sind, müssen sie mit der *EXTRN* Anweisung als extern deklariert werden. Ihr Entfernungstyp ist Near, da sie lediglich über einen Offset angesprochen werden können. Der Default Entfernungstyp für unsere Prozeduren ist ja ebenfalls Near, da wir das Speichermodell Small verwendet haben. Hätte man z.B. im Eingabemodul statt dessen das Modell Large vereinbart, würde zwar das Assemblieren und Linken fehlerfrei verlaufen, das Programm selber jedoch höchst wahrscheinlich abstürzen. In diesem Fall muß im Hauptmodul die Prozedur INPUT_NUM innerhalb der EXTRN Anweisung mit dem Entfernungstyp Far versehen werden.

Damit ist die Besprechung der drei Module komplett. Die entsprechenden Listings finden Sie in Abbildung 11.1, Abbildung 11.2 bzw. Abbildung 11.3, wobei die zahlreichen Kommentare das Verständnis des zugrundeliegenden Algorithmus erleichtern sollten.

Abbildung 11.1 Das Eingabemodul

```
TITLE  EINGABEMODUL     11/09/88
;
DOS        EQU 21h
INP_STR    EQU 0Ah
PRINT_CHR  EQU 02h
EXIT       EQU 4Ch
PRINT_STR  EQU 09h

.MODEL SMALL

INPUT    MACRO  BUFFER_ADR,LAENGE
;
; Diesem Makro werden max. zwei Parameter übergeben
; Die Pufferadresse und die Länge des Puffers
;
         IFNB  <LAENGE>
              MOV EINGABE_BUF[0],LAENGE
         ELSE
              MOV EINGABE_BUF[0],32
         ENDIF
;
; Wenn für LAENGE kein Argument übergeben wird, wird für
; die Pufferlänge 32 eingetragen
;
         MOV DX,OFFSET EINGABE_BUF
         MOV AH,INP_STR
         INT DOS                   ; Eingabefunktion aufrufen
         ENDM

PRINT_?  MACRO
         MOV DL,'?'                ; Ausgabe eines Fragezeichens
         MOV AH,PRINT_CHR
         INT DOS
         ENDM

.DATA
      EINGABE_BUF DB ?             ; Definition des Eingabepuffers
                  DB 32 DUP (32)
      ERROR_TEXT  DB 'FEHLER BEI DER EINGABE !',10,13,'$'

.CODE                              ; Beginn des Codesegments
```

```
INPUT_NUM PROC

        PUBLIC INPUT_NUM          ; Eingabepuffer wird als global
                                  ; deklariert
        MOV DX,@DATA              ; DS-Register mit Adresse des
        MOV DS,DX                 ; Datensegments laden
    L2: PRINT_?                   ; 1. Makro aufrufen
        INPUT EINGABE_BUF         ; 2. Makro aufrufen
        XOR CH,CH                 ; CH-Register löschen
        MOV CL,EINGABE_BUF[1]     ; Länge des Strings nach CL
        MOV DI,2                  ; Position des 1. Zeichens
        MOV BL,10                 ; Multiplikator nach BL
        XOR SI,SI
    L1: MOV AL,EINGABE_BUF[DI]    ; Zeichen nach AL
        SUB AL,48                 ; In Zahl umwandeln
        JC  ERROR                 ; ASCII Code < 48 ?
        CMP AL,09                 ; oder größer 57 ?
        JG  ERROR                 : In beiden Fällen Fehler
        XOR AH,AH                 ; AH-Register löschen
        ADD SI,AX                 ; Neue Zahl aufsummieren
        DEC CX                    ; Schleifenzähler minus eins
        JZ  L3                    ; Wenn nicht Null, zu L3
        MOV AX,SI                 ; Umgewandelte Zahl nach AX
        MUL BL                    ; Mit 10 multiplizieren
        MOV SI,AX                 ; Ergebnis zurück ins SI-Reg.
        INC DI                    ; Pufferposition plus eins
        JMP L1                    ; Zurück zu L1
    L3: MOV AX,SI                 ; Ergebnis in AX übergeben
        RET                       ; Zurück zum Hauptprogramm
;
; Dieser Teil gibt eine Fehlermeldung aus
;
ERROR:  MOV DX,OFFSET ERROR_TEXT
        MOV AH,PRINT_STR
        INT DOS
        JMP L2
INPUT_NUM ENDP
END
```

Abbildung 11.2 Das Ausgabemodul

```
TITLE AUSGABEMODUL        11/09/88
;
DOS        EQU  21h
PRINT_CHR EQU 02h
EXIT       EQU 4Ch

.MODEL SMALL
.DATA
      HELP_BUF    DW 0 , 1 , 10 , 100 , 1000 , 10000
;
; In diesem Puffer werden die Konstanten für die Divisionen
; definiert
;
      PRINT_FLAG DW 0


.CODE                              ; Beginn des Codesegments
PRINT_NUM PROC
          PUBLIC PRINT_NUM         ; Prozedur wird als global deklariert
          MOV DX,@DATA             ; Adresse des Datensegments wird in
          MOV DS,DX                ; das DS-Register geladen
          MOV CX,5                 ; Anzahl der Divisionen nach CX
    L1:
          XOR DX,DX                ; DX-Register löschen
          MOV DI,CX                ; Schleifenzähler nach DI
          SHL DI,1                 ; Position = Index * 2
          MOV BX,HELP_BUF[DI] ; Divisor in BX-Register laden
          DIV BX                   ; AX-Register durch BX-Register
                                   ; teilen
          CMP AL,0                 ; Ergebnis Null ?
          JZ  L2                   ; Dann nicht ausgeben
          MOV PRINT_FLAG,1         ; Flag für Ausgabe eines Zeichens
                                   ; setzen
     L2:
          ADD AL,48                ; Zahl in ASCII umwandeln
          PUSH DX                  ; Rest der Division retten
          CMP PRINT_FLAG,0         ; Wurde bereits Zeichen ausgegeben ?
          JZ  L3                   ; Nein, dann keine Ausgabe der Null
          MOV DL,AL                ; Zeichen ausgeben
          MOV AH,PRINT_CHR
          INT DOS
     L3:  POP  AX                  ; Divisionsrest zurückholen
          LOOP L1                  ; Schleife wiederholen
          RET                      ; Ende der Prozedur
PRINT_NUM ENDP
END
```

Abbildung 11.3 Das Hauptmodul

```
TITLE  HAUPTMODUL  9/11/88
;
DOS   EQU  21h
EXIT  EQU  4Ch

DOSSEG
.MODEL SMALL

.STACK 100h

EXTRN PRINT_NUM:NEAR,INPUT_NUM:NEAR
;
; die Prozedurnamen werden als extern deklariert
;
.CODE                     ; Beginn des Codesegments
START:
    CALL INPUT_NUM        ; Aufruf der Eingaberoutine
    INC  AX               ; Eingegebene Zahl plus eins
    PUSH AX               ; Zahl auf dem Stack retten
    MOV DX,0A0Dh          ; CR und Linefeed ausgeben
    MOV AH,02
    INT 21h
    XCHG DH,DL
    INT 21h
    POP AX                ; Zahl vom Stack und
    CALL PRINT_NUM        ; ausgeben
    MOV AH,EXIT           ; Zurück zu DOS
    INT DOS
END START
```

11.3 Assemblieren und Linken der Module

Als nächstes müssen die drei Module getrennt assembliert und anschließend mit Hilfe des Linkers zu einer einzigen Programmdatei verknüpft werden. Das ist sicher prinzipiell nichts neues für Sie. Diesmal sollen aber neben der Objekt- bzw. Programmdatei auch eine Programmlisting-, eine Crossreferenz- und zu allem Überfluß auch eine MAP-Datei erstellt werden.

Der Aufruf des Assemblers

Hier gibt es prinzipiell mehrere Möglichkeiten. Da aber die Vorgehensweise bekannt ist (der geneigte Leser möge einen Blick in das 1. Kapitel werfen), ist es am einfachsten, den Assembler in folgender Form aufzurufen :

A>MASM EINGABE,,,,

bzw.

A>MASM AUSGABE,,,,

bzw.

A>MASM MAIN,,,,

wobei *EINGABE.ASM* der Name des Eingabemoduls, *AUSGABE-.ASM* der Name des Ausgabemoduls und *MAIN.ASM* schließlich der Name des Hauptmoduls ist. Damit wären alle drei Module assembliert und liegen jetzt als Objektdateien vor. Zusätzlich wurde für jedes Modul eine Programmlisting- und eine Crossreferenzdatei erzeugt. Was es mit diesen beiden Dateien auf sich hat bzw. wie diese Dateien gelesen und interpretiert werden müssen, soll im folgenden am Beispiel des Eingabemoduls EINGABE.ASM dargestellt werden.

Die Programmlistingdatei

Durch den Assembler wurde im obigen Beispiel bei jedem der drei Module eine Programmlistingdatei mit der Endung .LST erzeugt. Den Inhalt der Datei *EINGABE.LST* finden Sie in Abbildung 11.4. Erschrecken Sie nicht vor dem Umfang. Nicht alles, was in der Programmlistingdatei enthalten ist, ist auch von Bedeutung. Uns soll in erster Linie das Programmlisting selber, d.h. der vom Assembler erzeugte Code und die Auflistung der erzeugten Symbole interessieren. Ferner wurden aus Platzgründen alle Kommentare entfernt, da diese ja schon einmal abgebildet wurden.

Abbildung 11.4 Das Programmlisting EINGABE.LST

```
Microsoft (R) Macro Assembler Version 5.10              9/14/88 02:10:54
EINGABEMODUL    11/09/88               Page     1-1

                              TITLE  EINGABEMODUL    11/09/88
                              ;
 = 0021                                 DOS        EQU 21h
 = 000A                                 INP_STR    EQU 0Ah
 = 0002                                 PRINT_CHR EQU 02h
 = 004C                                 EXIT       EQU 4Ch
 = 0009                                 PRINT_STR EQU 09h

                              .MODEL SMALL

                              INPUT     MACRO  BUFFER_ADR,LAENGE
                                        IFNB  <LAENGE>
                                              MOV EINGABE_BUF[0],LAENGE
                                        ELSE
                                              MOV EINGABE_BUF[0],32
                                        ENDIF
                                        MOV DX,OFFSET EINGABE_BUF
                                        MOV AH,INP_STR
                                        INT DOS
                                        ENDM

                              PRINT_?  MACRO
                                        MOV DL,'?'
                                        MOV AH,PRINT_CHR
                                        INT DOS
                                        ENDM

                              .DATA
 0000   00                                  EINGABE_BUF DB ?
 0001   0020[                               DB 32 DUP (32)
           20
                  ]

 0021   46 45 48 4C 45 52 ERROR_TEXT  DB 'FEHLER BEI DER
                                          EINGABE !',10,13,'$'
        20 42 45 49 20 44
        45 52 20 45 49 4E
        47 41 42 45 20 21
        0A 0D 24

                              .CODE
 0000                                   INPUT_NUM  PROC
                                         PUBLIC INPUT_NUM
```

```
0000  BA ---- R                 MOV DX,@DATA
0003  8E DA                     MOV DS,DX
0005                          L2: PRINT_?
0005  B2 3F             1           MOV DL,'?'
0007  B4 02             1           MOV AH,PRINT_CHR
0009  CD 21             1           INT DOS
                                INPUT EINGABE_BUF
000B  C6 06 0000 R 20  1        MOV EINGABE_BUF[0],32
0010  BA 0000 R        1                MOV DX,OFFSET EINGABE_BUF
0013  B4 0A            1                MOV AH,INP_STR
0015  CD 21            1                INT DOS
0017  32 ED                     XOR CH,CH
0019  8A 0E 0001 R              MOV CL,EINGABE_BUF[1]
001D  BF 0002                           MOV DI,2
0020  B3 0A                             MOV BL,10
0022  33 F6                             XOR SI,SI
0024  8A 85 0000 R          L1: MOV AL,EINGABE_BUF[DI]
0028  2C 30                     SUB AL,48
002A  72 17                             JC  ERROR
002C  3C 09                             CMP AL,09
002E  7F 13                             JG  ERROR
0030  32 E4                             XOR AH,AH
0032  03 F0                     ADD SI,AX
0034  49                        DEC CX
0035  74 09                     JZ  L3
0037  8B C6                     MOV AX,SI
0039  F6 E3                     MUL BL
003B  8B F0                     MOV SI,AX
003D  47                                    INC DI
003E  EB E4                     JMP L1
0040  8B C6                 L3: MOV AX,SI
0042  C3                        RET
0043  BA 0021 R        ERROR:       MOV DX,OFFSET ERROR_TEXT
0046  B4 09                     MOV AH,PRINT_STR
0048  CD 21                             INT DOS
004A  EB B9                     JMP L2
004C                  INPUT_NUM  ENDP
                       END
```

```
Microsoft (R) Macro Assembler Version 5.10  9/14/88 02:10:54
EINGABEMODUL     11/09/88                              Symbols-1

Macros:

                N a m e                        Lines

INPUT . . . . . . . . . . . . . . . .           8
PRINT_? . . . . . . . . . . . . . . .           3

Segments and Groups:

                N a m e                        Length  Align   Combine Class

DGROUP . . . . . . . . . . . . . . . .      GROUP
  _DATA . . . . . . . . . . . . . . .       003C    WORD    PUBLIC  'DATA'
_TEXT . . . . . . . . . . . . . . . .       004C    WORD    PUBLIC  'CODE'

Symbols:

                N a m e           Type       Value   Attr

DOS . . . . . . . . . . . . . . . .         NUMBER 0021

EINGABE_BUF . . . . . . . . . . . .  L BYTE 0000     _DATA
ERROR . . . . . . . . . . . . . . .  L NEAR 0043     _TEXT
ERROR_TEXT . . . . . . . . . . . . . L BYTE 0021     _DATA
EXIT . . . . . . . . . . . . . . . . NUMBER 004C
INPUT_NUM . . . . . . . . . . . . .  N PROC 0000     _TEXT   Global
Length = 004C
INP_STR . . . . . . . . . . . . . .  NUMBER 000A
L1 . . . . . . . . . . . . . . . . . L NEAR 0024     _TEXT
L2 . . . . . . . . . . . . . . . . . L NEAR 0005     _TEXT
L3 . . . . . . . . . . . . . . . . . L NEAR 0040     _TEXT

PRINT_CHR . . . . . . . . . . . . .  NUMBER 0002
PRINT_STR . . . . . . . . . . . . .  NUMBER 0009
@CODE . . . . . . . . . . . . . . .  TEXT  _TEXT
@CODESIZE . . . . . . . . . . . . .  TEXT  0
@CPU . . . . . . . . . . . . . . . . TEXT  0101h
@DATASIZE . . . . . . . . . . . . .  TEXT  0
@FILENAME . . . . . . . . . . . . .  TEXT  EINGABE
@VERSION . . . . . . . . . . . . . . TEXT  510
```

```
    66 Source  Lines
    77 Total   Lines
    30 Symbols

 47356 + 412257 Bytes symbol space free

     0 Warning Errors
     0 Severe  Errors
```

Jede Zeile des Programmlistings weist folgenden typischen Aufbau auf :

[Zeilennummer] [Offset] [Objectcode] [Anweisung]

Die Zeilennummer wird laufend durchnumeriert und stimmt nicht unbedingt mit der Zeilennummer in der Quelltextdatei überein. Zeilennummern werden im Programmlisting nur aufgeführt, wenn gleichzeitig auch eine Crossreferenz-Datei erzeugt wird, da hier Zeilennummern als Referenz zu den einzelnen Symbolen benötigt werden. Direkt neben der Zeilennummer finden Sie in den meisten Zeilen des Programmlistings eine vierstellige Hexadezimalzahl. Hierbei handelt es sich um den momentanen Stand des Adreßzählers (s.Kapitel 4) d.h. den Offset, der den einzelnen Daten bzw. Opcodes zugeordnet wird. Betrachten Sie dazu einmal das Datensegment. Der ersten DB Anweisung wird der Offset 0, der zweiten DB Anweisung der Offset 1 und der Stringdefinition wird schließlich der Offset 21h zugeordnet. Im Codesegment sieht es genauso aus. Für jedes assemblierte Byte wird der Offset um eins erhöht. Der größte Offset innerhalb des Codesegments ist 4Ch, wobei diese Zahl auch gleichzeitig die Größe des Codesegments festlegt (Sie finden die einzelnen Größen auch unter der Überschrift 'Segment in Groups' weiter unten). Nicht immer kann der Offset schon bei der Assemblierung berechnet werden. In diesem Fall gibt der Assembler die Berechnungsvorschrift für den Offset an.

Neben dem Offset sind die assemblierten Daten bzw. Opcodes der einzelnen Maschinenbefehle aufgeführt. Letztere enthalten von Fall zu Fall zusätzliche Zeichen. So enthalten alle Befehle, die sich auf einen direkten Speicheroperanden beziehen (z.B. 'MOV CL,EINGABE_BUF[1]') ein zusätzliches 'R'. Dieser Buchstabe zeigt an, daß es sich bei der assemblierten Adresse um eine sog. *relozierbare Adresse* handelt. Relozierbare Adressen sind relative Adressen, die vom Linker u.U. noch um einen Offset korrigiert werden müssen. Neben dem 'R' kann das Listing noch weitere Symbole enthalten. So finden Sie z.B. in der Zeile 43 die Zeichenfolge 'BA ---- R'. Hierbei handelt es sich um die

Übersetzung des Befehls 'MOV DX,@DATA'. Die vier waagrechten Striche deuten an, daß die Adresse des Datensegments zum Zeitpunkt des Assemblierens noch nicht bekannt ist und erst vom Linker bzw. vom DOS Lader aufgelöst werden muß. Tabelle 11.1 gibt eine Übersicht über alle Symbole, die in einem Programmlisting vorkommen können.

Tabelle 11.1 Symbole in einem Programmlisting

Zeichen	Bedeutung
R	Relozierbare Adresse *
E	Externe Adresse *
----	Segment oder Gruppenadresse *
=	EQU oder = Anweisung
nn:	Segment-Override-Präfix
nn/	REP oder LOCK Präfix
nn[xx]	DUP Operator, nn Kopien des Wertes xx
n	Erweiterungsebene eines Makros
C	Programmzeile aus einer INCLUDE-Datei
	80386 Größen- oder Adreßpräfix

* werden vom Linker aufgelöst

Erweiterte Makros werden durch eine Nummer gekennzeichnet, die die Verschachtelungstiefe des Makros angibt. Im obigen Beispiel zeigen alle Zeilen mit einer '1' an, daß hier ein Makro eingesetzt wurde, welches nur eine Verschachtelungsebene besitzt. Die in einem Programm verwendeten Makros werden noch einmal in der Makrotabelle zusammengefaßt, wobei auch die Größe der Makrodefinition angegeben wird. Auf die Makrotabelle folgt eine Auflistung der in dem Programm verwendeten Segmente und Gruppen. Zu jedem Segment wird die Größe, der Kombinations- und Ausrichtungstyp sowie der Klassennamen aufgeführt (diese Begriffe werden im Zusammenhang mit den erweiterten Segmentdefinitionen verwendet und erst in Kapitel 12 erläutert). Für den Fall, daß Sie mit den vereinfachten Segmentanweisungen arbeiten, können Sie aus dieser Tabelle entnehmen, welche Segmente bzw. Gruppen vom Assembler erzeugt worden sind. Welche Segment- bzw. Gruppennamen der Assembler wählt, hängt auch von dem verwendeten Speichermodell ab.

An die Segmenttabelle schließt sich die Symboltabelle an. Sie enthält eine alphabetische Auflistung aller in dem Programm verwendeten Symbole (mit Ausnahme von Makros, Strukturen, Records - letztere beiden sind in einer eigenen Tabelle untergebracht -

und Segmenten). Zu jedem Symbol ist der Typ, der Wert und der Name des Segments, in dem das betreffende Symbol definiert wurde, aufgeführt. Des weiteren wird durch einen Typenbezeichner angegeben, ob es sich z.B. um ein globales oder externes Symbol handelt. Eine Auflistung aller in Frage kommenden Typen finden Sie in Tabelle 11.2.

Tabelle 11.2 Typenbezeichner für Symbole

Typ	Bedeutung
L NEAR	Near Label
L FAR	Far Label
N PROC	Near Prozedurlabel
F PROC	Far Prozedurlabel
NUMBER	Absolutes Label
ALIAS	Alias für ein anderes Symbol
OPCODE	Equate für einen Prozessorbefehl
TEXT	Text-Equate
BYTE	Byte
WORD	Wort (Zwei Bytes)
DWORD	Doppelwort (Vier Bytes)
FWORD	Far-Wort (Sechs Bytes)
QWORD	Quad-Wort (Acht Bytes)
TBYTE	Zehn Bytes
Zahl	Länge einer Strukturvariablen

Nach den verwendeten Symbolen werden auch die Text-Equates aufgeführt, die der Assembler dann definiert, wenn Sie mit den vereinfachten Segmentanweisungen arbeiten. Ab der Version 5.1 finden Sie dort auch den Typ der CPU (@Cpu) und die Versionsnummer des Assemblers (@Version).

Am Ende des Programmlistings wird die Assemblerstatistik aufgeführt, die Sie von der Bildschirmausgabe her kennen. Neben der Anzahl der gefundenen Fehler und Warnungen (alle Fehler werden übrigens auch in der Programmzeile angezeigt, in der sie auftreten), finden Sie hier auch Angaben über den noch freien Symbolspeicher. Die erste Zahl bezieht sich auf den Symbolspeicher vom Typ Near (max. 64 KByte), während sich die zweite Zahl auf den Symbolspeicher vom Typ Far bezieht. Diese Größe errechnet sich aus der Größe von MASM, der Größe aller verwendeten MASM Puffer und dem zur Verfügung stehenden Speicher minus dem Symbolspeicher vom Typ Near. Ab der Version 5.0 kann der gesamte verfügbare Arbeitsspeicher als Symbolspeicher genutzt werden.

Die Crossreferenzdatei

Bei einer Crossreferenzdatei handelt es sich um eine alphabetische Liste aller Symbole, die in einem Assemblerprogramm verwendet werden. Zu jedem Symbol sind die Zeilennummern angegeben, in denen eine Referenz auf das Symbol enthalten ist. Eine Crossreferenz ist in erster Linie eine Hilfe zur Fehlersuche, da sich so relativ leicht verfolgen läßt, wo z.B. eine Variable einen fehlerhaften Wert zugewiesen bekommt. Die Crossreferenzdatei wurde bereits beim Aufruf des Assemblers erstellt. Diese Crossreferenzdatei liegt aber noch in einer nicht lesbaren Form vor. Sie muß zunächst mit Hilfe des Programms *CREF* in eine lesbare ASCII-Datei, in das sog. *Crossreferenzlisting*, umgewandelt werden.

CREF wird in der folgenden Form aufgerufen :

CFEF Crossreferenzdatei [,Crossreferenzlisting] [;]

Bei 'Crossreferenzdatei' handelt es sich um den Namen der Crossreferenzdatei, die von MASM erstellt wurde, und die die Endung .CRF trägt. Diese Endung wird von CREF angenommen, wenn Sie an den Dateinamen keine Endung anhängen. Die optionale Angabe 'Crossreferenzlisting' legt den Namen der zu erstellenden Crossreferenzlistingdatei fest. Falls Sie hier keinen Namen, sondern ein Semikolon angeben, setzt CREF den Namen der Crossreferenzdatei ein und hängt an diesen die Endung .REF.

Aufruf von CREF über Prompts

In der einfachsten Form wird CREF durch Eingabe des Dateinamens aufgerufen. Es erscheinen dann folgende Prompts :

A>CREF <Return>

```
Cross-Reference [.CRF] :
Listing [Dateiname.REF] :
```

Beim ersten Prompt erwartet CREF den Namen der vom Assembler erzeugten Crossreferenzdatei. Falls Sie keine Endung festlegen, setzt CREF die Endung .CRF ein. Der zweite Prompt ist optional und erwartet die Eingabe eines Namens für die Datei, die das Crossreferenzlisting enthält. Falls Sie hier keinen Namen angeben, setzt CREF den Dateinamen mit der Endung .REF ein. Wesentlich praktischer ist es allerdings, die notwendigen Angaben in der Kommandozeile festzulegen.

Um unsere Datei *EINGABE.CRF* in ein Crossreferenzlisting umzuwandeln, ist folgender Aufruf notwendig :

```
A>CREF EINGABE;

Microsoft (R) Cross-Reference Utility  Version 5.10
Copyright (C) Microsoft Corp 1981-1985, 1987. All rights reserved.

21 Symbols
```

CREF hat nun eine Datei mit dem Namen EINGABE.REF erzeugt und gibt zum Schluß die Anzahl der Symbole, die das Programm EINGABE enthält, aus.

Abbildung 11.5 Das Crossreferenzlisting zu EINGABE

```
Microsoft Cross-Reference  Version 5.10   Wed Sep 14 12:11:03 1988
EINGABEMODUL     11/09/88

  Symbol Cross-Reference     (# definition, + modification)       Cref-1

@CPU . . . . . . . . . . . . . .      1#
@VERSION . . . . . . . . . . . .      1#

CODE . . . . . . . . . . . . . .      40

DATA . . . . . . . . . . . . . .      28
DGROUP . . . . . . . . . . . . .      43
DOS. . . . . . . . . . . . . . .       3#     48     53     77

EINGABE_BUF. . . . . . . . . . .      29#    51+    52     55     59
ERROR. . . . . . . . . . . . . .      61     63     75#
ERROR_TEXT . . . . . . . . . . .      34#    75
EXIT . . . . . . . . . . . . . .       6#

INPUT. . . . . . . . . . . . . .      11     11#    49
INPUT_NUM. . . . . . . . . . . .      41#    42     79
INP_STR. . . . . . . . . . . . .       4#    52

L1 . . . . . . . . . . . . . . .      59#    72
L2 . . . . . . . . . . . . . . .      45#    78
L3 . . . . . . . . . . . . . . .      67     73#

PRINT_?. . . . . . . . . . . . .      22     22#    45
PRINT_CHR. . . . . . . . . . . .       5#    47
PRINT_STR. . . . . . . . . . . .       7#    76
```

```
_DATA. . . . . . . . . . . . . .    28#
_TEXT. . . . . . . . . . . . . .    40#

21 Symbols
```

Das Lesen des Crossreferenzlistings sollte eigentlich keine Schwierigkeiten bereiten. Zu jedem Symbol finden Sie eine Reihe von Zahlen. Hierbei handelt es sich um Zeilennummern innerhalb des Programmlistings, in denen das betreffende Symbol auftaucht. Wird an die Zeilennummer ein '#' angehängt, so bedeutet dies, daß in dieser Zeile das Symbol definiert wird, wird dagegen ein '+' angehängt, so wird das betreffende Symbol in der angegebenen Zeile geändert (diese Eigenschaft ist ab der Version 5.0 verfügbar - sie wird allerdings nur in der Datei *README.DOC* erwähnt).

Das Linken der drei Module

Bislang liegen die drei Module erst in Form ihrer Objektdateien vor, eine Ausführung ist noch nicht möglich. Der nächste Schritt besteht darin, mit Hilfe des Linkers alle drei Module zu einer Programmdatei zu verknüpfen.

```
A>LINK MAIN + MODUL1 + MODUL2,, /M;
```

Direkt nach LINK folgt dabei der Name der Programmdatei, der in diesem Fall MAIN.EXE lauten soll. Auf den Namen der Programmdatei folgen, jeweils durch ein '+' oder ein Leerzeichen voneinander getrennt, die Namen der einzelnen Objektmodule, die mit der Programmdatei verknüpft werden sollen.

Die MAP Datei

Durch den Aufruf des Linkers in der obigen Form wird eine MAP-Datei erzeugt. Normalerweise enthält eine MAP-Datei lediglich eine Liste aller Segmente. Durch die Option */M* beim Aufruf des Linkers wird zusätzlich bewirkt, daß auch alle globalen Symbole in die MAP-Datei übertragen werden. Die globalen Symbole werden sowohl alphabetisch als auch nach aufsteigender Adresse sortiert. Die MAP-Datei zu dem Modul MAIN.EXE ist in Abbildung 11.6 zu finden.

Abbildung 11.6 MAP-Datei des Moduls MAIN.EXE

```
00000H 000A7H 000A8H _TEXT                   CODE
000A8H 000F1H 0004AH _DATA                   DATA
00100H 001FFH 00100H STACK                   STACK

Origin   Group
000A:0   DGROUP

 Address         Publics by Name

0000:002A       INPUT_NUM
0000:0076       PRINT_NUM
0000:0000  Abs  _edata
000A:0060       _end

 Address         Publics by Value

0000:0000  Abs  _edata
0000:002A       INPUT_NUM
0000:0076       PRINT_NUM
000A:0060       _end

Program entry point at 0000:0010
```

Der erste Teil der MAP-Datei enthält eine Liste aller Segmente. Zu jedem Segment ist die Start- und die Stopadresse sowie die Länge des Segments angegeben. Es handelt sich um die Segmente mit den Namen *_TEXT*, *_DATA* und *STACK*, die durch die Segmentanweisungen *.CODE*, *.DATA* und *.STACK* definiert worden sind. Die Reihenfolge der Segmente in der Liste entspricht der Reihenfolge, wie die einzelnen Segmente vom Linker in die Programmdatei übertragen werden. Im zweiten Teil der MAP-Datei sind alle globalen Symbole aufgelistet. Wie auch in der Programmlisting- bzw. Crossreferenzlistingdatei finden Sie hier einige Symbole, die im Programm gar nicht direkt definiert worden sind. In diesem Fall handelt es sich um die Symbole *_edata* und *_end*, die beide durch die Anweisung *DOSSEG* vom Linker erzeugt wurden. Schließlich gibt die MAP-Datei auch Auskunft über den sog. *Programm entry point*, d.h. den Startpunkt des Programms, der durch das Startpunktlabel nach der END Anweisung festgelegt wird. Er beträgt in diesem Fall 10h. Auch dieser Offset von 16 wird vom Linker aufgrund der DOSSEG Anweisung bei den Speichermodellen Small und Compact erzeugt, um eine Kompatibilität zu den Microsoft Hochsprachencompilern herzustellen.

11.4 Wo ist der Fehler ? - Arbeiten mit CodeView

Nachdem das Programm nun in Form einer ausführbaren EXE-Datei vorliegt, steht dem Starten und Testen des Programms nichts mehr im Wege. Der Start erfolgt einfach durch Eingabe des Dateinamens :

```
A>MAIN
?
```

Wie erwartet erscheint das Fragezeichen und das Programm wartet auf eine Eingabe. Nach Eingabe der Zahl

```
?1234
```

wird als Ergebnis die Zahl '1235', d.h. die eingegebene Zahl plus 1, ausgegeben. Das Programm scheint zu funktionieren. Doch bei einem Testlauf sollte man es nie belassen. Der zweite Versuch zeigt, daß die Vorahnung berechtigt war :

```
A>MAIN
?12345
2106
```

Sie sehen, das Programm arbeitet alles andere als korrekt[1]. Was ist nun zu tun ? Zum einen könnte man sich ja das Programmlisting noch einmal in Ruhe anschauen. Im obigen Beispiel würde das sicher helfen. In größeren Programmen ist diese Methode nicht in jedem Fall zu empfehlen, da sie einfach zu zeitaufwendig ist. Hier ist es ratsamer sich eines Programms zu bedienen, daß zum Aufspüren von Programmfehlern ideal geeignet ist. Die Rede ist von CodeView, dem Microsoft Universal Debugger für BASIC, C-, FORTRAN-, PASCAL- und natürlich Assemblerprogramme. Es soll an dieser Stelle darauf verzichtet werden, alle Leistungsmerkmale dieses Programms aufzuzählen (Sie finden eine Auflistung der wichtigsten Befehle im Anhang B). Statt dessen wollen wir den Sprung ins kalte Wasser wagen und CodeView einfach einmal starten (wenn Sie bereits mit DEBUG oder SYMDEB gearbeitet haben, haben Sie es leichter, da CodeView die gleichen bzw. ähnliche Befehlsabkürzungen verwendet).

1 zugegeben, der Trick war etwas plump.

Vorbereitung für das Arbeiten mit CodeView

Bevor man CodeView aufrufen kann, sind noch einige Vorbereitungen zu treffen. Zuerst einmal müssen in unserem Fall alle Module neu assembliert werden. Diesmal aber mit der Option /ZI, die die Zeilennummerinformation sowie die Typen der verwendeten Symbole in die Objektdatei überträgt :

A>MASM EINGABE /ZI;

A>MASM AUSGABE /ZI;

A>MASM MAIN /ZI;

Wie Ihnen vielleicht aufgefallen ist, haben die einzelnen Objektdateien vom Umfang her stark zugenommen. Das ist auch kein Wunder, denn sie enthalten ja einige zusätzliche Informationen.

Hinweis : Um alle Möglichkeiten des CodeView Debuggers nutzen zu können, sollten Sie das Assemblerprogramm mit MASM Version 5.0 oder höher assemblieren. Zwar können auch Programme, die z.B. mit MASM 4.0 assembliert worden sind, verarbeitet werden, doch lassen sich so die wichtigsten Eigenschaften von CodeView nicht oder nur stark eingeschränkt nutzen, da die benötigten Informationen nicht zur Verfügung stehen.

Auch das Linken muß wiederholt werden, denn der Linker benötigt die Option /CO um eine Objekt-Datei CodeView gerecht aufzubereiten :

A>LINK MAIN + EINGABE + AUSGABE /CO;

Hinweis : Für das Linken ist in jedem Fall der Linker Version 3.60 oder höher erforderlich.

Starten von CodeView

Der Debugger CodeView liegt in Form einer Datei mit dem unscheinbaren Namen *CV.EXE* auf der Diskette vor. Falls Sie die on-line Hilfefunktion in Anspruch nehmen möchten, benötigen Sie des weiteren eine Datei mit dem Namen *CV.HLP*. Wie die Datei CV.EXE sollte sich auch die Datei CV.HLP entweder im augenblicklichen Verzeichnis oder in einem Verzeichnis, das über einen durch das DOS Kommando *PATH* festgelegten Suchpfad angesprochen werden kann, befinden. Der Debugger wird durch das Kommando

A>CV MAIN

aufgerufen, wobei sich die Datei *MAIN.EXE* in dem augenblicklichen Verzeichnis bzw. in einem Verzeichnis, welches beim Assemblieren als Zielverzeichnis für die Programmdatei festgelegt wurde, befinden muß. Zwar können auch COM-Dateien mit CodeView bearbeitet werden (in diesem Fall muß aber die Endung .COM mit angegeben werden), da aber COM-Dateien keine symbolischen Informationen enthalten, lassen sich viele Features von CodeView nicht nutzen.

Nach dem Starten des Debuggers erscheint auf dem Bildschirm ein Bild, wie es in Abbildung 11.7 zu sehen ist. Auch wenn der Bildschirm auf den ersten Blick recht unübersichtlich zu sein scheint, besitzt er eine relativ einfache Struktur. Der gesamte Bildschirm ist im wesentlichen in drei Fenster unterteilt. Ein Fenster enthält den momentanen Ausschnitt aus der Quelltextdatei, das zweite Fenster zeigt die momentanen Registerinhalte an, während es sich bei dem dritten Fenster um das Kommandofenster handelt. Hier werden die CodeView Kommandos eingegeben. Jedes dieser Fenster kann bei Bedarf ein- bzw. ausgeschaltet werden. Zusätzlich kann das Kommando- und das Ausgabefenster vergrößert oder verkleinert werden.

In der obersten Zeile des Bildschirms sehen Sie die Menüzeile, mit den einzelnen Optionen. Der erste Buchstabe jeder Option ist hell hervorgehoben. Durch Betätigen der Alt-Taste zusammen mit einem dieser Buchstaben können Sie die dazugehörige Menüleiste öffnen und dort mit Hilfe der Cursortasten (wie z.B. in QuickC) einen der Menüpunkte aktivieren. Einzelne Menüpunkte können teilweise auch direkt über eine spezielle Tastenkombination aktiviert werden.

Wie bereits erwähnt, soll es in diesem Kapitel nicht um eine Übersicht der einzelnen CodeView Kommandos gehen (diese werden in Anhang B besprochen). Vielmehr werden nur die Kommandos besprochen, die zum Auffinden des Fehlers nützlich sein können. Tabelle 11.3 enthält eine Liste der (lebens-) wichtigsten CodeView Kommandos, die fürs erste ausreichen sollten. Das

Abbildung 11.7 Die CodeView Oberfläche

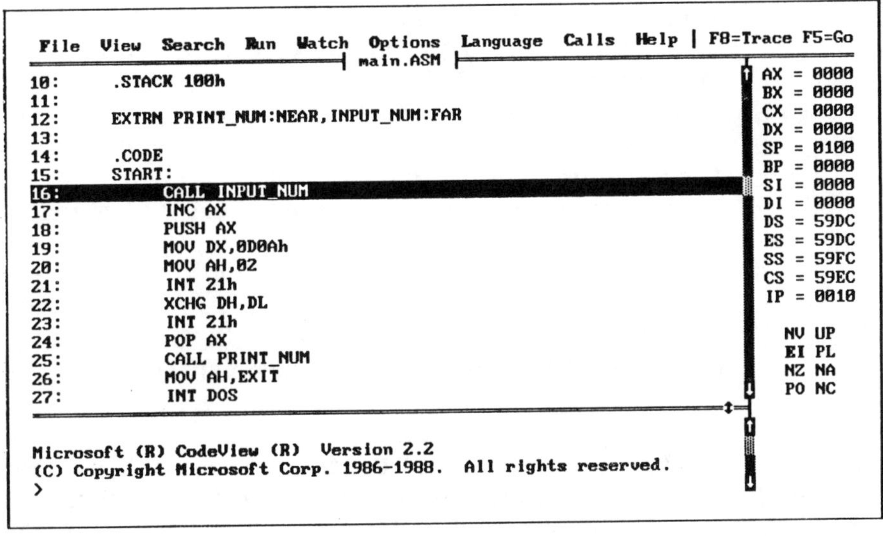

wichtigste Kommando ist das Einzelschritt-Kommando zum Ausführen eines einzelnen Programmbefehls. Es wird entweder über die **F8**-Taste oder durch Eingabe eines 'T' ausgeführt und bewirkt, daß der Befehl in der invers dargestellten Zeile ausgeführt wird.

Tabelle 11.3 Die wichtigsten CodeView Kommandos

Taste	Funktion
F1	On-line Hilfe
F2	Registerfenster ein/aus
F3	Umschalten zwischen Quelltext und Maschinencode Ebene
F4	Umschalten zwischen CodeView und Ausgabebildschirm
F5	Starten des Programms
F6	Umschalten zwischen Programm- und Kommandofenster
F8	Einzelschritt
F9	Setzen eines Haltepunktes
F10	Einzelschritt, allerdings werden z.B. Unterprogramme in einem Schritt durchlaufen

Mit Hilfe der **F8**-Taste (bzw. der **F10**-Taste) kann nun das Programm im Einzelschritt-Modus durchlaufen werden. Dabei wird jede Änderung innerhalb eines der Register bzw. jedes Ändern eines Flags, wie auch bei DEBUG, im Registerfenster angezeigt. Eine Ausnahme stellen jedoch Makroaufrufe dar. Diese können, genauso wie der Inhalt von INCLUDE-Dateien, nicht im Einzelschritt durchlaufen werden. Sobald CodeView auf einen Makroaufruf trifft, wird der Inhalt des Makros in einem Schritt ausgeführt.

Der Fehler wird aufgespürt

Programmfehler findet man zwar meistens eher zufällig, doch sollte man sich nicht immer auf sein Glück verlassen. Oft ist es ratsam, sich eine kleine Fehlersuchstrategie zu überlegen. Diese Strategie, die sich natürlich immer an den Programmbesonderheiten bzw. den beobachteten Fehlern und ersten Vermutungen orientieren wird, soll im folgenden entwickelt werden. Wie wir gesehen haben verarbeitet das Programm kleinere Zahlen einwandfrei, ab einer bestimmten Größe jedoch kommt es zu Fehlern. Eine erste Vermutung könnte darin bestehen, daß nicht alle Zeichen korrekt aus dem Eingabepuffer übertragen werden.

Vermutung 1 : Die Zeichen werden nicht korrekt aus dem Eingabepuffer übertragen.

Diese Vermutung läßt sich auf verschiedene Weise verifizieren. Oberster Grundsatz soll jedoch immer die eigene Bequemlichkeit sein, d.h. wir wollen möglichst viel Arbeit dem Debugger übertragen. Die naheliegendste Vorgehensweise besteht wahrscheinlich darin, einen sog. *Haltepunkt* (engl. Breakpoint) zu setzen. Jeder Programmzeile kann im Prinzip ein Haltepunkt (bei CodeView dürfen es max. 20 sein) zugeordnet werden. Trifft der Debugger auf eine Zeile mit einem Haltepunkt, so hält er das Programm an[1]. Sinnvoll wäre es im obigen Beispiel nach der Anweisung

```
MOV AL,EINGABE_BUF[DI]
```

einen Haltepunkt zu setzen, da sich dann im AL-Register ein Zeichen aus dem Eingabepuffer befindet. Bevor dieser Haltepunkt allerdings gesetzt wird, sollten wir uns zunächst davon überzeugen, daß EINGABE_BUF den gewünschten Inhalt enthält. Nach Starten des Programms mit **F5** und Eingabe der Zahl '12345' können wir uns den Inhalt von EINGABE_BUF durch folgendes Kommando ausgeben lassen :

```
>D EINGABE_BUF L 8

20 05 31 32 33 34 35 0D
```

Sie sehen, anders als bei DEBUG können hier auch symbolische Werte als Parameter angegeben werden. Wie sich leicht erkennen läßt, wurden alle Zeichen korrekt im Eingabepuffer abgelegt. Außerdem enthält das erste Byte die maximale Länge des Puffers (32), während das zweite Byte die Anzahl der eingegebenen Zeichen enthält (in diesem Fall 5). Nun kann die Frage beantwortet werden, ob denn alle Zeichen korrekt aus dem Eingabepuffer gelesen werden. Dazu muß zunächst aber das Programm erneut geladen werden, was durch Eingabe eines 'L' geschieht[2].

Um den Haltepunkt zu setzen, ist es notwendig, mit **F6** in das Programmfenster zu gelangen. Bewegen Sie jetzt mit Hilfe der Cursortasten den Cursor auf die Zeile 'SUB AL,48', denn dies ist die Programmzeile, die unmittelbar auf 'MOV AL,EINGABE_BUF[DI]'folgt. Sobald Sie die gewünschte Zeile erreicht haben, kann durch **F9** ein Haltepunkt gesetzt werden (der gesetzte Haltepunkt wird dadurch angezeigt, daß der betreffende Befehl hell hervorgehoben wird). Jetzt können Sie das Programm mit **F5** starten. Jedesmal wenn CodeView an die markierte Programmstelle kommt, wird die Programmausführung unterbrochen. Achten Sie dabei vor allem auf den Inhalt des AL-Registers, denn hier wird

1 die Frage "Halten oder nicht" läßt sich auch von einer Bedingung abhängig machen bzw. erst nach dem n-ten Durchlauf entscheiden.

2 Wie auch bei DEBUG muß ein Programm nach seiner Ausführung erst einmal initialisiert werden.

ja das übertragene Zeichen gespeichert. Die Programmausführung kann durch erneutes Betätigen von **F5** fortgesetzt werden.

Beobachtung : In das AL-Register werden nacheinander die Werte 31, 32, 33, 34 und 35 übertragen. Das heißt, dieser Programmteil ist für das Fehlverhalten nicht veranwortlich. Wir benötigen daher eine weitere Vermutung.

Vermutung 2 : Bei der Multiplikation entstehen falsche Ergebnisse.

Um diese Vermutung zu überprüfen, könnten wir im Prinzip wieder einen Haltepunkt setzen (denken Sie daran, daß der zuvor gesetzte Haltepunkt - z.B. durch *ALT+R* und dann *C* - wieder gelöscht werden muß). Es geht aber auch noch eleganter. Eine der leistungsfähigsten Eigenschaften von CodeView sind die sog. *Tracepunkte*. Ein Tracepunkt[1] ist ein Haltepunkt, der immer dann aktiviert wird, wenn eine festgelegte Variable oder ein festgelegter Speicherbereich geändert wird. Damit kann eine Variable oder ein Speicherbereich systematisch überwacht werden. Für unsere Zwecke ist der Tracepunkt eigentlich nicht brauchbar, denn dieser arbeitet nur mit Speicherwerten. Unser Programm hält dagegen alle wichtigen Zwischenergebnisse in internen Prozessorregistern. Um dennoch die Vorteile eines Tracepunktes nutzen zu können, bleibt nichts anderes übrig, als im Modul EINGABE.ASM eine zusätzliche Variable einzufügen. Rufen Sie daher Ihren Editor auf, und nehmen Sie folgende Änderungen vor :

1. Definieren Sie im Datensegment eine Variable *HILF* :

```
HILF  DW  0
```

2. Fügen Sie im Programm nach der Anweisung 'MOV SI,AX' folgende Anweisung ein :

```
MOV HILF,AX
```

Damit wird das im AX-Register errechnete Produkt auch in die Variable HILF übertragen und kann nun von einem Tracepunkt überwacht werden.

Nachdem Sie diese Änderungen durchgeführt haben, muß das Modul EINGABE.ASM wie bereits beschrieben assembliert werden. Des weiteren müssen Sie auch den Linker erneut bemühen, um die Programmdatei auf den neuesten Stand zu bringen. Vergessen Sie auch diesmal die Option /CO nicht, ohne die CodeView nicht die

---

1 hier handelt es sich um eine neue Wortschöpfung, sinngemäß könnte man auch Spurpunkt sagen.

symbolischen Informationen zur Verfügung stehen. Nachdem CodeView erneut aufgerufen wurde, sind wir wieder am gleichen Punkt angelangt, wo wir nach der Überprüfung der ersten Vermutung angelangt waren. Diesmal verfügen wir aber über eine Variable HILF, auf die jetzt CodeView bzw. ein Tracepunkt angesetzt wird.

Setzen eines Tracepunktes

Betätigen Sie die Tastenkombination *ALT+W*, um einen Tracepunkt zu setzen. Zunächst einmal erscheint ein Pull-Down Menue mit folgenden Optionen :

Add Watch	Ctrl+W
Watchpoint...	
Tracepoint...	
Delete Watch	Ctrl+U
Delete all Watch	

In jedem der Menuepunkte ist ein Buchstabe hell hervorgehoben. Dieser Buchstabe muß eingegeben werden, um die entsprechende Funktion auszulösen. Geben Sie daher ein 'T' ein, um einen Tracepunkt zu setzen. Auf dem Bildschirm öffnet sich ein kleines Fenster, in das Sie den Namen der Variablen HILF eingeben. Nach dem Betätigen der Return-Taste erscheint im oberen Teil des Bildschirms ein neues Fenster, in dem der momentane Inhalt der Variablen HILF zu sehen ist. Nun können Sie erneut das Programm mit **F5** durchlaufen. Jedesmal, wenn der Wert von HILF geändert wird, hält das Programm an und zeigt den momentanen Wert im oberen Fenster an. Wir wollen im folgenden den Wert von HILF genau betrachten. Ausgehend von der Eingabe '12345' enthält HILF nacheinander folgende Werte : 000Ah (10 dez), 000Ch (12 dez), 0078h (120 dez), 04CEh (1230 dez) und 0834h (2100 dez) !!!

Damit ist der Fehler lokalisiert. Bis zur dritten Multiplikation geht alles gut, bei der vierten Multiplikation dagegen bekommen wir ein fehlerhaftes Ergebnis. Bei der Suche nach der Ursache für dieses Fehlverhalten kann diesmal CodeView nicht helfen. Hier hilft höchstens Nachdenken bzw. ein Blick in die Befehlstabelle der 8086/88 Prozessoren. Dazu ein kleiner Tip : Schreiben Sie sich einmal die Wirkung des Befehls 'MUL BL' auf einem Blatt Papier auf. Richtig, dieser Befehl multipliziert den Inhalt des AL-Registers mit dem Inhalt des BL-Registers (in diesem Fall 10) und legt das 16-Bit Ergebnis im AX-Register ab. Der Inhalt des AL-Registers kann aber nicht größer als 255 werden. Damit ist auch die

Ursache (hoffentlich) klar. Sobald das Zwischenergebnis im AL-Register größer als 255 wird, kann es nicht mehr korrekt weiterverarbeitet werden und es entsteht ein falsches Ergebnis. Bei kleineren Zahlen kann dieser Fehler nicht auftreten. Erst Zahlen ab 2559 werden nicht mehr korrekt verarbeitet, da die Zahl 256 (die dann mit 10 multipliziert werden müßte) nicht mehr im AL-Register dargestellt werden kann.

Ende gut, alles gut. Bleibt nur noch zu überlegen, wie der Fehler behoben werden muß. Dazu reicht es eigentlich aus, den Befehl 'MUL BL' durch den Befehl 'MUL BX' und zwangsläufig auch den Befehl 'MOV BL,10' durch den Befehl 'MOV BX,10' auszutauschen.

Der letzte Abschnitt sollte Ihnen an einem Beispiel aus der Praxis die Fehlersuche mit Hilfe des Debuggers demonstrieren. Auch wenn das Beispiel zugegebenermaßen ein wenig konstruiert war (im richtigen Leben werden es Ihnen die Programmfehler nicht so leicht machen), so hat es Sie doch hoffentlich eindrucksvoll von der Nützlichkeit des CodeView Debuggers überzeugt[1]. Es sei an dieser Stelle noch einmal auf den Anhang B hingewiesen, der eine Übersicht über die wichtigsten CodeView Befehle enthält. Nachdem der Werdegang eines Assemblerprogramms von dem Erstellen der Quelltextdatei bis zur Fehlersuche in den letzten Abschnitten an einem Beispiel demonstriert wurde, soll im nächsten Abschnitt ein Programm vorgestellt werden, das zwar nicht unbedingt für die Erstellung eines lauffähigen Programms benötigt wird, das aber erheblich zur Arbeitserleichterung beitragen kann.

11.5 Der Librarymanager nimmt Ihnen Arbeit ab

Das vorangegangene Beispiel hat hoffentlich deutlich gemacht, wie nützlich es ist, ein einzelnes Programm in mehrere Teilmodule aufzuteilen, diese getrennt zu assemblieren und später mit Hilfe des Linkers zu einer einzigen Programmdatei zu verknüpfen. Jedes andere Programm, das später eines dieser Module benötigt, kann

1 seine wahren Stärken offenbart CodeView eigentlich erst richtig beim Debuggen von Hochsprachenprogrammen.

die gewünschte Funktion durch einen einfachen *CALL* Befehl aufrufen. Voraussetzung ist lediglich, daß der aufgerufene Funktionsname als extern deklariert und das Modul, welches diese Funktion enthält, dem Linker zur Verfügung gestellt wurde.

Dennoch ist es nicht immer ganz einfach, bei mehreren Dutzend Objektdateien und mindestens ebensovielen Programmroutinen die Übersicht zu behalten. Wie schön wäre es doch, wenn es ein Programm gäbe, das alle vorhandenen Objektdateien in einer einzigen Programmdatei zusammenfaßt und diese Dateien bei Bedarf nach einer aufgerufenen Programmroutine durchsucht und diese auch dem Linker zur Verfügung stellt. Nun, ein solches Programm gibt es. Es ist der Library Manager (*LIB.EXE*), ein Hilfsprogramm des Makroassemblers zur Verwaltung von sog. *Programmbibliotheken*. Bei einer Programmbibliothek handelt es sich um eine Sammlung von bereits assemblierten (oder compilierten) Routinen, die bei Bedarf in ein Programm eingebunden werden. Wird eine Programmbibliothek mit einem anderen Programm verknüpft, so kann dieses Programm Funktionen aus der Bibliothek so aufrufen, als würden die Funktionen in dem Programm selber definiert sein. Es ist die Aufgabe des Linkers, diese externen Funktionsaufrufe in dem Bibliotheksmodul zu finden und aufzulösen. Programmbibliotheken werden aus Objektdateien aufgebaut und tragen üblicherweise die Endung .LIB. Wird eine Objektdatei einer Programmbibliothek einverleibt, wird es als Objektmodul bezeichnet. Anders als Objektdateien werden Objektmodule nicht mehr über einen Suchpfad, sondern nur noch über einen Namen angesprochen.

Es ist die Aufgabe von LIB, die einzelnen Objektmodule innerhalb einer Programmbibliothek zu verwalten. Zu den Aufgaben von LIB gehören im einzelnen :

- Erstellen von Bibliotheken
- Hinzufügen neuer Objektmodule
- Löschen von Objektmodulen
- Austauschen von Objektmodulen
- Umwandeln eines Objektmoduls in eine Objektdatei
- Verknüpfen von Bibliotheksdateien
- Durchführung eines Konsistenztests

Aufruf von LIB

Wie fast jedes der Assembler-Dienstprogramme kann auch LIB auf verschiedene Weise aufgerufen werden. Im folgenden soll gezeigt werden, wie sich die beiden Objektdateien *EINGABE.OBJ* und

AUSGABE.OBJ mit Hilfe von LIB in eine Programmbibliothek einbinden und wie sich die erstellten Objektmodule nutzen lassen.

Geben Sie für den Aufruf von LIB zunächst einfach seinen Namen ein. LIB meldet sich daraufhin mit der üblichen Titelzeile und gibt einen Prompt aus :

```
Microsoft (R) Library Manager  Version 3.10
Copyright (C) Microsoft Corp 1983-1988.  All rights reserved.

Library name :
```

An dieser Stelle wartet LIB auf die Eingabe des Bibliotheksnamens. Da noch keine Bibliotheksdatei existiert, muß eine solche erst angelegt werden. Diese Aufgabe übernimmt LIB für Sie, doch zunächst muß der Name einer Datei eingegeben werden :

```
Library name : MODULE1
```

LIB prüft, ob bereits eine Bibliothek mit den Namen *MODULE1-.LIB* existiert. Da dies nicht der Fall ist, erscheint als nächstes der Prompt :

```
Library file does not exist. Create ?
```

Beantworten Sie diese Frage mit einem 'Y'. Daraufhin erstellt LIB die angegebene Datei und gibt den nächsten Prompt aus :

```
Operations :
```

Nun können Sie eine Operation durchführen. Eine Liste aller zur Verfügung stehenden Kommandos finden Sie in Tabelle 11.4. Da wir eine neue Objektdatei in die Bibliothek aufnehmen möchten ist dafür das Kommando '+' zuständig, auf das der Name der Objektdatei folgen muß :

```
Operations : +EINGABE
```

Die Angabe einer Dateierweiterung ist nicht notwendig, falls die Datei die Endung .OBJ besitzt. Damit wäre die Operation abgeschlossen. Der nächste Prompt :

```
List File :
```

erwartet die Eingabe eines Namens für die List-Datei. Hierbei handelt es sich um eine Art Inhaltsverzeichnis der betreffenden

Bibliothek, in der alle Programmroutinen der einzelnen Objektmodule aufgelistet sind. Die List-Datei (die in diesem Zusammenhang auch als Crossreferenzlisting-Datei bezeichnet wird) enthält eine Liste aller als global deklarierten Symbole und aller Module innerhalb der betreffenden Bibliothek. Beantworten Sie diesen Prompt durch die Eingabe eines Dateinamens wie z.B. :

```
List File : MODULE1.LBL
```

Beachten Sie, daß die Dateierweiterung hier frei gewählt werden kann, sie können also für die List-Datei eine beliebige Endung wählen. Nun verfügt LIB über alle Angaben und beginnt die angegebene Objektdatei in die Bibliothek zu integrieren.

Tabelle 11.4 LIB Kommandos

Kommando	Bedeutung
+	Integriert die folgende Objektdatei in die Bibliothek. Für die Objektdatei kann ein Pfadname angegeben werden. Durch dieses Kommando können auch zwei Bibliotheksdateien verknüpft werden.
-	Löscht ein Modul aus einer Bibliothek. Da es sich um ein Modul handelt, kann kein Pfadname angegeben werden.
-+	Tauscht ein Modul in einer Bibliothek durch ein anderes aus. LIB löscht das angegebene Modul und ersetzt es durch eine Objektdatei mit dem gleichen Namen. Die Objektdatei muß sich im aktuellen Verzeichnis befinden.
*	Kopiert ein angegebenes Modul in eine Objektdatei mit dem gleichen Namen und der Endung .OBJ in das aktuelle Verzeichnis.
-*	Transportiert das angegebene Modul in eine Objektdatei mit dem gleichen Namen, wobei das Modul gleichzeitig aus der Bibliothek entfernt wird.

Da die Datei *EINGABE.OBJ* nun glücklich in der Bibliothek mit dem Namen *MODULE1.LIB* untergebracht ist, können wir das ganze noch einmal probieren, diesmal aber mit der Datei *AUSGABE.-OBJ*. Rufen Sie dazu LIB noch einmal auf und beantworten Sie die einzelnen Prompts in der angegebenen Art und Weise :

```
Microsoft (R) Library Manager  Version 3.10
Copyright (C) Microsoft Corp 1983-1988.  All rights reserved.

Library name : MODULE1  <Return>
Operations : +AUSGABE  <Return>
List file : MODULE1.LBL  <Return>
Output library : MODULE1  <Return>
```

Anders als beim ersten Durchlauf erscheint diesmal der Prompt 'Output Library :'. Hierbei handelt es sich um den Namen der Bibliothek, mit der die Veränderungen durchgeführt werden sollen. Falls Sie hier einen anderen Namen eingegeben hätten, würde LIB eine neue Bibliothek erstellen und die alte Bibliothek unverändert lassen. Ansonsten werden die Änderungen in der alten Bibliothek abgespeichert. Allerdings steht die alte Bibliothek auch danach in Form einer Datei mit dem gleichen Namen aber der Endung .BAK zur Verfügung.

Jede Änderung innerhalb einer Bibliothek wird in der List-Datei vermerkt, sofern Sie eine angegeben haben. Der Aufbau der List-Datei der Bibliothek MODULE1.LIB nach dem zweiten Aufruf ist in Abbildung 11.8 zu finden.

Abbildung 11.8 Inhalt der Datei MODULE1.LBL

```
INPUT_NUM.........eingabe           PRINT_NUM.........ausgabe


eingabe           Offset: 00000010H  Code and data size: f0H
  INPUT_NUM

ausgabe           Offset: 000002b0H  Code and data size: 88H
  PRINT_NUM
```

Wie aus der Abbildung 11.8 hervorgeht, enthält die Listdatei zum einen eine Liste der vorhandenen globalen Symbole zusammen mit dem dazugehörigen Modulnamen. Zum anderen enthält die Listdatei eine Liste der gespeicherten Module zusammen mit der Startadresse und der Größe des jeweiligen Moduls. Zusätzlich zu jedem Modul sind wiederum die einzelnen globalen Symbole aufgeführt, die in dem Modul enthalten sind.

Allgemeiner Hinweis : Wenn auf den Bibliotheksnamen beim ersten Prompt ein ';' folgt, führt LIB einen sog. Konsistenztest durch, d.h. es prüft gewissenhaft, ob alle Module innerhalb der Bibliothek in einem ordnungsgemäßen Zustand vorliegen. Sie erhalten eine Fehlermeldung, falls sich ein Modul in einem nicht aufrufbaren Zustand befindet. Für den Fall, daß nach dem Aufruf von LIB mehrere Kommandos durchgeführt werden sollen, können die einzelnen Kommandos durch ein '&'-Zeichen miteinander verbunden werden.

Nachdem wir uns soviel Arbeit mit dem Erstellen einer Bibliothek gemacht haben, muß es auch einen praktischen Nutzen haben. Wie kann auf die Module in einer Programmbibliothek zugegriffen werden ? Vielleicht erinnern Sie sich ja noch an die einzelnen Prompts, die LINK bei seinem Aufruf ausgibt. War da nicht ein Prompt, bei dem nach einer Library-Datei gefragt wird ?[1]. Im folgenden soll noch einmal LINK aufgerufen werden, um aus den Modulen EINGABE.OBJ, AUSGABE.OBJ und MAIN.OBJ wieder eine Programmdatei zu machen. Allerdings werden die beiden Objektmodule EINGABE.OBJ und AUSGABE.OBJ diesmal nicht direkt angegeben, sondern indirekt in Form der Programmbibliothek MODULE1.LIB. Sehen Sie selbst :

```
Microsoft (R) Overlay Linker  Version 3.64
Copyright (C) Microsoft Corp 1983-1988.  All rights reserved.

Object Modules [.OBJ]: MAIN  <Return>
Run File [MAIN.EXE]:  <Return>
List File [NUL.MAP]:  <Return>
Libraries [.LIB]:  MODULE1  <Return>
```

Nach Angabe der Bibliotheksdatei MODULE1 als Antwort auf den Prompt 'Libraries [.LIB]:' erzeugt LINK anstandslos die Programmdatei MAIN.EXE, wobei es sich die benötigten Routinen aus der Programmbibliothek MODULE1.LIB heraussucht. Das Erstellen und vor allem die regelmäßige Pflege, d.h. die Aktualisierung einer Programmbibliothek scheint auf den ersten Blick mehr Arbeit zu erfordern. Steht aber erst einmal eine Programmbibliothek, wird das Einbeziehen von Objektmodulen stark vereinfacht, da Sie sich um keine Modulnamen mehr kümmern müssen.

1 Falls Sie sich nur noch schemenhaft erinnern können, werfen Sie noch einmal einen Blick in Kapitel 1.

KAPITEL 12

MEHR ÜBER SEGMENTE

12.1 Einleitung

Die vereinfachten Segmentanweisungen, die ab der Version 5.0 zur Verfügung stehen, lassen sich zwar problemlos einsetzen, aber ihr Anwendungsbereich ist eingeschränkt. Für die meisten Assemblerprogramme mag das akzeptabel sein, dennoch gibt es einige Fälle, in denen der Programmierer eine volle Kontrolle über die Segmente eines Programms benötigt. In diesem Kapitel werden die erweiterten Segmentanweisungen vorgestellt, die dem Programmierer die Möglichkeit geben, zahlreiche Parameter festzulegen, die bislang indirekt durch die .MODEL Anweisung bestimmt wurden. Sie lernen in diesem Zusammenhang auch, wie mehrere Segmente zu einer Gruppe zusammengefaßt werden können und welcher Nutzen sich daraus ergibt. Daneben sollen auch die Hintergründe der vereinfachten Segmentanweisungen betrachtet werden. Von diesen Kenntnissen profitieren auch Anwender älterer MASM Versionen, da sie zum einen Programme, die noch unter Version 4.0 oder älter erstellt worden sind auf die neuen Versionen anpassen können und zum anderen Programme mit den vereinfachten Segmentanweisungen leichter für die Version 4.0 oder älter umschreiben können. Zum Schluß wird gezeigt, wie sich die vereinfachten Segmentanweisungen auch innerhalb von COM-Dateien einsetzen lassen.

Folgende neue Anweisungen werden vorgestellt :

SEGMENT	ENDS	ASSUME	GROUP

12.2 Die erweiterten Segmentanweisungen

Die erweiterten Segmentanweisungen erlauben eine sehr viel umfangreichere Kontrolle über die Anordnung und die Verknüpfung der einzelnen Segmente in der späteren Programmdatei, als die vereinfachten Segmentanweisungen. Während sich dort in der Regel nur Segmente mit vorgegebenen Namen und vorgegebenen Eigenschaften definieren ließen, stellen es die erweiterten Segmentanweisungen dem Programmierer völlig frei, welchen Namen oder welche Eigenschaften er einem Segment gibt. Im Mittelpunkt stehen die Anweisungen *SEGMENT* und *ENDS*, die den Beginn und das Ende eines Segments festlegen und dem Segment einen Namen geben. Auf die SEGMENT Anweisung können optionale Parameter folgen, die z.B. festlegen in welcher Reihenfolge die einzelnen Segmente in die Programmdatei übertragen werden oder auf welche Weise Segmente mit dem gleichen Namen verknüpft werden.

Um Ihnen die Umstellung zu erleichtern bzw. um Unterschiede und Gemeinsamkeiten zwischen den vereinfachten und den erweiterten Segmentanweisungen besser zu veranschaulichen, finden Sie in Abbildung 12.1 das Assemblerprogramm aus Kapitel 2, diesmal allerdings unter Verwendung der erweiterten Segmentanweisungen. Eine Besprechung des Programms findet aber erst am Ende dieses Abschnittes statt, nachdem die dazu erforderlichen Anweisungen vorgestellt wurden.

Abbildung 12.1 Beispiel für die erweiterten Segmentanweisungen

```
TITLE  KLEINE  ZAEHLSCHLEIFE      7/09/88

STACK  SEGMENT  STACK             ; Es wird ein 256 Byte Segment
       DW 100 DUP (?)             ; für den Stack definiert
STACK  ENDS

DATEN  SEGMENT                    ; Hier beginnt das Datensegment
   TEXT1  DB 10,13,'ANZAHL DER DURCHLÄUFE (0-9) ?','$'
   TEXT2  DB 10,13,'HALLO MAKROASSEMBLER !!',10,13,'$'
DATEN  ENDS

CODE   SEGMENT                    ; Und hier das Programmsegment
       ASSUME CS:CODE,DS:DATEN
START  LABEL NEAR
         MOV DX,DATEN             ; DS-Register initialisieren
         MOV DS,DX
```

```
L1:     MOV DX,OFFSET TEXT1    ; Adresse des ersten Strings
        MOV AH,09
        INT 21h                ; String ausgeben
        MOV AH,01              ; Auf Eingabe eines Zeichens
        INT 21h                ; warten
        SUB AL,48              ; ASCII in Zahl umwandeln
        JC L1                  ; Zahl negativ, noch einmal
        JZ L1                  ; Zahl Null, noch einmal
        CMP AL,9               ; Zahl > 9 ?
        JG L1                  ; Ja, noch einmal
        XOR CX,CX              ; CX-Register auf Null
        MOV CL,AL              ; Zahl in Schleifenzähler
        MOV DX,OFFSET TEXT2    ; Adresse des zweiten Strings
        MOV AH,09              ; String ausgeben
L2:     INT 21h
        LOOP L2                ; CX minus 1 und testen, ob Null

        MOV AH,4Ch             ; Rückkehr ins DOS
        INT 21h
CODE    ENDS

END START                      ; Ende des Programms
```

12.2.1 Die SEGMENT Anweisung

Durch die SEGMENT Anweisung wird die Definition eines Segments eingeleitet. Der Anweisung geht ein Name voraus, der dem zu definierenden Segment zugeordnet wird. Weiterhin können der SEGMENT Anweisung optionale Parameter folgen, die die Anordnung der einzelnen Segmente im Speicher oder die Art und Weise, wie einzelne Segmente miteinander kombiniert werden, festlegen. Beendet wird die Definition eines Segments durch die Anweisung ENDS, der wiederum der Segmentname vorausgehen muß.

Syntax

```
Name    SEGMENT  [Ausrichtung]  [Kombinationstyp] [Use] [Klasse]

        ...

        Anweisungen und/oder Daten

        ...

Name    ENDS
```

Zunächst muß für das Segment ein Name gewählt werden. Über diesen Namen wird das Segment innerhalb des Assemblerprogramms angesprochen. Auch wenn der Name eines Segments frei gewählt werden kann, sollte er im allgemeinen Rückschlüsse auf den Inhalt des Segments zulassen. Ein Segment kann auch den Namen eines bereits definierten Segments erhalten. Grundsätzlich behandelt der Assembler zwei Segmente mit dem gleichen Namen wie ein und dasselbe Segment, d.h. alle Offsets innerhalb der beiden Segmente beziehen sich auf den Beginn des zuerst definierten Segments. Dies gilt auch, wenn sich die beiden gleichnamigen Segmente in zwei verschiedenen Modulen befinden, allerdings müssen dann beide Segmente mit dem Kombinationstyp *PUBLIC* versehen werden.

Der Ausrichtungstyp (align typ)

Durch den Ausrichtungstyp wird festgelegt, welche Adressen für den Start des Segments im Arbeitsspeicher in Frage kommen. Folgende Ausrichtungstypen stehen zur Verfügung :

Ausrichtung	Verwendete Adresse
BYTE	die nächste verfügbare Adresse
WORD	die nächste verfügbare Wortadresse (1 Wort = 2 Bytes)
DWORD	die nächste verfügbare Doppelwortadresse (1 Doppelwort = 4 Bytes). Dies ist der Ausrichtungstyp, der standardmäßig in 32-Bit Segmenten auf einem 80386 benutzt wird
PARA	die nächste verfügbare Paragraphenadresse (1 Paragraph = 16 Bytes)
PAGE	die nächste verfügbare Seitenadresse (1 Seite = 256 Bytes)

Wird kein Ausrichtungstyp angegeben, verwendet MASM den Ausrichtungstyp PARA (bzw. DWORD beim 80386).

Normalerweise, d.h. ohne Festlegung eines Ausrichtungstyps, beginnt ein neues Segment immer bei einer Speicheradresse, die glatt durch 16 teilbar ist. Unter Umständen wird ein entstehender

Zwischenraum mit Nullen aufgefüllt. Wird aber z.B. der Ausrichtungstyp BYTE angegeben, grenzt das nächstes Segment direkt an das vorangehende. In diesem Fall kann es passieren, daß beide Segmente zwangsläufig die gleiche Segmentadresse besitzen, aber in dem zweiten Segment die relativen Offsets entsprechend korrigiert werden müssen.

Für 80836 Programmierer : Auf die SEGMENT Anweisung kann ein zusätzlicher Parameter folgen, der die Segmentwortgröße festlegt. Dieser Parameter heißt *Use* und kann die Werte USE16 und USE32 annehmen. Auf 8086 und 80286 Systemen beträgt die Wortgröße eines Segments stets 16 Bit. Damit umfaßt ein Segment 2^{16} = 65536 Bytes. Beim 80386 kann die Wortgröße eines Segments auch 32 Bit betragen und damit das Segment 2^{32} = 4,294,967,296 d.h. 4 Gigabytes groß werden. Standardmäßig geht MASM bei einem 80386 Prozessor von einer 32-Bit Segmentgröße aus. Durch die Angabe des Use Parameters kann die Segmentwortgröße innerhalb des Programms variiert werden. Der Parameter Use spielt allerdings nur eine Rolle, wenn der 80386 Prozessor zuvor durch die Anweisungen *.386* bzw. *.386P* aktiviert wurde.

Der Kombinationstyp (combine typ)

Der Kombinationstyp legt fest, auf welche Weise Segmente mit demselben Namen verknüpft werden. Diese Information benutzt der Linker, um Segmente aus verschiedenen Objektdateien zu verknüpfen, die den gleichen Namen tragen. MASM stellt folgende Kombinationstypen zur Verfügung :

PUBLIC	Verknüpft alle Segmente mit dem gleichen Namen zu einem einzigen, zusammenhängenden Segment. Alle Befehle und Daten beziehen sich auf ein und dasselbe Segmentregister. Alle Offsets werden relativ zum Beginn des entstandenen Segments berechnet.

STACK	Verknüpft alle Segmente mit dem gleichen Namen zu einem zusammenhängenden Segment. Entspricht dem Kombinationstyp PUBLIC, allerdings beziehen sich alle Adressen auf das SS-Register. Des weiteren wird in das SP-Register die Länge des Segments und in das SS-Register die Startadresse des Segments eingetragen. Der Kombinationstyp STACK sollte stets für das Stacksegment verwendet werden, da Sie dann das SS- bzw. das SP-Register nicht innerhalb des Programms zu initialisieren brauchen.
COMMON	Erzeugt überlappende Segmente, da die verknüpften Segmente alle bei ein und derselben Adresse beginnen. Die Gesamtlänge des erzeugten Segments entspricht der Länge des längsten verknüpften Segments. Alle Adressen innerhalb des neuen Segments beziehen sich auf dieselbe Basisadresse. Falls eine Variable in mehr als einem Segment definiert wurde, wird sie stets durch die als letzte definierte Variable ersetzt.
AT <adresse>	Dieser Kombinationstyp bewirkt, daß das Segment an der festgelegten Adresse beginnt. Alle Offsets innerhalb des Segments beziehen sich dementsprechend auf die festgelegte Adresse. Der AT-Kombinationstyp wird üblicherweise verwendet, um bestimmte feststehende Bereiche des Betriebssystems (wie z.B. den Tastaturpuffer oder den Bildschirmspeicher) zu adressieren. Durch die Definition eines Segments, das genau an dieser Adresse beginnt läßt sich über den Zugriff auf das Segment relativ leicht auf den gewünschten Bereich des Betriebssystems zugreifen. Genauso ist es möglich, über ein AT-Segment bereits existierende Routinen z.B. des BIOS anzusprechen, indem an den entsprechenden Stellen ein Label gesetzt wird. Es ist jedoch nicht möglich, Maschinenbefehle bzw. Daten in einem AT-Segment zu speichern. Unter OS/2 bzw. allgemein innerhalb des "Protected-mode" dürfen keine AT-Segmente verwendet werden, da sich hier keine absoluten Segmentadressen vergeben lassen.

Wird bei einer SEGMENT Anweisung kein Kombinationstyp aufgeführt, verwendet MASM den Typ *private*, der bewirkt, daß Segmente mit dem gleichen Namen nicht kombiniert werden. Statt dessen erhält jedes Programmsegment sein eigenes physikalisches Segment, wenn es in den Arbeitsspeicher geladen wird.

Der Klassenname

Der Klassenname bewirkt, daß Segmente mit demselben Klassennamen nacheinander in die Programmdatei übertragen werden. Über den Klassennamen lassen sich mehrere Segmente mit verschiedenen Namen, die aber unter Umständen einen ähnlichen Inhalt aufweisen, in Beziehung setzen. Der Klassenname eines Segments kann frei gewählt werden und wird in einfache Apostrophe (') gesetzt. MASM unterscheidet auch beim Klassennamen normalerweise nicht zwischen Groß- und Kleinschreibung, es sei denn, Sie verwenden beim Aufruf des Assemblers die Option */ML* bzw. die Option */MX*. Erstere bewirkt, daß generell zwischen Groß- und Kleinschreibung unterschieden wird, während letztere bewirkt, daß nur bei externen oder globalen Symbolen zwischen Groß- und Kleinschreibung unterschieden wird.

Der Klassenname ist neben den Anweisungen *.ALPHA* und *.SEQ* bzw. den entsprechenden Optionen */A* und */S* die zweite Möglichkeit, auf die Reihenfolge der einzelnen Segmente in einem Programm Einfluß zu nehmen. Beachten Sie, daß die sequentielle bzw. alphabetische Reihenfolge festlegt, in welcher Reihenfolge die einzelnen Segmente vom Assembler in die Objektdatei übertragen werden. Der Klassenname beeinflußt dagegen die Reihenfolge, in die der Linker die Segmente in die Programmdatei überträgt.

Hinweis : Der Linker erwartet stets, daß Segmente mit dem Klassennamen CODE bzw. mit dem Suffix CODE (z.B. EINS_CODE) Programmbefehle enthalten. Dies erwartet auch der symbolische Debugger CodeView, da er ansonsten Labels nicht richtig zuordnen kann. Falls Sie einem Programmsegment nicht den Klassennamen CODE geben, kann es daher u.U. zu Problemen kommen. Grundsätzlich gehört jedes Segment einer Klasse an. Segmente, für die kein Klassenname explizit vergeben wird, gehören der sog. *NUL-Klasse* an. Bezüglich der Anzahl der Klassen gibt es keine Begrenzung. Auch können alle Segmente einer Klasse zusammen größer als 64 KByte werden.

MASM wird beim Schreiben der einzelnen Segmente in die Objektdatei durch die Anweisungen .ALPHA oder .SEQ bzw. die entsprechenden Optionen /A oder /S, die die alphabetische bzw. sequentielle Reihenfolge festlegen, beeinflußt. Der Linker überprüft zunächst, ob Segmente den gleichen Klassennamen aufweisen. Falls dies der Fall ist, werden diese Segmente zuerst in die Programmdatei übertragen. Sie werden später noch sehen, daß Klassennamen nicht nur explizit vom Programmierer vergeben werden, sondern daß es auch Anweisungen gibt, die intern einen Klassennamen für ein Segment erzeugen.

Beispiel

```
ASEG   SEGMENT  'KLASSE1'
         ...
ASEG   ENDS

BSEG   SEGMENT  'KLASSE2'
         ...
BSEG   ENDS

CSEG   SEGMENT  'KLASSE1'
         ...
CSEG   ENDS
```

In welcher Reihenfolge werden die drei Segmente in die Objektdatei übertragen ? Nun, diese Reihenfolge kann entweder alphabetisch oder sequentiell sein. In beiden Fällen ergibt sich die gleiche Reihenfolge, nämlich : *ASEG*, *BSEG* und *CSEG*. Für die Reihenfolge, in der die Segmente in die Programmdatei übertragen werden, gilt aber jetzt der Klassenname. Da Segmente mit dem gleichen Klassennamen zusammen übertragen werden, lautet die Segmentreihenfolge in der Programmdatei : *ASEG*, *CSEG* und *BSEG*.

Hinweis : Eine etwaige Segmentreihenfolge wird durch die Anweisung DOSSEG, welche die DOS-Segmentkonvention festlegt, wieder aufgehoben.

Fassen wir zwischendurch einmal kurz zusammen.

Die Definition eines Segments wird durch die SEGMENT Anweisung eingeleitet. Dieser Anweisung muß ein Name vorangehen, über den das Segment innerhalb des Programms angesprochen werden kann. Auf die SEGMENT Anweisung können drei verschiedene optionale Parameter folgen. Der Ausrichtungstyp legt den Typ der

Startadresse fest, an der das Segment im Arbeitsspeicher beginnen soll. Der Kombinationstyp legt fest, auf welche Weise Segmente mit dem gleichen Namen verknüpft werden, während der Klassenname entscheidet, in welcher Reihenfolge die einzelnen Segmente in die Programmdatei übertragen werden. Für 80386 Systeme existiert noch ein vierter Parameter, über den die Wortgröße des Segments festgelegt werden kann.

Hinweis : Obwohl ein Segmentname innerhalb eines Programms mehrmals vergeben werden darf, dürfen die einzelnen Segmentdefinitionen keine widersprüchlichen Attribute besitzen. Wurde für ein bestimmtes Segment einmal ein Attribut festgelegt, so braucht dieses Attribut bei der erneuten Definition des Segments nicht mehr aufgeführt werden.

12.2.2 Die GROUP Anweisung

Durch die *GROUP* Anweisung wird es möglich, mehrere Segmente in Beziehung zu setzen, die nicht unbedingt den gleichen Namen aufweisen. Die GROUP Anweisung verknüpft mehrere Segmente zu einer sog. *Gruppe*. Bei einer Gruppe handelt es sich um eine Art "Supersegment", das nur eine Startadresse und einen Namen besitzt, in Wirklichkeit aber aus mehreren Segmenten besteht, die alle die Startadresse der Gruppe besitzen. Dadurch können alle Segmente einer Gruppe über ein und dasselbe Segmentregister adressiert werden. Die GROUP Anweisung beeinflußt jedoch nicht die Reihenfolge, in der die einzelnen Segmente geladen werden (diese hängt ja von der Reihenfolge ab, in der die einzelnen Objektmodule dem Linker übergeben werden bzw. von etwaigen Klassennamen der einzelnen Segmente). Die einzelnen Segmente einer Gruppe können über das gesamte Programm verteilt sein. Die einzige Einschränkung besteht darin, daß der Abstand zwischen dem ersten Byte des ersten Segments der Gruppe und dem letzten Bytes des letzten Segments der Gruppe nicht größer als 65535 Bytes sein darf, d.h. die Gruppe darf insgesamt nicht größer als 64 KByte werden, da ansonsten nicht mehr jedes Byte der Gruppe adressiert werden kann.

Syntax

```
name  GROUP  Segmentname [,Segmentname] ...
```

Die GROUP Anweisung wird z.B. verwendet, wenn man mehrere Datensegmente über ein Segmentregister ansprechen möchte. Der Name der Gruppe, der durch das Symbol 'Name' definiert wird, steht für die Startadresse der Gruppe. Alle Labels und Datenanweisungen, die innerhalb eines der Segmente der Gruppe definiert worden sind, beziehen sich auf die Startadresse der Gruppe und nicht mehr auf die Startadresse des Segments, in dem sie definiert worden sind.

Bei dem Segmentnamen handelt es sich um den Namen eines Segments oder um einen SEG-Ausdruck (s.Kapitel 7). Ab der Version 5.0 des Makroassemblers können Segmente zu einer Gruppe in mehreren GROUP Anweisungen nacheinander hinzugefügt werden. In älteren Versionen mußten alle zu einer Gruppe gehörigen Segmente in einer einzigen GROUP Anweisung aufgeführt werden. Ein Gruppenname kann auch innerhalb einer ASSUME Anweisung (s.Kapitel 12.2.3) oder zusammen mit dem Segment-Override-Operator (s.Kapitel 7) verwendet werden.

Beispiel

```
X_GRUPPE GROUP ASEG,CSEG

ASEG  SEGMENT
      ZAHL1 DW 6666h
      ZAHL2 DW 7777h
ASEG  ENDS

BSEG  SEGMENT
      ZAHL3 DW 8888h
BSEG  ENDS

CSEG  SEGMENT
      ZAHL4 DW 9999h
CSEG  ENDS

CODE  SEGMENT
      ASSUME CS:CODE,DS:X_GRUPPE
START:
      MOV DX,X_GRUPPE
      MOV DS,DX
      MOV DX,ZAHL4
CODE  ENDS
END START
```

In diesem Beispielprogramm werden insgesamt vier Segmente definiert. Zwei davon, nämlich *ASEG* und *CSEG* gehören der Gruppe *X_GRUPPE* an. Welche Auswirkung hat nun der Befehl 'MOV DX,ZAHL4' ? Normalerweise müßte sich dieser Befehl auf das Segment CSEG beziehen. Da aber CSEG zu einer Gruppe gehört, berechnet der Assembler den Offset von *ZAHL4* relativ zu dem Beginn der Gruppe. In diesem Fall wird daher ein Offset von 32 zugrundegelegt. Diese Zahl ergibt sich aus dem Umstand, daß die beiden vorangehenden Segmente *ASEG* und *BSEG* beide den (Default-) Ausrichtungstyp *Para* besitzen und daher das nachfolgende Segment stets auf einer Adresse beginnt, die glatt durch 16 teilbar ist. Würde man für diese beiden Segmente z.B. den Ausrichtungstyp *Word* verwenden, so würden die Segmente ohne Zwischenraum aneinandergrenzen und für *ZAHL4* ergäbe sich ein Offset von 6.

Beachten Sie, daß in dem Befehl 'MOV DX,OFFSET ZAHL4' der Offset nach wie vor relativ zu dem Segment, in welchem ZAHL4 definiert wurde, berechnet wird. Um den Offset relativ zum Beginn der Gruppe zu berechnen, muß der Befehl ein wenig modifiziert werden :

```
MOV DX,OFFSET X_GRUPPE:ZAHL4
```

Durch die Verwendung des Segment-Override-Operators in Zusammenhang mit dem Gruppennamen wird der Assembler dazu gebracht, für die Offsetberechnung den Beginn der Gruppe *X_GRUPPE* und nicht den Beginn des Segments *CSEG* zugrundezulegen.

Hinweis : Jedes Assemblerprogramm, welches die *.MODEL* Anweisung verwendet, definiert damit indirekt eine Gruppe mit dem Namen *DGROUP*, der die Segmente *_DATA*, *CONST*, *_BSS* und *STACK* angehören. DGROUP wird auch von allen Microsoft Hochsprachencompilern verwendet (s.Kapitel 13). In diesem Fall gehören zu DGROUP die Segmente _DATA, CONST, _BSS und STACK.

Die GROUP Anweisung kann auch verwendet werden, um innerhalb einer COM-Datei mehrere Segmente unterzubringen. Das Problem bei einer COM-Datei liegt ja darin, daß der DOS-Lader nicht in der Lage ist, Adressen für mehr als ein Segment zu erzeugen, da eine COM-Datei, anders als eine EXE-Datei, keine Informationen über die Größe der einzelnen Segmente enthält. Enthält eine COM-Datei jedoch eine GROUP Anweisung entfällt dieses Problem, da alle Segmente über das gleiche Segmentregister adressiert werden.

12.2.3 Die ASSUME Anweisung

Die ASSUME Anweisung assoziiert ein Segment mit einem Segmentregister. Diese Anweisung darf in keinem Assemblerprogramm fehlen, da sie die Grundlage für die Adreßberechnung des Assemblers darstellt. Sie wird entweder direkt verwendet oder implizit durch die .MODEL Anweisung erzeugt. Vereinfacht ausgedrückt sagt die ASSUME Anweisung dem Assembler, auf welches Segment eines der vier Segmentregister zeigt.

Syntax

```
ASSUME  Segmentregister:Name [,Segmentregister:Name] ...

ASSUME  Segmentregister:NOTHING

ASSUME  NOTHING
```

Bei 'Name' handelt es sich um den Namen eines Segments oder einer Gruppe, die mit dem Segmentregister assoziiert werden soll. Bei dem Segmentregister handelt es sich um das CS-, DS-, ES- bzw. SS-Register (beim 80836 stehen zusätzlich das FS- und das GS-Register zur Verfügung). Anstelle eines Namens kann auch das Wort *NOTHING* aufgeführt werden. NOTHING hebt eine zuvor getroffene Vereinbarung wieder auf.

Beispiel

```
ASSUME DS:NOTHING
```

Durch diese Anweisung wird eine zuvor durchgeführte Zuordnung des DS-Registers zu einem Segment wieder aufgehoben, während durch die Anweisung

```
ASSUME NOTHING
```

alle getroffenen Zuordnungen wieder aufgehoben werden. Bei den Namen in der ASSUME Anweisung kann es sich auch wieder um einen SEG-Ausdruck bzw. um eine Stringkonstante, die einem Segmentnamen bzw. einem Gruppennamen (aber keinem SEG-Ausdruck) entspricht, handeln.

Die ASSUME Anweisung gehört zu jenen Anweisungen, deren Verständnis einem Einsteiger (aber auch manchem versierten Programmierer) erfahrungsgemäß am meisten Schwierigkeiten bereitet. Glücklicherweise übernimmt ab der Version 5.0 die .MODEL Anweisung die Erzeugung der ASSUME Anweisung, so daß Sie sich darum im Prinzip nicht zu kümmern brauchen. Dennoch kann es ganz nützlich sein, die Anwendung der ASSUME Anweisung verstanden zu haben, auch wenn man sie, wie bereits erwähnt, bei Verwendung der vereinfachten Segmentanweisungen nicht benötigt.

Jeder Befehl der 80x86 Mikroprozessoren, der auf den Arbeitsspeicher zugreift, verwendet indirekt den Inhalt eines Segmentregisters zur Berechnung der physikalischen Speicheradresse. Nehmen wir als Beispiel den Befehl 'MOV AX,[BX]', der den Inhalt der Speicherzelle in das AX-Register lädt, welche durch das BX-Register adressiert wird. Da das BX-Register nur den Offset-Anteil der physikalischen Speicheradresse enthält, muß ein Segmentregister herangezogen werden, welches den Segmentanteil der Adresse zur Verfügung stellt. Standardmäßig (diese Zuordnung kann teilweise durch Verwendung eines sog. *Segment-Override-Präfix* wieder aufgehoben werden) wird bei allen MOV Befehlen das DS-Register verwendet. Entsprechend beziehen sich alle JMP Befehle auf das CS-Register bzw. alle PUSH oder POP Befehle auf das SS-Register. Immer wenn der Assembler eine Adresse erzeugt, muß er wissen, in welchem Segment sich diese Adresse befindet. Dies erfährt er durch die ASSUME Anweisung. Es ist wichtig hervorzuheben, daß die ASSUME Anweisung kein Segmentregister lädt (dies muß gegebenenfalls durch entsprechende Prozessorbefehle durchgeführt werden), sie teilt dem Assembler lediglich eine getroffene Zuordnung mit, d.h. die ASSUME Anweisung hat (wie alle Assembleranweisungen) lediglich Einfluß auf die Assemblierung, nicht aber auf die spätere Ausführung des Programms.

Die Schwierigkeit bei dem Verständnis der ASSUME Anweisung liegt wohl in erster Linie darin begründet, daß der Prozessor doch automatisch das DS-Register zur Berechnung von Datentransportbefehlen bzw. das CS-Register zur Berechnung von Sprungbefehlen verwendet. Wozu muß das noch einmal explizit festgelegt werden ? Nun, die Antwort hängt sehr wahrscheinlich damit zusammen, daß die Entwickler des Microsoft Makroassemblers dem Programmierer ein größtmögliches Maß an Flexibilität erlauben wollten. Normalerweise befinden sich Befehle im Programmsegment und Daten im Datensegment. Der Assembler "weiß", daß für die korrekte Adreßerzeugung das CS- bzw. das DS-Register zuständig ist, und alles hat seine Ordnung. Doch Vorsicht, die Anarchie lauert überall. In diesem Fall in Form des Segment-Override-Präfixes, das es erlaubt, auch Daten in einem Segment anzusprechen, das durch das CS- oder ES-Register adressiert wird. Dieses Präfix wird durch den Segment-Override-Operator assembliert. Ein kleines "Beispielprogramm" soll die Anwendung dieses Operators noch einmal verdeutlichen.

Beispiel

```
DATEN1 SEGMENT
  ZAHL1 DW 100
DATEN1 ENDS

DATEN2 SEGMENT
  ZAHL2 DW 200
DATEN2 ENDS

STACK  SEGMENT STACK
       DB 100h DUP (?)
STACK  ENDS

CODE   SEGMENT
       ASSUME CS:CODE,DS:DATEN1,ES:DATEN2
TEST   PROC
       MOV DX,DATEN1
       MOV DS,DX
       MOV DX,DATEN2
       MOV ES,DX

       ...

       MOV AX,ZAHL1
       MOV BX,ES:ZAHL2
       ...

       MOV AH,4Ch
       INT 21H
TEST   ENDP
CODE   ENDS
```

In diesem kleinen Programm gibt es zwei Datensegmente mit den Namen *DATEN1* und *DATEN2*, wobei durch die ASSUME Anweisung das erste Segment mit dem DS-Register und das zweite Datensegment mit dem ES-Register assoziiert wird. Diese Zuordnung wird erst dann von Bedeutung, wenn der Assembler die beiden MOV Befehle verarbeitet. Der erste MOV Befehl bezieht sich implizit auf das DS-Register, so daß der Inhalt der Variablen *ZAHL1* korrekt in das AX-Register geladen wird. Auch der zweite MOV Befehl würde sich auf das DS-Register beziehen, wenn da nicht der Segment-Override-Operator wäre, der diese implizite

Zuordnung aufhebt und den Prozessor anweist, die Adresse relativ zu dem ES-Register zu berechnen. Soweit, so gut. Bislang wurde aber immer noch nicht ersichtlich, wozu die ASSUME Anweisung denn eigentlich erforderlich ist. Das wird sich hoffentlich schnell ändern, wenn Sie den Segment-Override-Operator einfach weglassen. Theoretisch müßte doch der Assembler wieder glauben, daß das DS-Register für die Adreßberechnung zuständig ist. Doch dem ist nicht so ! Wenn Sie sich einmal den erzeugten Code mit Hilfe des Debuggers anschauen werden Sie feststellen, daß der Assembler dennoch das Segment-Override-Präfix für das ES-Register korrekt erzeugt hat, da er dank der ASSUME Anweisung wußte, daß die Variable *ZAHL2* in einem Segment untergebracht ist, das mit dem ES-Register assoziiert ist. Jedesmal, wenn der Assembler die Adresse einer Speichervariablen berechnen muß, sucht er zunächst nach dem Segment, in dem sich die betreffende Variable befindet. Anschließend durchsucht er eine durch die ASSUME Anweisungen angelegte Liste um zu ermitteln, welches Segmentregister auf das betreffende Segment zeigt. Erst dann weiß der Assembler, ob unter Umständen ein Segment-Override-Präfix erzeugt werden muß.

Würden Sie im obigen Beispiel sowohl den Segement-Override-Operator als auch die Zuordnung 'ASSUME ES:DATEN2' weglassen, wüßte der Assembler nicht wie er die Variable ZAHL2 adressieren sollte, und Sie erhielten die Fehlermeldung 'Cannot adress with Segmentregister'(Obwohl sich im ES-Register die korrekte Adresse befindet). Erst der Hinweis in der ASSUME Anweisung oder aber das Setzen eines Segment-Override-Operators liefert dem Assembler die benötigte Information.

Dieses ausführliche Beispiel hat Ihnen hoffentlich die Bedeutung der ASSUME Anweisung anschaulich demonstriert. Wenn Sie sich einmal Listings größerer Programme anschauen werden Sie feststellen, daß die ASSUME Anweisung manchmal auch innerhalb eines Programmes (und nicht nur am Anfang verwendet) wird. Dies wird immer dann notwendig, wenn eine anfangs getroffene Segmentzuordnung aus irgendeinem Grund wieder aufgehoben werden soll[1]. Dies ist z.B. der Fall, wenn ein Programm mit mehr als vier Segmenten arbeitet.

Da wir gerade dabei sind, kann an dieser Stelle auch ein anderes "Phänomen" geklärt werden, das erfahreneren Assemblerprogrammierern vielleicht schon einmal aufgefallen sein dürfte.

1 Vereinfacht kann man sagen, daß die ASSUME Anweisung für eine längerfristige Zuordnungsänderung gebraucht wird, während man den Segment-Override-Operator für eine einzelne Zuordnungsänderung verwenden wird.

Die Rede ist von einem Phasenfehler, der manchmal auftritt, wenn man die Datensegmente erst nach dem Codesegment definiert. Grundsätzlich tritt ein Phasenfehler (s.Kapitel 4.10) immer dann auf, wenn der Assembler beim ersten Lauf Annahmen macht, die beim zweiten Lauf auf einmal nicht mehr zutreffen. Stellen Sie sich vor, wir würden die beiden Datensegmente aus dem obigen Beispiel erst nach dem Codesegment definieren, und stellen Sie sich weiter vor, wir würden auf den Segment-Override-Operator verzichten. In diesem Beispiel müßte der Assembler die Anweisung' MOV BX,ZAHL2' assemblieren, ohne zu ahnen[1], daß sich diese Variable in einem Segment befindet, welches mit dem ES-Register assoziiert ist. Diese Feststellung macht er ja erst viel später. Beim zweiten Lauf sollte er eigentlich den Offset von ZAHL2 in den MOV Befehl eintragen. Doch da hier jetzt eigentlich ein Segment-Override-Präfix vorangehen müßte, der Assembler aber für dieses Byte keinen Platz gelassen hat (warum auch ?), kommt es zwangsläufig zu einem Phasenfehler.

Sie sehen, Assemblerprogrammierung kann auch in kleinen Programmen äußerst trickreich werden. Doch seien Sie beruhigt, diese Probleme können (so gut wie) nie auftreten, wenn Sie die vereinfachten Segmentanweisungen verwenden.

12.2.4 Die erweiterten Segmentanweisungen in der Praxis

Nun ist es endlich soweit, daß das Beispielprogramm aus Abbildung 12.1 besprochen werden kann, da die darin enthaltenen erweiterten Segmentanweisungen vorgestellt wurden. Zunächst einmal fällt auf, daß das Programm weder eine DOSSEG Anweisung noch eine .MODEL Anweisung enthält. Der Programmierer muß selber dafür sorgen, daß die DOS- oder eine entsprechende Segmentreihenfolge, sofern dies erforderlich sein sollte, eingehalten wird. Das gleiche gilt auch für das Speichermodell. Hier ist insbesondere der Entfernungstyp von Prozeduren betroffen. In den meisten Fällen sollte es aber auch hier keine Probleme geben, da der Default Entfernungstyp Near ist. Als nächstes wird durch die SEGMENT Anweisung ein Stacksegment definiert. Zwar ist es im allgemeinen so üblich, das Stacksegment *STACK* zu nennen, doch ist dies keine Voraussetzung. Das Stacksegment wird in der Regel mit dem Kombinationstyp *STACK* versehen. Dies ist erforderlich, damit der Linker das Stacksegment als solches erkennt, und bewirkt gleichzeitig, daß beim Laden des Programms sowohl das SS-Register als auch das SP-Register initialisiert werden. Innerhalb

---

1 Ja,ja ... ein Assembler kann natürlich weder etwas wissen, etwas glauben geschweige denn etwas ahnen.

des Stacksegments wird durch die *DW* Anweisung ein Speicherbereich von 256 Bytes reserviert. Beendet wird das Stacksegment durch die *ENDS* Anweisung. Auf das Stacksegment folgt das Datensegment, das auf die gleiche Weise wie das Stack- und auch das Programmsegment definiert wird. Die Angabe eines Kombinationstypen ist hier, wie auch beim Codesegment, nicht erforderlich, da es sich bei dem Assemblerprogramm um ein Stand-Alone Programm handelt und die Segmente des Programms nicht mit anderen Segmenten verknüpft werden sollen. Das Programmsegment erhält den Namen *CODE*. Auch dies ist keine Voraussetzung, allerdings sollten sich Segmentnamen im allgemeinen an dem Inhalt des Segments orientieren. Innerhalb des Programmsegments sind zwei Dinge zu bemerken. Da wäre zum einen die ASSUME Anweisung, die dem Assembler mitteilt, daß das DS-Register die Adresse des Segments *DATEN* und das CS-Register die Adresse des Segments *CODE* enthält. Die ASSUME Anweisung wird zwingend erforderlich, wenn innerhalb des Programms eine Adresse berechnet werden muß. Beachten Sie des weiteren, daß das DS-Register mit der Adresse des Datensegments geladen werden muß. Anders als bei den vereinfachten Segmentanweisungen steht hier nicht das Equate *@Data* zur Verfügung. Statt dessen wird der jeweilige Name des Datensegments, in diesem Fall DATEN, verwendet. Damit wäre die Beschreibung des Programms komplett. Sie sehen, daß die Verwendung der erweiterten Segmentanweisungen ein Assemblerprogramm im Grunde nicht wesentlich komplizierter macht. Denken Sie daran, daß ein Programm stets eine ASSUME Anweisung benötigt, und das jedes Segment durch eine ENDS Anweisung beendet werden muß. Wenn Sie diese beiden Regeln beherzigen, können Sie jedes Stand-alone Assemblerprogramm, welches die vereinfachten Segmentanweisungen verwendet auch mit den erweiterten Segmentanweisungen erstellen. Bei Programmen, die mit anderen Programmodulen (insbesondere Hochsprachenmodulen) verknüpft werden sollen, sieht es ein wenig anders aus, da hier auch Klassennamen und Kombinationstypen eine Rolle spielen.

Ähnlich wie bei den vereinfachten Segmentanweisungen, läßt sich auch bei Verwendung der erweiterten Segmentanweisungen ein "Rahmen" erstellen, der sicher in ca. 90% aller Fälle ohne Änderungen übernommen werden kann (s.Abbildung 12.2).

Abbildung 12.2 Ein Rahmen für die erweiterten Segmentanweisungen

```
STACK SEGMENT  STACK
      DW 100 DUP(?)
STACK ENDS

DATEN SEGMENT
      ...
      <Hier erfolgen Datenanweisungen>
      ...
DATEN ENDS

PROG  SEGMENT
      ASSUME CS:PROG,DS:DATEN
START:
      ...
      <Hier erfolgen Programmanweisungen>
      ...
PROG  ENDS
END START
```

12.3 Die Initialisierung der Segmentregister

Wie im letzten Abschnitt erwähnt, trifft die ASSUME Anweisung lediglich eine interne Zuordnung, sie lädt aber keine Segmentregister. Dies geschieht entweder durch eine DOS-Routine beim Laden des Maschinenprogramms in den Speicher oder es muß innerhalb des Programms durchgeführt werden. Im folgenden wird beschrieben, wie die einzelnen Segmentregister initialisiert werden.

Das CS- und das IP-Register

Das CS- und das IP-Register werden nach dem Laden des Programms indirekt durch das Startpunktlabel, welches der *END* Anweisung folgt, initialisiert. Das Startpunktlabel ist ein Label oder ein Ausdruck, der den Beginn des eigentlichen Programms festlegt. Normalerweise folgt auf das Startpunktlabel der erste Maschinenbefehl des Programms. Das CS-Register wird beim Laden des Maschinenprogramms in den Arbeitsspeicher mit der Segmentadresse des Startpunktlabels geladen, während das IP-Register normalerweise den Wert Null erhält. Über die *ORG* Anweisung (s.Kapitel 4) kann dem IP-Register ein anderer Wert zugeteilt werden. So enthalten COM-Dateien im allgemeinen die Anweisung 'ORG 100h', die bewirkt, daß alle Adreßberechnungen nach dieser Anweisung einen Offset von 256 berücksichtigen.

Besteht ein Assemblerprogramm aus mehreren Modulen, muß zwar jedes Modul mit einer END Anweisung beendet werden, aber lediglich das Hauptmodul kann ein Startpunktlabel definieren. Wird kein Startpunktlabel definiert, kann das u.U. eine falsche Initialisierung des IP- bzw. CS-Registers zur Folge haben. Zwar wird in diesem Fall weder vom Assembler noch vom Linker eine Fehlermeldung erzeugt, ein Fehlverhalten bzw. ein Absturz des Programms ist aber wahrscheinlich.

Das DS-Register

Das DS-Register muß innerhalb des Programms mit der Adresse des Datensegments bzw. mit der Adresse der Gruppe, mit der das Datensegment assoziiert ist, geladen werden. Dazu sind zwei Maschinenbefehle erforderlich, da ein Segmentregister nicht direkt geladen werden kann. Bei Verwendung der erweiterten Segmentanweisungen wird die Adresse des Datensegments entweder über dessen Namen oder den Namen einer Gruppe, die das betreffende Datensegment enthält, in das DS-Register geladen. Bei Verwendung der vereinfachten Segmentanweisungen wird diese Adresse durch die Segmentkonstante *@Data* repräsentiert.

Hinweis : Wenn Sie die .MODEL Anweisung verwenden, wird in das DS-Register nicht die Adresse des Datensegments, sondern die Adresse von DGROUP geladen.

Beispiel

```
MOV DX,@DATA     ; lädt das DS-Register mit der Adresse von DGROUP
MOV DS,DX        ; d.h. indirekt mit der Adresse des Datensegments
```

in diesem Fall gehört das Datensegment (mit dem Namen *_DATA*) zur Gruppe DGROUP. Die Anweisung

```
MOV DX,DGROUP
MOV DS,DX
```

hat damit den gleichen Effekt.

Beispiel

```
MOV DX,DATEN1    ; lädt das DS-Register mit der Adresse des
MOV DS,DX        ; Segments DATEN1
```

Das SS- und das SP-Register

Sowohl das SS- als auch das SP-Register werden automatisch initialisiert, wenn das Stacksegment den Kombinationstyp STACK erhält. In diesem Fall erhält das SS-Register die Adresse des Segments mit dem Kombinationstyp STACK, während das SP-Register die Größe des Stacksegments erhält. Das Registerpaar SS:SP zeigt damit bei der Initialisierung auf das Ende des Stacksegments. Auch bei der Verwendung der vereinfachten Segmentanweisung .STACK werden beide Register auf diese Weise initialisiert.

Das ES-Register

Das ES-Register wird nicht automatisch initialisiert und muß, entsprechend dem DS-Register, innerhalb des Programms bei Bedarf mit einer Segmentadresse geladen werden. Nach dem Laden eines Programms in den Arbeitsspeicher enthält das ES-Register, wie auch das DS-Register, die Adresse des PSP (*Programm Segment Präfix*).

12.4 Der Hintergrund der vereinfachten Segmentanweisungen

Da nun die erweiterten Segmentanweisungen besprochen worden sind, ist es an der Zeit, einmal die Wirkung der vereinfachten Segmentanweisungen genauer zu betrachten. Bei den vereinfachten Segmentanweisungen handelt es sich im Grunde um Makros, die bei der Assemblierung eine oder mehrere Assembleranweisungen assemblieren. Sie folgen der Konvention und Namensgebung, die auch von den Microsoft Hochsprachencompilern verwendet wird, und stellen damit sicher, daß ein Assemblermodul zu einem Hochsprachenmodul (etwa einer kompilierten C-Objektdatei) kompatibel ist. Welche "Nebeneffekte" die vereinfachten Segmentanweisungen mit sich bringen bzw. was genau durch diese Anweisungen assembliert wird, soll im folgenden dargestellt werden.

12.4.1 Die DOSSEG Anweisung

Die *DOSSEG* Anweisung wird verwendet um sicherzustellen, daß die Segmentreihenfolge der sog. "*DOS-Segmentkonvention*" entspricht, die ebenfalls von allen Microsoft Compilern verwendet wird. Die DOSSEG Anweisung legt daher eine bestimmte Segmentreihenfolge fest, ohne daß die einzelnen Segmente innerhalb des Programms in dieser Reihenfolge definiert werden müssen. Soll ein Assemblerprogramm von einem Hochsprachenmodul aufgerufen werden, ist die DOSSEG Anweisung nicht unbedingt notwendig, da der Compiler diese Reihenfolge bereits vorgibt. In

Stand-Alone Assemblerprogrammen ist die DOSSEG Anweisung ebenfalls nicht zwingend erforderlich und wird, wenn überhaupt, lediglich im Hauptmodul verwendet. Die Verwendung der DOSSEG Anweisung führt zu folgender Segmentreihenfolge :

1. Alle Segmente mit dem Klassennamen 'CODE'.

2. Alle Segmente, die nicht den Klassennamen 'CODE' besitzen, und die nicht zur Gruppe DGROUP gehören.

3. Segmente, die zur Gruppe DGROUP gehören, in folgender Reihenfolge :

    3.1 Segmente mit dem Klassennamen BEGDATA

    3.2 Jedes Segment, daß nicht zur Klasse BEGDATA, BSS oder STACK gehört.

    3.3 Segmente der Klasse BSS

    3.4 Segmente der Klasse STACK

Diese Reihenfolge ist sicher nicht auf Anhieb einsichtig und verständlich. Wahrscheinlich werden Sie sich auch fragen, was es z.B. mit den Klassennamen *BSS* und *BEGDATA* auf sich hat. Wie bereits erwähnt, handelt es sich hier um eine Namenskonvention der Microsoft Hochsprachencompiler. So ist z.B. BSS (Block Storage Segment) der Klassenname eines Segments, das in einem compilierten Programm uninitialisierte Daten enthält. Uninitialisierte Daten, wie etwa Felder, die mit der Anweisung *DUP (?)* erzeugt wurden, werden vom Compiler in einem separaten Segment abgelegt, da sie sich so effektiver speichern lassen. Auch bei BEGDATA handelt es sich um einen Klassennamen, der lediglich für Microsoft interne Zwecke verwendet wird[1].

<u>Hinweis :</u> Die Verwendung von DOSSEG hat zwei Nebeneffekte, die in seltenen Fällen von Bedeutung sein können. Zum einen erzeugt der Linker zwei Symbole mit den Namen *_end* bzw. *_edata*, die nicht innerhalb von Programmen verwendet werden sollen, die ebenfalls die DOSSEG Anweisung enthalten. Des weiteren wird vom Linker ein Offset von 16 Bytes innerhalb des Codesegments erzeugt, wenn das Speichermodell Small oder Compact lautet.

1 Für was die Abkürzung steht, konnten allerdings auch intensive Nachforschungen in alten Handbüchern nicht klären.

Wird auf die DOSSEG Anweisung verzichtet, wird die Segmentreihenfolge durch folgende Faktoren beeinflußt :

- Klassennamen von Segmenten

- Reihenfolge der Segmente im Programm

- Alphabetische Reihenfolge

- Reihenfolge, in der die einzelnen Objektdateien dem Linker zugeführt werden.

Hinweis : Auch die .MODEL Anweisung kann einen Einfluß auf die Segmentreihenfolge haben. Mehr dazu im nächsten Abschnitt.

Der Einfluß der Anweisungen .ALPHA und .SEQ

MASM kann die einzelnen Segmente eines Programms entweder sequentiell oder alphabetisch geordnet in die Objektdatei schreiben. Sequentiell bedeutet, daß die Segmente in der Reihenfolge ihres Auftretens im Programm in die Objektdatei übertragen werden. Standardmäßig wird die sequentielle Reihenfolge verwendet. Die Segmentreihenfolge kann entweder durch die Anweisungen .ALPHA und .SEQ bzw. durch die Assembleroptionen /A bzw. /S gesetzt werden. Wie in den meisten Fällen haben die Assembleranweisungen auch hier eine höhere Priorität als Optionen mit einer gegenteiligen Wirkung. So bewirkt die Anweisung .ALPHA innerhalb eines Assemblerprogramms, daß die Segmente alphabetisch übertragen werden, auch wenn beim Aufruf des Assemblers die Option /S gesetzt wird.

Die Anweisungen .ALPHA und .SEQ bzw. die entsprechenden Optionen werden nur selten in Assemblerprogrammen eingesetzt. Erstere, weil es nur selten Fälle gibt, in denen die alphabetische Anordnung der Segmente notwendig wird, letztere weil sie ohnehin standardmäßig eingestellt ist. (Im MASM Handbuch wird in diesem Zusammenhang darauf hingewiesen, daß ältere Versionen des IBM Makroassemblers - wahrscheinlich die Version 1.0 - die alphabetische Ordnung als Standardeinstellung verwenden. Programme, die speziell für diesen Assembler geschrieben wurden, müssen u.U. mit MASM unter Verwendung der /A Option assembliert werden).

12.4.2 Die .MODEL Anweisung

Durch die .MODEL Anweisung wird bekanntlich das Speichermodell festgelegt, welches dem Assemblerprogramm zugrunde gelegt wird. Doch die .MODEL Anweisung hat noch wesentlich weitreichendere Konsequenzen. So erzeugt die .MODEL Anweisung eine ASSUME Anweisung, eine GROUP Anweisung, definiert Segmente mit bestimmten Parametern und legt schließlich indirekt auch eine Segmentreihenfolge fest. Die Auswirkung der .MODEL Anweisung, die für das Verständnis des Assemblerverhaltens enorm wichtig ist, soll im folgenden Punkt für Punkt beschrieben werden.

1. Erzeugen einer GROUP und einer ASSUME Anweisung

Durch die .MODEL Anweisung wird sowohl eine GROUP, als auch eine ASSUME Anweisung erzeugt, denn an der Notwendigkeit dieser Anweisungen ändert sich ja auch bei der Verwendung der vereinfachten Segmentanweisungen nichts. Der einzige Unterschied besteht darin, daß .MODEL diese Anweisungen für Sie "unsichtbar" und mit vorgegebenen Parametern assembliert. Durch .MODEL wird zunächst eine GROUP Anweisung erzeugt :

```
DGROUP  GROUP  _DATA, CONST, _BSS, STACK
```

Bei den Segmentnamen handelt es sich um Namen, die später durch die vereinfachten Segmentanweisungen .CODE, .DATA usw. erzeugt werden. Es müssen allerdings nicht alle in der GROUP Anweisung aufgeführten Segmente innerhalb des Programms tatsächlich verwendet werden. Die von .MODEL erzeugte ASSUME Anweisung richtet sich nach dem gewählten Speichermodell.

a) Speichermodell Small oder Compact :

```
ASSUME  CS:_TEXT, DS:DGROUP, SS:DGROUP
```

b) Speichermodell Medium, Large oder Huge :

```
ASSUME  CS:Name_TEXT, DS:DGROUP, SS:DGROUP
```

Anmerkung : Bei 'Name' handelt es sich um den Modulnamen.

Hinweis : Bei Verwendung der .MODEL Anweisung bezieht sich ein Offset innerhalb eines Gruppensegments auf die Endadresse des Segments und nicht auf die Startadresse. In einem Programm, welches die vereinfachten Segmentanweisungen verwendet, ist DGROUP stets die Basisadresse für Segmente, die mit den Anweisungen .DATA, .DATA? oder .STACK definiert wurden.

2. Festlegen einer Segmentreihenfolge

Auch wenn es aus dem Programmlisting nicht direkt ersichtlich ist bzw. im MASM Handbuch nicht explizit erwähnt wird, legt die .MODEL Anweisung eine Segmentreihenfolge fest. Voraussetzung ist, daß die .MODEL Anweisung die erste Anweisung in dem Programm ist, was ja in der Regel der Fall ist. Die .MODEL Anweisung erzeugt nämlich zwei Segmente, ein Programm- und ein Datensegment, und versieht diese mit bestimmten Attributen. So werden z.B. durch die Anweisung '.MODEL SMALL' folgende Segmentanweisungen erzeugt :

```
_TEXT  SEGMENT  WORD  PUBLIC  'CODE'
_TEXT  ENDS

_DATA  SEGMENT  WORD  PUBLIC  'DATA'
_DATA  ENDS
```

Durch diese beiden Segmente wird festgelegt, daß alle Segmente mit dem Klassennamen 'CODE', Segmenten mit dem Klassennamen 'DATA' vorangestellt werden.

Die Bedeutung der .MODEL Anweisung

Es war bereits mehrfach davon die Rede, daß die vereinfachten Segmentanweisungen, insbesondere die .MODEL Anweisung, in erster Linie in Hinblick auf die Verknüpfung von Assemblermodulen mit von einem Microsoft Compiler erzeugten Modulen eingeführt wurden. Jede Objektdatei, die von einem Microsoft Compiler (bei anderen Compilern liegen die Verhältnisse ähnlich) erzeugt wird, besteht aus mindestens zwei Segmenten[1], einem Codesegment und einem Datensegment. In diesem Fall liegt das Speichermodell Small vor. Neben diesem Speichermodell stehen noch weitere Speichermodelle zur Verfügung. So kann z.B. beim Speichermodell Medium der Programmbereich größer als 64 KByte werden, d.h. in diesem Fall gibt es unter Umständen mehrere Programmsegmente. Jedes dieser Segmente benötigt einen Namen. Innerhalb eines Hochsprachenprogramms wie z.B. einem C Programm, werden Segmentnamen in der Regel nicht innerhalb des Programms festgelegt, sondern automatisch vom Compiler erzeugt und in die Objektdatei übertragen. So bekommen z.B. das Programm- und das Datensegment im Speichermodell Small die Namen *_TEXT* und *_DATA*. Wenn man nun ein Assemblerprogramm mit einem C

---

1 das Modell Tiny, welches nur aus einem einzigen Segment besteht, wird von Microsoft Compilern nicht unterstüzt.

Programm verknüpfen möchte, muß das Assemblerprogramm die gleichen Namen verwenden, da sich die Segmente des C Programms ansonsten nicht mit den Segmenten des Assemblerprogramms kombinieren lassen. Neben den Segmentnamen müssen auch der Kombinationstyp, der Ausrichtungstyp, der Klassenname und die Gruppe, zu der das betreffende Segment gehört übereinstimmen. Verwenden Sie die erweiterten Segmentanweisungen, müssen Sie die einzelnen Segmente mit allen Parametern gemäß der Tabelle 12.1 selber definieren. Verwenden Sie dagegen die .MODEL Anweisung, brauchen Sie sich um diese Details nicht zu kümmern. Darin liegt der eigentliche Vorteil dieser Anweisung.

Für jedes Speichermodell existieren Segmentnamen und Segmentparameter, die standardmäßig festgelegt sind, und die auch von den vereinfachten Segmentanweisungen erzeugt werden. Tabelle 12.1 gibt Ihnen eine Übersicht, über die einzelnen Segmente zusammen mit den jeweiligen Kombinations- bzw. Ausrichtungstypen, den Klassennamen und den Gruppen, denen die Segmente gegebenenfalls zugeordnet werden.

Hinweis : Zwischen der Version 5.0 und der Version 5.1 gibt es einige Änderungen bezüglich der verwendeten Klassennamen, die nicht im Handbuch dokumentiert sind. So wird unter der Version 5.1 für das Segment *_BSS*, welches durch die .DATA? Anweisung erzeugt wird, der Klassenname *'BSS'* verwendet, während es in der Version 5.0 der Klassenname *'DATA'* ist. Diese Unstimmigkeiten werden allerdings nur in den allerseltensten Fällen Probleme bereiten.

Tabelle 12.1 Standard Segmentnamen in der Version 5.1

Modell	Anweisung	Name	Ausrichtung	Kombination	Klasse	Gruppe
Small	.CODE	_TEXT	WORD	PUBLIC	'CODE'	
	.DATA	_DATA	WORD	PUBLIC	'DATA'	DGROUP
	.CONST	CONST	WORD	PUBLIC	'DATA'	DGROUP
	.DATA?	_BSS	WORD	PUBLIC	'BSS'	DGROUP
	.STACK	STACK	PARA	STACK	'STACK'	DGROUP
Medium	.CODE	Name_TEXT	WORD	PUBLIC	'CODE'	
	.DATA	_DATA	WORD	PUBLIC	'DATA'	DGROUP
	.CONST	CONST	WORD	PUBLIC	'DATA'	DGROUP
	.DATA?	_BSS	WORD	PUBLIC	'BSS'	DGROUP
	.STACK	STACK	PARA	STACK	'STACK'	DGROUP
Compact	.CODE	_TEXT	WORD	PUBLIC	'CODE'	
	.FARDATA	FAR_DATA	PARA	private	'FAR_DATA'	
	.FARDATA?	FAR_BSS	PARA	private	'FAR_BSS'	
	.DATA	_DATA	WORD	PUBLIC	'DATA'	DGROUP
	.CONST	CONST	WORD	PUBLIC	'DATA'	DGROUP
	.DATA?	_BSS	WORD	PUBLIC	'BSS'	DGROUP
	.STACK	STACK	PARA	STACK	'STACK'	DGROUP
Large	.CODE	Name_TEXT	WORD	PUBLIC	'CODE'	DGROUP
oder	.FARDATA	FAR_DATA	PARA	private	'FAR_DATA'	
Huge	.FARDATA?	FAR_BSS	PARA	private	'FAR_BSS'	
	.DATA	_DATA	WORD	PUBLIC	'DATA'	DGROUP
	.CONST	CONST	WORD	PUBLIC	'DATA'	DGROUP
	.DATA?	_BSS	WORD	PUBLIC	'BSS'	DGROUP
	.STACK	STACK	PARA	STACK	'STACK'	DGROUP

Anmerkung : Der Default-Name für ein mit .CODE definiertes Segment kann bei den Speichermodellen Medium und Large überschrieben werden. Der Default-Name für Segmente, die mit .FAR_DATA oder .FAR_DATA? definiert worden sind, kann immer überschrieben werden. Ein Kombinationstyp *private* bedeutet, daß in diesem Fall kein Kombinationstyp angegeben werden darf.

Nebeneffekte der vereinfachten Segmentanweisungen

Die Verwendung der vereinfachten Segmentanweisungen bringt eine Reihe von Nebeneffekten bzw. Defaults mit sich, die in bestimmten, allerdings selten auftretenden Fällen, zu berücksichtigen sind :

- Bei der Verwendung der erweiterten Segmentdefinitionen ist die Default-Größe für die PROC Anweisung immer Near. Bei der Verwendung der .MODEL Anweisung für die Festlegung eines Speichermodells hängt die Größe dagegen vom verwendeten Speichermodell ab. Sie ist vom Typ Near für die Modelle Small und Compact bzw. vom Typ Far für die Modelle Medium, Large und Huge.

- Bei der Verwendung der erweiterten Segmentdefinitionen wird bei der Berechnung eines Offsets durch den *OFFSET* Operator das Datensegment (d.h. das Segment, welches mit dem DS-Register assoziiert ist) verwendet. Verwendet man die vereinfachten Segmentanweisungen, sieht es ein wenig anders aus. Hier ist für alle Segmente, die zu einer Gruppe gehören (u.a. Segmente, die mit Hilfe der .DATA, .DATA? und .STACK Anweisungen definiert wurden, aber nicht Segmente, die mit den Anweisungen .CODE, .FARDATA und .FARDATA? definiert wurden) die Gruppe DGROUP die Basis, die der Offsetberechnung zugrunde liegt.

Beispiel

```
.DATA

 ...

 TEST DW  0

.CODE

 ...

 MOV AX,OFFSET TEST1
```

Der MOV Befehl berechnet den Offset relativ zu DGROUP, während im folgenden Beispiel der Offset relativ zu dem Segment berechnet wird, das durch die .FARDATA Anweisung definiert wurde :

```
.FARDATA
...
TEST2  DW  0
.CODE
...
MOV AX,OFFSET TEST2
```

12.4.3 Die Option /LA leistet nützliche Dienste

Die Auswirkungen der vereinfachten Segmentanweisungen lassen sich am besten nachvollziehen, wenn man das Assemblerprogramm mit der Option */LA* assembliert. Diese Option steht ab der Version 5.1 zur Verfügung. Zwar gibt es eine solche Option auch schon in der Version 5.0, doch werden hier lediglich Makroerweiterungen und Falsch-Zweige innerhalb von bedingten Anweisungen, aber noch nicht die Ergebnisse der vereinfachten Segmentanweisungen übertragen. Abbildung 12.3 zeigt zum einen ein Programm, welches die vereinfachten Segmentanweisungen verwendet, und stellt dem die Anweisungen, die tatsächlich assembliert werden gegenüber.

Abbildung 12.3 Auswirkung der vereinfachten Segmentanweisungen

a) das Assemblerprogramm

```
.MODEL SMALL
.STACK 100h
.DATA
.DATA?
.CONST
.CODE
END
```

b) das dazugehörige Programmlisting

```
     .MODEL SMALL
     assume cs:@code,ds:@data,ss:@data

     .STACK 100h
0000      STACK segment 'STACK'
0100      @CurSeg ends

     .DATA
0000      _DATA segment 'DATA'

     .DATA?
0000      @CurSeg ends
0000      _BSS segment 'BSS'

     .CONST
0000      @CurSeg ends
0000      CONST segment 'DATA'

     .CODE
0000      @CurSeg ends
0000      _TEXT segment 'CODE'

     END
0000      @CurSeg ends


Segments and Groups:

                N a m e          Length  Align  Combine  Class

DGROUP . . . . . . . . . . . . . . GROUP
  _DATA  . . . . . . . . . . . . . 0000    WORD   PUBLIC   'DATA'
  STACK  . . . . . . . . . . . . . 0100    PARA   STACK    'STACK'
  _BSS . . . . . . . . . . . . . . 0000    WORD   PUBLIC   'BSS'
  CONST  . . . . . . . . . . . . . 0000    WORD   PUBLIC   'DATA'
 _TEXT . . . . . . . . . . . . . . 0000    WORD   PUBLIC   'CODE'
```

Das Programmlisting (das hier nur auszugsweise abgebildet ist) ist sehr aufschlußreich und liefert einige wichtige Informationen über die Arbeitsweise der vereinfachten Segmentanweisungen. Zunächst fällt wahrscheinlich auf, daß die einzelnen Segmente keinerlei

Code- oder Datenanweisungen enthalten. Dies ist auch nicht unbedingt erforderlich, da es lediglich um die Wirkung der vereinfachten Segmentanweisungen geht. Wenn Sie einmal die Abbildung 12.3 betrachten, werden Sie feststellen, daß jede der vereinfachten Segmentanweisungen in Wirklichkeit eine SEGMENT Anweisung assembliert. Nehmen wir als Beispiel die Anweisung '.STACK 100h', durch die ein Stacksegment definiert wird. Wie aus dem Programmlisting zu entnehmen ist, wird durch .STACK die Anweisung 'STACK SEGMENT STACK' assembliert. Diese Anweisung dient dazu, ein Segment mit dem Namen *STACK* und dem Kombinationstyp STACK zu definieren. Als nächstes folgt die Anweisung '@Curseg ENDS', durch die das augenblickliche Segment beendet wird. Das Equate *@Curseg* steht bekanntlich für den Namen des aktuellen Segments, während durch die Anweisung ENDS allgemein die Definition eines Segments beendet wird. Dieses Prinzip finden Sie bei allen vereinfachten Segmentanweisungen (mit Ausnahme der .DATA Anweisung) zur Definition eines Segments. Zuerst wird die Definition des augenblicklichen Segments beendet, anschließend wird durch die SEGMENT Anweisung ein neues Segment definiert. Aus diesem Grund muß ein Segment, welches mit einer der vereinfachten Segmentanweisungen eingeleitet wird auch nicht explizit beendet werden, da dies "unsichtbar" von der nächsten Segmentanweisung vorgenommen wird. Lediglich der Name des Segments sowie der Klassenname sind von Fall zu Fall verschieden. Wenn Sie einen Blick in die Auflistung der verwendeten Segmentnamen und Klassennamen am Ende der Abbildung 12.3 (die übrigens direkt dem Programmlisting entnommen wurde) werfen und diese mit der entsprechenden Tabelle auf Seite 93 des MASM Handbuchs (Version 5.0) vergleichen, werden Sie feststellen, daß es gewisse Unstimmigkeiten mit dem MASM Handbuch gibt. So lautet der Klassenname, der von der Anweisung *.CONST* vergeben wird, nicht wie im Handbuch angegeben *'CONST'*, sondern *'DATA'* (dies kann durch einen Blick in das Programmlisting überprüft werden). Bei dem Klassennamen, der von der Segmentanweisung *.DATA?* vergeben wird, handelt es sich in der Version 5.0 um *'DATA'* (und nicht wie im Handbuch angegeben um *'BSS'*) bzw. in der Version 5.1 um *'BSS'*. Diese Behauptung wird noch einmal durch die Rubrik "Segment and Groups" innerhalb des Programmlistings bestätigt. Hier werden die von den vereinfachten Segmentanweisungen erzeugten Segmentnamen zusammen mit den jeweiligen Ausrichtungs- und Kombinationstypen und Klassennamen aufgeführt. Experimentieren Sie einmal mit den verschiedenen Speichermodellen und schauen Sie, welche Segmentnamen (und vor allem welche Klassennamen) vom Assembler erzeugt werden.

12.5 Die vereinfachten Segmentanweisungen in COM-Dateien

Die vereinfachten Segmentanweisungen lassen sich, entgegen einem Hinweis im MASM Handbuch, auch innerhalb von COM-Dateien einsetzen. Aufgrund der eingeschränkten Möglichkeiten, die COM-Dateien mit sich bringen, stellt sich allerdings die Frage, inwieweit ein solcher Einsatz überhaupt sinnvoll ist. Diese Frage werden Sie von Fall zu Fall entscheiden müssen. Das Programmbeispiel in Abbildung 12.4 zeigt, auf welche Weise die vereinfachten Segmentanweisungen innerhalb einer COM-Datei eingesetzt werden.

Abbildung 12.4 Vereinfachte Segmentanweisungen in COM-Dateien

```
.MODEL SMALL

.CODE
  ORG 100h
 START:
  JMP BEGIN
  TEXT DB 'UND ES GEHT DOCH !!',10,13,'$'
 BEGIN:
  MOV DX,OFFSET TEXT
  MOV AH,09
  INT 21h
  MOV AH,4Ch
  INT 21h
 END START
```

Sie sehen an dem kleinen Beispiel, daß gar keine besonderen Klimmzüge notwendig sind, um die vereinfachten Segmentanweisungen auch innerhalb von COM-Dateien nutzen zu können. So kann auch innerhalb einer COM-Datei eine .MODEL Anweisung verwendet werden. Allerdings kann eine EXE-Datei nicht in eine COM-Datei umgewandelt werden, wenn diese eine DOSSEG Anweisung enthält. Falls Sie sich an die üblichen "Spielregeln" für COM-Dateien halten, dürfte es im allgemeinen keine Probleme geben. Dazu gehört im einzelnen :

- Nur ein Segment verwenden

- Erste Anweisung innerhalb des Segments ist ORG 100h

- Definition eines Startpunktlabels

- Sprungbefehl, um einen eventuellen Datenbereich zu überspringen

- END Anweisung mit Startpunktlabel

Natürlich stellen diese Regeln keine Naturgesetze dar. Wenn Sie wissen was Sie tun, können Sie jede dieser Regeln nahezu beliebig modifizieren, wie das folgende Beispiel demonstriert.

Beispiel

```
.MODEL SMALL

.DATA
  TEXT DB 'AUCH DAS IST MÖGLICH !!',10,13,'$'

DGROUP GROUP _TEXT

.CODE
  ORG 100h
 START:
  MOV DX,OFFSET TEXT
  MOV AH,09
  INT 21h
  MOV AH,4Ch
  INT 21h
 END START
```

Normalerweise kann eine COM-Datei nur ein Segment enthalten, da die COM-Datei selber keinerlei Informationen über die Größe der einzelnen Segmente enthält. Diese Information bräuchte normalerweise der DOS-Lader, um die einzelnen Segmentadressen zu berechnen. Verwendet man dagegen wie im obigen Beispiel eine GROUP Anweisung, lassen sich auch mehrere Segmente unter einen Hut bringen, da nun eine Segmentadresse für alle Segmente existiert. Durch die Anweisung 'DGROUP GROUP _TEXT' wird auch das Segment *_TEXT*, welches ja durch die .CODE Anweisung definiert wird, in die Gruppe *DGROUP*, zu der bereits schon das *_DATA* Segment gehört, einverleibt.

12.6 Zusammenfassung

Die erweiterten Segmentanweisungen bieten dem Programmierer eine wesentlich weitergehende Einflußnahme auf die Definition von Segmenten, als die vereinfachten Segmentdefinitionen. Eine Segmentdefinition wird durch die Anweisung SEGMENT eingeleitet und durch die Anweisung ENDS beendet. Jedem Segment muß ein Name gegeben werden. Neben dem Segmentnamen können auch drei weitere Parameter spezifiziert werden. Es handelt sich um den Ausrichtungstyp, der die Art der Segmentstartadresse im Speicher festlegt, um den Kombinationstyp, der festlegt, auf welche Weise Segmente mit dem gleichen Namen kombiniert werden, und schließlich um den Klassennamen, welcher die Reihenfolge beeinflußt, in der die einzelnen Segmente in die Programmdatei übertragen werden. Auch die vereinfachten Segmentanweisungen bedienen sich der SEGMENT Anweisung, wobei die einzelnen Parameter wie Segmentname, Ausrichtungstyp, Kombinationstyp und Klassenname standardmäßig festgelegt sind und vom verwendeten Speichermodell abhängen.

Bei den vereinfachten Segmentanweisungen handelt es sich um Makros, die in Abhängigkeit von dem gewählten Speichermodell, Segmente mit vorgegebenen Namen, Ausrichtungs- und Kombinationstypen sowie Klassennamen definieren. Die vereinfachten Segmentanweisungen legen eine Namenskonvention fest, die auch von Microsoft Hochsprachen verwendet wird, und erleichtern so das Verknüpfen von Assemblerprogrammen mit Hochsprachenprogrammen.

KAPITEL 13

DAS BESTE ZWEIER WELTEN

13.1 Einleitung

Bedingt durch immer leistungsfähigere Hochsprachencompiler gibt es immer weniger Anwendungen, die sich anstelle von Assembler nicht auch in C oder PASCAL programmieren ließen. Selbst klassische Assemblerdomänen wie z.B. die Systemprogrammierung, d.h. die Programmierung von Interrupthandlern oder die Einbindung von Betriebssystemroutinen, läßt sich ohneweiteres auch in C realisieren. Viele Anwender überlegen es sich daher zweimal, eine Anwendung in Assembler zu programmieren, müssen Sie doch auf ihre vertraute Programmierumgebung verzichten und vor allem einen wesentlich größeren Aufwand treiben um ein brauchbares Ergebnis zu erzielen. Auf der anderen Seite ist der von einem C-Compiler erzeugte Code in vielen Fällen noch optimierbar, d.h. für extrem zeitkritische Anwendungen ist Assembler noch immer unverzichtbar. Die Frage, ob es sich lohnt, die Nachteile der Assemblerprogrammierung in Kauf zu nehmen und gleichzeitig auf den Komfort eines Hochsprachencompilers verzichten zu müssen, löst sich am einfachsten, wenn man beide Welten miteinander verbindet und die Stärken von Assembler und C miteinander kombiniert. So lassen sich die Geschwindigkeitsvorteile der Assemblerprogrammierung auch von einem C oder PASCAL Programm nutzen. Der Microsoft Makroassembler stellt für die Einbindung von Assemblerroutinen in Hochsprachen ab der Version 5.0 ein sog. Hochspracheninterface zur Verfügung. In diesem Kapitel wird am Beispiel des Microsoft C Compilers gezeigt, wie Sie in ein C Programm Assemblerroutinen unter Benutzung des Hochspracheninterface einbinden können. Mit der Version 5.1 des Makroassemblers wurde das Hochspracheninterface weiter verbessert. Viele Makros, die bislang nur in einer INCLUDE Datei enthalten waren, sind nun in den Assembler integriert. Die wichtigsten Änderungen bei der Version 5.1 werden in diesem Kapitel ebenfalls vorgestellt.

Noch ein Hinweis in eigener Sache. In diesem Kapitel wird ausschließlich der Microsoft C Compiler besprochen. Viele der Techniken, die in diesem Kapitel vorgestellt werden, lassen sich aber auch auf C Compiler "anderer Hersteller" übertragen.

13.2 Grundsätzliche Überlegungen

Um Objektdateien eines Compilers erfolgreich mit Objektdateien eines Assemblers verknüpfen zu können, müssen bestimmte Bedingungen erfüllt sein. In der Regel sollten Daten bzw. Programmcode aus Gründen der Effizienz in dem gleichen Segment untergebracht werden. So ist es wesentlich günstiger, wenn sich alle Daten in einem einzigen Segment befinden, da alle Daten dann über einen Zeiger vom Typ Near, d.h. über einen Offset, angesprochen werden können. Genauso verhält es sich, wenn eine Prozedur aus einem Modul eine Prozedur aus einem anderen Modul aufruft. Befinden sich beide Prozeduren in dem gleichen Segment, wird lediglich ein Sprung vom Typ Near benötigt, ansonsten müßte ein Sprung vom Typ Far durchgeführt werden. Es ist die Aufgabe des Linkers, zwei verschiedene Segmente aus zwei Modulen zu einem einzigen Segment zu verknüpfen. Der Linker benötigt dafür bestimmte Informationen (wie z.B. einen Kombinationstyp), die festlegen, auf welche Weise die Segmente verknüpft werden sollen. Der C Compiler stellt diese Information von sich aus zur Verfügung. In einem C Programm ist es extrem einfach, eine externe Funktion, wie z.B. eine Assemblerroutine, aufzurufen. Es muß lediglich ein normaler Funktionsaufruf, wie z.B. *FunName(a,b,c)*, durchgeführt werden, wobei *FunName* der Name der Assemblerprozedur ist, während es sich bei a, b und c um die übergebenen Parameter handelt. Die einzelnen Details, wie z.B. das Retten wichtiger Register, die Parameterübergabe oder die Erzeugung des korrekten Rückkehrbefehls, werden vom Compiler übernommen. In einem Assemblerprogramm muß sich der Programmierer normalerweise um diese Details kümmern. Er muß z.B. dafür sorgen, daß die einzelnen Segmente mit den erforderlichen Parametern versehen werden. Dies war bislang ein Grund, warum C Programmierer nur ungern mit dem Assembler gearbeitet haben. Man mußte sich einfach um zuviele Einzelheiten kümmern, von denen die wenigsten auf Anhieb einsichtig waren und die zudem eine gewisse Vertrautheit mit Systemdetails voraussetzten. In der Version 5.0 und insbesondere in der neuen Version 5.1 des Makroassemblers wird die meiste Arbeit dem Assembler übertragen. Mit den neuen bzw. den erweiterten Anweisungen, die in diesen Versionen zur Verfügung stehen, werden die lästigen aber notwendigen formalen Vereinbarungen auf ein absolutes Minimum reduziert. Diese Anweisungen bzw. die Konventionen, die beim Aufruf einer Assemblerroutine von einer Hochsprache eingehalten werden müssen, werden zusammenfassend als *Hochspracheninterface* bezeichnet. Was es damit auf sich hat, soll im folgenden Abschnitt näher untersucht werden.

Das Hochspracheninterface und was dahintersteckt

In diesem Abschnitt soll erläutert werden, was unter dem Begriff "*Hochspracheninterface*" verstanden wird. Ein Interface ist allgemein eine Gerät bzw. ein Programm, welches die Kommunikation, d.h. den Datenaustausch, zwischen zwei verschiedenartigen Geräten bzw. in diesem Fall Programmen erlaubt. Das Hochspracheninterface des Assemblers soll die problemlose Verknüpfung von Objektdateien, die z.B. von einem C Compiler erstellt wurden, mit Objektdateien des Assemblers ermöglichen. Genauso muß aber auch die Frage geklärt werden, auf welche Weise Routinen aufgerufen oder Parameter übergeben werden. Zu den wichtigsten Punkten, die beim Aufruf eines Moduls von einem anderen Modul geklärt werden müssen, gehören :

- Wie wird die Routine aufgerufen ?

- Wo werden die Parameter übergeben ?

- Welche Register müssen gerettet werden ?

- Wo werden Rückgabewerte abgelegt ?

Hinter dem Begriff Hochspracheninterface verbergen sich streng genommen Konventionen, die die oben aufgeführten Punkte eindeutig klären. Im weiteren Sinne gehören zu dem Hochspracheninterface aber auch jene Assembleranweisungen, die diese Konventionen in die Praxis umsetzen und dazu beitragen, daß der Programmierer sich um diese Konventionen nicht zu kümmern braucht.

Die Microsoft Compiler BASIC, PASCAL, FORTRAN und C benutzen alle ein sehr ähnliches Hochspracheninterface zum Einbinden von "anderssprachigen" Routinen, wenngleich es sich von Fall zu Fall z.B. bei der Parameterübergabe oder der Namenskonvention geringfügig unterscheidet. Wenn es das Hochspracheninterface auch erlaubt, z.B. eine PASCAL Routine von einem FORTRAN Programm aufzurufen, soll es im folgenden nur darum gehen, wie sich eine Assemblerroutine von einem C Programm aufrufen läßt.

Wie unterscheidet sich C von anderen Sprachen ?

Wie bereits erwähnt, verlangen die einzelnen Microsoft Hochsprachen eine geringfügig abweichende Konvention. Insbesondere C fällt hier ein wenig aus dem Rahmen, während sich BASIC, FORTRAN und PASCAL weitgehend ähnlich sind. Die Unterschiede zwischen C und den übrigen Microsoft Hochsprachen betreffen die

Namenskonvention, die Parameterübergabe und die Art und Weise, wie nach der Beendigung einer Prozedur der Stack, welcher zur Parameterübergabe benutzt wird, wieder korrigiert wird.

- Namenskonvention

Anders als BASIC, FORTRAN und PASCAL wandelt der C Compiler grundsätzlich keine Kleinbuchstaben in Großbuchstaben um. Zusätzlich fügt der Compiler vor jeden Symbolnamen ein Unterstreichungsymbol '_'. Um eine Variable oder Prozedur in einem Assemblerprogramm ansprechen zu können, muß der Name der Variablen bzw. Prozedur auch mit einem '_' beginnen. Von einem Symbolnamen verarbeitet der C Compiler die ersten 31 Zeichen (BASIC 40, FORTRAN 6 und PASCAL 8). Alle darüber hinausgehenden Zeichen werden nicht in die Objektdatei übertragen.

- Parameterübergabe

BASIC, FORTRAN und PASCAL übergeben die Parameter einer Funktion in der Reihenfolge, die durch die Parameterliste festgelegt wird. Ein C Programm übergibt die Parameter in der umgekehrten Reihenfolge. Dadurch wird auch die Reihenfolge festgelegt, in der die Parameter wieder vom Stack genommen werden müssen.

Grundsätzlich gibt es in einem Hochsprachenprogramm zwei verschiedene Arten der Parameterübergabe :

1) Über eine Referenz

Bei dieser Methode wird ein Zeiger auf den Parameter übergeben. Auf diese Weise kann der Parameter direkt von der aufgerufenen Routine manipuliert werden. Bei der Parameterübergabe über eine Referenz wird noch einmal zwischen einer Near und einer Far Referenz unterschieden. Bei der Near Referenz wird lediglich die Offsetadresse einer Variablen übergeben, während bei einer Far Referenz sowohl die Offsetadresse als auch die Segmentadresse übergeben wird.

2) Über einen Wert

Bei dieser Methode wird nur der Wert einer Variablen übergeben, nicht aber deren Adresse. Die aufgerufene Routine hat in diesem Fall keine Möglichkeit, den Parameter selber zu verändern, d.h. eine Änderung des Wertes innerhalb der Routine hat keinen Einfluß auf das aufrufende Programm.

Es versteht sich von selbst, daß die aufgerufene Routine und die aufrufende Routine die gleiche Methode der Parameterübergabe verwenden müssen. In einem C Programm werden alle Daten, mit Ausnahme von Feldern, über ihren Wert übergeben. Lediglich Felder werden über eine Referenz übergeben. Bei der Referenz handelt es sich um einen Near Zeiger bei den Speichermodellen Small und Medium bzw. um einen Far Zeiger bei den Speichermodellen Compact, Large und Huge.

- Stackkorrektur

Eine von einem C Programm aufgerufene Assemblerroutine darf am Ende keine Stackkorrektur vornehmen, da dies von dem C Programm nach der Rückkehr von der Assemblerroutine übernommen wird.

13.3 Die Einbindung einer Assemblerroutine in C

Damit ein C Programm eine Assemblerroutine erfolgreich aufrufen kann, sind gewisse Voraussetzungen zu erfüllen. Spezielle Voraussetzungen wie z.B. die Namenskonvention oder die Parameterübergabe wurden bereits allgemein angesprochen und sollen in diesem Kapitel konkretisiert werden. Zu den Grundvoraussetzungen gehört, daß beide Programme die gleichen Segmentnamen und das gleiche Speichermodell verwenden. Mit anderen Worten, muß das Assemblerprogramm die gleichen Segmentnamen verwenden, die intern vom Compiler vergeben werden. Um welche Segmentnamen es sich dabei handelt, soll im folgenden kurz beschrieben werden.

13.3.1 Wichtige Voraussetzungen

Segmentnamen

Der Microsoft C Compiler verwendet folgende Segmentnamen :

Name	Bedeutung
_BSS	Uninitialisierte Daten (mit Ausnahme von Daten, die als Far deklariert werden).
_DATA	Uninitialisierte und initialisierte globale Daten sowie statische Daten vom Typ Near.

Daten-segmente	Globale und statische Daten, die als Far deklariert werden. Segmente mit initialisierten Daten haben den Klassennamen 'FARDATA', Segmente mit uninitialisierten Daten den Klassennamen 'FARDATA?'.
STACK	Stacksegment
CONST	Konstanten wie z.B. Fließkommakonstanten
_TEXT	Programmsegment
NULL	Compiler internes Segment

Anmerkung : Bei globalen Daten handelt es sich in einem C Programm um Daten, die von jedem Modul aus verwendet werden können. Diese können entweder initialisiert oder uninitialisiert sein. Bei statischen Daten handelt es sich um Variablen, die nur innerhalb einer Funktion oder eines Moduls verwendet werden können. Auch diese können initialisiert oder uninitialisiert sein.

Die Segmente *_DATA*, *CONST*, *_BSS* und *STACK* gehören zur Segmentgruppe *DGROUP*. Um sicherzustellen, daß Daten aus zwei verschiedenen Modulen ein und dasselbe Segment verwenden können, müssen nicht nur die Segmentnamen übereinstimmen. Genauso wichtig ist, daß die zu verknüpfenden Segmente den gleichen Kombinationstyp, Ausrichtungstyp und Klassennamen verwenden.

Speichermodelle

Damit ein Assemblerprogramm mit einem C Programm verknüpft werden kann, müssen beide das gleiche Speichermodell verwenden. Dies ist eine Voraussetzung, die im allgemeinen erfüllt sein sollte, obleich es möglich ist, innerhalb eines C- oder Assemblerprogramms ein gemischtes Speichermodell zu verwenden. Der Microsoft C Compiler unterstützt alle in Kapitel 3 vorgestellten Speichermodelle mit Ausnahme des Modells *Tiny*. Falls kein Speichermodell explizit festgelegt wird, wird das Modell Small als Default verwendet. Dieses Modell sollte für die viele Anwendungem ausreichend sein. Eine Ausnahme stellen Programme dar, deren Programm- oder Datenbereich größer als 64 KByte wird. In diesem Fall kann das Speichermodell über die Compiler Option */A* ausgewählt werden. Des weiteren besteht innerhalb eines C Programms die Möglichkeit, mit Hilfe der Schlüsselworte *Near*, *Far* und *Huge* das Speichermodell für eine einzelne Anweisung oder Funktion zu ändern.

Dies sind die Grundvoraussetzungen, die erfüllt sein müssen. Erst dann können die einzelnen Details des Hochspracheninterface wie z.B. die Parameterübergabe realisiert werden.

13.3.2 Eine allgemeine Strategie

Die Einbindung einer Assemblerroutine in ein C Programm durchläuft stets folgende Schritte :

1) Erstellen der Assemblerroutine

2) Aufruf der Assemblerroutine

3) Reservieren von Speicherplatz für lokale Daten

4) Retten von Registern

5) Zugriff auf übergebene Parameter

6) Übergabe eines Rückgabewertes

7) Verlassen der Assemblerroutine

Die einzelnen Punkte werden zunächst allgemein besprochen und am Ende dieses Abschnittes noch einmal an einem kleinen Beispiel veranschaulicht.

Erstellen der Assemblerroutine

Unabhängig vom speziellen Charakter einer Assemblerroutine (d.h., ob z.B. Parameter übergeben werden oder nicht) gibt es einige allgemeine Richtlinien, an die man sich stets halten sollte. Die folgenden Richtlinien beziehen sich stets auf die Einbindung einer C Routine und können bei den anderen Sprachen geringfügig abweichen :

- Verwenden Sie die *.MODEL* Anweisung zur Festlegung eines Speichermodells. Durch diese Anweisung wird u.a. sichergestellt, daß der Assembler den korrekten RET Befehl erzeugt (RETN für die Speichermodelle Small und Compact, RETF für die Speichermodelle Medium, Large und Huge). Wenn Sie eine ältere MASM Version verwenden bzw. mit den erweiterten Segmentanweisungen arbeiten, können Sie den gleichen Effekt erzielen, wenn Sie die PROC Anweisung mit dem notwendigen Entfernungstyp versehen.

- Verwenden Sie die Anweisungen *.CODE* zur Definition eines Codesegments und *.DATA* zur Definition eines Datensegments (sofern eines benötigt wird). Falls Sie mit MASM 4.0 oder älter arbeiten, müssen Sie die erforderlichen Segmentnamen und vor allem die dazugehörigen Parameter aus der Tabelle 12.1 (s.Kapitel 12) entnehmen.

- Die aufzurufende Prozedur muß mit der Anweisung *PUBLIC* als global deklariert werden. Bis zur Version 5.0 mußte dies noch explizit geschehen. Ab der Version 5.1 besteht die Möglichkeit den gleichen Effekt ohne die PUBLIC Anweisung, sondern durch einen zusätzlichen Parameter bei der .MODEL Anweisung zu erzielen. Des weiteren müssen auch alle Daten, die von einem anderen Modul benutzt werden, als global deklariert werden.

- Daten oder Prozeduren, die nicht innerhalb der Assemblerroutine definiert sind, die aber von dem Assemblerprogramm benutzt werden sollen, müssen mit der *EXTRN* Anweisung als extern deklariert werden. Mit der Ausnahme von Daten mit dem Typ Near, die innerhalb des Datensegments deklariert werden, sollten alle anderen Prozeduren bzw. Variablen außerhalb eines Segments als extern deklariert werden.

Der Aufruf der Prozedur

Nachdem die Prozedur von dem C Programm wie eine normale Funktion aufgerufen wurde, wird die Kontrolle an die Assemblerroutine übertragen. Als erstes muß die Assemblerroutine einen sog. *Stackrahmen* aufbauen. Dieser Stackrahmen reserviert einen Teil des Stacks für die Speicherung der Rückkehradresse bzw. von lokalen Parametern. Obwohl der Stack über das SP-Register adressiert wird, kann das SP-Register für diese Zwecke nicht verwendet werden, da es nicht als Indexregister eingesetzt werden kann. Aus diesem Grund muß als erstes der Inhalt des SP-Registers in das BP-Register kopiert werden (dessen Inhalt zuvor wiederum auf den Stack gerettet wurde) :

```
PUSH  BP
MOV   BP,SP
```

Mehr ist für die Einrichtung eines Stackrahmens nicht notwendig. Der Inhalt des BP-Registers bleibt für die Dauer der Prozedur konstant und dient als Basisadresse für alle Zugriffe auf lokale

Daten, die sich auf dem Stack befinden. Der Inhalt des BP-Registers muß aber zuvor gerettet werden, da er von dem aufrufenden Programm nach Beendigung der Assemblerroutine benötigt wird.

Reservieren von Speicherplatz für lokale Daten

Auch eine Assemblerprozedur kann, wie eine Hochsprachenprozedur, mit lokalen Daten arbeiten. Die Art und Weise wie lokale Daten implementiert werden, entspricht dem üblichen Verfahren bei Hochsprachenprozeduren. Danach wird der Stackzeiger um die Anzahl der benötigten Bytes erniedrigt, damit dieser Bereich für den weiteren Zugriff geschützt ist :

```
SUB SP,ANZAHL
```

Bei *ANZAHL* handelt es sich um die Anzahl der Bytes, die für lokale Daten benötigt werden. Um Schwierigkeiten von vorneherein auszuschließen, sollte es sich bei ANZAHL stets um eine gerade Zahl handeln. Auf die lokalen Daten kann nun auf verschiedene Weise zugegriffen werden :

a) Über das BP-Register

Am einfachsten ist der direkte Zugriff auf die Stackwerte über das BP-Register mit einem negativen Displacement :

```
MOV  AX,WORD PTR [BP-2]
```

oder

```
MOV  AX,WORD PTR [BP-4]
```

Sie sollten stets daran denken, daß der Stack in Richtung kleiner werdender Adressen wächst. Um auf eine Wert zuzugreifen, der bereits auf dem Stack liegt, ist in diesem Fall ein negativer Offset notwendig, da ja die Basisadresse im BP-Register den Zustand vor dem Speichern der Werte auf dem Stack darstellt.

b) Über symbolische Namen

Ab der Version 5.0 bietet MASM die Möglichkeit, lokale Variablen über einen symbolischen Namen anzusprechen. Dabei ändert sich nichts am Prinzip des Zugriffs, es wird lediglich zuvor ein Textmakro definiert, über das der Zugriff durchgeführt wird :

```
WERT1   EQU  <[BP-2]>
WERT2   EQU  <[BP-4]>

_TEST   PROC
        PUSH BP
        MOV  BP,SP
        SUB  SP,4

        ....

        MOV  AX,WERT1
        MOV  WERT2,BX

        ....

        MOV SP,BP     ; Stackzeiger wieder herstellen
        POP BP        ; BP-Register wieder herstellen
        RET           ; Rückkehr zur aufrufenden Prozedur
_TEST   ENDP
```

In diesem Beispiel wurde übrigens schon "verraten", auf welche Weise die Assemblerprozedur wieder beendet wird. Der Hintergrund der verwendeten Befehle soll aber erst an einer späteren Stelle besprochen werden. Abbildung 13.1 zeigt die Verhältnisse auf dem Stack vor, während und nach dem Prozeduraufruf.

Abbildung 13.1 Lokale Variablen auf dem Stack

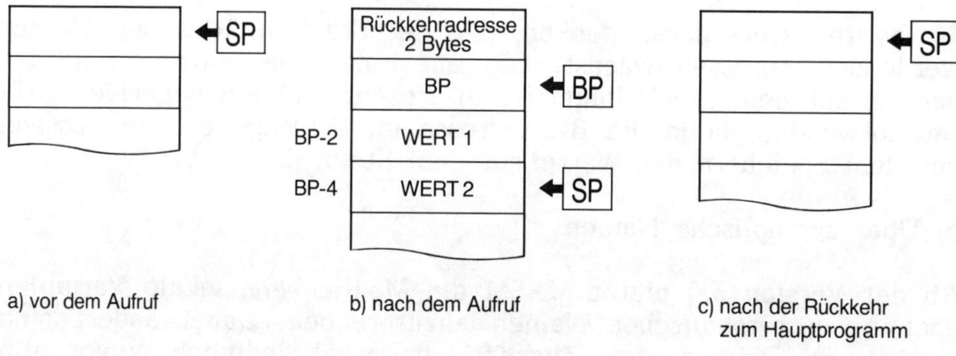

c) durch die LOCAL Anweisung

Ab der Version 5.1 bietet MASM die Möglichkeit, "richtige" lokale Variablen zu definieren. Diese werden durch eine spezielle Anweisung mit dem Namen *LOCAL* definiert und können dann über ihren Namen angesprochen werden, ohne daß der Programmierer den genauen Offset auf dem Stack kennen muß. Mehr über die LOCAL Anweisung erfahren Sie allerdings erst in Kapitel 13.5.

Beispiel

```
_TEST  PROC
       LOCAL WERT1:WORD,WERT2:WORD

       ....

       MOV AX,WERT1
       MOV BX,WERT2

       ...

_TEST  ENDP
```

Retten von Registerwerten

Eine von einem Hochsprachenprogramm aufgerufene Assemblerroutine darf folgende Register nicht verändern : DI, SI, DS, SS und BP. Falls daher Ihre Assemblerroutine mit diesen Registern arbeiten soll, müssen diese Register vorher auf dem Stack gerettet (mit dem BP-Register wurde das ja bereits durchgeführt) und am Ende der Prozedur wieder hergestellt werden. Das Retten der einzelnen Register erfolgt in der Regel nachdem der Stackrahmen installiert und Speicherplatz für lokale Daten (falls vorhanden) reserviert wurde :

```
PUSH  BP        ; BP retten
MOV   BP,SP     ; Stackrahmen einrichten
SUB   SP,4      ; Platz für lokale Daten
PUSH  SI        ; SI-Register retten
PUSH  DI        ; DI-Register retten
...

POP   DI        ; DI-Register wiederherstellen
POP   SI        ; SI-Register wiederherstellen
RET
```

Denken Sie daran, daß die geretteten Register am Ende in umgekehrter Reihenfolge wieder hergestellt werden müssen. Langsam wird es auf dem Stack voll. Am Anfang sollten Sie sich daher die Belegung des Stacks zu den wichtigsten Phasen (Nach dem Aufruf der Prozedur bzw. vor dem Verlassen der Prozedur) auf ein Blatt Papier aufmalen, um die Übersicht nicht zu verlieren. Ab der Version 5.1 müssen Sie das Retten etwaiger Register nicht mehr selber vornehmen, sondern können diese Arbeit der PROC Anweisung übertragen (s.Kapitel 13.5). Nachdem nun das BP-Register dort abgelegt und Platz für lokale Daten geschaffen wurde, befinden sich dort auch noch die Werte der geretteten Register. Daß diese Werte aber keinen Einfluß auf den Zugriff auf die lokalen Daten bzw. die bereits vor dem Aufruf übergebenen Parameter (die noch zu besprechen sind) haben, zeigt die Abbildung 13.2.

Abbildung 13.2 Der Stack nach dem Retten interner Register

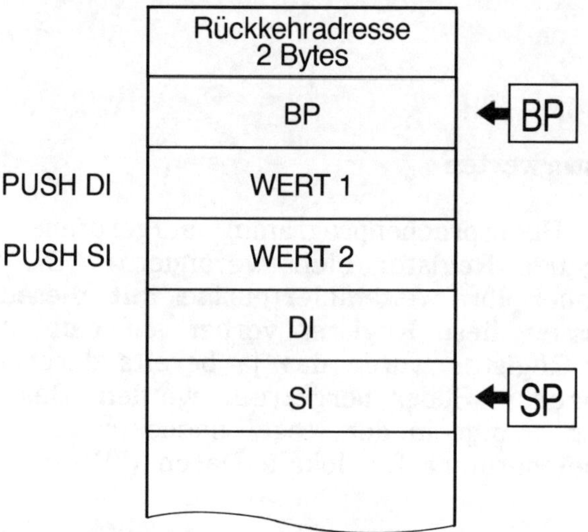

Zugriff auf übergebene Parameter

Um auf Parameter zugreifen zu können, die von der aufrufenden Prozedur übergeben wurden, ist es notwendig, über den Aufbau des Stacks Bescheid zu wissen. Abbildung 13.3 veranschaulicht die Verhältnisse auf dem Stack, nachdem die Assemblerroutine über einen *CALL* Befehl aufgerufen, das BP-Register gerettet, ein Stackrahmen eingerichtet wurde usw.. Die prinzipiellen Vorgänge wurden zwar bereits schon besprochen, doch fassen wir diese noch einmal übersichtlich zusammen, da so sehr schnell deutlich wird, wie der Stackaufbau zu erklären ist :

1. Die aufrufende Prozedur legt die zu übergebenden Parameter auf den Stack ab. Danach zeigt das SP-Register auf den letzten übergebenen Parameter.

2. Die aufrufende Prozedur führt einen CALL Befehl durch. Dadurch wird die Rückkehradresse ebenfalls auf dem Stack abgelegt. Diese Adresse besteht entweder aus zwei (Near Prozedur) oder aus vier (Far Prozedur) Bytes. Nun zeigt das SP-Register auf die Rückkehradresse. Im Falle einer Far Prozedur gilt bei Microsoft Hochsprachen die Regel, daß zuerst die Segmentadresse und dann der Offset auf dem Stack abgelegt wird. Dadurch kann auf die einzelnen Parameter bequem mit dem *LES* Befehl der 80x86 Prozessoren zugegriffen werden, welcher die Segmentadresse in das ES-Register und die Offsetadresse in das angegebene Register lädt.

3. Jetzt ist die aufgerufene Prozedur an der Reihe. Sie legt als erstes das BP-Register auf dem Stack ab. Das SP-Register zeigt jetzt auf das gerettete BP-Register.

4. Das BP-Register wird dazu benutzt, um den Wert des SP-Registers "einzufrieren". Dieser kann sich ja weiter ändern, wenn z.B. interne Prozessorregister gerettet werden müssen. Das BP-Register zeigt zur Zeit auf seinen alten Wert. Das klingt vielleicht ein wenig verwirrend, wird aber hoffentlich klarer, wenn Sie dazu die Abbildung 13.3 betrachten.

5. Auf dem Stack kann nun Platz für lokale Daten geschaffen werden (durch explizites Erniedrigen des SP-Registers) und es können, falls erforderlich, Prozessorregister gerettet werden. Da dies durch einen PUSH Befehl geschieht, wird auch hier das SP-Register (diesmal implizit) erniedrigt. Beachten Sie, daß sich der Wert des BP-Registers nicht mehr ändert. Dadurch haben alle diese Werte keinen Einfluß auf die Parameter, die vor dem Aufruf der Routine auf dem Stack abgelegt wurden.

Abbildung 13.3 Der Stack nach dem Aufruf einer Prozedur

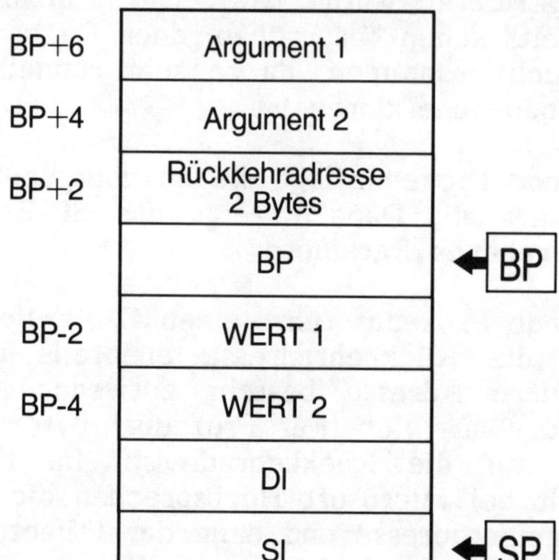

Die Frage, auf welche Weise auf die übergebenen Parameter zugegriffen werden kann, läßt sich nun leicht beantworten. Auf jeden einzelnen Parameter wird über einen positiven Offset mit Hilfe des BP-Registers zugegriffen. Warum ist der Offset positiv ? Weil nach dem Ablegen der einzelnen Parameter einige zusätzliche Werte, wie gesehen, auf dem Stack abgelegt wurden und der Stackzeiger immer kleiner wird (der Stack "wächst" in Richtung kleinerer Adressen). Um auf einen Wert zuzugreifen, der bereits auf dem Stack abgelegt wurde, ist stets ein positiver Offset notwendig. Anders sieht es bei etwaigen lokalen Daten aus. Diese wurden ja erzeugt, nachdem das SP-Register in das BP-Register übertragen wurde. Da auch für den Zugriff auf die lokalen Daten das BP-Register verwendet wird, dieses aber nichts mehr von dem aktuellen Stand des Stackzeigers im SP-Register "weiß", benötigen wir in diesem Fall einen negativen Offset. Doch zurück zu den übergebenen Parametern. Für den Zugriff auf den n-ten Parameter ergibt sich folgende Formel :

Offset = 2 (für das BP-Register)

+

Größe der Rückkehradresse

+

Gesamtgröße aller Parameter zwischen n und BP

Wie sich diese Formel in der Praxis anwenden läßt, wird an dem folgenden Beispiel deutlich :

Eine Near Prozedur wird mit zwei Parametern aufgerufen, bei denen es sich jeweils um 2-Byte Werte handelt. Um z.B. auf den 2. Parameter innerhalb der Prozedur zugreifen zu können ist folgender Stack-Offset notwendig :

```
Offset  =  2
          +
           2   (Größe der Rückkehradresse)
          +
           2   (Größe des 1. Parameter)
         ------
           6  Byte Offset
```

Auf den zweiten Parameter kann daher z.B. durch folgenden Befehl zugegriffen werden :

```
MOV  AX,[BP+6]
```

während für den Zugriff auf den ersten Parameter z.B. folgender Befehl verwendet werden kann :

```
MOV CX,[BP+4]
```

Damit Sie die hier beschriebenen Verhältnisse besser nachvollziehen können, ist in Abbildung 13.4 der Stackrahmen für dieses Beispiel abgebildet.

Der benötigte Offset läßt sich einfach berechnen, wenn man weiß, daß der übergebene Parameter in Form einer 16-Bit Zahl vorliegt. Doch nicht immer liegen die Verhältnisse so einfach, denn die Form des übergebenen Parameters hängt von dem jeweiligen Datentyp ab und variiert zudem von Sprache zu Sprache. Aus der Tabelle 13.1 können Sie entnehmen, in welcher Form die einzelnen Datentypen von einem C Programm übergeben werden.

Abbildung 13.4 Stackrahmen für eine Beispielprozedur

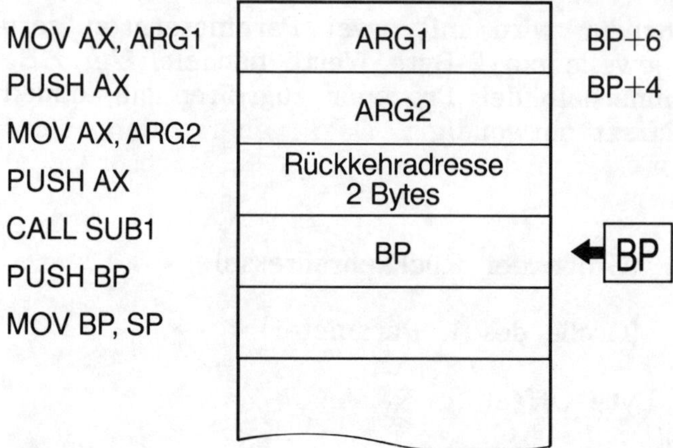

Tabelle 13.1 Parameterübergabe eines C Programms

Datentyp	Umwandlung in	Stackgröße
char	int	Wort
char vorzeichenlos	int vorzeichenlos	Wort
short		Wort
short vorzeichenlos		Wort
int		Wort
int vorzeichenlos		Wort
long		Doppelwort
long vorzeichenlos		Doppelwort
float	Doppelwort	64 Bit
double		Wort
near Zeiger		Wort
far Zeiger		Doppelwort
Feld	Zeiger auf das Feld	Wort
String	Zeiger auf String	Wort
Struktur		n Worte

Rückgabe eines Wertes

In vielen Fällen soll die Assemblerroutine an die aufrufende Prozedur auch einen Wert zurückgeben. Am einfachsten ist es, wenn es sich bei dem zurückgegebenen Wert um eine 8-, 16- oder 32-Bit Integerkonstante handelt, da dann der Rückgabewert in einem Register übergeben werden kann. Dazu gehören dann auch übergebene Zeiger. In diesem Fall gelten für alle Hochsprachen die folgende Vereinbarungen :

Größe des Rückgabewertes	Register
1 Byte	AL
2 Bytes	AX
4 Bytes	DX:AX

Im Falle einer 32-Bit Zahl bzw. einer Segment:Offset Adresse wird der höherwertige Anteil (Segmentanteil) im DX-Register und der niederwertige Anteil (Offsetanteil) im AX-Register übergeben.

Etwas komplizierter sieht es aus, wenn der zurückgegebene Wert größer als vier Bytes ist, d.h. wenn z.B. ein String, eine Fließkommazahl oder ein Feld übergeben wird. Dieser Fall wird von den einzelnen Hochsprachen unterschiedlich gehandhabt. Wird die Assemlerroutine von einem C Programm aufgerufen, so hat es der Programmierer noch relativ einfach. In diesem Fall wird das Datenobjekt im Datensegment abgelegt, und die Assemblerroutine muß im DX:AX Register einen entsprechenden Zeiger übergeben. Aus der Tabelle 13.2 können Sie entnehmen, auf welche Weise zurückgegebene Parameter übergeben werden.

Tabelle 13.2 Rückgabewerte einer Assemblerroutine

Typ	Ort der Rückgabe
char	AX
char vorzeichenlos	AX
short	AX
short vorzeichenlos	AX
int	AX
int vorzeichenlos	AX
long	AX:DX
long vorzeichenlos	AX:DX
StrukturZeiger in	AX
FloatZeiger in	AX
DoubleZeiger in	AX
Near Zeiger	AX
Far Zeiger	AX:DX

Verlassen der Assemblerroutine

Bei Beendigung der Assemblerroutine erfolgt die Rückkehr zu der aufrufenden Hochsprachenroutine. Auch hier gilt es, gewisse Regeln einzuhalten.

1. Zuvor gerettete Prozessorregister müssen durch entsprechende *POP* Befehle wiederhergestellt werden. Wie bereits erwähnt, müssen die einzelnen POP Befehle in der umgekehrten Reihenfolge erfolgen, wie zuvor die *PUSH* Befehle.

2. Falls auf dem Stack Platz für lokale Daten reserviert wurde, muß dieser Platz nun wieder freigegeben werden. Dies geschieht einfach dadurch, daß man den Inhalt des BP-Registers mit dem Befehl 'MOV SP,BP' in das SP-Register lädt. Wenn Ihnen dieser Schritt nicht auf Anhieb klar ist, werfen Sie noch einmal einen Blick auf die Abbildung 13.3. Daraus geht hervor, daß das BP-Register den "eingefrorenen" Wert des Stackzeigers vor dem Einrichten eines lokalen Datenbereichs enthält.

3. Wiederherstellen des BP-Registers durch den Befehl 'POP BP'. Dieser Befehl ist immer dann notwendig, wenn der Prozedur Parameter übergeben wurden.

4. Rückkehr zur aufrufenden Prozedur durch einen RET Befehl.

Wichtig : Falls es sich bei der aufrufenden Prozedur um ein C-Programm handelt, darf die Assemblerroutine nicht den Befehl 'RET n' verwenden. Das "Aufräumen" des Stacks wird nämlich vom C Programm selber übernommen. Handelt es sich dagegen bei dem aufrufenden Programm um ein BASIC, PASCAL oder FORTRAN Programm, müssen nach der Microsoft Konvention übergebene Parameter durch einen 'RET n' Befehl vom Stack entfernt werden, wobei n die Anzahl der zu "entfernenden" Bytes angibt.

Damit wären alle Formalitäten geklärt. Nach soviel Theorie soll erst einmal ein Beispiel folgen. Wir beschäftigen uns zunächst aber mit einem einfachen, um nicht zu sagen trivialen Beispiel, da es in erster Linie darum geht, die eben dargestellten Regeln in die Praxis umzusetzen.

Ein kleines Beispiel

Welche Vorbereitungen innerhalb des Assemblerprogramms getroffen werden müssen, wurde im letzten Abschnitt ausführlich dargelegt. Wie Sie gesehen haben, sind keine speziellen Befehle erforderlich, d.h. Sie können die Assemblerroutine sowohl mit MASM 4.0 oder älter als auch mit einer neueren Version assemblieren. Ab der Version 5.0 stehen allerdings neue Befehle bzw. Makros zur Verfügung, die den Aufwand erheblich reduzieren und vor allem formale Fehler vermeiden helfen. Dies wurde am Beispiel der lokalen Variablen ja hoffentlich eindrucksvoll demonstriert. Aus zwei Gründen werden die folgenden Beispiele zum einen auf die herkömmliche Weise (d.h. mit den erweiterten Segmentanweisungen und zum anderen mit den neuen Anweisungen vorgestellt. Der erste Grund ist, daß auch Besitzer älterer MASM Versionen diese Beispiele nachvollziehen können und in den Genuß der eingangs dieses Kapitels beschriebenen Vorzüge bezüglich der Verknüpfung von Hochsprachen mit Assemblerroutinen kommen. Doch auch Besitzer neuerer MASM Versionen werden hoffentlich von dieser Darstellungsweise profitieren. Sie lernen so die Hintergründe der vereinfachten Segmentanweisungen kennen und sind damit auch für Spezialanwendungen gerüstet, bei denen die vereinfachten Segmentanweisungen nicht ausreichen.

Nachdem bislang die ganze Zeit von dem Assemblerprogramm die Rede war, müssen wir uns nun, wenn auch nur kurz, mit dem C Programm beschäftigen. Um eine Assemblerroutine von einem C Programm aufzurufen, muß in dem C Programm lediglich die betreffende Funktion (genauso als wollten Sie z.B. eine Bibliotheksfunktion des Compilers aufrufen) als extern deklariert werden. Weitere Vorbereitungen sind im allgemeinen nicht notwendig. Das folgende Beispiel zeigt ein C Programm, das eine Assemblerroutine mit dem Namen *'mittel'* aufruft. Die Assemblerroutine soll den Mittelwert von drei übergebenen Integervariablen bilden und das Ergebnis wieder zurückgeben. Auch wenn das Beispiel nicht sehr aufregend ist bzw. sicher kaum in der Praxis Anwendung finden wird, zeigt es doch recht gut, wie sich die im letzten Abschnitt beschriebenen Regeln in die Praxis umsetzen lassen. Hier zunächst das C Programm :

```
extern int mittel(int, int, int);

main()
{
  printf("Der Mittelwert beträgt %d/n",mittel(12,23,45));
}
```

Das C Programm ist wirklich nicht der Rede wert. Als erstes wird die Routine 'mittel' als extern deklariert, da sie nicht innerhalb des C Programms definiert wird. Abschließend folgt ein Ausgabebefehl, der die Funktion 'mittel' mit drei Parametern aufruft. Sie sehen an diesem Beispiel, daß es sich hier um ein ganz "normales" C Programm handelt. Die Parameterübergabe erfolgt durch einen "*Call bei value*", d.h. die einzelnen Parameter werden als direkte Werte übergeben. Das Gegenteil wäre ein "*Call by reference*", wo anstelle des direkten Wertes die Adressen der Werte übergeben werden.

Der Aufruf des C Compilers

Der C Compiler (Version 5.10) wird über die *CL* Option aufgerufen. Allerdings soll die Datei nicht gelinkt werden, so daß der Aufruf folgendermaßen durchgeführt wird :

A>CL /C BSP_C.C

Bei 'BSP_C.C' handelt es sich um den Namen der Quelltextdatei, die die Endung .C enthalten muß. Falls das C Programm fehlerfrei compiliert wurde, liegt es nun als Objektdatei vor. Auch das Assemblerprogramm muß nun assembliert werden, damit es ebenfalls als Objektdatei vorliegt.

Welche Vorbereitungen bei dem Assemblerprogramm zu treffen sind, sollte bereits klar sein. In der Abbildung 13.5 finden Sie die Assemblerroutine 'mittel' in drei Ausführungen. Sie sehen an diesen Beispielen ganz gut, daß das seit der Version 5.0 eingeführte Hochspracheninterface im wesentlichen eine Programmiererleichterung mit sich bringt. Diese Arbeitserleichterung, das geht aus den abgebildeten Beispielen sicher nur andeutungsweise hervor, ist um so beträchtlicher, je umfangreicher die Anwendungen werden.

Abbildung 13.5 Das Listing für das Beispielprogramm

a) für die Version 4.0

```
_TEXT   SEGMENT  WORD PUBLIC 'CODE'
        ASSUME CS:_TEXT
_mittel PROC              ; Hier beginnt die Prozedur
        PUSH BP           ; Retten des BP-Registers
        MOV BP,SP         ; "Einfrieren" des Stackzeigers
        MOV AX,[BP+4]     ; Der erste Wert nach AX
        ADD AX,[BP+6]     ; Den zweiten Wert dazuaddieren
        ADD AX,[BP+8]     ; Und auch den dritten
```

```
        XOR DX,DX        ; DX für Division löschen
        MOV BX,3         ; Das ganze wird durch 3 geteilt
        DIV BX           ; Der Rückgabewert ist in AX
        POP BP           ; Jetzt muß BP wiederhergestellt werden
        RET              ; Rückkehr zum C Programm
_mittel ENDP
        END
```

b) für die Version 5.0

```
.MODEL SMALL
.CODE

WERT1  EQU  <[BP+4]>
WERT2  EQU  <[BP+6]>
WERT3  EQU  <[BP+8]>

 PUBLIC _mittel
 _mittel PROC            ; Hier beginnt die Prozedur
        PUSH BP          ; Retten des BP-Registers
        MOV BP,SP        ; "Einfrieren" des Stackzeigers
        MOV AX,WERT1     ; Der erste Wert nach AX
        ADD AX,WERT2     ; Den zweiten Wert dazuaddieren
        ADD AX,WERT3     ; Und auch den dritten
        XOR DX,DX        ; DX für Division löschen
        MOV BX,3         ; Das ganze wird durch 3 geteilt
        DIV BX           ; Der Rückgabewert ist in AX
        POP BP           ; Jetzt muß BP wiederhergestellt werden
        RET              ; Rückkehr zum C Programm
_mittel ENDP
        END
```

c) für die Version 5.1

```
.MODEL SMALL,C
.CODE
mittel   PROC  WERT1:WORD,WERT2:WORD,WERT3:WORD
                         ; Hier beginnt die Prozedur
         MOV AX,WERT1    ; Der erste Wert nach AX
         ADD AX,WERT2    ; Den zweiten Wert dazuaddieren
         ADD AX,WERT3    ; Und auch den dritten
         XOR DX,DX       ; DX für Division löschen
         MOV BX,3        ; Das ganze wird durch 3 geteilt
         DIV BX,BX       ; Der Rückgabewert ist in AX
         RET             ; Rückkehr zum C Programm
mittel   ENDP
         END
```

Innerhalb des C Programms wird die Routine 'mittel' (bzw. genauer gesagt '_mittel') über einen CALL Befehl aufgerufen. Zuvor legt das C Programm die übergebenen Parameter über entsprechende PUSH Befehle auf dem Stack ab. Nach Beendigung der Assemblerroutine wird der Stack durch den Befehl 'ADD SP,n' wieder korrigiert, wobei es sich bei n um die Anzahl an Bytes handelt, die vor dem Aufruf der Assemblerroutine auf dem Stack belegt wurden. Sie können sich diesen Ablauf auch mit Hilfe des Debuggers anschauen, allerdings benötigen Sie am Anfang viel Geduld und Aushaltevermögen, da das C Programm, auch wenn es lediglich drei Zahlen addiert, relativ umfangreiche Vorbereitungen treffen muß, bis die eigentliche Assemblerroutine aufgerufen wird.

Aufruf des Assemblers und Linkers

Auch das Assemblerprogramm muß zunächst mit der */ML* Option assembliert werden, damit der Prozedurname 'mittel' nicht in Großbuchstaben umgewandelt wird :

```
A>MASM /ML BSP1_ASM;
```

Jetzt liegen zwei Objektdateien *BSP1_C.OBJ* und *BSP1_ASM.OBJ* vor, die vom Linker zu einer einzigen Programmdatei verknüpft werden :

```
A>LINK BSP1_C+BSP1_ASM,BSP1;
```

Das entstandene Programm *BSP1.EXE* kann nun durch Eingabe seines Namens zur Ausführung gebracht werden.

Verwendung der erweiterten Segmentanweisungen

Obwohl Sie die .MODEL Anweisung wahrscheinlich schon seit dem ersten Kapitel kennen und anwenden, werden Sie sie wahrscheinlich erst jetzt richtig zu schätzen gelernt haben. Mit Hilfe dieser Anweisung brauchen Sie sich weder um den korrekten Entfernungstyp für die Prozedur noch um die korrekte Benennung der einzelnen Segmente zu kümmern. Mit der Erweiterung, die seit der Version 5.1 zur Verfügung steht, entfällt des weiteren die Einhaltung der C Namenskonvention und die Verwendung der PUBLIC Anweisung, um Prozedurnamen als global zu deklarieren. Trotzdem kann es in manchen Fällen erforderlich sein zu wissen, was die .MODEL Anweisung genau bewirkt. Die "Nebeneffekte" der .MODEL Anweisung wurden zwar schon in Kapitel 12 größtenteils besprochen, sie sollen aber der Übersichtlichkeit halber an dieser Stelle noch einmal zusammengefaßt werden.

Für jedes Speichermodell existiert eine Reihe von Standardfestlegungen. Diese Standardfestlegungen betreffen in erster Linie die Namen der Code-, Daten und Stacksegmente, die Ausrichtungs- und Kombinationstypen dieser Segmente sowie deren Klassennamen. Um ein Assemblerprogramm mit den erweiterten Segmentanweisungen mit einem C Programm erfolgreich verknüpfen zu können, sollten Sie als erstes herausfinden, welches Speichermodell das C Programm verwendet. Anschließend können Sie zu diesem Speichermodell passend die einzelnen Segmentnamen und die dazugehörigen Parameter aus der Tabelle 12.1 (s.Kapitel 12) entnehmen. Zu jedem Speichermodell sind in dieser Tabelle die Segmentnamen und ihre Parameter aufgeführt.

Falls das Assemblerprogramm Segmente verwendet, die zu der Gruppe *DGROUP* gehören, muß auch eine *GROUP* Anweisung durchgeführt werden :

```
DGROUP  GROUP  _DATA
```

In diesem Fall wird durch die GROUP Anweisung das Datensegment *_DATA* mit der DGROUP Gruppe assoziiert. Zusätzlich ist eine ASSUME Anweisung erforderlich, die das Programmsegment *_TEXT* mit dem CS-Register und das Datensegment, das durch die Gruppe DGROUP repräsentiert wird, mit dem DS-Register verbindet :

```
ASSUME  CS:_TEXT, DS:DGROUP
```

Hinweis : Beim Aufruf des Assemblerprogramms zeigen sowohl das DS- als auch das SS-Register auf DGROUP.

13.4 Makros für die Einbindung von Hochsprachenprogrammen

Ab der Version 5.0 verfügt MASM über eine Reihe von Makros, die das Einbinden von Hochsprachenprogrammen erleichtern sollen. Diese Makros sind in einer INCLUDE-Datei mit dem Namen *MIXED.INC* enthalten und können bei Bedarf durch eine INCLUDE Anweisung (s.Kapitel 9) in ein Programm eingebunden werden. Eine ausführliche Beschreibung der Makros ist in der Datei *MIXED.DOC* enthalten. Sie sollten sich auf alle Fälle auch einmal die Datei MIXED.INC anschauen. Zwar sind die einzelnen Makrodefinitionen teilweise sehr stark verschachtelt und nicht unbedingt auf Anhieb zu durchschauen, insgesamt liefern sie jedoch einen hervorragenden Anschauungsunterricht für effektive Makroprogrammierung.

In der Version 5.0 stehen folgende Makros zur Verfügung :

Makro	Bedeutung
setModel	Setzt das Speichermodell über die Kommandozeile
hProc	Initialisiert eine Prozedur
hLocal	Initialisiert eine lokale Variable
hRet	Rückkehr von einer Prozedur
hEndp	Beenden einer Prozedur
ifFP	Assembliert die folgende Anweisung nur, wenn das Speichermodell Daten vom Typ Far verwendet
FP	Assembliert einen Segment-Override-Operator, wenn das Speichermodell Daten vom Typ Far verwendet wird
pLes	Lädt Daten über das ES-Register (für Daten vom Typ Far)
pLds	Lädt Daten über das DS-Register

In der Datei MIXED.INC bzw. MIXED.DOC wird beschrieben, in welcher Form die Makros aufzurufen sind. Stellvertretend für die übrigen Makros, soll das Makro *hProc* kurz vorgestellt werden. Es kann anstelle der PROC Anweisung verwendet werden und wird in folgender Form aufgerufen :

```
hProc  <Name [NEAR  FAR]>, <USES RegList>] [Arg:Typ,Arg:Typ...]
```

Neben dem optionalen Entfernungstyp können Register angegeben werden, die beim Aufruf der Prozedur gerettet und am Ende wieder hergestellt werden. Des weiteren lassen sich optional lokale Variablen definieren, deren Wert auf dem Stack abgelegt wird und die innerhalb der Prozedur über einen Namen angesprochen werden können. Sie sehen, daß dieses Makro im wesentlichen der erweiterten PROC Anweisung entspricht, die ab der Version 5.1 zur Verfügung steht.

In der Version 5.1 wurden einige dieser Makros verbessert und in den Assembler integriert. Sie stehen jetzt als Assembleranweisungen zur Verfügung. In der INCLUDE-Datei MIXED.INC sind in der Version 5.1 daher nur noch vier Makros enthalten. Es handelt sich um *ifFP*, *FP*, *pLes* und *pLds.* Falls Sie bereits Programme mit Makros aus der Version 5.0 erstellt haben und nun auf die Version 5.1 umsteigen, sollten Sie diese Makros durch die neuen Anweisungen ersetzen. Dabei müssen folgende Regeln beachtet werden :

- Verwenden Sie unbedingt einen Sprachparameter innerhalb der .MODEL Anweisung. Dieser kann entweder explizit angegeben oder über die Kommandozeile festgelegt werden.

- Ersetzen Sie das Makro hProc durch die erweiterte PROC Anweisung. Die Syntax ist auf den ersten Blick sehr ähnlich. Allerdings können mit der erweiterten PROC Anweisung auch Felder eines festgelegten Typs definiert werden. Auch kann jetzt für den Typ einer lokalen Variable ein Strukturtyp angegeben werden.

- Ersetzen Sie das Makro hLocal durch die LOCAL Anweisung. Beide besitzen eine ähnliche Syntax. Allerdings können innerhalb der LOCAL Anweisung auch lokale Felder definiert werden.

- Ersetzen Sie die das Makro hRET durch den RET Befehl.
- Unter MASM 5.1 ist ein Label, das innerhalb einer Prozedur verwendet wurde, nur innerhalb dieser Prozedur definiert. Es handelt sich hier also um ein "richtiges" lokales Label. Unter MASM 5.0 waren solche Labels noch global, d.h. sie konnten von jeder Prozedur aus angesprochen werden. Um ein Label, welches innerhalb einer Prozedur definiert wurde, auch unter der Version 5.1 global ansprechen zu können, muß dem Labelnamen bei seiner Definition ein doppelter Doppelpunkt (z.B. LAB1::) folgen.

- Ersetzen Sie das Makro hEndp durch die Anweisung ENDP, der der Prozedurname vorangehen muß.

Für 80386 Programmierer : Unter der Version 5.0 wurden 32-Bit Zeiger nicht automatisch korrekt behandelt. Dies wurde bei der Version 5.1 geändert. Die Anweisung .386 vor der .MODEL Anweisung bewirkt z.B., daß ein durch den PTR Operator definierter Near Zeiger 32 Bit bzw. ein Far Zeiger 48 Bit umfaßt.

13.5 Das Hochspracheninterface in der Version 5.1

Wie bereits mehrfach erwähnt, wurde das Hochspracheninterface in der Version 5.1 weiter verbessert. Zu den wichtigsten Neuerungen gehört die Erweiterung der .MODEL und der PROC Anweisung sowie die Möglichkeit lokale Prozedurvariablen mit Hilfe der LOCAL Anweisung definieren zu können.

Die .MODEL Anweisung

Die .MODEL Anweisung wurde um einen weiteren Parameter erweitert und besitzt jetzt folgende Syntax :

```
.MODEL  Speichermodell [,Sprache]
```

Zusätzlich zu dem Speichermodell kann die Sprache angegeben werden, deren Namens-, Parameter- und Aufrufkonvention von MASM durchgeführt werden soll. Zur Auswahl stehen die Sprachen C, PASCAL, FORTRAN oder BASIC. Damit entfällt z.B. bei der Verknüpfung mit einem C Modul die Notwendigkeit, den Prozedurnamen mit einem '_'-Zeichen beginnen bzw. einen Prozedurnamen mit der *PUBLIC* Anweisung als global deklarieren zu müssen. Dieses Arbeit übernimmt MASM jetzt von alleine, wenn innerhalb der .MODEL Anweisung ein C angegeben wird. Ein Beispiel macht am besten deutlich, welche Vereinfachung sich für die Programmierung ergibt. Im einzelnen beeinflußt der Sprachparameter folgende Parameter :

- Wenn als Sprache C ausgewählt wird, wird allen Namen ein '_'-Zeichen vorausgesetzt.

- Alle Prozedurnamen werden als global deklariert.

- Die Parameterübergabe wird an die jeweilige Sprache angepaßt, d.h. bei BASIC, FORTRAN oder PASCAL werden die Funktionsparameter von links nach rechts auf dem Stack abgelegt. Bei C wird die umgekehrte Reihenfolge verwendet.

- Es wird der korrekte RET Befehl erzeugt. Bei BASIC, FORTRAN oder PASCAL wird ein RET n Befehl erzeugt, der die übergebenen Parameter wieder vom Stack entfernt.

<u>Wichtig :</u> Der Sprachparameter beeinflußt nicht den Typ der übergebenen Parameter. Die Art und Weise der Parameterübergabe (über eine Referenz oder über einen Wert) muß nach wie vor vom Programm entsprechend berücksichtigt werden.

Der Vorteil des Sprachparameters wird besonders dann deutlich, wenn ein Assemblermodul für mehrere Hochsprachen gleichzeitig geschrieben werden soll. In diesem Fall kann der Sprachparameter durch ein Textmakro ersetzt werden, das erst beim Assemblieren des Moduls über die Kommandozeile festgelegt wird.

Beispiel

% .MODEL SMALL,SPRACHE

Der % Operator (ab Version 5.1) bewirkt, daß MASM etwaige Textmakros in der betreffenden Zeile durch ihren Wert ersetzt. In diesem Fall wird in der .MODEL Anweisung der Sprachparameter durch ein Textmakro ersetzt, welches erst beim Aufruf des Assemblers definiert wird :

A>MASM /DSPRACHE = BASIC

oder

A>MASM /DPSRACHE = C

In Abhängigkeit von der angegebenen Sprache erzeugt der Assembler die benötigten Konventionen für das Hochsprachen-interface, ohne daß diese im Programm explizit festgelegt werden müssen. Einfacher geht es wirklich nicht.

Die LOCAL Anweisung

Syntax

LOCAL VarDef [,VarDef]...

Bei *VarDef* handelt es sich um die Bezeichnung der zu definiernden lokalen Variable. Jede Variablendefinition hat folgende Form :

Variablenname [[Zähler]] [:[[NEAR | FAR] PTR] Typ]] ...

Der Syntaxaufbau ist zugegebenermaßen auf den ersten Blick recht verwirrend. Wie Sie aber aus dem Beispiel ersehen können, ist jedoch die Anwendung der LOCAL Anweisung "straightforward" (wie die Amis sagen), d.h. sie enthält eine klare Linie.

Variablenname — Der Name der lokalen Variable. MASM definiert für diese Variable automatisch ein Textmakro, mit dessen Hilfe der Zugriff durchgeführt werden kann.

Zähler — Legt die Anzahl der Elemente des angegebenen Typs fest, die auf dem Stack abgelegt werden sollen. Auf diese Weise lassen sich auch lokale Felder definieren. Beachten Sie, daß der Zählerwert von eckigen Klammern umschlossen werden muß. Dies geht aus der obigen Syntaxbeschreibung leider nicht eindeutig hervor.

Typ — Legt den Typ der Variable fest, für die auf dem Stack Platz reserviert wird. Für den Typ gibt es folgende Möglichkeiten : *WORD*, *DWORD*, *FWORD*, *QWORD*, *TBYTE* oder der Name einer Struktur, die durch die *STRUC* Anweisung definiert wurde.

Durch die LOCAL Anweisung lassen sich auch lokale Felder definieren, wie das folgende Beispiel zeigt.

Beispiel

```
TEST  PROC
      LOCAL PUFFER[50]:BYTE

      ...

      MOV  CX,50
      MOV  AL,32
L1:   MOV  DI,CX
      MOV  BYTE PTR PUFFER[DI],AL
      LOOP L1

      ...
```

In diesem Beispiel wird ein lokales Feld mit dem Namen *PUFFER* und einer Größe von 50 Bytes definiert. Wie in diesem Fall gezeigt, werden lokale Variablen durch die LOCAL Anweisung nicht initialisiert. Dies muß innerhalb des Programms durchgeführt werden. Variablen, die durch die LOCAL Anweisung definiert wurden, sind nur innerhalb der betreffenden Prozedur definiert und können nicht in einer anderen Prozedur angesprochen werden. Im MASM Handbuch steht zwar, daß eine lokale Variable generell nicht außerhalb einer Prozedur angesprochen werden kann, dies scheint aber nicht ganz zu stimmen, wie das folgende Beispiel zeigt.

Beispiel

```
.MODEL SMALL,C
.CODE

NIX_FUN1 PROC
         LOCAL WERT:WORD      ; Definition einer lokalen Variablen
         ...

         MOV  AX,WERT

         ...
ENDE:    RET
NIX_FUN1 ENDP

         MOV AX,WERT          ; Dies ist erlaubt

NIX_FUN2 PROC
         ...
         MOV AX,WERT          ; Dies aber nicht

         ...
ENDE:    RET
NIX_FUN2 ENDP
END
```

Sie sehen, daß die vermeintlich lokale Variable *WERT* zwar nicht in einer anderen Prozedur, aber dennoch außerhalb seiner eigenen Prozedur angesprochen werden kann. In diesem Beispiel fällt ferner auf, daß das Near Label *ENDE* zweimal verwendet werden darf, ohne daß der Assembler eine Fehlermeldung erzeugt. Dies hängt mit der erweiterten Form der .MODEL Anweisung zusammen, durch die Labels vom Typ Near nur innerhalb einer Prozedur definiert sind. Um dennoch ein Label, welches innerhalb einer Prozedur definiert wird, auch global ansprechen zu können, muß auf den Labelnamen ein doppelter Doppelpunkt folgen.

Syntax

Name::

Durch den doppelten Doppelpunkt wird ein Label innerhalb einer Prozedur als global deklariert und kann so auch von anderen Prozeduren aus angesprochen werden.

Wichtig : Die folgenden Erweiterungen der PROC bzw. der LOCAL Anweisung funktionieren nur, wenn nach der .MODEL Anweisung ein Sprachparameter aufgeführt wird. Dies geht aus dem MASM Handbuch nicht eindeutig hervor. Sie erhalten z.B. eine Reihe von Fehlermeldungen, wenn Sie in den folgenden Beispielen den Parameter C nach der .MODEL Anweisung weglassen.

Die PROC Anweisung

Auch die PROC Anweisung wurde erheblich erweitert. Es können z.B. jetzt Register angegeben werden, die beim Aufruf der Prozedur gerettet werden sollen, ohne daß innerhalb der Prozedur explizit ein PUSH/POP Befehlspaar verwendet werden muß. Des weiteren können Textmakros für übergebene Parameter definiert werden. Dadurch ist auch die Syntax der PROC Anweisung ein wenig komplizierter geworden.

Syntax

```
Name  PROC  [Sprachtyp] [NEAR FAR] [USES] [RegList],] [Argument ...]
```

Die Entfernungstypen Near oder Far kennen Sie noch von der alten Form der PROC Anweisung. Bei *Name* handelt es sich um den Namen der Prozedur. MASM setzt automatisch ein '_'-Zeichen an den Anfang, wenn als Sprache C gewählt wurde. Bei *RegList* handelt es sich um ein oder mehrere Register, die beim Aufruf der Prozedur auf dem Stack gerettet werden sollen. Mehrere Registernamen müssen durch ein Leerzeichen voneinander getrennt werden. Dadurch entfällt die Notwendigkeit, wichtige Register durch einen expliziten PUSH/POP Befehl vorübergehend zwischenzuspeichern, denn dieser wird nun automatisch vom Assembler erzeugt. Die Angabe eines Sprachtyps (hier stehen nur C und Pascal zur Auswahl) ist optional und dient zur Einhaltung der Aufruf- und Parameterübergabekonventionen. In der Regel reicht es, diese durch die .MODEL Anweisung festzulegen.

Beispiel

```
.MODEL SMALL,C              ; Speichermodell small für C Programm
.CODE

EASY_FUN  PROC USES DI SI

          ...

EASY_FUN  ENDP
```

Durch die Angabe 'USES DI SI' erzeugt der Assembler zu Beginn der Prozedur die Befehle 'PUSH D'I und 'PUSH SI' bzw. am Ende der Prozedur die Befehle 'POP SI' und 'POP DI', um die beiden Register für die Dauer der Prozedur auf dem Stack zwischenzuspeichern. Davon können Sie sich selber überzeugen, wenn Sie ein Modul, das diesen Zusatz enthält, mit der Option */LA* (ab der Version 5.1) assemblieren.

Bei *Argument* handelt es sich schließlich um die Festlegung eines oder mehrerer Parameter, die von der aufrufenden Prozedur auf dem Stack abgelegt werden. Auch für die Festlegung des Arguments ist eine spezielle Syntax erforderlich :

Argument : [NEAR FAR] PTR] Typ] ...

Argument ist der Name des Arguments, der von der aufrufenden Prozedur übergeben wird. Zu jedem Argument kann ein Typ angegeben werden (in Frage kommen *WORD*, *DWORD*, *FWORD*, *QWORD, TBYTE* oder der Name einer Struktur). Die Angabe eines Typs sowie die Verwendung des *PTR* Operators bzw. eines Entfernungstyps ist optional. Der Defaulttyp ist WORD (bzw. DWORD wenn die Prozessoranweisung *.386* verwendet wurde). Wird lediglich ein Typ angegeben, setzt MASM diesen für den Typ des Arguments ein. Der Assembler erzeugt für jedes hier aufgeführte Argument ein Textmakro, über welches das betreffende Argument innerhalb der Prozedur aufgerufen werden kann.

Beispiel

```
NO_FUN  PROC  ZAHL1
        ...
        MOV AX,ZAHL1
        ...
        RET
NO_FUN  ENDP
```

Auf die *PROC* Anweisung folgt der Name einer Variablen, die von der aufrufenden Prozedur übergeben werden soll. MASM erzeugt für diese Variable ein Textmakro (die Variable selber muß daher nicht innerhalb des Programms definiert werden), welches den Zugriff auf den übergebenen Parameter (dieser wird von der aufrufenden Prozedur auf dem Stack abgelegt) ermöglicht. In diesem speziellen Fall wird MASM für *ZAHL1* den Operanden *[BP+4]* erzeugen, der innerhalb des MOV Befehls den Zugriff auf den übergebenen Parameter erlaubt. Der Offset 4 ergibt sich aus der Tatsache, daß der Entfernungstyp der Prozedur Near ist und daher nur ein 2 Byte Offset für die Rückkehradresse benötigt wird. Das

Textmakro ZAHL1 ist nicht auf die Prozedur beschränkt, in der es definiert wurde (in diesem Fall *NO_FUN*), sondern kann auch außerhalb der Prozedur verwendet werden[1]. Verwechseln Sie Textmakros, die über die PROC Anweisung definiert wurden, nicht mit Textmakros, die über die LOCAL Anweisung definiert wurden. Bei letzteren handelt es sich um Variablen, die innerhalb der Prozedur verwendet werden und für die ebenfalls Speicherplatz auf dem Stack reserviert wird. Dieser wird aber über einen negativen Offset angesprochen (z.B. *[BP-2]*), da er erst nachdem der Stackrahmen mit Hilfe des BP-Registers aufgebaut wurde auf den Stack gelangt ist.

Handelt es sich bei dem übergebenen Argument um einen Zeiger, erzeugt MASM ein Textmakro für den Zugriff auf dem Stack. MASM erzeugt ferner die notwendige symbolische Information für CodeView, damit die Variable beim Debuggen als Zeiger behandelt werden kann. Des weiteren wird für den Zeiger in Abhängigkeit des gewählten Typs eine Größe festgesetzt. Durch die Möglichkeit, wahlweise einen Typ für das übergebene Argument festlegen zu können, ergeben sich einige Implikationen, die unter Umständen von Bedeutung sein können. Falls der PTR Operator alleine verwendet wird, setzt MASM den Typ in Abhängigkeit von dem verwendeten Speichermodell ein. Damit ergibt sich der Typ WORD für die Speichermodelle Small und Medium, der Typ DWORD für die Speichermodelle Compact, Large und Huge.

Wird der PTR Operator dagegen zusammen mit einem Typ aufgeführt, setzt MASM den gleichen Typ ein, als wäre der PTR Operator alleine aufgeführt worden. So entsteht bei einem festgelegten Speichermodell (und einer festgelegten Segmentwortgröße) mit oder ohne einer Typenangabe durch den PTR Operator das gleiche Textmakro. Es ändert sich lediglich die Information, die für CodeView erzeugt wird. Falls dagegen mit dem PTR Operator ein Entfernungstyp aufgeführt wird, wird unabhängig von dem gewählten Speichermodell dem Argument ein WORD Typ (Near) bzw. ein DWORD Typ (Far) zugeordnet.

Für 80386 Programmierer : Wenn eine 32-Bit Segmentwortgröße festgelegt worden ist, ergibt sich der Typ DWORD für die Speichermodelle Small und Medium bzw. der Typ FWORD für die Speichermodelle Compact, Large und Huge. Wird mit dem PTR Operator ein Entfernungstyp angegeben, setzt MASM den Typ unabhängig vom verwendeten Speichermodell auf DWORD (Near) bzw. FWORD (Far), wenn eine Segmentwortgröße von 32-Bit festgelegt wurde.

---

1 ob das einen Sinn ergibt, ist allerdings eine andere Frage.

Beispiel

```
.MODEL SMALL,C
.CODE
FUN_FUN  PROC  WERT1:PTR, WERT2:PTR DWORD
         MOV AX,WERT1
         MOV BX,WERT2
         RET
FUN_FUN  ENDP
END
```

Schauen wir uns einmal anhand des Programmlistings (aus dem aus Platzgründen wieder überflüssige Angaben entfernt wurden) an, was der Assembler daraus gemacht hat. Beim Assemblieren wurde wieder die /LA Option verwendet, damit der Effekt der vereinfachten Segmentanweisungen sichtbar wird :

```
Microsoft (R) Macro Assembler Version 5.10  9/17/88 18:02:31

                              .MODEL SMALL,C
                              assume cs:@code,ds:@data,ss:@data
                              .CODE
 0000                   _TEXT segment 'CODE'
 0000                 FUN_FUN PROC  WERT1:PTR, WERT2:PTR DWORD
 0000  55                     push bp
 0001  8B EC                  mov  bp,sp
 0003  8B 46 04               MOV AX,WERT1
 0006  8B 5E 06               MOV BX,WERT2
 0009  5D                     pop bp
 000A  C3                     RET
 000B                 FUN_FUN ENDP
                              END
 000B                 @CurSeg ends


Segments and Groups:

  N a m e                           Length Align Combine Class

DGROUP . . . . . . . . . . . . .    GROUP
  _DATA  . . . . . . . . . . . .    0000   WORD   PUBLIC  'DATA'
_TEXT  . . . . . . . . . . . . .    000B   WORD   PUBLIC  'CODE'
```

```
Symbols:

                N a m e          Type      Value  Attr

FUN_FUN . . . . . . . . . . . . . N PROC  0000    _TEXT
Global  Length = 000B

WERT1 . . . . . . . . . . . . . .         TEXT  WORD PTR [BP+4]
WERT2 . . . . . . . . . . . . . .         TEXT  WORD PTR [BP+6]
```

Sie können aus dem Listing entnehmen, daß die beiden Variablen *WERT1* und *WERT2*, die von einer aufrufenden Prozedur übergeben werden sollen, beide den Typ WORD besitzen, obwohl für WERT2 explizit der Typ DWORD festgelegt wurde. Des weiteren sehen Sie, daß anstelle der Symbole WERT1 und WERT2 MASM die Operanden *[BP+4]* und *[BP+6]* eingesetzt hat. Dadurch ist es möglich, über den Symbolnamen auf die Stackparameter zuzugreifen, ohne deren exakte Position zu kennen. Durch die von MASM erzeugten Textmakros entfällt allerdings nicht die Notwendigkeit, auf den Wert einer über eine Referenz übergebenen Variable explizit zugreifen zu müssen.

<u>Beispiel</u>

```
       .MODEL SMALL,C
       .CODE

FUN_X PROC VAR1:NEAR PTR WORD

       ...
       MOV BX,VAR1    ; Hier wird der Zeiger geladen
       MOV AX,[BX]    ; Und jetzt der Wert der Variablen

       ...

       RET
FUN_X ENDP
       END
```

Obwohl das Argument *VAR1* als Zeiger vom Typ Near deklariert wurde, muß der Wert der Variablen, auf die der Zeiger zeigt, durch einen zusätzlichen MOV Befehl geladen werden.

Hinweis : Mit Hilfe des Textequates *@Datasize* kann der Typ eines Zeigers ermittelt werden. Innerhalb einer bedingten Anweisung kann dann, in Abhängigkeit des Zeigertyps, der entsprechende MOV Befehl erzeugt werden.

Änderungen bei EXTRN und PUBLIC

Auch die Anweisungen *EXTRN* und *PUBLIC* können ab der Version 5.1 mit einem Sprachtypen versehen werden. Dieser legt dann fest, ob einem Namen ein Unterstreichungssymbol vorangestellt werden soll. Wie bei der *PROC* Anweisungen stehen auch hier die Sprachtypen C und Pascal zur Verfügung.

Syntax

```
EXTRN [Sprachtyp] VarName:Type

PUBLIC [Sprachtyp] VarName
```

13.6 Weitere Beispiele

Damit wären alle wichtigen theoretischen Voraussetzungen geschaffen, um Assemblerprogramme mit C Programmen verknüpfen zu können. Allerdings ist es auch hier, wie in allen anderen Bereichen der Programmierung, so daß viele Probleme und Fragen erst bei der praktischen Anwendung auftreten. Um zumindestens ein paar dieser Fragen bereits im Rahmen dieses Buches abklären zu können, finden Sie im folgenden zwei weitere Beispiele für die Verknüpfung von Assembler- und C Programmen. Diese Beispiele werden so dargestellt, daß Ihnen nicht das ganze Programm auf einmal präsentiert wird. Vielmehr soll versucht werden, eine gestellte Aufgabe Schritt für Schritt und unter Anwendung der im letzten Abschnitt aufgestellten Regeln in ein Programm umzusetzen. Es wird dabei vorausgesetzt, daß Sie mit dem grundsätzlichen Aufbau bzw. den wichtigsten Elementen eines C Programms bereits vertraut sind.

Beispiel 1 : Feststellen, ob eine Datei existiert

Im folgenden soll eine Assemblerroutine erstellt werden, die feststellt, ob eine Datei auf einem angegebenen Laufwerk vorhanden ist oder nicht. Der Name der Datei wird beim Aufruf der Routine übergeben. Diese Aufgabe wird von der Funktion 4Eh des DOS Interrupts 21h übernommen. Falls eine Datei gefunden werden konnte (zu erkennen am gesetzten Carryflag nach dem Funktionsaufruf), sind alle Informationen über die betreffende Datei in einem kleinem Pufferbereich, dem sog. *DTA-Puffer*, enthalten. Zur Erinnerung ist hier noch einmal die Funktion 4Eh mit Aufrufparametern und Rückgabewerten aufgeführt :

Funktion 78 (4Eh) Ersten Eintrag im Directory suchen

```
Aufruf mit      AH = 78
                CX = Dateiattribut
                DS = Segmentadresse des Dateinamens
                DX = Offsetadresse des Dateinamens

Rückgabewerte Carryflag = 0 ; Operation erfolgreich
                DTA Puffer wurde gefüllt :
                Bytes  0-20  : Reserviert
                Byte   21    : Attributbyte
                Bytes  22-23 : Zeit
                Bytes  24-25 : Datum
                Bytes  26-27 : Niederwertige Hälfte d. Dateigröße
                Bytes  28-29 : Höherwertige Hälfte d. Dateigröße
                Bytes  30-42 : Dateiname
                Carryflag = 1 ; Fehler
                AX = Fehlercode
```

<u>Bemerkung :</u> Der Programmname muß als ASCII-String vorliegen und mit einer '0' abgeschlossen werden. Er kann neben einer kompletten Pfadbezeichnung auch sog. Wildcards enthalten. Konnte eine Datei mit dem angegebenen Namen gefunden werden, wird der DTA-Puffer mit den entsprechenden Informationen gefüllt.

Im allgemeinen ist es sinnvoller, einen eigenen DTA-Puffer mit Hilfe der Funktion 1Ah des DOS Interrupts 21h einzurichten. Dieser Funktion muß lediglich die Adresse des DTA-Puffers im Registerpaar DS:DX übergeben werden. Damit wären die wichtigsten Voraussetzungen abgeklärt, und die Erstellung des Assemblerprogramms kann beginnen. Die erste Anweisung lautet :

DOSSEG

Damit wird lediglich festgelegt, daß die Reihenfolge der einzelnen Segmente der DOS-Konvention gehorchen soll. Die DOSSEG Anweisung sollte man der guten Gewohnheit halber stets aufführen. In diesem, wie auch in den meisten anderen Fällen, wird sie aber eigentlich nicht benötigt. Wesentlich wichtiger ist dagegen die nächste Anweisung :

```
.MODEL SMALL,C
```

Sie wählt zum einen das Speichermodell Small aus. Weder der Programmbereich noch der Datenbereich können in diesem Speichermodell größer als 64 KByte werden. Adressen und Daten werden über Near Zeiger adressiert. Auf das Speichermodell folgt der Sprachparameter C. Diese Zusatzangabe bereitet das Assemblerprogramm auf die Verknüpfung mit einem C Programm vor. Dadurch werden z.B. alle Prozedurnamen als global deklariert und ihnen ein '_'-Zeichen vorangestellt. Als nächstes muß das Datensegment definiert werden, welches den DTA-Puffer aufnimmt :

```
.DATA
   DTA_BUF   DB 31 DUP (?)
   FILE_NAME DB 12 DUP (32)
```

Die Unterteilung des Puffers wurde lediglich in Hinblick auf spätere Erweiterungen vorgenommen. Für die jetzige Version des Programms ist sie nicht erforderlich. Über die Variable *FILE_NAME* kann bei Bedarf nämlich der vollständige Name der gefundenen Datei adressiert werden. Weitere Daten werden nicht benötigt und die Definition des Programmsegments kann beginnen :

```
.CODE
 CHECK_FILE PROC USES DI SI,ZEIGER:PTR NEAR
```

Es beginnt mit der Definition der Prozedur *CHECK_FILE*. Die Register DI und SI werden sicherheitshalber gerettet, auch wenn sie innerhalb der Assemblerprozedur nicht verändert werden (auch diese Maßnahme geschieht in erster Linie, um das Programm leichter erweitern zu können). Des weiteren wird eine lokale Variable mit dem Namen *ZEIGER* definiert. Sie ist vom Typ Near und stellt damit tatsächlich einen Zeiger dar. Genauer gesagt handelt es sich um den Zeiger auf den String, der später vom C Programm übergeben wird. Wie aus der Tabelle 13.1 ersichtlich ist, werden Strings wie auch Felder im allgemeinen über eine Referenz, d.h. über einen Zeiger übergeben. Da wir im Speichermodell Small arbeiten, wird lediglich der Offset übergeben. Als nächstes muß der DTA-Puffer eingerichtet werden :

```
        MOV DX,OFFSET DTA_BUF
        MOV AH,1Ah
        INT 21h
```

Eine Initialisierung des DS-Registers ist nicht notwendig, da es in diesem Fall bereits den korrekten Wert (nämlich die Adresse von DGROUP) enthält. Jetzt sind alle Vorbereitungen getroffen, und dem Aufruf der Funktion 4Eh des DOS Interrupts 21h steht nichts mehr im Wege :

```
            MOV CX,0
            MOV DX,ZEIGER
```

Der letzte Befehl greift auf den Zeiger zu, der vom aufrufenden C Programm übergeben wurde. Dieser Zeiger zeigt auf den String, der den Namen der gesuchten Datei enthält. Die Variable ZEIGER oder genauer gesagt das Textmakro, das durch die PROC Anweisung erzeugt wurde, steht für den Operator [BP+4], über den innerhalb des MOV Befehls auf den Stackparameter zugegriffen werden kann.

```
            MOV AH,4Eh
            INT 21h
            JC NO_MATCH
            MOV AX,1
            JMP SHORT ENDE
NO_MATCH:   XOR AX,AX
```

Wird keine passende Datei gefunden, ist das Carryflag nach Beendigung der Funktion gesetzt, und das AX-Register wird gelöscht. Wird dagegen eine Übereinstimmung gefunden, wird in das AX-Register eine '1' eingetragen. Damit wäre die Routine komplett. Im AX-Register befindet sich der Rückgabewert für das rufende C Programm und einer Rückkehr zu eben jenem Programm steht nichts mehr im Wege :

```
ENDE:       RET
 CHECK_FILE ENDP
END
```

In der Abbildung 13.6 ist das komplette Listing zu finden. Wie in den anderen Beispielen auch, ist für jede der MASM Versionen ein Listing abgebildet. Es ist auf alle Fälle empfehlenswert, sich einmal das vom Assembler erzeugte Programmlisting anzuschauen. Dazu müssen Sie das Programm mit der Option /LA (bzw. der Anweisung .LALL und .LFCOND) assemblieren, da so auch die Inhalte der eingesetzten Makros in das Listing übertragen werden.

Abbildung 13.6 Das Assemblerprogramm auf einen Blick

a) für die Version 4.0

```
DGROUP GROUP _DATA      ; Datensegment gehört zu DGROUP

_DATA SEGMENT WORD PUBLIC 'DATA'
      DTA_BUF   DB 31 DUP (?)
      FILE_NAME DB 12 DUP (32)
_DATA ENDS

PUBLIC _CHECK_FILE        ; Die Prozedur ist global

_TEXT SEGMENT WORD PUBLIC 'CODE'
      ASSUME CS:_TEXT,DS:DGROUP
 _CHECK_FILE PROC
             PUSH BP     ; Retten des BP-Registers
             MOV BP,SP   ; Aufbau eines Stackrahmens
             PUSH DI     ; Retten von DI und SI
             PUSH SI
             MOV DX,OFFSET DGROUP:DTA_BUF
             MOV AH,1Ah  ; DTA-Puffer einrichten
             INT 21h
             MOV CX,0    ; Dateiattribut
             MOV DX,WORD PTR [BP+4]  ; Zeiger übergeben
             MOV AH,4Eh  ; Nach Datei suchen
             INT 21h
             JC NO_MATCH ; Nicht gefunden ?
             MOV AX,1    ; Doch, eine 1 in AX
             JMP SHORT ENDE
NO_MATCH:    XOR AX,AX
ENDE:        POP SI      ; Register wieder herstellen
             POP DI
             POP BP
             RET         ; Zurück zu C
 _CHECK_FILE ENDP
_TEXT ENDS
END
```

b) für die Version 5.0

```
.MODEL SMALL              ; Speichermodell ist small

.DATA                     ; Definition des Datensegments
   DTA_BUF   DB 31 DUP (?)
   FILE_NAME DB 12 DUP (32)
```

```
ZEIGER EQU  [BP+4]          ; Textmakro für den Zeiger auf den
                            ; übergebenen Dateinamen
PUBLIC _CHECK_FILE          ; Prozedur ist global

.CODE                       ; Definition des Codesegments
 _CHECK_FILE PROC
             PUSH BP
             MOV BP,SP
             PUSH DI
             PUSH SI
             MOV DX,OFFSET DTA_BUF
             MOV AH,1Ah
             INT 21h
             MOV CX,0
             MOV DX,ZEIGER
             MOV AH,4Eh
             INT 21h
             JC NO_MATCH
             MOV AX,1
             JMP SHORT ENDE
NO_MATCH:    XOR AX,AX
ENDE:        POP SI
             POP DI
             POP BP
             RET
 _CHECK_FILE ENDP
END
```

c) für die Version 5.1

```
.MODEL SMALL,C  ; Speichermodell und Aufruf Konventionen für C
                ; festlegen

.DATA
   DTA_BUF   DB 31 DUP (?)
   FILE_NAME DB 12 DUP (32)

.CODE
 CHECK_FILE PROC USES DI SI,ZEIGER:PTR NEAR
            MOV DX,OFFSET DTA_BUF
            MOV AH,1Ah
            INT 21h
            MOV CX,0
            MOV DX,ZEIGER
            MOV AH,4Eh
            INT 21h
            JC NO_MATCH
```

```
            MOV AX,1
            JMP SHORT ENDE
NO_MATCH:   XOR AX,AX
ENDE:       RET
 CHECK_FILE ENDP
END
```

Zu dem Listing für die MASM Version 4.0 ist noch ein kleine Anmerkung erforderlich. Bei dieser Version des Assemblers muß der Programmierer sich noch um alle Details kümmern, da keinerlei Anweisungen zur Verfügung stehen, die diese Dinge übernehmen könnten. Im großen und ganzen ist das nicht weiter schwierig, wenn man sich an die aufgestellten Regeln hält, ein wenig problematisch wird es jedoch immer dann, wenn innerhalb des Assemblerprogramms ein Datensegment definiert werden muß. Hier muß unbedingt darauf geachtet werden, daß das Datensegment bezüglich des Segmentnamens und der Segmentparameter mit den entsprechenden Datensegmenten des C Compilers übereinstimmt. So ist in dem obigen Programm bei der Version 4.0, anders als bei den übrigen Versionen, der Befehl *'MOV DX,OFFSET DGROUP:DTA_BUF'* erforderlich, damit das Programm den korrekten Offset für die Variable *DTA_BUF* berechnet. Bei der Verwendung der vereinfachten Segmentanweisungen bezieht sich der Operator *OFFSET* im Falle eines Datensegments vom Typ Near nämlich auf den Beginn der Gruppe, zu dem das betreffende Segment gehört (in diesem Fall *DGROUP*). Verwenden Sie dagegen die erweiterten Segmentanweisungen, bezieht sich OFFSET auf das Segment, in dem die auf OFFSET folgende Variable definiert wurde. Aus diesem Grund muß hier unbedingt der Segment-Override-Operator verwendet werden. Ohne diesen Operator erhalten Sie so hübsche Fehlermeldungen wie 'Null pointer assingment' oder wenn Sie besonderes Glück haben 'Stack failure : System halted', die aus dem Umstand entstehen, daß ein Teil des Programms durch Daten überschrieben wird, die eigentlich in den DTA-Puffer geschrieben werden sollten. Der Segment-Override-Operator ist bei den übrigen Versionen nicht erforderlich.[1]

Auch das C Programm in Abbildung 13.7 soll kurz besprochen werden, wenngleich es eigentlich nicht viel zu sagen gibt. Über die Anweisung *extern* wird die Funktion *CHECK_FILE* als extern deklariert. Ihr Parameter ist ein String, bei dem Rückgabewert handelt es sich um eine Integerzahl (1 für gefunden, 0 für nicht gefunden). Beim Aufruf der Funktion CHECK_FILE übergibt das C

---

1 Anmerkung des Autors : Mich hat dieses unterschiedliche Verhalten des OFFSET Operators eine schlaflose Nacht gekostet, dabei hätte ein Blick in Kapitel 7 Aufklärung geschafft (wie peinlich !).

Programm einen Zeiger auf den Dateinamen. Als Dateiname wird willkürlich *TEST.ASM* vorgegeben. Sie können dort selbstverständlich jeden anderen Dateinamen bzw. Pfadnamen angeben.

Abbildung 13.7 Das Hauptprogramm

```
extern int check_file(char[ ]);
char name[12] = "test.asm";
main()
{
   if (check_file(name) == 1) printf("Gefunden !! ");
   else printf("Nicht gefunden !! ");

}
```

Beispiel 2 : Eine Sortierroutine

Das letzte Beispiel soll zeigen, daß auch größere Datenstrukturen, wie z.B. Felder, problemlos als Parameter übergeben werden können. Als Übungsaufgabe soll eine Assemblerroutine erstellt werden, die ein Feld, welches innerhalb eines C Programms definiert ist, sortiert. Das hört sich wahrscheinlich zunächst komplizierter an, als es in Wirklichkeit ist. Die zentrale Frage lautet nämlich lediglich, auf welche Weise das Feld übergeben wird. Ist diese Frage geklärt, ist der Rest lediglich Routine. Aus der Tabelle 13.1 können Sie entnehmen, daß Felder von einem C Programm als einziger Datentyp über eine Referenz übergeben werden. Mit anderen Worten legt das C Programm vor dem Aufruf der Assemblerroutine einen Zeiger auf das betreffende Feld auf dem Stack ab. Je nach Speichermodell handelt es sich dabei um einen Zeiger vom Typ Near (2 Bytes) oder vom Typ Far (4 Bytes). Da wir stets das Speichermodell Small verwenden, wird es sich um einen 2 Byte Zeiger handeln. Mit diesem Wissen ist der Rest des Assemblerprogramms nur noch ein Kinderspiel[1], wie das folgende kleine Listing zeigt :

```
.MODEL SMALL,C
```

Diese Anweisung nimmt uns wieder einen Großteil der Arbeit ab. Jetzt muß lediglich noch die Prozedur definiert werden :

```
.CODE
   SORTIERE PROC USES DI SI,LAENGE:WORD,ZEIGER:PTR
```

1 Sie haben recht, die Überheblichkeit gewisser Assemblerbuchautoren wirkt manchmal ein wenig störend.

Das Retten der Register DI und SI ist diesmal notwendig, da diese Register innerhalb des Assemblerprogramms verwendet werden. Des weiteren wird der Assemblerroutine vom C Programm ein Parameter mit dem Namen *LAENGE* übergeben. Dieser legt die Länge des zu sortierenden Feldes fest, so daß sich im Prinzip beliebig große Felder sortieren lassen. Der Parameter *ZEIGER* ist der Zeiger auf das zu sortierende Feld. Damit wären dank der .MODEL Anweisung wieder alle Formalitäten erledigt, und das eigentliche Programm kann beginnen :

```
             MOV CX,LAENGE      ; Feldlänge ist Zähler
             DEC CX             ; Zaehler = Länge - 1
             MOV BX,ZEIGER      ; Zeiger aus Feld nach BX
       L1:   PUSH CX            ; Zähler für äußere Schleife
             MOV DI,2           ; 1. Vergleichselement
       L2:
             MOV AX,[BX][DI]    ; 1. Vergleichselement laden
             CMP AX,[BX]        ; Mit 2. Element vergleichen
             JGE NO_CHANGE      ; Soll vertauscht werden ?
             MOV SI,[BX]        ; Ja, dann vertauschen
             MOV [BX],AX
             MOV [BX][DI],SI
NO_CHANGE:
             ADD DI,2           ; Zeiger auf das nächste Element
             LOOP L2            ; Ende der inneren Schleife
             ADD BX,2           ; Nächstes Element ist dran
             POP CX             ; Zähler für äußere Schleife
             LOOP L1            ; Ende der äußeren Schleife
             RET                ; Fertig, alles sortiert
    SORTIERE ENDP
             END
```

Als Sortieralgorithmus wurde das beliebte Blasenverfahren gewählt, weil es am leichtesten zu implementieren ist. Bezüglich der Laufzeit ist es sicher nicht die optimalste Lösung. Auch das C Programm soll Ihnen nicht vorenthalten werden. Sie finden es in Abbildung 13.8.

Abbildung 13.8 Das Hauptprogramm der Sortierroutine

```
int feld[10] = {12,33,99,47,65,88,17,10,3,88}
int laenge = 10;
extern void sortiere(int laenge, int feld[ ]);
main()
{
   int zaehler;
   sortiere(laenge, feld);
   zaehler = 0;
   while (zaehler<laenge) printf("%d\n",feld[zaehler++]);
}
```

Dieses C Programm ist ein wenig umfangreicher als sein Vorgänger und soll ebenfalls kurz besprochen werden. Als erstes wird ein Feld mit zehn Werten definiert. Die Variable *LAENGE* wird auf 10 gesetzt, da dies die Anzahl der Feldelemente ist. Die Funktion *SORTIERE* hat den Typ void, da sie keinen Parameter zurückgeben soll. Beim Aufruf der Funktion wird die Länge und die Adresse des Feldes übergeben. Mit SORTIERE lassen sich also beliebige Felder sortieren, da ja nur ein Zeiger auf das Feld und nicht das Feld selber (was im Prinzip auch machbar wäre) übergeben wird. Zum Abschluß finden Sie in Abbildung 13.9 noch einmal das Programmlisting auf einen Blick zusammen mit den entsprechend abgewandelten Versionen für MASM 4.0 bzw. MASM 5.0 und 5.1.

Abbildung 13.9 Die Assemblersortierroutine

a) für die Version 4.0

```
PUBLIC _SORTIERE

_TEXT SEGMENT WORD PUBLIC 'CODE'
     ASSUME CS:_TEXT
 _SORTIERE PROC
          PUSH BP
          MOV BP,SP
          PUSH DI
          PUSH SI
          MOV CX,[BP+4]
          DEC CX
          MOV BX,[BP+6]   ; Startadresse des Feldes nach BX
   L1:    PUSH CX         ; Zähler zwischenspeichern
          MOV DI,2        ; Offset für 2. Element
   L2:
          MOV AX,[BX][DI] ; n+1 te Element laden
```

```
          CMP AX,[BX]      ; n te Element laden
          JGE NO_CHANGE    ; Ist es kleiner ?
          MOV SI,[BX]      ; Ja, dann vertauschen
          MOV [BX],AX
          MOV [BX][DI],SI
NO_CHANGE:
          ADD DI,2         ; nächstes Element
          LOOP L2
          ADD BX,2         ; nächstes Element
          POP CX
          LOOP L1

          POP SI
          POP DI
          POP BP
          RET
  _SORTIERE ENDP
_TEXT ENDS
END
```

b) für die Version 5.0

```
.MODEL SMALL               ; Speichermodell ist Small

   LAENGE EQU <[BP+4]>     ; Definition von Textmakros für den
   ZEIGER EQU <[BP+6]>     ; Zugriff auf übergebene Parameter

   PUBLIC _SORTIERE        ; Routine ist global

.CODE
  _SORTIERE PROC
            PUSH BP        ; BP-Register retten
            MOV BP,SP      : und Stackrahmen aufbauen
            PUSH DI        ; DI und SI retten
            PUSH SI
            MOV CX,LAENGE ; Feldlänge als Schleifenzähler
            DEC CX
            MOV BX,ZEIGER ; Startadresse des Feldes nach BX
    L1:     PUSH CX        ; Zähler zwischenspeichern
            MOV DI,2       ; Offset für 2. Element
    L2:
            MOV AX,[BX][DI] ; n+1 te Element laden
            CMP AX,[BX]    ; n te Element laden
            JGE NO_CHANGE ; Ist es kleiner ?
            MOV SI,[BX]    ; Ja, dann vertauschen
            MOV [BX],AX
            MOV [BX][DI],SI
```

```
NO_CHANGE:
            ADD DI,2         ; nächstes Element
            LOOP L2
            ADD BX,2         ; nächstes Element
            POP CX
            LOOP L1
            POP SI           ; Register wieder herstellen
            POP DI
            POP BP
            RET              ; Zurück zum C Programm
  _SORTIERE ENDP
END
```

c) für die Version 5.1

```
.MODEL SMALL,C   ; Speichermodell und Konvention festlegen

.CODE
   SORTIERE PROC USES DI SI,LAENGE:WORD,ZEIGER:PTR
            MOV CX,LAENGE
            DEC CX
            MOV BX,ZEIGER      ; Startadresse des Feldes nach BX
    L1:     PUSH CX            ; Zähler zwischenspeichern
            MOV DI,2           ; Offset für 2. Element
    L2:
            MOV AX,[BX][DI]    ; n+1 te Element laden
            CMP AX,[BX]        ; n te Element laden
            JGE NO_CHANGE      ; Ist es kleiner ?
            MOV SI,[BX]        ; Ja, dann vertauschen
            MOV [BX],AX
            MOV [BX][DI],SI
NO_CHANGE:
            ADD DI,2           ; nächstes Element
            LOOP L2
            ADD BX,2           ; nächstes Element
            POP CX
            LOOP L1
            RET
   SORTIERE ENDP
END
```

13.7 Ausblick

Damit wären die wesentlichsten Punkte zum Thema "Einbinden von Assemblerroutinen in C Programmen" erläutert. Sicherlich wurden nicht jene typischen Beispiele vorgestellt, die das Einbinden von Assemblerroutinen in C Programmen normalerweise erforderlich machen. Ziel dieses Kapitels war es in erster Linie, Ihnen die notwendigen Grundlagen zu vermitteln. Mit Ihrem jetzigen Kenntnisstand sollten Sie in der Lage sein, auch schwierigere Nüsse zu knacken. Wie die Beispielprogramme hoffentlich gezeigt haben, reduziert sich das Problem der Einbindung von Assemblerroutinen in C Programme eigentlich nur auf die Form der Parameterübergabe. Der "Rest" der Assemblerroutine wird in der Regel so erstellt, als würde es sich um ein Stand-Alone Programm handeln. Unter der Version 5.1 werden alle übrigen Formalitäten vom Hochspracheninterface des Assemblers, d.h. konkret, von der .MODEL und der PROC Anweisung übernommen. Auch wenn es in diesem Kapitel nicht angesprochen werden konnte, ist die Einbindung von Assemblerroutinen in BASIC-, PASCAL- oder FORTRAN Programme ähnlich einfach (oder schwierig, je nachdem).

ANHANG A

GLOSSAR

Assembler	Programm zur Umwandlung von Befehlsmnemonics in die entsprechenden Maschinenbefehle. Der Assembler (z.B. MASM.EXE) verarbeitet eine Quelltextdatei und erstellt daraus eine Objektdatei.
Binärdatei	Datei, die zwar Maschinenbefehle bzw. Daten in binärer Form enthält, die aber in der Regel nicht durch Eingabe des Dateinamens ausgeführt werden kann.
COM-Datei	Programmdatei, die ausführbaren Maschinencode enthält. Anders als EXE-Dateien enthält eine COM-Datei keine zusätzlichen Informationen, so daß diese in der Regel nur aus einem Segment besteht und daher nicht größer als 64 KByte werden kann.
Compiler	Programm, daß ein Hochsprachenprogramm in Maschinencode umwandelt. Wie ein Assembler, erstellt auch ein Compiler in der Regel eine Objektdatei, die von einem Linker weiterverarbeitet werden muß.
Debugger	Programm, das in erster Linie zur Fehlersuche verwendet wird. Ein Debugger erlaubt z.B. die schrittweise Ausführung eines Programms.
Editor	Programm zum Erstellen von Quelltextdateien. Ein Editor ist ein kleines Textverarbeitungsprogramm, das ASCII-Dateien, d.h. Dateien ohne Steuerzeichen erzeugt.
EXE-Datei	Ausführbare Programmdatei, die in einem speziellen Format vorliegt. Anders als COM-Dateien, die nur den erzeugten Maschinencode enthalten, geht einer EXE-Datei ein Kopf, der sog. EXE-Header voran, der zusätzliche Informationen wie z.B. die Größe der einzelnen Segmente oder eine Relozierungsinformation enthält.

Gruppe
: Gruppe von Segmenten, die unter einem Namen angesprochen wird. Alle Offsets von Variablen und Labels innerhalb einer Gruppe beziehen sich in der Regel auf den Beginn der Gruppe und nicht auf den Beginn des Segments, in dem das betreffende Label bzw. die betreffende Variable definiert wurde.

INCLUDE-Datei
: Datei, die Quelltext enthält, der beim Assemblieren über eine INCLUDE Anweisung eingebunden wird. INCLUDE-Dateien enthalten in der Regel leglich Makrodefinitionen und keine Programmsegmente. Diese werden in Objektmodulen gespeichert und vom Linker mit dem Hauptprogramm verknüpft.

Linker
: Programm, das eine oder mehrere Objektdateien in eine ausführbare Programmdatei umwandelt. Es spielt keine Rolle, ob die Objektdatei von einem Assembler oder einem Compiler erstellt wurde. Wichtig ist nur, daß alle Objektdateien in dem gleichen Format (dem Intel Relocatable Object Module Format) vorliegen.

Mnemonic
: Abkürzung für einen Maschinenbefehl (z.B. MOV). Der Assembler übersetzt die Mnemonics in die entsprechenden Opcodes.

Modul
: Andere Bezeichnung für Objektdatei.

Objektdatei
: Wird von einem Assembler oder einem Compiler erstellt. Obwohl eine Objektdatei bereits den assemblierten bzw. compilierten Maschinencode enthält, kann sie noch nicht ausgeführt werden, da sie u.U. noch nicht aufgelöste Referenzen (z.B. Routinen, die in einem anderen Modul definiert sind) enthalten kann. Objektdateien werden von einem Linker in eine Programmdatei umgewandelt.

Offset

Im allgemeinen handelt es im um eine Adreßdifferenz, die zu einer Basisadresse addiert wird um die endgültige Adresse zu erhalten. Im speziellen Sinne wird damit der Offsetanteil bezeichnet, der zusammen mit dem Segmentanteil die physikalische 20-Bit Adresse ergibt.

Opcode

Binäre Form eines Maschinenbefehls. Opcodes werden in der Regel als Hexadezimalzahlen angegeben.

Segment

Bereich innerhalb des Arbeitsspeicher, der Befehle und Daten enthält. Ein Segment beginnt bei einer Adresse, die durch den Inhalt eines Segmentregisters festgelegt wird. Jede Speicherstelle innerhalb des max. 64 KByte großen Segments wird über einen 16-Bit Offset adressiert.

ANHANG B

CODEVIEW ÜBERSICHT

In diesem Kapitel erfolgt eine Übersicht über die Kommandos des symbolischen Debuggers CodeView. Dieses Kapitel soll allerdings kein Handbuch Ersatz sein, d.h. es können hier nicht alle Feinheiten des Debuggers, insbesondere nicht die Besonderheiten in Zusammenhang mit den Microsoft Hochsprachen, berücksichtigt werden. Dennoch ist die Information in diesem Kapitel für den Einstieg in CodeView mehr als ausreichend. Sie werden sehr schnell die Erfahrung machen, daß CodeView relativ problemlos zu handhaben ist, und daß man viele Kommandos bei der Arbeit mit CodeView praktisch von alleine lernt. Obwohl CodeView als Debugger auch für die Microsoft Hochsprachen geeignet ist (es wurde ursprünglich für den Microsoft C Compiler entwickelt), wird in diesem Kapitel nur das Arbeiten mit Assemblerprogrammen besprochen.

CodeView unterscheidet sich von seinen "Vorgängern" *DEBUG* und *SYMDEB* in erster Linie dadurch, daß es möglich ist, wahlweise auf Quelltext- oder auf Maschinencodeebene zu arbeiten (Mittlerweile existiert auch eine CodeView Version für OS/2). Obwohl CodeView auf den ersten Blick nicht viel mit DEBUG oder SYMDEB gemeinsam hat, wurden doch viele Kommandos aus diesen Programmen übernommen, so daß, wenn Sie mit diesen Programmen bereits gearbeitet haben, die Umstellung auf CodeView nicht allzu schwer fallen dürfte.

1. Voraussetzungen für das Arbeiten mit CodeView

Um eine EXE-Datei mit CodeView bearbeiten zu können, müssen gewisse Voraussetzungen erfüllt sein.

1. Um alle CodeView Eigenschaften nutzen zu können, wird die MASM Version 5.0 oder höher benötigt.

2. Wenn Sie mit den erweiterten Segmentanweisungen arbeiten, sollten alle Programmsegmente den Klassennamen 'CODE' tragen. Des weiteren müssen alle Symbole, wie z.B. Labels und Variablen, die innerhalb des Debuggers angesprochen werden sollen, als global deklariert werden.

3. Die Datei muß mit der MASM Option */ZI* bzw. */ZD* assembliert werden. Während die Option /ZI sowohl Zeilennummer, als auch symbolische Informationen (in erster Linie die Größe und der Typ von Symbolen) in die Objektdatei überträgt, werden durch die Option /ZD nur Zeilennummer-Informationen übertragen.

Hinweis : Da eine Objektdatei, die mit der Option /ZI bzw. /ZD erstellt wurde wesentlich umfangreicher ist, als eine Objektdatei, die ohne diese Option erstellt wurde, wird man diese Option beim Aassemblieren nur solange benutzen, wie eine Datei für das Debuggen benötigt wird.

4. Die Objektdatei muß mit der LINK Option /CO gelinkt werden. Benötigt wird in jedem Fall die Version 3.60 oder höher.

Hinweis : Zwar können auch COM-Dateien von CodeView geladen werden, da diese aber keine symbolischen Informationen enthalten können, lassen sich viele CodeView Kommandos nicht nutzen.

Einschränkungen

CodeView kann keine Makros verarbeiten, es behandelt einen Makroaufruf als einen einzigen Befehl. Das gleiche gilt für den Inhalt von INCLUDE-Dateien.

Fließkommazahlen können von CodeView nur im IEEE Format verarbeitet werden. Ab der MASM Version 5.0 ist dieses Format standardmäßig vereinbart, so daß es eigentlich keine Probleme geben sollte.

2. Aufruf von CodeView

CodeView wird in der folgenden Form aufgerufen :

CV [Optionen] Name [Argumente]

Die CodeView Optionen werden erst im nächsten Abschnitt besprochen. Bei 'Name' handelt es sich um den Namen der Programmdatei, die entweder die Erweiterung *.EXE* oder *.COM* besitzen muß. Wird keine Erweiterung angegeben, geht CodeView von einer EXE-Datei aus. Die optionalen Argumente stellen Parameter dar, die dem zu verarbeitenden Programm übergeben werden sollen. Falls die Programmdatei nicht im CodeView-Format vorliegt, erhalten Sie die Meldung

No symbolic Information

Sie können in diesem Fall zwar trotzdem mit CodeView arbeiten, es lassen sich aber z.B. keine symbolischen Ausdrücke verarbeiten. Nach dem Start von CodeView wird die zu bearbeitende Datei geladen, und es erscheint der CodeView Bildschirm. Falls Sie mit einem nicht kompatiblen PC arbeiten, erscheint statt dessen eine Startmeldung und der CodeView Prompt :

```
Microsoft (R) CodeView (R) Version 2.2
(C) Copyright Microsoft Corp. 1986-88. All rights reserved.
>
```

In diesem Kommando-Modus stehen zwar alle CodeView Kommandos zur Verfügung, es lassen sich aber viele Informationen bei weitem nicht so übersichtlich darstellen wie im Fenster-Modus. Da die Mehrzahl der PC's es allerdings erlauben sollte, CodeView im Fenster-Modus zu betreiben, soll im folgenden nur dieser Modus beschrieben werden.

3. CodeView Optionen

Wie bei MASM und LINK läßt sich auch bei CodeView mit Hilfe bestimmter Optionen das Verhalten des Debuggers während des Startens beeinflussen.

Die Option /2

Diese Option erlaubt es, zwei Monitore für das Debuggen zu verwenden. Dabei wird auf dem "normalen" Monitor das zu verarbeitende Programm dargestellt, während der zusätzliche Monitor das CodeView Fenster darstellt. Um diese Option nutzen zu können, benötigen Sie zwei Monitore und zwei Grafikkarten. Bei Verwendung dieser Option kann die Microsoft Maus nicht auf dem Monitor verwendet werden, der für das Debuggen benutzt wird.

Die Option /43

Diese Option erlaubt die Darstellung von 43 Zeilen mit jeweils 80 Zeichen. Voraussetzung ist allerdings eine EGA Karte. Durch die Darstellung von 43 Zeilen wird die Übersichtlichkeit erhöht.

Die Option /50

Diese Option wurde speziell für die PC's der IBM PS2 Serie eingeführt (ab Version 2.2) und erlaubt die Darstellung von 50 Zeilen auf dem Bildschirm.

Die Option /B

Diese Option schaltet auf Schwarz/Weiß Darstellung, auch wenn ein Farbmonitor mit einer Farbkarte verwendet wird. Diese Option wird meistens verwendet, wenn Sie eine Farbgrafikkarte wie CGA oder EGA mit einem Monochrom Monitor betreiben und auf die in manchen Fällen üblichen Schattierungen verzichten möchten.

Die Option /C Kommando

Diese Option erlaubt die Ausführung von einem oder mehreren CodeView Kommandos nach dem Aufruf des Debuggers. Mehrere Kommandos müssen durch Kommas oder Leerzeichen voneinander getrennt werden.

Beispiel

A>CV /CT4 TEST

In diesem Fall wird die Datei *TEST.EXE* von CodeView geladen, und nach dem Start wird das CodeView Kommando **T4** ausgeführt.

Hinweis : Falls ein einzelnes Kommando Leerzeichen enthält, sollte die gesamte Option in doppelte Anführungsstriche eingeschlossen werden, damit CodeView das betreffende Kommando nicht als mehrere verschiedene Kommandos interpretiert. Diese

Maßnahme ist auch erforderlich, wenn das Kommando ein '<'-oder ein '>'-Zeichen enthält[1]. Beachten Sie, daß im obigen Beispiel zwischen dem Kommando und dem Parameter kein Leerzeichen stehen sollte, da CodeView ansonsten nach einer Datei mit dem Namen '100.EXE' sucht.

Die Option /E

Diese Option erlaubt die Einbeziehung des erweiterten Speicherbereichs (expanded Memory) nach der EMS Spezifikation. Da unter DOS der direkt adressierbare maximale Speicherbereich 640 KByte beträgt, läßt sich der zusätzliche Arbeitsspeicher nur eingeschränkt nutzen. Er kann z.B. für die Abspeicherung symbolischer Information benutzt werden.

Die Optionen /F und /S

CodeView erlaubt das Umschalten zwischen dem CodeView Bildschirm und dem Bildschirm, den das Programm für seine Ausgaben benutzt. Dieses Umschalten kann auf zwei grundsätzlich verschiedene Arten geschehen, die beide die gleiche Wirkung haben. Zum einen können beide Bildschirminhalte im Bildschirmspeicher der Grafikkarte abgelegt werden (Option */F*). Das Umschalten zwischen beiden Bildschirmseiten geschieht daher sehr schnell. Es ist aber nicht möglich, wenn Ihr PC lediglich über eine einfache Monochromgrafikkarte verfügt bzw. wenn das zu bearbeitende Programm eine Grafikausgabe durchführt oder die Bildschirmseiten der Grafikkarte selber benutzt. Im anderen Fall (Option */S*) richtet CodeView einen 16 KByte Puffer im Arbeitsspeicher ein, in dem der Bildschirminhalt abgelegt wird, der zur Zeit nicht dargestellt werden kann. Diese Methode greift nicht auf den Speicher der Grafikkarte zurück und ist daher hardwareunabhängig, die Umschaltung zwischen beiden Bildschirmseiten geschieht aber wesentlich langsamer. Die erste Methode (das sog. *Screen flipping*) ist der Default für PC's mit Farbgrafikkarten, während die zweite Methode (das sog. *Screen swapping*) der Default für PC's mit einer Monochromkarte ist. Auf nicht kompatiblen PC's ist per Default kein Umschalten zwischen zwei Bildschirmseiten möglich.

Über die Option /F kann das Screen Flipping für nicht 100% kompatible PC's beim Starten des Debuggers festgelegt werden. Sollte dies aus Kompatibilitätsgründen nicht möglich sein, bzw. wenn das zu bearbeitende Programm auf den Bildschirmspeicher der Grafikkarte zugreift, kann diese Option nicht verwendet werden. Bei 100% kompatiblen PC's ist diese Option nicht notwendig, da das

---

1 Diese Zeichen haben in CodeView eine besondere Bedeutung.

Screen Flipping ohnehin verwendet wird. In diesem Fall kann aber mit der Option /S das Screen Swapping vereinbart werden.

Die Option /M

Diese Option bewirkt, daß eine installierte Maus ignoriert wird. Diese Option wird z.B. erforderlich, wenn das zu bearbeitende Programm ebenfalls eine Maus verwendet, die aber nicht kompatibel zu der Maus ist, die CodeView verwendet. Laut CodeView Dokumentation sind einige Versionen der GENOA EGA Karte nicht kompatibel mit CodeView, wenn die Maus verwendet wird. In diesem Fall muß die Maus mit der Option */M* abgeschaltet werden.

Die Option /P

Durch diese Option kann CodeView auch im Fenstermodus arbeiten, wenn nicht die Original IBM EGA Karte verwendet wird. Die */P* Option verhindert, daß der Debugger die Farbpaletten Register zwischenspeichert. Dies funktioniert in der Regel nur bei einer IBM EGA Karte und kann bei kompatiblen EGA Karten u.U. zu Problemen führen.

Die Option /R

Diese Option erlaubt CodeView, die Debug Register (DR0, DR1, DR2, und DR3) des 80386 zu verwenden. Diese Option hat keine Wirkung, wenn das System nicht über einen 80386 verfügt. Durch diese Option wird zwar nicht das CodeView Fenster verändert, allerdings können bestimmte Operationen des Debuggers, wie z.B. das Verfolgen von Spurpunkten schneller ausgeführt werden. In folgenden Situationen können die zusätzlichen Register nicht verwendet werden :

1) wenn die Option /E gesetzt ist
2) wenn mehr als vier Spurpunkte gesetzt sind
3) wenn ein Spurpunkt mehr als vier Bytes des Arbeitsspeichers überwacht
4) wenn ein Beobachtungspunkt gesetzt ist

Die Optionen /T und /W

CodeView kann normalerweise in einem Fenster-Modus und in einem Kommando-Modus arbeiten. Der Fenster-Modus bietet einen wesentlich größeren Komfort, da bis zu vier Bildschirmfenster gleichzeitig verwendet werden können. Dieser Modus ist aber nur auf 100% kompatiblen PC's nutzbar, während der Kommando-Modus, der keinerlei grafische Fähigkeiten voraussetzt, auf allen

PC's genutzt werden kann. Der Kommando-Modus entspricht der Darstellungsweise der Debugger DEBUG bzw. SYMDEB.

4. Komponenten des CodeView Fensters

Das CodeView Fenster, das nach dem Starten von CodeView erscheint (Voraussetzung ist wie bereits erwähnt in der Regel ein 100% kompatibler PC) besteht aus vier Komponenten. Ganz oben befindet sich die Menüleiste, die über die ALT-Taste aktiviert werden können. Jedes Menü verfügt über eine bestimmte Anzahl an Optionen, die bei geöffnetem Menü entweder durch Eingabe des Anfangsbuchstaben der jeweiligen Option oder durch die Pfeiltasten ausgewählt werden kann. Der größte Teil des CodeView Bildschirms wird von dem Ausgabefenster beansprucht. Es enthält (je nach ausgewähltem Modus) entweder den Quelltext des Programms, den Maschinencode oder beides. Die Größe des Ausgabefensters kann bei Bedarf variiert werden. Auf der linken Seite des Bildschirms befindet sich das Registerfenster, welches die momentanen Registerinhalte darstellt. Falls dieses Fenster nicht benötigt wird, kann es einfach ausgeschaltet werden. Schließlich befindet sich im unteren Teil des Bildschirms das Dialogfensters. Hier werden alle CodeView Kommandos im Dialog-Modus eingegeben. CodeView verfügt über einen umfangreichen Kommandopuffer, in dem alle eingegebenen Kommandos gespeichert und bei Bedarf wieder abgerufen werden. Den Kommandopuffer können Sie innerhalb des Dialogfensters mit Hilfe der Pfeiltasten nach oben und nach unten scrollen. Auch das Dialogfenster kann bei Bedarf in der Größe geändert werden.

5. Tastenbelegung

Die meisten CodeView Kommandos können auf drei verschiedene Weisen ausgeführt werden. Entweder mit Hilfe der Maus oder über eine Tastenkombination (Tastaturkommandos) oder schließlich durch Eingabe des Kommandonamens innerhalb des Dialogfensters (Dialogkommandos). Das Arbeiten mit der Maus ist im allgemeinen die komfortabelste Alternative, bietet aber in manchen Fällen weniger Möglichkeiten, als die entsprechenden Dialogkommandos. In diesem Kapitel werden in erster Linie die Dialogkommandos und von Fall zu Fall auch die Tastaturkommandos, nach Gruppen geordnet, besprochen. Das Arbeiten mit der Maus ist relativ selbsterklärend, so daß Mauskommandos nicht erwähnt werden. Tastaturkommandos werden entweder über die Funktionstasten oder über ALT- bzw. CTRL-Tastenkombinationen durchgeführt.

Hinweis : Laut CodeView Handbuch ist für das Arbeiten mit der Microsoft Maus die Version 6.0 oder höher erforderlich. Wenn Sie nicht über diese Version verfügen, sollten Sie den Maustreiber *MOUSE.COM* verwenden, der mit CodeView geliefert wird.

Bewegen des Cursor

Taste	Funktion
F6	Bewegt den Cursor zwischen dem Ausgabefenster und dem Dialogfenster.
CTRL + G	Vergrößert entweder das Dialog- oder das Ausgabefenster, je nachdem in welchem Fenster sich der Cursor gerade befindet.
CTRL + T	Verkleinert entweder das Dialog- oder das Ausgabefenster, je nachdem in welchem Fenster sich der Cursor gerade befindet.
PgUp	Scrollt den Bildschirm um eine Seite nach oben. Befindet sich der Cursor im Dialogfenster, wird der Kommandopuffer entsprechend verschoben.
PgDown	Scrollt den Bildschirm um eine Seite nach unten. Befindet sich der Cursor im Dialogfenster, wird der Kommandopuffer entsprechend verschoben.
Home	Bewegt den Cursor an den Beginn der Datei bzw. des Kommandopuffers, je nachdem in welchem Fenster sich der Cursor gerade befindet.
End	Bewegt den Cursor an das Ende der Datei bzw. des Kommandopuffers, je nachdem in welchem Fenster sich der Cursor gerade befindet.

Ändern des Bildschirms

Taste	Funktion
F1	Aktivieren der On-line Hilfe.
F2	Schaltet das Registerfenster ein und aus.
F3	Schaltet zwischen Quelltext-, Maschinencode- und Mixed-Modus. Der Quelltext-Modus zeigt im Ausgabefenster den Quelltext des Programms, während der Maschinencode- Modus die assemblierten Maschinenbefehle zeigt. Im Mixed-Modus wird sowohl der Quelltext als auch der Maschinencode angezeigt.
F4	Schaltet auf den Programmbildschirm um. Dieser Bildschirm zeigt die Ausgaben des auszuführenden Programms so an, als wäre das betreffende Programm ohne CodeView ausgeführt worden. Durch Betätigen einer Taste gelangt man in den CodeView Bildschirm zurück.

Kontrolle der Programmausführung

Taste	Funktion
F5	Starten des Programms bis zum Programmende oder bis zum nächsten Haltepunkt.
F7	Setzen eines vorübergehenden Haltepunktes in der Zeile, in der sich der Cursor gerade befindet, und Programmausführung bis zu diesem (oder einem davor gesetzten) Haltepunkt.
F8	Ausführen des nächsten Befehls (Trace Kommando). Wenn es sich um einen Unterprogramm- oder einen Interruptaufruf handelt, wird durch das nächste Trace Kommando der erste Befehl innerhalb der Unterprogramm- bzw. Interruptroutine ausgeführt. Dies gilt aber nicht für DOS Interrupts.
F9	Setzt bzw. löscht einen Haltepunkt in der aktuellen Zeile. Wenn diese Zeile einen Haltepunkt enthält, wird dieser gelöscht, ansonsten wird ein Haltepunkt gesetzt.

F10 Führt den nächsten Befehl aus. Wenn es es sich dabei um einen Unterprogramm- oder einen Interruptaufruf handelt, wird die gesamte Unterprogramm- bzw. Interruptroutine durchlaufen (entspricht dem DEBUG Kommando P).

Hinweis : Die Ausführung eines Programms kann in der Regel (wenn dies nicht durch das ausführende Programm verhindert wird) durch die Tastenkombination CTRL+Break bzw. CTRL+C unterbrochen werden.

6. Das CodeView Menü

In diesem Abschnitt werden die einzelnen Optionen des CodeView Menüs besprochen. Jedes der Menüs kann entweder über ein Tastaturkommando (in der Regel ALT + Anfangsbuchstabe des Menüs) oder mit Hilfe der Maus aktiviert werden.

Das File Menü

Beim Öffnen des File Menüs stehen folgende Optionen zur Verfügung :

Open ...
Dos Shell
Exit

Option	Bedeutung
Open...	Öffnet eine neue Quelltextdatei. Es erscheint ein Dialogfenster, in das der Name der zu öffnenden Datei eingegeben werden muß. CodeView lädt diese Datei und gibt deren Inhalt im Ausgabefenster aus. Durch erneute Verwendung dieser Option kann die Original Datei wieder geladen werden. Die Bearbeitung dieser Datei wird an der Stelle fortgesetzt, an der sie zuvor unterbrochen wurde. Mit dieser Option lassen sich nur Textdateien laden. Programmdateien können nur mit Starten des Debuggers geladen werden. Falls sich CodeView im Maschinencode-Modus befindet, wird es in den Text-Modus geschaltet.

Dos Shell	Aktiviert die DOS Shell, so daß DOS Kommandos oder andere Programme ausgeführt werden können. Die Rückkehr zu CodeView geschieht durch das DOS Kommando exit. Diese Option benötigt laut CodeView Handbuch mind. 200 KByte freien Arbeitsspeicher, da CodeView mit allen seinen Tabellen und internen Puffern im Arbeitsspeicher untergebracht werden muß.
Exit	Beendet das Arbeiten mit CodeView und kehrt zu DOS zurück.

Das View Menü

Beim Öffnen des View Menüs stehen folgende Optionen zur Verfügung :

Source
Mixed
Assembly

Registers F2

Output F4

Option	Bedeutung
Source	Schaltet in den Quelltext-Modus.
Mixed	Schaltet in den Mixed-Modus.
Assembly	Schaltet in den Maschinencode-Modus.
Registers	Schaltet das Registerfenster ein bzw. aus. Entspricht der Taste **F2.**
Output	Schaltet auf den Programmbildschirm um. Entspricht der Taste **F4.**

Das Search Menü

Beim Öffnen des Search Menüs stehen folgende Optionen zur Verfügung :

Find ... Ctrl+F
Next
Previous
Label ...

Option	Bedeutung
Find ...	Durchsucht die augenblickliche Quelltextdatei nach einem festgelegten (regulären) Ausdruck bzw. nach einer Zeichenkette. Nach dem Betätigen dieser Option erscheint ein Dialogfenster, in das der zu suchende Ausdruck eingegeben werden muß. Dieselbe Funktion kann auch über die Tastenkombination Ctrl + F durchgeführt werden.
Next	Sucht nach dem nächsten Ausdruck, der zuvor durch die Option Find ... festgelegt wurde.
Previous	Sucht nach einem vorhergehenden Ausdruck, der zuvor durch die Option Find ... festgelegt wurde. CodeView beginnt die Suche von der momentanen Position innerhalb der Datei bis an den Anfang. Wenn es bis dahin den festgelegten Ausdruck nicht gefunden hat, wird die Suche beginnend mit dem Dateiende fortgesetzt.
Label...	Durchsucht den Programmcode nach einem eingegebenen Label. Wird das entsprechende Label gefunden, wird der Cursor auf die Bildschirmzeile positioniert, die das gefundene Label enthält.

Das Run Menü

Beim Öffnen des Run Menüs stehen folgende Optionen zur Verfügung :

Start
Restart
Execute
Clear Breakpoints

Option	Bedeutung
Start	Startet das geladene Programm. Die Programmausführung beginnt bei dem ersten Befehl des Programms und wird entweder bis zum Ende des Programms oder bis zum nächsten Haltepunkt durchgeführt.
Restart	Bereitet das Programm für den erneuten Start vor. Die Ausführung kann entweder über die **F5** Taste oder über das **G** Kommando durchgeführt werden.
Execute	Beginnt die Programmausführung von dem augenblicklichen Befehl an in "Zeitlupe". Die Programmausführung kann jederzeit durch Betätigen einer Taste abgebrochen werden.
Clear Breakpoints	Löscht alle Haltepunkte, aber keine Beobachtungspunkte.

Das Watch Menü

Beim Öffnen des Watch Menüs stehen folgende Optionen zur Verfügung :

Add Watch ... Ctrl+W
Watchpoint ...
Tracepoint ...
Delete Watch ... Ctrl+U
Delete All Watch

Option	Bedeutung
Add Watch...	Fügt einen Ausdruck in das Beobachtungsfenster ein. Es erscheint ein Dialogfenster, in das der zu überwachende Programmausdruck (z.B. ein Variablenname) eingetragen wird. Dieser Ausdruck erscheint daraufhin im Beobachtungsfenster. Hier wird der momentane Wert jedes einzelnen Ausdrucks während der Programmausführung angezeigt. Ferner kann das Format festgelegt werden, in das der Ausdruck ausgegeben werden soll. Dieses

Format wird über einen CodeView Formatbezeichner festgelegt, der zusammen mit dem Ausdruck durch ein Komma getrennt angegeben wird. Ohne diese Angabe wird der Ausdruck in einem Default Format dargestellt.

Watchpoint... Setzt einen Beobachtungspunkt. Dies ist ein Haltepunkt, der dann aktiv wird, wenn ein festgelegter Ausdruck "wahr", d.h. ungleich Null wird. Es erscheint ein Dialogfenster, in das der zu überwachende Ausdruck eingetragen wird. Dieser Ausdruck erscheint dann hell hervorgehoben im Beobachtungsfenster.

Tracepoint... Setzt einen *Spurpunkt*. Ein Spurpunkt ist ein Haltepunkt, der dann aktiv wird, wenn sich ein festgelegter Ausdruck oder ein Speicherbereich ändert. Es erscheint ein Dialogfenster, in das der zu überwachende Ausdruck eingetragen wird. Dieser Ausdruck erscheint dann hell hervorgehoben im Beobachtungsfenster. Genau wie beim Setzen eines Beobachtungsausdrucks, kann auch hier ein spezielles Darstellungsformat (welches sich z.B. nach dem Variablentyp richten kann) festgelegt werden.

Delete Watch... Löscht einen Ausdruck aus dem Beobachtungsfenster. Über ein Dialogfenster kann der zu löschende Ausdruck mit Hilfe der Pfeiltasten ausgewählt werden. Der gleiche Effekt kann durch die Tastenkombination Ctrl+U erreicht werden.

Delete All Watch Löscht alle Ausdrücke aus dem Beobachtungsfenster und schließt dieses Fenster.

Das Options Menü

Beim Öffnen des Options Menüs stehen folgende Optionen zur Verfügung :

Flip/Swap
Bytes Coded
Case Sense
386

Option	Bedeutung
Flip/Swap	Diese Option legt fest, ob das Screen Flipping bzw. Swapping, d.h. der Wechsel zwischen dem CodeView Bildschirm und dem Programmbildschirm, bei der Programmausführung aktiv ist oder nicht. Das Ausschalten des Flipping bzw. Swapping bewirkt, daß der Bildschirm "weicher" gescrollt wird. Es sollte jedoch nicht geschehen, wenn das auszuführende Programm Bildschirmausgaben durchführt.
Bytes coded	Wenn diese Option aktiv ist, werden auch die Opcodes der assemblierten Maschinenbefehle sowie die Speicheradressen dieser Befehle angezeigt. Ist diese Option inaktiv, werden nur die Befehlsmnemonics angezeigt. Diese Option betrifft nur den Maschinencode-Modus.
Case Sense	Wenn diese Option aktiv ist, geht CodeView davon aus, daß bei Symbolnamen zwischen Groß- und Kleinschreibung unterschieden wird. Ist diese Option nicht aktiv, wird nicht zwischen Groß- und Kleinschreibung unterschieden.
386	Ist diese Option aktiv, werden alle Register als 32-Bit Register dargestellt. Des weiteren wird es möglich, jene Maschinenbefehle zu verwenden, die mit 32-Bit Registern arbeiten. Diese Option kann nur auf Systemen mit einem 80386 Prozessor genutzt werden.

Das Language Menü

Beim Öffnen des Language Menüs stehen folgende Optionen zur Verfügung :

Auto
Basic
C
Fortran
Pascal[1]

Durch diese Option kann eine spezielle Routine zur Auswertung von Ausdrücken in Abhängigkeit der verwendeten Sprache ausgewählt werden bzw. CodeView kann veranlaßt werden, diese Routine automatisch auszuwählen. Im letzteren Fall hängt die gewählte Auswertungsroutine von der Endung der Quelltextdatei ab. CodeView wählt die C Auswertungsroutine, wenn die Quelltextdatei nicht die Endung *.BAS*, *.F*, *.FOR* oder *.PAS* aufweist. Wenn die Quelltextdatei die Endung *.ASM* aufweist, wählt CodeView bei aktivierter Auto Option ebenfalls die C Auswertungsroutine, es werden allerdings nicht alle Default Vereinbarungen übernommen.

Wenn Sie einen speziellen Sprachtyp auswählen, wird die entsprechende Auswertungsroutine unabhängig vom Typ der Arbeitsdatei ausgewählt.

Das Calls Menü

Dieses Menü zeigt den Namen der momentan ausgeführten Routine bzw. Unterroutine an und jene Routinen, von denen diese Routine im Verlauf der Programmausführung aufgerufen wurde. Der Aufbau dieses Menü hängt damit von dem Zustand des auszuführenden Programms ab. Dabei befindet sich der Name der momentanen Routine an oberster Stelle. Die Routine, von der die momentane Routine aufgerufen wurde, befindet sich direkt darunter usw.. Neben jeder Routine befindet sich eine Zahl. Die Eingabe dieser Zahl bzw. die des entsprechenden Eintrages durch Betätigen der Return-Taste führt zur Ausgabe der ausgewählten Routine an der Stelle, an der sie von der im Calls Menüs darüber befindlichen

---

1 unter der CodeView Version 2.2 steht der Sprachtyp Pascal nicht zur Verfügung, d.h. Pascal Programme können zur Zeit nicht mit CodeView bearbeitet werden. Eine der nächsten Versionen des Microsoft PASCAL Compilers soll jedoch in der Lage sein, Objektdateien im CodeView Format zu erzeugen. Mit diesem Compiler wird dann auch eine erweiterte CodeView Version ausgeliefert werden, die die Verarbeitung von PASCAL Ausdrücken unterstützt.

Routine aufgerufen wird. Das hört sich hoffentlich nicht zu verworren an. Sinn und Zweck des Calls Menü ist es einfach, den Weg zurückverfolgen zu können, der letztlich zum Aufruf der aktuellen Routine geführt hat.

Die augenblicklichen Werte einer jeden Routine innerhalb des Calls Menü folgen in Klammern auf den Namen der Routine, so daß sich der jeweilige Zustand der Hauptroutine zum Zeitpunkt des Unterprogrammaufrufs nachvollziehen läßt.

Hinweis : Bei der Bearbeitung von Assemblerprogrammen wird eine Routine nur im Calls Menü aufgeführt, wenn sich die Routine an die Microsoft Konvention (s. Kapitel 13) für den Aufruf von Unterprogrammen hält.

Das Help Menü

Innerhalb des Help Menüs werden die wichtigsten Bereiche des CodeView Debuggers stichwortartig aufgelistet. Dabei kann eine einzelne Option in Unterstichworte unterteilt sein, die bei der Aktivierung der Option ausgegeben werden. Das Arbeiten mit dem Hilfe-System ist relativ einfach und quasi selbsterklärend. Voraussetzung ist das Vorhandensein der Datei *CV.HLP* entweder im aktuellen Verzeichnis oder in einem Verzeichnis, welches durch das *PATH* Kommando festgelegt ist. Das Hilfe System kann auch durch Betätigen der **F1** Taste oder durch Eingabe des Kommandos **H** aufgerufen werden.

7. Arbeiten mit CodeView

Nachdem in den letzten Abschnitten sozusagen die Rahmenbedingungen für das Arbeiten mit CodeView erläutert wurden, sollen in diesem Abschnitt die wichtigsten Kommandos vorgestellt werden. Es soll noch einmal darauf hingewiesen werden, daß viele CodeView Kommandos den Kommandos der Debugger DEBUG und SYMDEB entsprechen. Eine empfehlenswerte Vorgehensweise ist es sicherlich, einfach einmal ein Testprogramm zu laden und die verschiedensten CodeView Kommandos auszuprobieren. Über das Menü kann man, auch ohne ein Handbuch zu Rate ziehen zu müssen, viele Kommandos auf eigene Faust erkunden. Gerade CodeView ist ein Programm, bei dem man die Wirkung der einzelnen Kommandos am besten durch Probieren erlernt. Sie werden sehen, daß der Umgang mit CodeView zumindestens für die tägliche Routine relativ einfach zu erlernen ist.

Am Anfang werden Sie wahrscheinlich am meisten mit den Tastatur-Kommandos arbeiten, bei denen ein CodeView Kommando durch Betätigen einer Tastenkombination ausgeführt wird. Auf diese Weise oder mit Hilfe der Maus ist CodeView am leichtesten zu handhaben. Allerdings lassen sich auf diese Weise nicht immer alle Möglichkeiten von CodeView nutzen, so daß Sie von Fall zu Fall auch auf die Dialog-Kommandos zurückgreifen müssen. Das beste Beispiel ist sicherlich das Setzen eines Haltepunktes. Mit Hilfe der Tastatur- bzw. Maus-Kommandos ist das Setzen eines Haltepunktes ein Kinderspiel. Einfach die betreffende Zeile mit dem Cursor ansteuern und die **F9** Taste betätigen. Der gesetzte Haltepunkt wird daraufin durch eine hell erleuchtete Programmzeile innerhalb des Ausgabefensters angezeigt. Das entsprechende Dialog-Kommando **BP** ist ein wenig umständlicher zu handhaben, da hier das Kommando 'BP .Zeilennr.' in das Dialogfenster eingegeben werden muß. Allerdings bietet sich hier zusätzlich die Möglichkeit, u.a. eine Anzahl von Durchläufen festzulegen, nach der der Haltepunkt erst aktiviert werden soll, bzw. Kommandos aufzuführen, die beim Erreichen des Haltepunktes ausgeführt werden sollen. Diese Möglichkeit besteht bei der Ausführung des entsprechenden Tastatur- bzw. Maus-Kommandos nicht.

7.1 Der Kommandopuffer

CodeView verfügt über einen umfangreichen Kommandopuffer, in dem auch bereits ausgeführte Kommandos gespeichert werden. Mit Hilfe der Pfeiltasten bzw. der Tasten *PgUp* und *PgDown* können Sie bereits ausgeführte Kommandos und deren Wirkung im Dialogfenster auflisten. Sie können dabei nach wie vor neue Kommandos eingeben. Ein neues Kommando überschreibt zwar ein älteres Kommando auf dem Bildschirm innerhalb des Dialogfensters, es wird aber auch am Ende des Dialogfensters aufgeführt.

7.2 CodeView Ausdrücke

Jedes CodeView Kommando weist folgendes allgemeines Format auf :

```
Kommando [Argumente] [;weitere Kommandos]
```

Auf ein Kommando können ein oder mehrere Argumente folgen, die durch ein Leerzeichen voneinander getrennt werden müssen. Das Argument eines CodeView Kommandos ist stets ein sog. *Ausdruck*. Ein Ausdruck kann Symbole, Zahlen, Registernamen oder Operatoren enthalten. Ausdrücke können aber auch aus Elementen einer der Hochsprachen aufgebaut sein. Die Auswertung eines

Ausdrucks erfolgt durch eine CodeView Routine, die als "*expression evaluator*" oder übersetzt als Auswertungsroutine für Ausdrücke bezeichnet wird. Für jede der Sprachen C, FORTRAN, BASIC und PASCAL existiert eine eigene Auswertungsroutine. Sie kann entweder durch die Tastenkombination ALT+L oder über das Kommando 'USE Name' ausgewählt werden, wobei es sich bei 'Name' um den Namen der Sprache handelt. Welche Auswertungsroutine zur Zeit in Gebrauch ist, können Sie entweder über das Language Menü (ALT+L) oder durch Eingabe des Kommandos USE ohne einen Parameter erfahren. In der Regel wird die Auto Option aktiv sein. In diesem Fall wählt CodeView die Auswertungsroutine in Abhängigkeit von der Endung der Quelltextdatei. Auch bei Quelltextdateien mit der Endung .ASM wählt CodeView die Auswertungsroutine für C, allerdings mit gewissen Einschränkungen. Durch die jeweilige Auswertungsroutine werden für die Syntax eines Ausdrucks bestimmte Regeln festgelegt. Im folgenden sollen diese Regeln für Assemblerprogramme kurz vorgestellt werden.

Hinweis : Allgemein gelten für Ausdrücke die gleichen Regeln, wie für C Ausdrücke. Ferner wird per Default im Hexadezimalsystem gearbeitet. Beachten Sie, daß bei Hexadezimalzahlen weder führende Nullen noch ein anhängtes 'h' erlaubt sind.

7.2.1 Auswertung von Assembler Ausdrücken

Durch die MASM Option */ZI* werden symbolische Informationen in die Objektdatei übertragen. Dadurch ist es möglich, symbolische Daten (mit Ausnahme von Feldern) innerhalb von Ausdrücken zu verwenden. Im allgemeinen werden Assembler Ausdrücke nach den gleichen Regeln wie C Ausdrücke ausgewertet. Folgende Defaults werden jedoch unterschiedlich gesetzt :

- Die Zahlenbasis ist hexadezimal
- Das Registerfenster ist eingeschaltet
- Es wird nicht zwischen Groß- und Kleinschreibung unterschieden

Nicht immer kann ein Assembler Ausdruck direkt von der Auswertungsroutine für C ohne Änderungen ausgewertet werden. Folgende Änderungen sind dabei zu berücksichtigen :

1. Indirekte Adressierung

Die Auswertungsroutine unterstützt keine rechteckigen Klammern, um auf den Inhalt von Speicherzellen zuzugreifen, die durch ein Indexregister adressiert werden. Um auf ein Byte, Wort oder Doppelwort zugreifen zu können, welches durch ein Register adressiert wird, müssen Sie die Operatoren **BY**, **WO** bzw. **DW** verwenden.

Beispiel

BY BP anstelle von **BYTE PTR [BP]**
WO BX anstelle von **WORD PTR [BX]**

2. Indirekte Adressierung mit Displacement

Auch die Schreibweise für die indirekte Adressierung mit Displacement muß abgewandelt werden. Dabei gilt die gleiche Regel wie für die direkte Adressierung, allerdings muß das Displacement dazuaddiert werden.

Beispiel

BY BX + 6 anstelle von **BYTE PTR [BX+6]**
WO SI + BP anstelle von **WORD PTR [SI+BP]**

3. Berechnung einer Variablenadresse

Die Adresse einer Variablen wird durch das '&'-Zeichen und nicht durch den *OFFSET* Operator berechnet.

Beispiel

&HILF anstelle von **OFFSET HILF**

4. Der PTR Operator

Die Funktion des PTR Operators wird durch die Auswertungsroutine von den entsprechenden C Typen Bezeichnern übernommen.

Beispiel

(char) HILF anstelle von **BYTE PTR HILF**
(int) HILF anstelle von **WORD PTR HILF**

5. Zugriff auf Felder

Der Zugriff auf Felder ist ein wenig problematisch, da MASM Feldvariablen nicht besonders kennzeichnet und CodeView sie daher nicht von normalen Variablen unterscheiden kann.

Beispiel

(&EINGABE_BUF) [2] anstelle von **EINGABE_BUF[2]**

7.2.2 Zeilennummern

Zeilennummern sind in erster Linie nützlich für das Debugging auf Quelltextebene. Sie entsprechen den Zeilennummern in den Quelltextdateien. Innerhalb von CodeView können einzelne Programmzeilen innerhalb von Ausdrücken über ihre Zeilennummern angesprochen werden.

Syntax

```
.[Dateiname:] Zeilennummer
```

Allgemein kann die Adresse einer Zeilennummer über die betreffende Zeilennummer selber festgelegt werden, wenn dieser ein Punkt vorangeht. CodeView geht davon aus, daß sich die angegebene Zeile innerhalb der aktuellen Datei befindet. Ansonsten muß der Dateiname vorangestellt werden.

Beispiel

```
>V .9
```

gibt durch das View Kommando im Ausgabefenster die Programmzeilen ab Zeile 9 aus.

7.2.3 Registernamen

Auch Registernamen lassen sich innerhalb von Ausdrücken verwenden. Da CodeView bei einem symbolischen Namen zuerst die Symboltabelle durchsucht und anschließend feststellt, ob es sich bei dem betreffenden Namen um einen Registernamen handelt, kann es zu Problemen kommen, wenn ein Symbol den Namen eines Registers trägt. Um dennoch das betreffende Register ansprechen zu können, muß dem Namen ein '@'-Zeichen vorangehen.

7.2.4 Adressen

Adressen werden allgemein im folgenden Format dargestellt :

[Segment:]Offset

Beide Komponenten einer Adresse können direkt oder in Form eines Ausdrucks angegeben werden. Der Segmentanteil ist optional. Wird er weggelassen macht CodeView bestimmte Annahmen, die von der Art des Kommandos abhängen. Kommandos, die mit Daten arbeiten (wie z.B. *Dump*) beziehen sich implizit auf das DS-Register, während sich Kommandos, die mit Programmcode arbeiten (wie z.B. *Assemble*, *Go* oder *Unassemble*) stets auf das CS-Register beziehen.

Beispiel

>D 1000 1020

gibt den Speicherbereich innerhalb der Adressen DS:1000 bis DS:1020 aus.

7.2.5 Adreßbereiche

Adreßbereiche können auf zwei verschiedene Weisen angegeben werden. Zum einen kann die Start- und die Endadresse des Adreßbereichs festgelegt werden. Falls die Endadresse weggelassen wird, macht CodeView bestimmte Default Annahmen bezüglich der Größe des Speicherbereichs, die von Kommando zu Kommando variieren können (In der Regel sind es 128 Bytes).

Die zweite Möglichkeit besteht darin, anstelle einer Endadresse die Anzahl der Datenobjekte anzugeben, die der Bereich umfassen soll. Dies geschieht in folgender Form :

Startadresse L Anzahl

Die Größe eines Objekts hängt von dem verwendeten Kommando ab (z.B. Bytes bei dem Kommando *DB*, Wort bei dem Kommando *DW* usw.)

Beispiel

```
>DB INP_BUF L 20
```

gibt 32 Bytes ab der Adresse *INP_BUF* aus.

7.2.6 Speicheroperatoren

Speicheroperatoren erlauben den gezielten Zugriff auf einzelne Teile des Speichers. Sie werden stets innerhalb von Ausdrücken verwendet. Folgende Speicheroperatoren stehen zur Verfügung :

BY <Adr> - Zugriff auf ein Byte unter der Adresse Adr

WO <Adr> - Zugriff auf ein Wort unter der Adresse Adr

DW <Adr> - Zugriff auf ein Doppelwort unter der Adresse Adr

Beispiel

```
>?BY AX
0x00C6
```

gibt das Byte aus, das unter der Adresse gespeichert ist, die im AX-Register enthalten ist.

Hinweis : Wie bereits erwähnt wurde, werden Zahlen (falls nicht anders vereinbart) im C Format für hexadezimale Zahlen ausgegeben, d.h. allgemein im Format **0xHexzahl.** Wenn Ihnen diese Ausgabe nicht gefällt, können Sie über einen Formatbezeichner (s. Tabelle B1) eine andere Ausgabe festlegen.

8. CodeView Kommandos

Es bereits die Rede davon, daß CodeView Kommandos auf drei verschiedene Weise ausgeführt werden können. Über die Maus, über die Tastatur (durch Betätigen einer Tastenkombination) oder über das Dialogfenster (durch Eingabe des Kommandos). In der Regel wird man die meißten CodeView Kommandos über eine Tastenkombination oder mit Hilfe der Maus ausführen. Am leistungsfähigsten ist jedoch die Eingabe über das Dialogfenster, da bei vielen Kommandos hier zusätzliche Parameter übergeben werden können, was über die Maus bzw. eine Tastenkombination nicht möglich ist. Im folgenden werden die Tastatur-Kommandos (womit die Ausführung eines Kommandos über eine Tastenkombination gemeint ist) bzw. von Dialog-Kommandos (womit die Eingabe des Kommandonamens im Dialogfenster gemeint ist) vorgestellt.

8.1 Starten eines Programms

Übersicht

Ein geladenes Programm kann auf verschiedene Weisen gestartet werden. Folgende Kommandos stehen zur Verfügung :

Kommando	Bedeutung
T	Führt die augenblickliche Quelltextzeile bzw. den augenblicklichen Maschinenbefehl aus. Prozeduren oder Interruptroutinen werden im Einzelschritt durchlaufen.
P	Führt die augenblickliche Quelltextzeile bzw. den augenblicklichen Maschinenbefehle aus, allerdings werden Prozeduren, Interruptroutinen und Stringbefehle mit einem Wiederholungsoperator in einem Schritt ausgeführt.
G	Startet das Programm bis zum nächsten Haltepunkt bzw. bis zum Programmende.
E	Programmausführung in Zeitlupe.
L	Neustart eines Programms.

Die Kommandos im einzelnen

Das T Kommando

Syntax

T [Anzahl]

Anzahl = Anzahl der auszuführenden Befehle

Das T Kommando benutzt den Einzelschrittmodus des 8086. Es wird stets der Befehl ausgeführt, der durch das Registerpaar CS:IP adressiert wird. Im Ausgabefenster wird die betreffende Programmzeile hell hervorgehoben. DOS Funktionen können nicht im Einzelschritt durchlaufen werden, wohl aber BIOS Routinen.

Tastaturkommandos

Das **T** Kommando kann auch über die **F8** Taste ausgeführt werden.

Das P Kommando

Syntax

P [Anzahl]

Anzahl = Anzahl der auszuführenden Befehle

Anders als beim Kommando **T** werden Prozeduren, Interruptroutinen und Stringanweisungen mit Wiederholungspräfixen in einem Schritt durchlaufen.

Tastaturkommandos

Das **P** Kommando kann auch über die **F10** Taste ausgeführt werden.

Das G Kommando

Syntax

G [Adresse]

Adresse = Endadresse der Programmausführung

Dieses Kommado startet das Programm, bis es auf das Programmende oder einen Haltepunkt trifft. Auf das Kommando kann wahlweise eine Adresse folgen, an der das Programm abgebrochen werden soll. Die Adresse kann in Form eines Symbols, einer Zeilennummer oder einer absoluten Adresse im Segment:Offset Format angegeben werden. Am Ende eines Programms wird die Mitteilung

Programm terminated normaly (Zahl)

ausgegeben, wobei es sich bei *Zahl* um den Exitcode des Programms handelt.

Tastaturkommando

Die einfache Form des **G** Kommandos kann über die **F5** Taste ausgeführt werden. Um über die Tastatur eine Endadresse festzulegen, muß der Cursor auf die Zeile bewegt werden, bei der die Programmausführung beendet werden soll. Betätigen Sie dann die **F7** Taste, um einen vorübergehenden Haltepunkt zu setzen.

Wenn eine Zeile, die als Endadresse festgelegt wurde, keinen ausführbaren Befehl enthält, wird die Meldung

<No code at this line number>

ausgegeben.

Das E Kommando

Syntax

E

Dieses Kommando entspricht dem **G** Kommando, allerdings wird das Programm hier in Zeitlupe ausgeführt. Des weiteren läßt sich hier keine Endadresse festlegen. Folgt nämlich auf das **E** ein Parameter, wird es von CodeView als das Enter Kommando interpretiert.

Das L Kommando

Syntax

L [Argumente]

Argumente = Parameter für das zu startende Programm

Mit diesem Kommando kann das aktuelle Programm neu gestartet werden. Das Programm ist dann zur Ausführung bereit, so als wäre CodeView neu gestartet worden. Allerdings bleiben Haltepunkte und Beobachtungspunkte erhalten. Des weiteren wird die Durchlaufzahl für einen Haltepunkt wieder auf eins gesetzt. Optional kann das Programm mit neuen Parametern gestartet werden. Durch das **L** Kommando kann aber kein neues Programm geladen werden. Dazu muß CodeView verlassen und neu gestartet werden. CodeView macht Sie freundlicherweise darauf aufmerksam, wenn ein Neustart erforderlich ist. Wenn Sie z.B. ein Programm mit dem **G** Kommando gestartet haben und es erneut mit dem **G** Kommando starten wollen, so erhalten Sie die Fehlermeldung :

```
Restart Programm to debug
```

In diesem Fall muß das Programm zuerst mit dem **L** Kommando neu gestartet werden.

8.2 Datenausgabe

Übersicht

CodeView stellt zahlreiche Kommandos zur Verfügung, mit denen sich Daten im Arbeitsspeicher ausgeben bzw. der Wert von Ausdrücken berechnen lassen.

Kommando	Bedeutung
?	Berechnet einen Ausdruck und gibt das Ergebnis aus.
X?	Gibt die Adresse eines Symbols aus.
D	Gibt einen Speicherbereich aus.
C	Vergleicht zwei Speicherblöcke byteweise.
S	Durchsucht einen Speicherbereich nach einem Byte.
I	Liest ein Byte von einem Eingabeport.
R	Gibt die Registerinhalte aus.
7	Gibt die Register der mathematischen Koprozessoren 8087 bzw. 80287 aus.

Die Kommandos im einzelnen

Das ? Kommando

Syntax

? Ausdruck[,Formatbezeichner]

Ausdruck = Auszugebender Ausdruck
Formatbezeichner = legt das Ausgabeformat fest

Das ? gibt den Wert des folgenden Ausdrucks aus. Dabei kann die Ausgabe in einem speziellen Format erfolgen, wenn ein Formatbezeichner (s. Tabelle B1) angegeben wird. Bei den Formatbezeichnern handelt es sich um eine Untermenge der Formatbezeichner des C Befehls printf.

Über das ? Kommando lassen sich auch Zuweisungen durchführen. So kann durch das Kommando

>?HILF = 9

die Variable *HILF* mit dem Wert 9 belegt werden.

Hinweis : Das ? Kommando arbeitet nicht mit Programmen, die mit MASM Version 4.0 oder älter assembliert wurden, da es hier keine Möglichkeit gab, Informationen über die Größe einer Variablen in die Objektdatei zu übertragen.

Tabelle B1 Formatbezeichner

Zeichen	Ausgabeformat
d	Dezimalzahl mit Vorzeichen
i	Dezimalzahl mit Vorzeichen
u	Dezimalzahl ohne Vorzeichen
o	Oktalzahl ohne Vorzeichen
x	Hexadezimalzahl
f	Fließkommazahl in dezimaler Schreibweise mit sechs Nachkommastellen
e	Fließkommazahl in wissenschaftlicher Darstellung
g	Fließkommazahl, die entweder in dezimaler oder in wissenschaftlicher Form, je nachdem welche kompakter ist, dargestellt wird
c	Ein einzelnes Zeichen
s	Alle Zeichen bis zum Null-Zeichen

Das X Kommando

Dieses Kommando erlaubt die Ausgabe von Symboladressen und Symbolnamen. Das X Kommando kann in einer Reihe von Variationen angewendet werden, mit denen sich z.B. nur Symbole innerhalb eines bestimmten Moduls ausgeben lassen. Alle möglichen Variationen sind in Tabelle B2 aufgelistet.

Tabelle B2 Variationen des X Kommandos

Syntax	Bedeutung
X?Modul!Symbol	Das Symbol in dem angegebenen Modul
X?Modul!*	Alle Symbole in dem angegebenen Modul
X?Symbol	Sucht nach dem betreffenden Symbol in folgender Reihenfolge : 1. In der augenblicklichen Routine 2. In dem augenblicklichen Modul 3. In anderen Modulen, beginnend mit dem ersten Modul
X*	Alle Modulnamen
X	Alle Symbolnamen des Programms, einschließlich der Modulnamen

Beispiel

```
>X
Publics for MAIN.OBJ
Publics for EINGABE.OBJ
4B30:0048  unsigned int HILF
4B30:000C  unsigned char EINGABE_BUF
4B30:002D  Ascii   ERROR_TEXT
Publics for AUSGABE.OBJ
4B30:004A  unsigned int HELP_BUF
4B30:0056  unsigned int PRINT_FLAG
```

Durch das X Kommando werden alle Symbolnamen in ihren Modulen, die als global deklariert sind, ausgegeben. Das Modul *MAIN.OBJ* enthält in diesem Fall kein Symbol.

```
>X*
MAIN.OBJ
EINGABE.OBJ
AUSGABE.OBJ
```

listet die Namen aller Module auf.

Das D Kommando

Durch dieses Kommando wird allgemein ein bestimmer Speicherbereich ausgegeben. Die verschiedenen Variationen dieses Kommandos finden Sie in Tabelle B4.

<u>Syntax</u>

```
D [Typ] [Adresse  Bereich]
```

Sowohl die Angabe eines Typs als auch die Angabe einer Startadresse bzw. eines Adreßbereichs sind optional. Wird kein Typ angegeben, wird der Default Typ verwendet. Dieser richtet sich nach dem zuletzt in einem *Dump*, *Enter*, *Watch* oder *Trace* Kommando verwendeten Typ. Wurde keines dieser Kommandos bislang verwendet, ist der Default Typ Byte. Wird weder eine Adresse noch ein Speicherbereich angegeben, beginnt die Ausgabe bei der momentanen Default Ausgabeadresse. Diese Adresse wird entweder durch das letzte D Kommando oder falls bislang noch kein D Kommando verwendet wurde, durch den Inhalt des DS-Registers festgelegt. Die Anzahl der auszugebenden Bytes richtet sich dann nach der Größe des Dialogfensters (in der Regel werden 128 Bytes ausgegeben).

Tabelle B4 Kommandos zur Ausgabe eines Speicherbereichs

Kommando	Ausgabe
DB	Bytes
DA	ASCII-Codes
DI	Integers
DU	Integers ohne Vorzeichen
DW	Worte
DD	Doppelworte
DS	Fließkommazahlen (kurz)
DL	Fließkommazahlen (lang)
DT	Fließkommazahlen (80 Bit)

Das C Kommando

Dieses Kommando dient dazu, zwei Speicherblöcke zu vergleichen.

Syntax

```
C Bereich Adresse
```

Bereich = legt den Bereich des ersten Blocks fest
Adresse = Startadresse des zweiten Blocks

Durch die Angabe eines Bereichs wird der erste zu vergleichende Speicherbereich festgelegt, der mit den entsprechenden Bytes des zweiten Speicherblocks verglichen wird, der bei der festgelegten Adresse beginnt.

Beispiel

```
>C 0 20 CS:20
```

vergleicht einen Speicherblock, der bei der Adresse DS:0000 beginnt und 32 Bytes umfaßt, mit einem Speicherblock, der bei der Adresse CS:20 beginnt. Etwaige Abweichungen werden ausgegeben :

```
4B30:000F 20 CD 4B26:003F
```

dies wären zwei Adressen, deren Byte-Inhalte nicht übereinstimmen. Falls es zuviele Nicht-Übereinstimmungen geben sollte, können diese in der Regel nicht mehr innerhalb des Dialogfensters dargestellt werden. In diesem Fall können Sie aber mit Hilfe der Pfeiltasten das Dialogfenster entsprechend verschieben.

Das S Kommando

Durch dieses Kommando kann ein Speicherbereich nach einem bestimmten Byte bzw. einer Liste von Bytes durchsucht werden.

Syntax

S Bereich Liste

Bereich = der zu durchsuchende Speicherbereich
Liste = Liste von Bytes, nach der gesucht werden soll

CodeView durchsucht den festgelegten Speicherbereich nach den Bytes, die in der Liste angegeben sind. Die Liste kann eine beliebige Anzahl an Bytes enthalten. Wenn es sich nicht um einen ASCII-String handelt, müssen die einzelnen Bytes durch Kommas oder Leerzeichen voneinander getrennt werden. CodeView gibt alle Adressen aus, unter denen das gesuchte Byte bzw. die gesuchte Bytefolge gefunden wurde.

Beispiel

```
>S INP_BUF 20 D
```

durchsucht den 32-Byte Puffer *INP_BUF* nach dem Byte 0Dh. Falls CodeView das gesuchte Byte findet, wird die Adresse, unter der es gespeichert ist, ausgegeben :

```
4B30:000F
```

```
>S 0:0 L FFFF "COMMAND.COM"
```

durchsucht ab der Adresse 0:0 insgesamt 65535 Bytes nach der Zeichenkette "COMMAND.COM" (CodeView benötigt dafür immerhin ca. 47 sek. !)

Das I Kommando

Dieses Kommando liest ein Byte von einem angegebenen Eingabeport und gibt dieses aus.

Syntax

I Adresse

Adresse = 16-Bit Adresse des Eingabeports

Beispiel

>I 66h

gibt ein Byte vom Port 66h aus.

Das R Kommando

Dieses Kommando dient zur Ausgabe der momentanen Registerinhalte und des Befehls, der durch das Registerpaar CS:IP adressiert wird. Es kann aber auch dazu benutzt werden, die Registerinhalte zu ändern (in diesem Fall muß auf **R** ein Argument folgen). Dieser Aspekt wird in Abschnitt 8.6 erläutert.

Tastaturkommando

Der gleiche Effekt kann durch die **F2** Taste erreicht werden (Normalerweise, d.h. im Fenstermodus, werden die aktuellen Registerinhalte ständig angezeigt).

Das 7 Kommando

Dieses Kommando gibt die Register der mathematischen Koprozessoren 8087 bzw. 80287 aus. Dieses Kommando kann nur verwendet werden, wenn entweder ein 8087 bzw. 80287 Koprozessor vorhanden ist oder wenn die zu bearbeitende Programmdatei Routinen der 8087-Emulator Bibliothek enthält.

8.3 Arbeiten mit Haltepunkten

Bei einem Haltepunkt handelt es sich um eine Adresse, bei der die Ausführung des Programms angehalten wird. Durch gezieltes Setzen von Haltepunkten in einem Programm, lassen sich bestimmte Programmsituationen überprüfen. Ein Haltepunkt kann auch von einer bestimmten Bedingung abhängen. Ein bedingter Haltepunkt wird als Beobachtungs- bzw. Spurpunkt bezeichnet (s. Abschnitt 8.4). Gesetzte Haltepunkte werden im Ausgabefenster besonders gekennzeichnet, indem die betreffende Zeile hell hervorgehoben wird.

Haltepunkte

CodeView stellt für das Arbeiten mit Haltepunkten eine Reihe von Kommandos zur Verfügung. Es können max. 20 Haltepunkte gesetzt werden, die intern von 0 bis 19 durchnumeriert werden.

Übersicht

Kommando	Bedeutung
BP	Setzen eines Haltepunktes. Zusätzlich kann eine Durchlaufzahl und ein Kommando angegeben werden, daß bei Erreichen des Haltepunktes ausgeführt wird
BC	Löscht einen oder mehrere Haltepunkte
BD	Deaktiviert einen oder mehrere Haltepunkte
BE	Aktiviert einen oder mehrere Haltepunkte
BL	Listet alle Haltepunkte

Die Kommandos im einzelnen

Das BP Kommando

Syntax

BP [Adresse [Durchlaufzahl] ["Kommandos"]

Adresse = Adresse der Programmzeile
Durchlaufzahl = Anzahl der Durchläufe, nach der der Haltepunkt aktiv wird
Kommandos = Liste von Kommandos, die beim Erreichen des Haltepunktes ausgeführt werden.

Durch dieses Kommando wird in einer Programmzeile ein Haltepunkt gesetzt. Die Adresse der Programmzeile kann entweder als absolute Segment:Offset Adresse[1], als Programmzeile, als Routinenname oder als Label angegeben werden. Durch die Durchlaufzahl läßt sich die Wirkung eines Haltepunktes verzögern und erreichen, daß der Haltepunkt erst beim n-ten Durchlauf aktiv wird. Schließlich kann eine Liste von Kommandos festgelegt werden, die beim Erreichen des Haltepunktes ausgeführt werden.

Beispiel

```
>BP .46 2 "D EINGABE_BUF L A;G"
```

1 wird kein Segmentanteil angegeben, wird der Inhalt des CS-Registers als Default gesetzt.

In diesem Beispiel wird in der Zeile 46 des Programms ein Haltepunkt gesetzt, der aber erst nach dem zweiten Durchlauf aktiv wird. Dann wird durch das **D** Kommando (s. Abschnitt 8.6) der Inhalt des Feldes *EINGABE_BUF* (genauer gesagt zehn Bytes) ausgegeben, und das Programm wird anschließend neu gestartet.

Tastaturkommando

Ein Haltepunkt kann auch über Tastaturkommandos gesetzt werden. Dazu muß mit Hilfe der **F6** Taste der Cursor auf die gewünschte Zeile gebracht und durch die **F9** Taste der Haltepunkt gesetzt werden. Es läßt sich aber weder eine Durchlaufszahl noch eine Kommandoliste angeben.

Das BC Kommando

Syntax

```
BC Liste
BC *
```

Liste = Liste der zu löschenden Haltepunkte

Dieses Kommando löscht einen oder mehrere Haltepunkte. Die Liste enthält die Nummern der zu löschenden Haltepunkte. Die Angabe eines '*' löscht alle Haltepunkte.

Beispiel

>BC 0 1 2

löscht die Haltepunkte 0,1 und 2.

Das BD Kommando

Syntax

```
BD Liste
BD *
```

Liste = Liste der zu deaktivierenden Haltepunkte

Dieses Kommando deaktiviert einen Haltepunkt, d.h. der betreffende Haltepunkt wird zwar nicht gelöscht, er hat aber keine

Wirkung mehr. Die Liste enthält die Nummern der zu deaktivierenden Haltepunkte. Die Angabe eines '*' deaktiviert alle Haltepunkte.

Das BE Kommando

Syntax

BE Liste
BE *

Liste = Liste der zu aktivierenden Haltepunkte

Dieses Kommando aktiviert einen Haltepunkt, der zuvor deaktiviert wurde. Die Liste enthält die Nummern der zu aktivierenden Haltepunkte. Die Angabe eines '*' aktiviert alle Haltepunkte.

Das BL Kommando

Syntax

BL

Dieses Kommando gibt Informationen über alle Haltepunkte aus.

Beispiel

```
>BL
0 e 1000:03F0  INPUT_NUM:46  (Pass=2)  "d eingabe_buf l a;g"
1 e 1040:020A
2 d 1060:0060                (Pass = 4) "G"
```

Das kleine 'e' bzw. 'd' gibt an, ob der betreffende Haltepunkt aktiv (e für enabled) oder nicht aktiv (d für disabled) ist. Des weiteren wird die Adresse des Haltepunktes und eine eventuelle Durchlaufzahl bzw. eine Liste der auszuführenden Kommandos ausgegeben.

8.4 Arbeiten mit Beobachtungsanweisungen

Die Beobachtungsanweisungen (eng. *Watch Statements*) gehören zu den leistungsfähigsten Kommandos des Debuggers. Mit ihrer Hilfe wird es möglich, Ausdrücke oder Speicherbereiche während der Programmausführung zu überwachen. Ändert sich ein überwachter Bereich, wird dieser in einem speziellen Fenster, dem *Beobach-*

tungsfenster, ausgegeben. Zusätzlich kann ein Haltepunkt gesetzt werden, der das Programm anhält, wenn sich z.B. eine überwachte Variable oder ein überwachter Speicherbereich ändert.

Übersicht

Kommando	Bedeutung
W	Überwacht einen Ausdruck oder einen Speicherbereich.
WP	Setzt einen Haltepunkt, der aktiv wird, wenn ein Ausdruck wahr, d.h. ungleich Null wird.
TP	Setzt einen Haltepunkt, der aktiv wird, wenn sich ein Ausdruck oder Speicherbereich ändert.
Y	Löscht einen oder mehrere Beobachtungsanweisungen.
W	Listet alle Beobachtungsanweisungen.

Hinweis : Wie Haltepunkte, werden auch Beobachtungsanweisungen nicht durch das Neustarten des Programms gelöscht.

Die Kommandos im einzelnen

Das W Kommando

Durch dieses Kommando wird ein Ausdruck oder ein Speicherbereich festgelegt, der ständig überwacht, d.h. im Beobachtungsfenster ausgegeben werden soll.

Syntax

```
W? Ausdruck [,Formatbezeichner]
W [Typ] Bereich
```

Ausdruck = zu überwachender Ausdruck
Formatbezeichner = s. Tabelle B1
Typ = Speichertyp
Bereich = zu überwachender Speicherbereich

Es kann wahlweise ein Ausdruck oder ein Speicherbereich, der im Beobachtungsfenster ausgegeben werden soll, angegeben werden. Dem Ausdruck, bei dem es sich im einfachsten Fall um eine Variable handelt, kann ein Formatbezeichner folgen, der das Ausgabeformat festlegt. Soll ein Speicherbereich überwacht werden, so kann ein Typenbezeichner vorangehen. Dieser legt den Typ der Speicherobjekte fest (s. Tabelle B5). Wird kein Typenbezeichner angegeben, wird als Default entweder Byte oder der letzte Speichertyp, der in einem *Dump*, *Enter*, *Watch Memory* oder *Tracepoint Memory* Kommando verwendet wurde, eingesetzt.

Tabelle B5 Typenbezeichner für Speicherobjekte

Typenbezeichner	Ausgabe
B	Bytes
A	ASCII-Codes
I	Integers
U	Integers ohne Vorzeichen
W	Worte
D	Doppelworte
S	Fließkommazahlen (kurz)
L	Fließkommazahlen (lang)
T	Fließkommazahlen (80 Bit)

Beispiel

```
W? ZAHL1 + ZAHL2
W  INP_BUF L 10
```

Das erste Kommando überträgt den Wert des Ausdrucks 'ZAHL1- + ZAHL2' in das Beobachtungsfenster und aktualisiert diesen Wert, sobald sich der Ausdruck bei der Programmausführung ändert. Das zweite Kommando bewirkt, daß der Inhalt eines Speicherbereichs in das Beobachtungsfenster übertragen wird. Der Speicherbereich beginnt bei der Variablen *INP_BUF*. Insgesamt werden 16 Bytes ausgegeben.

Die dynamische Überwachung des Stacks

Eine sehr leistungsfähige Anwendung des **W** Kommandos ist die dynamische Überwachung des Stacks. Dadurch lassen sich alle Änderungen auf dem Stack während des Programmablaufs auf einen Blick erkennen.

Beispiel

WW SP L 8

In diesem Beispiel werden im Beobachtungsfenster laufend die ersten acht Stackworte ausgegeben. So läßt sich relativ einfach feststellen, welche Werte auf dem Stack geladen bzw. vom Stack geholt werden. Im Beobachtungsfenster erscheint folgende Ausgabe :

0) SP L 8 : 4B30:00FE 8072 0A73 0000 0000 5305 100B

Die Null am Anfang der Zeile zeigt lediglich an, daß es sich um den ersten Ausdruck innerhalb des Beobachtungsfensters handelt.

Tastaturkommando

Ein Beobachtungsausdruck kann über die Tastatur entweder über ALT+W oder über Ctrl+W gesetzt werden. Im ersten Fall wird das Watch Menü geöffnet, in dem durch Eingabe von A die Option *Add Watch* ausgewählt wird. Im zweiten Fall wird diese Option direkt aktiviert. Es erscheint eine Dialogbox, in der der zu überwachende Ausdruck eingegeben werden muß. Wenn es sich um einen gültigen Ausdruck handelt, wird dieser in das Beobachtungsfenster übertragen. Über das Tastatur-Kommando können allerdings keine Speicherbereiche ausgewählt werden.

Das WP Kommando

Syntax

WP? Ausdruck [,Formatbezeichner]

Ausdruck = zu überwachender Ausdruck
Formatbezeichner = s. Tabelle B4

Durch dieses Kommando kann ein bedingter Haltepunkt gesetzt werden, der dann aktiv wird, wenn ein festgelegter Ausdruck wahr, d.h. ungleich Null wird.

Beispiel

>WP? ZAHL1 > ZAHL2

setzt einen Haltepunkt, der dann aktiv wird, wenn der Wert von *ZAHL1* größer als der Wert von *ZAHL2* wird.

```
>WP? HILF != 0
```

setzt einen Haltepunkt, der dann aktiv wird, wenn der Inhalt der Variablen *HILF* ungleich (der entsprechende C Operator lautet !=) Null wird.

Das TP Kommando

Syntax

```
TP? Ausdruck, [Formatbezeichner]
TP  [Typ] Speicherbereich
```

Formatbezeichner = s. Tabelle B4
Typ = s. Tabelle B5

Dieses Kommando setzt einen sog. *Spurpunkt.* Hierbei handelt es sich um einen Haltepunkt, der dann aktiv wird, wenn sich der Wert eines festgelegten Ausdrucks oder eines Speicherbereichs ändert. Spurpunkte eignen sich damit hervorragend um festzustellen, wann z.B. auf eine Variable zugegriffen wird. Ein auf diese Weise überwachter Ausdruck bzw. Speicherbereich wird ebenfalls in das Beobachtungsfenster übertragen.

Beispiel

```
TP? SCREEN_POS
TB INP_BUF
```

Das erste Kommando bewirkt, daß die Programmausführung unterbrochen wird, wenn sich der Wert der Variablen *SCREEN_POS* ändert. Durch das zweite Kommando wird die Programmausführung unterbrochen, wenn sich das erste Byte in der Variablen *INP_BUF* ändert.

Hinweis : Bei dem zu überwachenden Ausdruck muß es sich um einen Speicherausdruck handeln. So ist z.B. der Ausdruck 'ZAHL1 > Zahl2' nicht erlaubt, da er stets einen konstanten Wert (0 oder -1) ergibt. Der zu überwachende Speicherbereich darf nicht größer als 128 Bytes werden.

Tastaturkommando

Über ALT+W wird das Watch Menü geöffnet. Durch Eingabe eines 'T' wird die Option *Tracepoint* aktiviert. Es erscheint ein Dialogfenster, in das der zu überwachende Ausdruck eingegeben wird. In diesem Fall kann kein Speicherbereich festgelegt werden.

Das Y Kommando

Syntax

```
Y Zahl
Y *
```

Zahl = Position im Beobachtungsfenster

Durch dieses Kommando kann ein Ausdruck im Beobachtungsfenster gelöscht werden. Der Ausdruck wird durch eine Nummer festgelegt, die sich im Beobachtungsfenster links vom Ausdruck befindet. Die Angabe eines '*' löscht das gesamte Beobachtungsfenster.

Beispiel

```
>Y 2
```

löscht den dritten Ausdruck im Beobachtungsfenster.

Tastaturkommando

Zuerst muß über ALT+W das Watch Menü geöffnet werden. Anschließend wird durch Eingabe eines 'D' die Option *Delete Watch* ausgewählt. Der gleiche Effekt kann auch direkt durch CTRL+U erreicht werden. In beiden Fällen erscheint ein Dialogfenster, in dem mit Hilfe der Pfeiltasten die zu löschenden Ausdrücke ausgewählt werden können.

Das W Kommando

Syntax

W

Dieses Kommando gibt alle gesetzten Beobachtungs- und Spurpunkte mit ihren momentanen Werten aus. Im Fenstermodus wird dieses Kommando nicht benötigt, da diese Werte ohnehin im Beobachtungsfenster ausgegeben werden.

Hinweis : Der Buchstabe W wird auch zum Setzen eines Beobachtungsausdrucks verwendet. CodeView erkennt das **W** Kommando daran, daß keine Parameter folgen.

8.5 Ändern von Code und Daten

In diesem Abschnitt werden CodeView Kommandos vorgestellt, mit denen sich Maschinenbefehle und Daten eines Programms ausgeben bzw. ändern lassen.

Übersicht

Kommando	Bedeutung
S	Setzt Ausgabeformat
U	Disassemblieren
V	Ausgabe von Quelltext
.	Ausgabe der aktuellen Zeile
A	Assemblieren
E	Ändern von Speicherwerten
R	Ändern von Registerwerten
F	Füllen eines Speicherbereichs
M	Verschieben eines Speicherblocks
O	Ausgabe auf einem Ausgabeport

Die Kommandos im einzelnen

Das S Kommando

Syntax

S [+ - &]

Dieses Kommando wählt den Modus aus, in dem ein Programm dargestellt wird. Durch **S+** wird der Quelltext-Modus, durch S- der Maschinencode-Modus und durch **S&** der Mixed-Modus ausgewählt. Die Eingabe von S ohne einen Parameter bewirkt, daß der augenblickliche Modus ausgegeben wird.

Tastaturkommando

Durch **F3** kann der gewünschte Modus ausgewählt werden.

Das U Kommando

Syntax

U [Adresse Bereich]

Adresse = Startadresse
Bereich = zu disassemblierender Bereich

Durch dieses Kommando kann ein Maschinenprogramm im Speicher disassembliert werden. Im Fenstermodus wird dieses Kommando nur selten benötigt, da die Befehlsmnemonics des Maschinenprogramms im Ausgabefenster angezeigt werden können.

Hinweis : Die privilegierten Befehle des 80286 können nicht ausgegeben werden.

Das V Kommando

Syntax

V [Ausdruck]
V [.Dateiname:] Zeilennummer]

Ausdruck = legt die Adresse der Zeile fest
Dateiname = Name der Datei, in der sich die Zeile befindet
Zeilennummer = Nummer der auszugebenden Zeile

Durch dieses Kommando können bestimmte Teile des Programmtextes ausgegeben werden. Im Fenstermodus wird dieses Kommando seltener benutzt, da der Quelltext im Ausgabefenster ohnehin ausgegeben werden wird. Im Fenstermodus kann das Kommando aber dazu benutzt werden, eine neue Quelltextdatei zu laden.

Tastaturkommando

Um eine neue Datei zu laden, muß durch ALT+F das File Menü geöffnet werden. Durch Eingabe von 'L' wird die *Load Option* aktiviert. Es erscheint eine Dialogbox, in der der Name der zu ladenden Datei eingegeben wird. Der Inhalt dieser Datei erscheint daraufhin im Ausgabefenster.

Das . Kommando

Syntax

.

Dieses Kommando gibt die aktuelle Programmzeile aus. Im Fenstermodus wird diese Zeile in die Mitte des Ausgabefensters gerückt. Dadurch läßt sich die aktuelle Programmposition lokalisieren, wenn z.B. durch Scrollen das Ausgabefenster verschoben wurde.

Das A Kommando

Syntax

A [Adresse]

Adresse = Startadresse, bei der die Assemblierung beginnt

Dieses Kommando aktiviert einen In-line Assembler, der die eingegebenen Befehlsmnemonics aktiviert. Es lassen sich die Befehlsmnemonics der Prozessoren 8086, 8087, 8088, 80186, 80287 und die nicht privilegierten Anweisungen des 80286 assemblieren. Des weiteren können auch 80286 Befehlsmnemonics assembliert werden, die die erweiterten 32-Bit Register des 80386 verwenden. Wird keine Adresse angegeben, beginnt die Assemblierung bei der Speicherstelle, die durch das Registerpaar CS:IP adressiert wird. Wurde aber bereits zuvor ein A Kommando ausgeführt, wird die Assemblierung bei der letzten Adresse fortgesetzt.

Ein Befehlsmnemonic kann klein oder groß geschrieben werden. Durch Betätigen der Return-Taste wird die Eingabe abgeschlossen. CodeView assembliert das Befehlsmnemonic und zeigt etwaige Fehler an. Die Assemblierung kann durch Betätigen der Return-Taste ohne eine Eingabe abgeschlossen werden. Um die assemblierten Befehle testen zu können, muß das IP-Register (und u.U. auch das CS-Register) auf den Beginn der Befehlssequenz gesetzt werden. In diesem Fall muß auch das . Kommando ausgeführt werden, um interne CodeView Zeiger zu aktualisieren.

Hinweis : Die assemblierten Maschinenbefehle sind bei einem Neustart des Programms verloren.

Naturgemäß sind die Möglichkeiten des In-line Assemblers eingeschränkt. Folgende Regeln sind bei der Verwendung dieses Assemblers zu beachten :

1. Das Mnemonic für einen Return Befehl mit dem Entfernungstyp Far ist RETF.

2. Stringbefehle müssen eine explizite Größenangabe enthalten.

3. CodeView bestimmt den Entfernungstyp eines Sprungs in Abhängigkeit der Zieladresse. Dieser Entfernungstyp kann durch die Präfixe NEAR bzw. FAR überschrieben werden.

4. CodeView kann nicht feststellen, ob sich ein Speicherbefehl auf ein Byte oder ein Wort bezieht. In diesem Fall muß der Speichertyp explizit durch die Präfixe 'WORD PTR' (abgekürzt **WO**) bzw. 'BYTE PTR' (abgekürzt **BY**) festgelegt werden.

5. Anders als der Assembler kann CodeView nicht unterscheiden, ob es sich bei einer Zahl um eine Speicheradresse oder um einen unmittelbaren Operanden handelt. Speicheradressen müssen daher in eckige Klammern eingeschlossen werden.

6. CodeView unterstützt alle möglichen Darstellungsformen der indirekten Adressierung.

7. Wie beim Assembler können auch hier für ein Befehlsmnemonic Synonyme verwendet werden. So kann z.B. anstelle von *LOOPE* auch *LOOPZ* eingegeben werden.

8. Koprozessor Befehle können nicht assembliert werden, wenn das System nicht über den entsprechenden Koprozessor verfügt.

Das E Kommando

Syntax

E [Typ] Adresse [Liste]

Typ = Typenbezeichner, s. Tabelle B6
Adresse = Adresse, bei der die Daten gespeichert werden
Liste = Liste der zu speichernden Ausdrücke

Tabelle B6 Variationen des E Kommandos

Kommando	Eingabe
E	Default Größe
EB	Bytes
EA	ASCII-Codes
EI	Integers
EU	Integers ohne Vorzeichen
EW	Worte
ED	Doppelworte
ES	Fließkommazahlen (kurz)
EL	Fließkommazahlen (lang)
ET	Fließkommazahlen (80 Bit)

Durch dieses Kommando können Daten in einem Speicherbereich untergebracht werden. Durch den Typenbezeichner wird der Typ der zu speichernden Daten festgelegt. Die Adresse gibt ab, ab welcher Adresse die Daten abgelegt werden. Wird kein Segmentanteil festgelegt, wird per Default das DS-Register verwendet. Über eine Liste kann eine Reihe von Ausdrücken festgelegt werden, die als Ergebnis einen Wert von dem angegebenen Typ haben. Falls einer dieser Werte ungültig ist, wird eine Fehlermeldung ausgegeben.

Wird keine Liste angegeben, gibt CodeView für den einzugebenden Wert einen Prompt aus. Dabei wird die gewählte Speicheradresse mit ihrem aktuellen Inhalt ausgegeben. Zur Eingabe stehen folgende Möglichkeiten zur Verfügung :

- Eingabe eines neuen Wertes, der den alten ersetzt.
- Überspringen des momentanen Wertes durch Betätigen der Leertaste. Es wird daraufhin der nächste Speicherwert angezeigt.
- Rückkehr zu dem letzten Wert durch Eingabe eines '\'-Zeichens. CodeView fängt daraufhin eine neue Ausgabezeile an, in der der letzte Speicherwert ausgegeben wird.
- Beenden der Eingabe durch Betätigen der Return-Taste.

Beispiel

```
>EB EINGABE_BUF 45 46 47 A D
```

Ab der Speicherstelle, die durch die Variable *EINGABE_BUF* adressiert wird, werden die Werte 45h, 46h, 47, 0Ah und 0Dh eingegeben.

Hinweis : Auch für das Kommando *Execute* wird der Buchstabe E verwendet. Beide Kommandos unterscheiden sich dadurch, daß auf das Execute Kommando keine Parameter folgen, während das Enter Kommando mindestens einen Parameter benötigt.

Das F Kommando

Syntax

F Bereich Liste

Bereich = zu füllender Speicherbereich
Liste = Elemente, die in den Speicher eingetragen werden

Dieses Kommando füllt einen festgelegten Speicherbereich mit einem Wert bzw. mit einer Liste von Werten.

Beispiel

```
>F 1000 1200 45 46 47
```

füllt den Speicherbereich 1000h bis 1200h mit der Bytefolge '45 46 47'.

Das M Kommando

Syntax

M Bereich Adresse

Bereich = zu kopierender Speicherblock
Adresse = Zieladresse

Dieses Kommando kopiert einen angegebenen Speicherblock an eine neue Adresse. Der Speicherblock wird auch dann korrekt kopiert, wenn sich der neue Speicherbereich mit dem alten Bereich überlappt. Allerdings kann es dann passieren, daß ein Teil des Original Speicherblocks überschrieben wird.

Beispiel

```
>M FELD L 100  2000
```

kopiert einen Speicherbereich von 256 Bytes ab der Adresse *FELD* an die Adresse 2000h.

Das O Kommando

Syntax

```
O Port Byte
```

Port = 16-Bit Adresse des Ausgabeports
Byte = Auszugebendes Byte

Dieses Kommando gibt ein Byte auf dem angegebenen Ausgabeport aus.

Das R Kommando

Syntax

```
R [Registername [[=] Ausdruck]
```

Registername = Name des zu ändernden Registers
Ausdruck = Neuer Inhalt des Registers

Durch dieses Kommando werden die aktuellen Registerinhalte ausgeben. Es kann aber auch dazu benutzt werden, den Inhalt eines Registers zu ändern. In diesem Fall muß auf das Kommando ein Registername folgen. CodeView gibt dann den momentanen Inhalt des Registers aus und wartet auf die Eingabe eines neuen Wertes, die durch die Return-Taste abgeschlossen werden muß. Die Änderung eines Registerinhaltes kann auch in einer einzigen Zeile erfolgen, wenn auf den Namen des Registers direkt der neue Wert (getrennt durch ein Gleichheits- oder ein Leerzeichen) folgt. Als Registernamen kommen folgende Namen in Frage : AX, BX, CX, DX, CS, DS, SS, ES, SP, BP, SI, DI, IP oder F (für das Flagregister). Unter einem 386er System und bei gesetzter 386 Option können auch die erweiterten 32-Bit Register verwendet werden.

Ändern der Flags

Der Zustand eines Flags kann durch Eingabe von **F** geändert werden. Es erscheint daraufhin der aktuelle Zustand der einzelnen Flags in Form einer Abkürzung, die aus zwei Buchstaben besteht. Als letztes erscheint ein '-'-Zeichen als Eingabeprompt. Geben Sie für jedes zu ändernde Flag die entsprechende Abkürzung (s. Tabelle B7) ein. Soll kein Flag geändert werden, muß die Return-Taste betätigt werden.

Tabelle B7 Abkürzungen für die Flags des Flagregisters

Flagname	Gesetzt	Nicht gesetzt
Überlauf	OV	NV
Richtung	DN	UP
Interrupt	EI	DI
Vorzeichen	NG	PL
Null	ZR	NZ
Hilfscarry	AC	NA
Paritäts	PE	PO
Carry	CY	NC

8.6 Sonstige CodeView Kommandos

Übersicht

Kommando	Bedeutung
H	On-line Hilfe
Q	Beenden von CodeView
N	Setzen der Zahlenbasis
@	Bildschirm neu erstellen
\	Auf Ausgabebildschirm umschalten
/	Nach einem Ausdruck suchen
!	DOS Shell aufrufen

Die Kommandos im einzelnen

Das H Kommando

Durch dieses Kommando wird die CodeView On-line Hilfe aufgerufen. Im Kommandomodus wird eine Liste der verfügbaren Kommandos ausgegeben.

Das Q Kommando

Durch dieses Kommando wird CodeView verlassen.

Das N Kommando

Syntax

N [Zahlenbasis]

Zahlenbasis = neue Zahlenbasis

Durch dieses Kommando kann die augenblickliche Zahlenbasis, die bei der Ein- und Ausgabe von Ausdrücken zugrundegelegt wird, geändert werden. Das Argument dieses Kommandos wird immer als Dezimalzahl interpretiert, unabhängig von der aktuellen Zahlenbasis. Als Zahlensystem kommt Oktal (Zahlenbasis 8), Dezimal und Hexadezimal (Zahlenbasis 16) in Frage. Der Default für das Arbeiten mit Assemblerprogrammen ist das Hexadezimalsystem.

Das @ Kommando

Durch dieses Kommando wird der aktuelle Zustand des CodeView Bildschirms wieder hergestellt. Dieses Kommando ist selten erforderlich und wird z.B. dann verwendet, wenn das auszuführende Programm den CodeView Bildschirm überschrieben hat.

Das \ Kommando

Durch dieses Kommando kann auf den Ausgabebildschirm umgeschaltet werden. Das Betätigen einer beliebigen Taste bewirkt die Rückkehr auf den CodeView Bildschirm. Dieses Kommando hat die gleiche Funktion wie das Betätigen der **F4** Taste.

Das / Kommando

Syntax

/ [Regulärer Ausdruck]

Dieses Kommando durchsucht eine Quelltextdatei nach einem sog. *regulären Ausdruck*. Bei einem regulären Ausdruck handelt es sich um einen ASCII-String, der Zeichen mit besonderen Funktionen (ähnlich den Wildcards in DOS Dateinamen) enthalten darf. Das Suchkommando wird aber häufig lediglich zur Suche von einfachen Zeichenketten eingesetzt.

Hinweis : Folgende Zeichen haben eine besondere Bedeutung : \, *, [, ., $ und ^. Um Zeichenketten zu suchen, die eines dieser Zeichen enthalten, muß dem betreffenden Zeichen ein '\'- Zeichen vorangehen, welches die Wirkung des speziellen Zeichens aufhebt.

Wenn auf das / Kommando kein Ausdruck folgt, wird nach dem Ausdruck gesucht, der durch das letzte / Kommando gesucht wurde. Im Fenstermodus beginnt die Suche bei der aktuellen Cursorposition. Bei erfolgreicher Suche wird der Cursor auf die Zeile positioniert, die den gesuchten Ausdruck enthält.

Hinweis : Mit der Dialogversion des / Kommandos kann nicht nach einem Label gesucht werden. Das *View* Kommando kann jedoch zum Suchen nach einem Label benutzt werden.

Tastaturkommando

Durch ALT+S wird zunächst das Search Menü geöffnet. Als nächstes wird durch Eingabe eines 'F' die *Find Option* aktiviert. Es erscheint eine Dialogbox, in die der zu suchende Ausdruck eingegeben wird. Bei erfolgreicher Suche wird der Cursor auf die Programmzeile positioniert, die den gefundenen Ausdruck enthält (ansonsten erscheint eine Fehlermeldung). Bei erfolgreicher Suche kann auch nach dem nächsten bzw. nach einem zurückliegenden Ausdruck gesucht werden. Dazu muß zunächst wieder das Search Menü durch ALT+S geöffnet werden. Anschließend wird entweder durch Eingabe eines 'N' die Option *Next* (um den nächsten folgenden Ausdruck zu suchen) oder durch Eingabe eines 'P' die Option Previous (um den nächsten zurückliegenden Ausdruck zu suchen) aktiviert.

Suche nach einem Label

Über das Tastaturkommando kann, anders als bei dem entsprechenden Dialogkommando, auch nach Labels gesucht werden. Dazu muß innerhalb des Search Menüs ein 'L' eingegeben werden, um die *Label...* Option zu aktivieren. Es erscheint daraufhin eine Dialogbox, in die der Namen des zu suchenden Labels eingegeben wird. Bei erfolgreicher Suche, wird der Cursor in die Zeile positioniert, die das gesuchte Label enthält. Diese Suchfunktion ist eine Ausnahme, da hier nicht der Quelltext, sondern der Programmcode durchsucht wird.

Das ! Kommando

Syntax

! [Kommando]

Durch dieses Kommando kann ein DOS Kommando oder ein anderes Programm zur Ausführung gebracht werden. Nach Beendigung des aufgerufenen Programms erfolgt die Meldung

Press any key to continue

woraufhin CodeView in seinem alten Zustand wieder aufgerufen wird. Folgt auf ! kein Parameter, wird lediglich *COMMAND.COM* geladen (mit Hilfe der Umgebungsvariablen *COMSPEC*) und es erscheint der DOS Prompt. Die Rückkehr zu CodeView wird über das DOS *exit* Kommando durchgeführt.

Hinweis : Für das Laden der DOS Shell sind nach Angaben des Handbuches mind. 200 KByte Arbeitsspeicher erforderlich, da das Programm CodeView mit seinen Tabellen und der Kommandointerpreter in einem anderen Speicherbereich zwischengelagert werden. Um das ! Kommando auch beim Bearbeiten eines Assemblerprogramms nutzen zu können, muß entweder über die DOS Funktion 4Ah des Interrupts 21h oder durch Linken mit der Option */CP* nicht benötigter Speicherplatz wieder freigegeben werden (ein compiliertes Programm sorgt beim Starten automatisch dafür).

Tastaturkommando

Zunächst muß durch ALT+F das File Menü aktiviert werden. Durch Eingabe eines 'D' wird die Option *DOS Shell* aktiviert. Es gelten die gleichen Voraussetzungen wie bei dem entsprechenden Dialogkommando.

ANHANG C

üBERBLICK ÜBER DIE MASM VERSIONEN

Der Microsoft Makroassembler hat in letzter Zeit eine geradezu stürmische Entwicklung durchlaufen. Waren die Unterschiede zwischen den älteren Versionen 3.0 und 4.0 eher geringfügig, so wurde der Assembler mit der Version 5.0 vollständig "umgekrempelt". Die wesentlichsten Verbesserungen fanden allerdings intern statt, denn natürlich mußte eine Kompatibilität zu älteren Versionen erhalten bleiben. So werden Programme, die unter der Version 4.0 erstellt wurden auch von den Version 5.0 bzw. 5.1 bis auf wenige, eher unwesentliche Unterschiede, assembliert. Alleine der Lieferumfang des Assemblers deutet bereits die Weiterentwicklung an. Wurde die Version 4.0 noch auf einer einzigen Diskette geliefert, waren es bei der Version 5.0 immerhin schon drei Disketten. Die zur Zeit aktuellste Version 5.1 besteht mittlerweile aus 5 Disketten, von denen allerdings eine Diskette für den Gebrauch unter OS/2 bestimmt ist.

Dieser Abschnitt beschreibt die Unterschiede zwischen den wichtigsten MASM Versionen 4.0, 5.0 und 5.1. Nebenversionen[1] werden nicht berücksichtigt. Die zur Zeit aktuelle Version 5.1 ist seit etwa Mitte 1988 erhältlich. Die Unterschiede zur Version 5.0, die Anfang 1988 auf den Markt kam, beziehen sich in erster Linie auf das Hochspracheninterface und den Umstand, daß auch eine Version für OS/2 mitgeliefert wird. Wesentlich umfangreicher sind die Unterschiede zwischen der Version 4.0 und der Version 5.0, die zunächst beschrieben werden sollen.

Was ist neu an Version 5.0 ?

Dieser Abschnitt ist für Anwender interessant, die bislang mit der Version 4.0 gearbeitet haben und ihre Programme auf die Version 5.0 bzw. 5.1 umstellen wollen.

---

1 es existiert z.B. eine Version 4.1, die zusammen mit dem alten Windows Developper Kit ausgeliefert wurde.

Sowohl der Assembler, als auch der Linker wurden komplett überarbeitet. Beim Assembler wurde die Assemblierungsgeschwindigkeit laut Herstellerangaben um bis zu 40% gesteigert. Außerdem kann nun der gesamte Arbeitsspeicher für den Symbolspeicherplatz verwendet werden. Die wichtigsten Unterschiede zwischen Version 4.0 und Version 5.0 werden zunächst stichwortartig in Tabelle B1 zusammengefaßt.

Tabelle B1 Die wichtigsten Unterschiede der Version 5.0

80386 Unterstützung	-	MASM 5.0 unterstützt den Befehlssatz und die Adressierungsarten des 80386. Der "80386-Modus" wird durch die Anweisung .386 aktiviert.
Fehlerbehandlung	-	Die Behandlung von Fehlern wurde verbessert. Fehlerursachen werden in drei Kategorien eingeteilt : Severe errors, Serious warnings und Advisory warnings. Die Ausgabe von Fehlermeldungen kann nun auch in eine Datei umgelenkt werden. Typenfehler sind keine Severe errors mehr, sondern werden als Serious warnings behandelt.
Neue Optionen	-	MASM wurde um zusätzliche Optionen erweitert. Dazu gehört u.a. die Option /ZI und /ZD um die Objektdatei mit Informationen für den symbolischen Debugger zu ergänzen.
Environment	-	MASM unterstützt nun zwei sog. Environment Variablen MASM (um Default Optionen festzulegen) und INCLUDE (um den Suchpfad für INCLUDE-Dateien festzulegen).
Neue Anweisungen	-	MASM verfügt nun über die Anweisungen RETN und RETF, die den Befehl RET ersetzen können. Damit können Unterprogramme auch ohne die Anweisungen PROC und ENDP definiert werden.

Bibliotheken - Die Anweisung INCLUDELIB erlaubt die Vereinbarung von Bibliotheksmodulen, die in ein Programm eingebunden werden sollen.

Linker - Der Linker wurde um zahlreiche Optionen erweitert. Z.B. /CODEVIEW um eine Programmdatei für das Arbeiten mit CodeView vorzubereiten oder /INFORMATION, um den Verlauf des Link-Vorganges anzuzeigen.

Fließkommazahlen - Standardmäßig sind nun alle 8087 Befehle aktiviert. Fließkommazahlen werden im IEEE-Format dargestellt. Die /R Option der Version 4.0 wird damit überflüssig.

Makrobibliothek - Mit dem Assembler werden drei Dateien geliefert, die Makrodefinitionen enthalten. Zwei Dateien (DOS.INC und BIOS.INC) enthalten Makrodefinitionen für den Aufruf von DOS- bzw. BIOS-Funktionen. Die dritte Datei (MIXED.-INC) enthält Makrodefinitionen, die die Einbindung in Hochsprachenprogramme erlauben.

a) die vereinfachten Segmentanweisungen

In der Version 5.0 wird vorallem das Arbeiten mit Segmenten stark vereinfacht. Innerhalb eines Programms kann sowohl auf die *SEGMENT*, als auch auf die (leidige) *ASSUME* Anweisung verzichtet werden. Da eine Gegenüberstellung der vereinfachten Segmentanweisungen und der erweiterten Segmentanweisungen bereits in Kapitel 12 erfolgt ist bzw. diese Anweisungen bereits ausführlich besprochen worden sind, sollen im folgenden lediglich der Übersichtlichkeit halber eine Aufstellung der vereinfachten Segmentanweisungen erfolgen (s.Tabelle B2).

Tabelle B2 Die vereinfachten Segmentanweisungen

Anweisung	Bedeutung
DOSSEG	Festlegung der DOS-Segment-Konvention.
.MODEL	legt das Speichermodell fest.
.STACK	definiert ein Stacksegment.
.DATA	definiert ein Datensegment.
.DATA?	definiert ein Datensegment für uninitialisierte Daten.
.FARDATA	definiert ein Datensegment, daß größer als 64 KByte werden kann.
.FARDATA?	definiert ein Datensegment für uninitialisierte Daten, daß größer als 64 KByte werden kann.
.CONST	definiert ein Datensegment für Daten, die sich während des Programmablaufs nicht ändern.
.CODE	definiert ein Codesegment.

Hinweis : Jede der Anweisungen zur Definition eines Segments beendet automatisch eine vorangehende Segmentdefinition. Daten innerhalb von Segmenten, die durch die Anweisungen *.STACK*, *.CONST*, *.DATA* oder *.DATA?* definiert wurden, gehören zur Gruppe *DGROUP*.

Vordefinierte Equates

MASM stellt eine Reihe von vordefinierten Equates (Textmakro) zur Verfügung, die das Arbeiten mit den vereinfachten Segmentanweisungen unterstützen.

Equate	Bedeutung
@DATA	Name des Datensegments. Es ermöglicht den Zugriff auf alle Segmente, die durch die Anweisungen .DATA, .DATA?, .CONST und .STACK definiert wurden.

@CODE	Name des Codesegments
@FARDATA	Name des Far-Datensegments
@FARDATA?	Name des Far-Datensegments für uninitialisierte Daten
@FILENAME	Name der aktuellen Quelltextdatei
@CODESIZE	Größe des Codesegments (Near oder Far)
@DATASIZE	Größe des Datensegments (Near oder Far)
@CURSEG	Name des aktuellen Segments

Welche Vorteile bringt die vereinfachte Segmentanordung ?

Die Einführung der vereinfachten Segmentanweisungen bringt eindeutig eine Vereinfachung bei der Programmerstellung mit sich. Der Hauptverwendungszweck dieser Anweisungen liegt jedoch darin, die Kompatibilität zwischen einem Assemblerprogramm und einem Microsoft Hochsprachenprogramm bezüglich der Segmentnamen und den Segmentparametern sicherzustellen. Bei allen Stand-alone Assemblerprogrammen, d.h. bei Programmen, die nicht mit einem Hochsprachenmodul gelinkt werden sollen, tragen die vereinfachten Segmentanweisungen lediglich zur Vereinfachung der Programmerstellung bei. Falls es dennoch erforderlich sein sollte, z.B. den Ausrichtungstyp eines Segments festzulegen, kann jederzeit auf die "alten" Segment-Anweisungen zurückgegriffen werden.

b) die Anweisungen RETN und RETF

Durch diese beiden Anweisungen ist es möglich, Prozeduren auch ohne die sonst vorgeschriebenen Anweisungen *PROC* bzw. *ENDP* zu schreiben. Ein Nebeneffekt dieser Anweisungen ist es, den korrekten Rückkehrbefehl zu assemblieren, nämlich *RETN* wenn es sich um eine Near Prozedur bzw. *RETF* wenn es sich um eine Far Prozedur handelt. Da die Mnemonics für diese Maschinenbefehle nun verfügbar sind, können die Anweisungen PROC und ENDP auch entfallen.

c) Auswertung von Textmakros

Bei der Auswertung von Textmakros gibt es zwei wesentliche Änderungen :

1) Textmakros können nun auch aus mehreren Parametern bestehen, die durch Kommas oder Leerzeichen voneinander getrennt sind, wenn diese in spitze Klammern eingeschlossen werden.

2) Mit Hilfe des Ausdrucks Operators % kann ein Makroargument wahlweise als Textmakro oder als Ausdruck behandelt werden.

d) Kommunale Variablen

MASM kennt jetzt auch sog. *kommunale Variablen.* Hierbei handelt es sich um uninitialisierte globale Variablen, die vornehmlich innerhalb von INCLUDE-Dateien verwendet werden.

e) Neue Optionen

MASM verfügt über einige neue Optionen :

/DSymbol	-	erlaubt die Definition von Variablen innerhalb der Kommandozeile
/H	-	Gibt alle verfügbaren Optionen aus
/LA	-	hat die gleiche Wirkung wie die Anweisungen .LALL, .SFCOND, .CREF und .LIST
/W	-	Setzt die Fehlerwarnstufe
/ZD	-	überträgt symbolische Informationen in die Objektdatei. Dazu gehören zum einen Informationen über die Größe und den Typ eines Symbols und zum anderen Zeilennummerinformationen.
/ZI	-	wie die Option /ZD, allerdings werden nur die Zeilennummerinformationen übertragen.

f) Umgebungsvariablen

MASM stellt zwei Umgebungsvariablen, nämlich *MASM* und *INCLUDE* zur Verfügung. Erstere erlaubt es, bestimmte Assembleroptionen zu speichern, so daß diese nicht bei jedem Aufruf von MASM mitaufgeführt werden müssen :

```
SET  MASM=/L/T/C
```

setzt die Optionen */L* (Listing erzeugen), */T* (keine Meldung ausgeben) und */C* (Crossreferenz erzeugen), so daß diese Optionen bei jedem Aufruf von MASM gültig sind. Wie bei anderen Umgebungsvariablen auch dürfen zwischen der Variablen und dem Gleichheitszeichen keine Leerzeichen folgen. Die INCLUDE Variable bezieht sich auf das Einbinden von Quelltextmodulen mit Hilfe der INCLUDE Anweisung. Durch diese Umgebungsvariable kann ein Suchpfad festgelegt, den MASM beim Suchen nach einer INCLUDE-Datei verwendet.

Beispiel

```
SET INCLUDE=C:\MASM\BEISP
```

bewirkt, daß im Falle einer INCLUDE Anweisung, die über keinen eigenen Pfadnamen verfügt, das Directory mit dem Pfad 'C:\MASM\BEISP' durchsucht wird.

g) 80386 Unterstützung

MASM kann nun auch die Befehlsmnemonics der Prozessoren 80386 und 80387 verarbeiten, sofern diese zuvor durch die Anweisung .386 aktiviert wurden. Durch die Parameter *USE16* und *USE32* läßt sich innerhalb einer Segmentdefinition die Wortgröße des Segments explizit auf 16-Bit bzw. 32-Bit festlegen.

h) Setzen der Fehlerstufe

MASM 5.0 verfügt über differenziertere Fehlermeldungen als die Version 4.0. Dazu gehört auch die Möglichkeit, daß der Benutzer die Fehlerstufe (Warning level) setzen kann. MASM unterteilt die möglichen Fehlerstufen in drei Kategorien :

Warnstufe	Art des Fehlers
0	Severe errors, d.h. schwere Fehler.
1	Serious warnings, d.h wiedersprüchliche Angaben oder nicht ganz einwandfreie Programmtechniken.
2	Advisory warnings, d.h. Anweisungen, die u.U. zu uneffektivem Code führen können.

Anders als bei MASM 4.0 führen nun Fehler wie z.B. ein fehlender oder ein unpassender *PTR* Operator nicht mehr zu einem Abbruch des Assembliervorganges, sondern werden als *Serious Warnings* (d.h. als ernsthafte Warnungen) behandelt. Die Default-Fehlerstufe ist 1. Durch Hochsetzen der Fehlerstufe auf 0 können alle Serious und Advisory warnigs unterdrückt werden. Umgekehrt werden bei Fehlerstufe 2 alle drei Fehlertypen ausgegeben.

Die Fehlerstufe wird durch die */W* Option beim Aufruf von MASM gesetzt.

Beispiel

```
A>MASM /W2
```

setzt die Fehlerstufe 2.

h) Verbesserte Fehlermeldungen

MASM wurde um einige neue Fehlermeldungen ergänzt. Viele Fehlermeldungen wurden überarbeitet und beschreiben die Fehlersituation nun etwas präziser bzw. enthalten z.B. den Namen eines fehlerhaften Symbols. Einige Situationen, die in der alten Version 4.0 noch zu einem Fehler (Severe error) geführt hätten, bewirken in der neuen Version nur noch eine Warnung. Eine Warnung kann vom Programmierer (bewußt) ignoriert werden, da anders als bei einem Fehler die Objektdatei nicht gelöscht wird.

k) Einbindung in Hochsprachen

Die Einbindung von Assemblerprogramme in Hochsprachen wurde in der neuen Version erheblich erleichert. Zum einen durch die vereinfachten Segmentanweisungen und die Anweisung *.MODEL*, die es erlaubt auch innerhalb eines Assemblerprogramms ein Speichermodell festzulegen. Zum anderen aber auch durch eine Makrobibliothek, die sich in der Datei *MIXED.INC* befindet. Diese Datei enthält über ein Dutzend Makrodefinitionen, die das Erstellen von Assemblerprogrammen, die in Hochsprachenprogramme eingebunden werden sollen, erheblich erleichtert. Die Aufrufskonventionen der einzelnen Makrodefinitionen sind in der Datei *MIXED.DOC* beschrieben. Dem Thema "Mixed languge calls", d.h. der Aufruf von Routinen die in einer der Microsoft Sprachen Assembler, BASIC, C, FORTRAN oder PASCAL geschrieben wurden, von einer anderen Microsoft Sprache, widmet sich ein eigenes, ca. 140 Seiten, starkes Handbuch, in denen alle Einzelheiten beschrieben werden, die bei "Mixed language calls" beachtet werden müssen.

l) Der symbolische Debugger CodeView

Ein wesentlicher Pluspunkt der neuen MASM Version ist der symbolische Debugger CodeView. Ursprünglich wurde CodeView für den Microsoft C Compiler entwickelt und steht nun auch Assemblerprogrammierern zur Verfügung. CodeView ist im Prinzip ein Debugger wie DEBUG oder SYMDEB. Allerdings erlaubt seine Fensteroberfläche eine wesentlich übersichtlichere und vorallem eine gleichzeitige Darstellung der verschiedenen Informationen. Desweiteren verfügt CodeView über so leistungsfähige Features wie z.B. Spurpunkte, die einen Programmstop bewirken, wenn sich der Inhalt einer Variablen oder eines Speicherbereichs ändert. Desweiteren verfügt CodeView über eine leistungsfähige Auswertungsroutine von Ausdrücken, die in einer der Microsoft Sprachen C, BASIC, FORTRAN oder PASCAL formuliert werden können.

m) Die Initialisierung des Assemblers

Da auf der MASM Diskette und der Diskette mit dem symbolischen Debugger CodeView zahlreiche Zusatzprogramme (z.B. CREF und LIB) enthalten sind, kann das Kopieren der einzelnen Dateien auf die Festplatte bzw. das Einrichten der benötigten Unterverzeichnisse mit Hilfe einer kleinen Setup-Routine (RUNME.EXE) durchgeführt werden. Die Setup-Routine RUNME ist allerdings nicht unbedingt erforderlich, um den Assembler auf einer Arbeitsdiskette oder Festplatte installieren zu können.

Was ist neu an der Version 5.1 ?

In der neuen Version wurden weitere Verbesserungen durchgeführt. Laut Angaben von Microsoft wurde auch die Assembliergeschwindigkeit bzw. die Codeoptimierung verbessert. Dies trifft allerdings wahrscheinlich nur auf bestimmte Bereiche zu, so daß sich unter dem Strich in diesem Punkt nicht allzu viel geändert hat. Der Assembler wurde um ein paar Anweisungen ergänzt bzw. bereits vorhandene Anweisungen und Operatoren wurden erweitert. Die wichtigsten Neuerungen bzw. Änderungen sind im folgenden in einer kurzen Übersicht zusammengefaßt.

Die wichtigsten Neuerungen bei der Version 5.1

Hochsprachen-interface	Das Hochsprachеninterface wurde weiter verbessert. Die meisten Makrodefinitionen aus der Datei MIXED.INC sind nun als MASM Anweisungen verfügbar und wurden zusätzlich optimiert. Dadurch steigt nicht zuletzt auch die Assembliergeschwindigkeit, da die Makrodefinitionen teilweise umfangreich verschachtelt waren.
Neue Equates	Als neue Equates stehen @Cpu, @Version und @Wordsize zur Verfügung.
String-anweisungen	MASM verfügt nun über vier Stringanweisungen (substr, catstr, sizestr und instr) für die Verarbeitung von Textmakros.
Textmakros	Die Verarbeitung von Textmakros wurden weiter verbessert, so daß diese jetzt wesentlich flexibler eingesetzt werden können. Jetzt ist es auch möglich, Textmakros im Operatorfeld, d.h. z.B. anstelle von Befehlsmnemonics aufzuführen.
ELSEIF	Durch die ELSEIF Anweisung wird die Definition verschachtelter bedingter Anweisungen vereinfacht.

Lokale Labels

Es lassen sich nun "namenlose" Labels definieren, die im Sinne von lokalen Labels verwendet werden können.

.TYPE

Diese Anweisung wurde erweitert. Das Ergebnisbyte enthält nun zusätzliche Informationen.

COMM

Bei der Definition von kommunalen Variablen kann als Größenargument jetzt auch ein Strukturtyp angegeben werden.

.CODE

Die .CODE Anweisung geht nun ständig davon aus, daß sich die Segmentadresse im CS-Register befindet. In der alten Version traf dies nur auf das erste Codesegment zu. Zusätzliche Codesegmente mußten mit einer ASSUME Anweisung versehen werden.

Explizite Zeiger

Durch eine Erweiterung des PTR Operators können Zeigervariablen nun explizit definiert werden. Gleichzeitig wird für CodeView die entsprechende Information zur Verfügung gestellt, so daß die Variable innerhalb von CodeView automatisch als Zeiger behandelt wird.

/LA Option

Durch diese Option wird in der neuen Version der Effekt der vereinfachten Segmentanweisungen in die Programmlistingdatei übertragen. Durch diese Option wird in jedem Fall eine Programmlistingdatei erzeugt.

No more NOP's

Bereiche innerhalb eines Programmsegments, die aus irgendeinem Grund (z.B. align Typ) innerhalb des Programms freibleiben, werden nicht mehr nur durch NOP Befehle ausgefüllt. Wenn möglich werden jeweils zwei NOP Befehle durch einen 'XCHG BX,BX' Befehl ersetzt, da so jeweils ein Taktzyklus eingespart wird (wahrscheinlich sind darauf auch die eingangs angedeuteten Geschwindigkeitsvorteile zurückzuführen). Leerbleibende Felder innerhalb von Datensegmenten werden mit Nullen aufgefüllt.

Der Editor

Ab der Version 5.1 wird der Microsoft Editor mitgeliefert. Falls Sie sich bisher noch für keinen Editor entschieden haben, stellt dieser Editor eine interessante Alternative dar. Ansonsten lohnt sich der Aufwand, die neuen Kommandos zu erlernen nicht unbedingt. Herausragendstes Merkmal des Microsoft Editors ist die Möglichkeit, diesen durch eigene C Routinen erweitern zu können.

ANHANG D

MASM Fehlermeldungen

MASM kann in der Version 5.0 115 verschiedene nummerierte Fehlermeldungen ausgeben, von denen die am Anfang sicher am häufigsten auftretenden Meldungen im folgenden vorgestellt werden sollen. Jeder Fehlermeldung ist eine Nummer zugeordnet, die zusammen mit der Fehlermeldung ausgegeben wird. Eine Fehlermeldung erfolgt stets in folgendem Format :

Quelltextdatei(Zeilennr.):Fehlercode:Fehlermeldung

Beispiel

test2.ASM(4): error A2025: Improper align/combine type

Der Fehlercode weist einen charakteristischen Aufbau auf. Er beginnt mit dem Wort *'error'* oder *'warning'* gefolgt von einem Code, der aus fünf Zeichen besteht. Der erste Buchstabe steht für die verwendete Sprache (z.B. 'A' für Assembler). Die zweite Ziffer gibt die Fehlerstufe an :

2 - Severe Errors
4 - Serious warnings
5 - Advisory warnings

Bei den letzten drei Ziffern handelt es sich dann um die eigentliche Fehlernummer. Im folgenden werden die wichtigsten Fehlermeldungen zusammen mit einer kurzen Erläuterung aufgelistet. Dabei geht dem Fehlertext stets die Fehlernummer voran.

0, Block nesting error

Es wurden Segmente, Prozeduren, Makros, Strukturen oder Wiederholungsblöcke nicht korrekt beendet. Dadurch findet eine falsche Zuordnung der jeweiligen Beendigungsanweisungen statt.

1, Extra characters on line

Die betreffende Zeile enthält überflüssige Zeichen. Überprüfen Sie die Befehlssyntax bzw. stellen Sie gegebenenfalls fest, ob Ihr Textverarbeitungsprogramm im ASCII-Modus arbeitet. In der Regel deutet dieser Fehler daraufhin, daß mit der verwendeten Syntax etwas nicht stimmt.

3, Unknown type specifier
Eine Variable oder ein Label wurde mit einem unerlaubten Typenbezeichner versehen. Dieser Fehler tritt z.B. auf, wenn Sie innerhalb eines PTR Operators etwa BYTE oder NEAR falsch schreiben.

4, Redefinition of a symbol

Ein Symbol darf nur einmal definiert werden. Diese Fehlermeldung erscheint beim ersten Durchlauf des Assemblers. Geben Sie einem der beiden Symbole einen neuen Namen. Eventuell liegt auch ein Schreibfehler vor.

5, Symbol is multidefined

siehe Fehlercode 4, diese Fehlermeldung erscheint beim zweiten Durchlauf des Assemblers. Daher erhalten Sie in der Regel die Fehlermeldung 4 zusätzlich, obwohl es nur eine Fehlerursache gibt.

6, Phase error between passes

Dieser Fehler tritt stets dann auf, wenn der Assembler beim ersten Durchlauf von Standardannahmen ausgeht, die beim zweiten Durchlauf nicht mehr zutreffen. Häufigste Fehlerursache ist ein nicht definierter Sprungtyp oder ein vergessener Segment-Override-Operator. Verwenden Sie die MASM Option */D* um ein Lauf 1 Listing zu erzeugen, aus welchem die Veränderung sehr wahrscheinlich hervorgeht.

8, Must be in conditional block

ELSE oder ENDIF Anweisungen dürfen nur zusammen mit einer entsprechenden IF Anweisung definiert werden.

9, Symbol not defined

Ein Symbol wurde nicht definiert. Häufigste Fehlerursache ist eine fehlerhafte Referenz auf ein externes Symbol oder ein Schreibfehler. Dieser Fehler erscheint ebenfalls immer während Lauf 1, wenn der Assembler auf eine Vorwärtsreferenz trifft und wird während Lauf 2 behoben.

10, Syntax error

MASM ist mit der Schreibweise nicht zufrieden.

15, Symbol already different kind : <symbol>

Dieser Fehler tritt auf, wenn einem bereits definierten Symbol eine andere Bedeutung zugeordnet wird.

16, Reserved word used as Symbol

Diese Warnung erscheint stets dann, wenn ein reserviertes Wort für eine Symboldefinition verwendet wurde. Sie können diese Warnung ignorieren, müssen dann aber berücksichtigen, daß die ursprüngliche Anweisung nicht mehr zur Verfügung steht.

24, Segment parameters changed

Zwar darf ein Segment innerhalb eines Moduls durchaus mehrmals definiert werden, es dürfen sich dann aber die Parameter (wie z.B. der Ausrichtungstyp) bei der zweiten Definition nicht ändern. In der Regel werden alle Parameter bei der ersten Definition festgelegt, während bei der zweiten Segmentdefinition keine Parameter mehr angegeben werden.

31, Operand types must match

Diese Warnung wird ausgegeben, wenn die Operandentypen in einem Befehl nicht zusammenpassen

Beispiel

```
MOV AL,BX
```

oder

`MOV AL,WERT` (wenn *WERT* eine Wort-Variable ist)

35, Operand must have size

Dieser Fehler tritt auf, wenn in einem Befehl der Operandentyp nicht festgelegt wird und der Assembler daher nicht weiß, welcher Opcode assembliert werden soll.

Beispiel

```
INC [BX]              ; Typ des Operanden unbekannt

INC BYTE PTR [BX]     ; Gemeint ist das Byte, das durch das
                      ; BX-Register adressiert wird
```

50, Value out of range

Innerhalb eines Befehls wurde ein zu großer Operand verwendet.

52, Improper operand type : <symbol>

Das betreffende Symbol wurde in einem nicht erlaubten Zusammenhang verwendet.

53, Jump out of range by <Zahl> Bytes

Das Sprungziel eines bedingten Sprungs kann nur innerhalb eines Bereichs von -128 bis +127 Bytes vom Sprungbefehl entfernt liegen. Dieser Fehler kann durch Hinzufügen eines direkten Sprungs zu dem außerhalb des Bereichs liegenden Label behoben werden. Beim 80386 liegt die Sprungweite für einen bedingten Sprung bei -32,768 bis +32,767 Bytes.

Beispiel

```
        JNZ  LABEL      ; Erzeugt einen Fehler
```

Abhilfe schafft :

```
        JZ   L1         ; Umgekehrte Bedingung
        JMP  LABEL
L1:     ...
```

56, Immediate mode illegal

Bestimmte 8086/88 Maschinenbefehle erlauben keinen Immediate Modus. So ist es z.B. nicht möglich ein Segmentregister direkt zu laden, dies muß über einen Umweg geschehen :

```
Falsch  :     MOV DS,DATEN
Richtig :     MOV DX,DATEN
               MOV DS,DX
```

60, Must be accumulator register

In einem Befehl, in dem nur das AL, AX oder EAX (80386) Register verwendet werden darf, wurde ein anderes Register verwendet (z.B. 'IN BL,88').

61, Improper use of segment register

Ein Segmentregister wurde in einem falschen Zusammenhang verwendet (z.B. 'DEC DS').

62, Missing or unreachable CS

Es wurde ein Sprung zu einem Label durchgeführt, das außerhalb des Segments liegt bzw. es wurde keine *ASSUME* Anweisung mit dem CS-Register durchgeführt.

69, Must be in segment block

Es wurde eine Anweisung außerhalb eines Segments verwendet, die nur innerhalb von Segmenten verwendet werden darf.

71, Forward reference needs override or FAR

Es wurde ein Sprung zu einem Far Label durchgeführt, welches noch nicht deklariert worden ist.

78, Directive illegal in structure

Innerhalb eines Strukturtyps dürfen nur die Anweisungen DB bzw. DW, ein Kommentar oder bedingte Anweisungen verwendet werden.

80, Field cannot be overriden

Ein Feld innerhalb einer Strukturvariablen versucht das entsprechende Feld innerhalb des Strukturtyps zu überschreiben. Dies ist nicht immer möglich, z.B. dann nicht, wenn das Feld innerhalb des Strukturtyps mit Hilfe des *DUP* Operators initialisiert wurde.

83, Circular chain of EQU aliases

Ein Alias innerhalb einer *EQU* Anweisung wurde indirekt durch sich selbst definiert.

<u>Beispiel</u>

```
A EQU B
B EQU A
```

85, End of file, no END directive

Es fehlt eine *END* Anweisung. Unter Umständen wurde auch eine Makrodefinition nicht beendet oder schlicht und einfach ein abschließendes Return-Zeichen vergessen.

86, Data emitted with no segment

Ein Befehl außerhalb eines Segments versucht auf Daten zuzugreifen. Überprüfen Sie die Position der *ENDS* Anweisungen im Programm.

101, Missing data; zero assumed

In einem Befehl oder in einer Anweisung fehlt ein Operand. Der Assembler setzt in diesem Fall eine Null ein.

103, Align must be power of 2

Innerhalb der *ALIGN* Anweisung, wurde eine Zahl verwendet, die keine Potenz von 2 ist.

107, Illegal digit in nummer

Eine Zahl enthält ein Zeichen, das unter der aktuellen Zahlenbasis bzw. mit dem angegebenen Basisbezeichner nicht erlaubt ist.

110, Open parethesis or bracket

In einem Ausdruck fehlen entweder runde oder eckige Klammern.

111, Directive must be in macro

Es wurde eine Anweisung verwendet, die nur innerhalb einer Makrodefinition verwendet werden darf.

112, Unexpected end of line

Eine Programmzeile ist zu Ende bevor die Anweisung vollständig war. In diesem Fall kann MASM keine Angaben über das machen, was noch fehlt.

MASM Exit Codes

Nach Beendigung der Assemblierung gibt MASM einen *Exit* Code zurück, der z.B. innerhalb einer Stapeldatei durch die DOS Anweisung *ERRORLEVEL* abgefragt werden kann.

Code	Bedeutung
0	Kein Fehler
1	Falsches Argument
2	EingabedDatei konnte nicht geöffnet werden
3	Listingdatei konnte nicht geöffnet werden
4	Objektdatei konnte nicht geöffnet werden
5	Crossreferenzdatei konnte nicht geöffnet werden
6	INCLUDE-Datei konnte nicht geöffnet werden
7	Fehler bei der Assemblierung
8	Fehler bei der Speicherzuweisung
10	Fehler bei der Option /DSymbol
11	Unterbrechung durch den Benutzer

Fehler ohne Fehlernummer

MASM verfügt ferner über eine Reihe von Fehlermeldungen, denen keine Fehlernummer zugeordnet ist, und die z.B. entstehen, wenn MASM eine Datei nicht finden kann. Die meißten Fehler sprechen für sich selbst (z.B. Out of memory), so daß stellvertretend nur drei Fehlermeldungen aufgeführt werden sollen :

Open procedures

Zu einer *PROC* Anweisung fehlt die passende *ENDP* Anweisung.

Open Segments

Zu einer *SEGMENT* Anweisung fehlt die passende *ENDS* Anweisung.

Internal Error

Herzlichen Glückwunsch. Sie haben ein Bug in MASM entdeckt. Schicken Sie eine Postkarte an folgende Adresse :

Microsoft
c/o Mr. Gates
16011 NE 36th Way
Box 97017
Redmond, WA 98073-9717

<u>MASM INDEX</u>

! 171
$ 95
% 171
%OUT 180
& 167
. 136
.8086 215
.8087 216
.186 215
.286 215
.286P 216
.287 286
.386 286
.386P 286
.387 286
.CODE 53
.CONST 54
.CREF 215
.DATA 54
.DATA? 54
.ERR 189
.ERR1 189
.ERR2 189
.ERRB 192
.ERRDEF 191
.ERRDIF 192
.ERRE 190
.ERRIDN 192
.ERRNB 192
.ERRNDEF 191
.ERRNE 190
.FARDATA 54
.FARDATA? 55
.LALL 212
.LFCOND 212
.LIST 212
.MODEL 50,281,318
.MSFLOAT 87
.RADIX 70
.SALL 212
.SFCOND 212
.STACK 53
.TFCOND 212

.TYPE 147
.XALL 212
.XCREF 215
.XLIST 212
;; 173
<> 170
@@: 113
@B 113
@CODE 58
@Codesize 57
@Cpu 219
@Curseg 56
@DATA 58
@Datasize 57
@F 113
@FARDATA 58
@FARDATA? 58
@Filename 56
@Version 219
@Wordsize 219
ALIGN 97
AND 138
ASSUME 270
CALL 115
CATSTR 221
COMMENT 219
DB 79
DW 80
DD 80
DF 81
DOSSEG 50,278
DQ 81
DT 82
DUP 93
ELSE 181
ELSEIF 187
ENDIF 181
ENDM 155
ENDP 114
ENTER 119
EQ 138
EVEN 97
EXTRN 127
FP 316
GE 138
GT 138
GROUP 107,267
HIGH 145

hLocal 316
hProc 316
hRet 316
IF 181
IF1 182
IF2 182
IFB 184
IFDEF 183
IFDIF 184
ifFP 316
IFIDN 186
IFNB 184
IFNDEF 183
INCLUDE 124,174,208
INIT 209
IRETD 120
IRP 163
IRPC 166
INSTR 221
LABELS 111
LE 138
LEAVE 119
LENGTH 150
LOCAL 159
LOW 145
LT 138
LIB 208
LINK 209
LOCAL 319
MACRO 155
MASM 209
NE 138
NOT 138
OFFSET 146
OR 138
ORG 96
PAGE 210
pLDS 316
pLES 316
PROC 114,322
PTR 115,141
PUBLIC 126
PURGE 161
REPT 163
RETF 117
RETN 117
SEG 145
SEGMENT 261

setModel 316
SHL 137
SHORT 105,144
SHR 137
SIZE 150
SIZESTR 221
STRUC 99
SUBSTR 221
SUBTTL 210
THIS 144
TITLE 210
TMP 209
TYPE 147
XOR 138
[] 136

STICHWORTVERZEICHNIS

A
Adresse
- physikalische 43
- effektive 46
- Darstellungsformat 44
- Segment:Offset 85

Adreßzähler 95
Alias 75
Align typ, s. Ausrichtungstyp
Antwortdatei für Linker 23
Arbeitsdiskette erstellen 2ff
Arbeitsspeicher
- Adressierung 42f

AT
s. Kombinationtyp

Assembler 6
- Anweisungen 7
- Aufbau einer Programmzeile 28
- Aufruf des 14,19
- Optionen 20
- Standard 9
- Steuerung der Ausgabe 21
- 80386 Programmierung 217

Assemblerprogramm
- Aufbau 48
- Aufruf von einem C Programm 294
- Beispiel 31

Ausdrücke 37
Ausdruck, s. CodeView
Ausrichtungstyp 262

B
_BSS 297
Basisbezeichner 70
BCD-Konstanten 72
- Definition 82

Bedingte Assemblierung 178ff
BEGDATA 279
Beobachtungspunkt 358, 380ff

Bias, von Fließkommazahlen 88
BIOS.INC 154
Bibliotheksmanager (LIB.EXE) 17
Befehlsopcode 5
BSS 279
Busschnittstelleneinheit 43

C
CodeView
- Arbeiten mit 245
- Aufruf 347
- Ausdrücke 363
- Beobachtungspunkte 358, 380ff
- Expression evaluator 363
- Fenster 351
- Haltepunkte 377f
- Menü 354
- Optionen 347
- regulärer Ausdruck 399
- Screen swapping, flipping 349
- Spurpunkte 358
- Tastenbelegung 351
- Vorbereiten für das Arbeiten 346

COM-Dateien 17
CREF.EXE 14
Crossreferenzdatei 14

D
_DATA 297
Daten
- Ausrichtung 97
- lokale 301
Datenanweisungen 68ff,97
Datensegmente
- für initalisierte Daten 54
- für uninitialisierte Daten 54
DOS.INC 154
DOS-Segmentkonvention 278
DTA-Puffer 327f
Dummys 192

E
_edata 279
Editor 13
- Microsoft 13
Emulatorbibliothek 72
_end 279

Entfernungstyp bei Labels 111
Equates 56,73ff
- nicht wiederdefinierbare 74
- numerische 74
- String 74
- vordefinierte, ab Version 5.0 77
- wiederdefinierbare 74
Executable image 97
Exit codes 415
Extended precision format 87

F
Falsch-Zweig
Fehleranweisungen 178ff
Fehlerwarnstufe 202
Felder 93

H
Haltepunkte 377f
Hochspracheninterface 294ff

I
IEEE-Format 87
- Vor- und Nachteile 91
Indexoperator 136
Integerkonstanten 70
Interruptroutine 119
- bei 80386 120
Intersegmentaler Sprung
s. Sprünge

K
Klassenname 265
- Einfluß auf die Segmentreihenfolge 265f
Kombinationstyp 263
- public 263
- stack 264
- common 264
- at 264
- beim 80386 263
Konstanten 36

L
Label 29
- Definition von 111
- far 111
- lokale 113, 158 (in Makros), 321
- near 110

Librarymanager, siehe Bibliotheksmanager
Linker 15
- Aufruf 16,22
- Optionen 24
Location counter, s. Adreßzähler

M
MAP-Datei 17
Makros
- BIOS.INC 154
- DOS.INC 154
- MIXED.INC 154, 315ff
- Definition 154
- Erweiterung 154
- Löschen 161
- Parameterübergabe 157
- Vergleich mit Prozeduraufruf
- Verlassen 160
- Übertragung in Programmlistingdatei 156
Maschinenbefehl 5
Microsoft Fließkommaformat 87
Mikroprozessor 5
MIXED.INC 154,316
MIXED.DOC 316
Mnemonic 6
Modulare Programmierung 124
- Vorteile 124

N
NUL-Datei 14

O
Objektdatei 8
- Format

Offset 43
Opcode 6
Operatore(n)
- Index 136
- logische 137
- Schiebe 137
- Segment-Override 139f
- Strukturfeld 136
- Vergleichs 138

Optionen
a) MASM
/A 197
/B 197
/C 200
/D 198
/DSymbol 198
/E 199
/H 199
/I 200
/L 200
/LA 201, 286ff
/ML 201
/MU 201
/MX 201
/N 201
/P 202
/S 197
/T 202
/V 202
/W 202
/X 203
/Z 203
/ZI 204
/ZL 204

b) LINK
/CODEVIEW 206
/HELP 205
/INFORMATION 205
/LINENUMBERS 205
/MAP 205
/NOIGNORECASE 206
/PAUSE 205
/QUICKLIB 207

P
PACKING.LST 2
Phasenfehler 17
s. Vorwärtsreferenzen
Programmbibliotheken 252ff
Programmlistingdatei 14
Prompt 13
Prozeduren
- Definition 114
- Aufruf 115
- Parameterübergabe 296, 304ff

Prozessoranweisungen 215
Pseudo Op's
s. Assembleranweisungen

Q
Quelltext, Eingabe 13

R
Radix specifier, s. Basisbezeichner
Realzahlen 86
- Formate 86
- Initialisierung 91
- konstanten 72
- normalisierte Darstellung 86
Referenz 14,104
Reservierte Namen 32,35

S
Segment 42
- adresse42
- erweiterte Segmentanweisungen 261
- gruppe 267
- override-Operator 139, 269
- override-Präfix 140
- register, Initialisierung 276
- reihenfolge 265, 279f
  - Einfluß des Klassennamens 265f
  - Einfluß der Anweisungen .ALPHA und .SEQ bzw. der Optionen /A und /S 280f
- Stacksegmente, Definition 51
- Vor- und Nachteile 47
Severe errors 15
Spurpunkte 358, 252
Stackrahmen 118, 300
String
- konstanten 73
- Variablen 83
Strukturfeldoperator 136
Symbole 32
- Namensgebung 33

SETUP 2

Speichermodelle 51,58ff, 298
- tiny 59
- small 59
- compact 60
- huge 60
- large 60
- medium 60
- Aufgabe von 62
- mixed

Sprünge
- intersegmentale 106
- near 106

Startpunktlabel 52
Strong typing 142
Strukturvariablen 99ff

T

Textmakros 76
- Erweiterung in der Version 5.1 77

Tracepunkt, s. Spurpunkt

U

Umgebungsvariablen 207

V

Variablen
s. Datenanweisungen
- externe 127
- kommunale 131
- lokale 319f

Vorwärtsreferenzen 104ff
- bei Variablen 107

W

Warnings 15
Watchpoints, s. Beobachtungspunkte
Watchstatements, s. Beobachtungspunkte
Wiederholungsblöcke 162

Z

Zahlenbasis 71
Zahlensystem 71
Zeiger
- Darstellung 83
- beim 80386 84
- normalisierte 85

2-Pass Assembler 104,182